上海文化发展基金会图书出版专项基金资助项目
教育部人文社会科学研究基金项目“国际组织与中国儿童教育权保护的研究”（10YJC880104）最终成果
浙江省哲学社会科学培育研究基地浙江师范大学儿童研究院研究成果

中国儿童受教育权保护研究

历史进程与国际影响

沈俊强 ◎著

自序

人人都有受教育的权利。这句话简简单单，甚至可以说平淡如水，但它是人类文明数千年发展的智慧结晶。如今，受过教育的人都知道，一个人若是被剥夺了受教育的机会，那他的人生很可能就是终日在泥淖中挣扎，苦求温饱，无从获得任何改善生活的机会。在今天这样一个科技发达、文化昌盛的时代，毫无疑问，先哲那句“教育使人成其为人”的话，不仅仅是至理名言，更是至高的生存法则。教育，当然必须是现代人的一项基本人权。

然而，学者们为什么要连篇累牍地去论证“人人都有受教育权”这样一个只需要最基本的生活经验就可以明了的观念呢？为什么笔者还不惜花费精力去做这种看起来仅仅是重述了一个基本常识的事情？原因很简单：在现实的社会生活中，并不是人人都享用了受教育权。首先，由于每个人可以支配的社会资源是不一样的，享用受教育权的机会与程度也就存在差别。人人都有受教育权，在具体的社会生活条件中，实际上是每个人都享有不同的受教育权。其次，人人都有受教育权，其蕴含的理念是人是平等的，教育不排斥任何人。换句话说，平等与不歧视是实现受教育权的基本原则。当我们说，并非人人都享用了受教育权，这就相当于说，在某些情况下，教育是不平等的，教育是存在歧视的。

历史与当下的现实都在重述着教育不平等、教育歧视的各种事实，因此，我们既要如盗火的普罗米修斯一般，勇于传播人类智识的光明，又必须坦然面对西西弗斯式的命运，承认这光明需要被反复点燃。我们应当相信，当这光明为更多的人所获知时，人类就将永恒地保有它；而我们挥洒笔墨、耗费精力所做的这些重述，正是为了保有这光明。我这样说，是将自己抬举到了人类文明共建者的高度——其实，我们所有人都是人类文明的构建者，只不过，我们个人的微薄之力，就整个人类的文明或者（更广大点说）就地球的文明来说，（不赘言“几乎”）可以忽略不计。比如，就本书围绕受教育权所展开的诸多话题来说，它们无一不是拾联合国教育、科学及文化组织（以下简称“联合国教科文组织”)的牙慧——联合国教科文组织的所有教育文件无一不是在言说人类的受教育权问题。因而，如果有人在翻阅了这本书后，说这是在某个已经光亮堂皇的大殿的角落里又多点了一根光线微弱的蜡烛，那么，我会欣然接受这慷慨大方的赞誉。

就全球的教育发展状况来说，人人享有良好教育的大殿还在建造中，而最新版本的建造图纸表明，人们殷切期盼它在2030年可以基本完工。这些建造大殿的人在年深日久的劳作中，将大量的心血和精力花费在儿童身上。这些“必要的乌托邦”主义者相信，儿童是人类的一分子，是未来社会、未来文明、未来人类的创造者。如果人人都享有受教育权，那么，毫无疑问，儿童应当优先接受优质教育，因为他们是未来，是希望，是梦想，是新人。而从现实主义者的角度来看，在教育领域运用“儿童最大利益原则”不是痴人说梦，因为养育下一代正是保持人类这一物种繁盛的必然选择——只有受过良好教育的儿童才具有学识、才能，才能更好地传承人类文明，推动人类进步。

人类社会付出了巨大的努力，才把“教育”这种特权转化为“基本人权”。人类社会也只是在20世纪才开始喊出“20世纪是儿童的世纪”之类的口号。所有儿童“天经地义”地享有受教育的机会，这么梦幻的想法，在地球某些有人类居住的角落，至今仍是无法传译的“外星来电”。“儿童的世纪”与“人人都有受教育权”这类话语，只对那些倾听到它的心灵有意义。

幸运的是，开放时代的中国政府可以毫不费力地理解“外星来电”，乐意并且积极参与“大殿”的建设工作。虽然大道至简，但奉道而行需要下大功夫。我国政府历数十载之努力，全面实现“两基”，普施“人人有受教育权”之道于中华大地，全球瞩目。本书记述中国政府落实儿童受教育权的诸般种种，思索中国儿童教育发展的来路与去向，不求阐发什么新知，只求立论平实，有理有据。

笔者不是儿童至上主义者，并不热衷于宣扬儿童的嘉言懿行有何优异于成人之处。但是，就本书的主题来说，我以为，有必要重述以下一些众所周知的话。

当代儿童的生存与发展离不开教育，儿童获得良好教育是其人生幸福的基石之一。当代中国社会关注的儿童教育热点问题几乎都事关儿童受教育权的实现；主流话语所言说的入学机会、教育过程、教育结果的公平，都体现着儿童受教育权所蕴含的儿童利益至上、平等、不歧视原则。

在本书中，“前言”首先对儿童受教育权研究的时代背景作出简要说明，进而以“筑梦大同：研究儿童受教育权的时代意义”阐述当代中国儿童受教育权研究的意义与视角，揭示儿童受教育权研究的必要性与可行性；随后，对以下五个主题进行深入分析，并据此形成本书的结论。

其一，国际组织（包括国际公约）关于儿童受教育权问题的阐述（见第二章）。重点讨论儿童受教育权国际共识的内容及其形成历程，并作简要分析。此章所依据的材料来自相关国际公约的相关条款、各公约委员会针对这些条款给出的“一般性意见”，以及相关的研究成果，据此梳理儿童受教育权的含义与相关理论问题。

其二，国际组织对全球落实儿童受教育权事业的历史性贡献（见第三章）。以 1945 年联合国教科文组织的成立、1990 年在泰国宗滴恩召开的世界全民教育大会、2000 年在塞内加尔首都达喀尔召开的世界教育论坛、2015 年在韩国仁川举行的世界教育论坛为时间节点，对全球落实儿童受教育权事业的进展分阶段进行阐述。第三章的阐述在展现重大历史事件的同时，更倾向于论述儿童受教育权国际共识在全球儿童教育发展进程中是如何落实的。

其三，中国落实儿童受教育权的历史进程（见第四、第五章）。全面展现中华人民共和国成立以来不同历史时期儿童享有受教育权的实际情况。通过回顾中国儿童受教育权保护的历史进程，揭示不同时期国家政策对儿童受教育权的基本认知，考察这些政策实际执行的效果，进而以历史的眼光把握当前落实儿童受教育权的重要问题。这一部分所依据的材料主要是相关的政策文本、当时的新闻报道、教育年鉴以及相关研究的成果。对中国儿童受教育权问题进行历史分析，是进一步思考中国与国际组织在儿童受教育权问题上相互合作、相互影响的基础。

其四，国际社会对中国儿童受教育权问题的认知（见第六章）。主要选取《全民教育全球监测报告》对中国教育的报道，各人权公约委员会对中国履约报告的审查意见，以及联合国人权理事会的“普遍定期审议”与受教育权问题特别报告员的相关意见，来梳理分析国际组织对中国儿童受教育权问题的关注点与主要意见。

其五，中国落实儿童受教育权的国际影响（见第七章）。前几章的论述为这一部分的论证提供了基础，主要通过相关的报告、访谈、新闻报道，来考察中国落实儿童受教育权的国际影响力，并回答中国落实儿童受教育权的成功经验如何影响全球教育议程。

需要说明的是，考虑到在教育领域，中国与联合国教科文组织合作的历史、规模、深度、广度、成效具有典范性，本书所谈及的“国际组织”主要是联合国教科文组织；由于研究选题与研究条件的限定，本书主要对联合国系统的相关重要文件进行梳理与分析。

最后，笔者乐意承认本书的三点不足：一是它所谈论的“国际组织”主要局限于联合国教科文组织；二是它所谈论的“儿童教育”仅指中小学学校教育；三是它所谈论的“国际形象”主要是依据国际文件得出的。然而，相信阅读本书的朋友会了解，这三点不足正是本书不得不接受的合理缺陷。笔者相信，这些不足所寓示的，正是我国儿童受教育权研究有待深化与拓展的广阔空间。

致谢

2006年5月,硕士学位论文答辩结束时,我以为写作一本书是一件极其简单的事。然而,现在呈现在读者面前的这本书,却是我费时费力写出的第一本著作。这本书是我2010年申报立项的教育部人文社会科学研究基金项目"国际组织与中国儿童教育权保护的研究"的最终成果。

2006年的春夏之交,恩师霍益萍教授决定招我为徒,并建议我以"中国与联合国教科文组织的教育合作关系"为题撰写博士学位论文,她的建议与指导是本书的缘起;倘若没有她一直以来的谆谆教诲,也就没有本书的问世。2007年,经由她的介绍,法国国家教育研究院的阿朗·肖邦(Alan Choppin)先生成为我在法国访学期间的指导老师。肖邦先生特地帮我联系了时任法国联合国教科文组织全国委员会秘书长的让-皮埃尔·布瓦耶(Jean-Pierre Boyer)先生作为我的另一位指导老师。他们给予我的情谊,让我感铭至深。如今,肖邦先生已辞世多年……写作此书时,我常常想起他抱病为我手写留学意见的情景。

我在求学期间拜访过的王百哲、谢喆平、朱小玉、赵长兴、张双鼓、程小林、比西·居夫雷·塞拉西(Beseat Kiflé Sélassié)、马克·贝磊(Mark Bray)等老师,帮助我打开了联合教科文组织研究的视野。在法期间,皮埃尔·卡斯帕尔(Pierre Caspard)、亨利·沙穆(Henri Chamoux)、樊尚·阿拉梅塞里(Vincent Alamercery)、雅尼娜·德阿图瓦(Janine d'Artois)、皮拉·克里斯蒂娜·莫雷尔·瓦斯凯(Pilar Christine Morel Vasquez)、娜塔莎·凯尔茜(Natasha Kelsick)、陶宋伯(Thao Somboune)、戴天华、赵双良、唐晓菁、高裕锋、李暾、屈卉等老师,为我博士论文的撰写提供了许多帮助。与他们的相遇,是我常常回味的幸运。感谢联合国教科文组织总部图书馆与文献情报中心、联合国教科文组织国际教育规划研究所文献中心提供的帮助。

感谢朱益明、陈汉聪、肖思汉、丁道勇、王加强、陈亚鹏、江成承、谢喆平、董建红、周彬、张国霖、王丽华、王占军、宋建军、张萌、张礼永、邓璐、王晴、王占魁、李伟、李润洲、王海红、郤江波、武云斐、吴小玮、孙勇、尹伟、李云星等老师，在他们的鼓励和帮助下，我承担的教育部人文社会科学研究基金项目得以顺利结题。感谢田正平、周谷平、杜成宪、冯大鸣、朱益明等老师为我的博士学位论文提供了宝贵意见与建议。

感谢华东师范大学的护佑，让我度过了最美好的求学生活。感谢吴遵民、杜成宪、王建军、李政涛、王晞、余文森、杨孔炽等老师，他们的教诲助力了我的成长。感谢陶保平、范国睿、程亮老师在我需要帮助时伸出援手。

感谢浙江师范大学儿童研究院提供的良好科研条件，感谢研究院同事们多年来的关心与爱护。

感谢上海教育出版社的周晟副编审、廖承琳编辑为本书的出版所付出的一丝不苟的辛勤劳动，感谢上海文化发展基金会图书出版专项基金的资助。

感谢这些年来陪伴我一起成长的兄弟姐妹们。

感谢一路支持着我的家人们，感谢我的妻子傅毅君老师的默默付出。

沈俊强

2017 年 12 月 31 日

目录

前言

我们都曾经是儿童。我们都希望孩子们幸福，这一直是并将继续是人类最普遍珍视的愿望。

——《我们儿童：世界儿童问题首脑会议后续行动十年期终审查》开篇语（A/S－27/3）

儿童①是今日世界的参与者、明日世界的主导者，他们的生存与发展问题关乎人类社会的整体命运。在任何时期，儿童及其发展问题都是关乎国家存亡兴盛、社会安定繁荣的重大事务；而在全球化进程中，伴随着各国日益密切的交流与合作，儿童及其发展问题已成为维护世界和平，促进全球发展的重大国际议题。

《日内瓦儿童权利宣言》（Declaration of the Rights of the Child，1924）②率先提出，“人类必须给予儿童以最好的待遇”，这意味着必须给予儿童特别的保护与关照。此后，《世界人权宣言》（Universal Declaration of Human Rights）③、《儿童权利宣言》（1959）（Declaration of the Rights of the Child，1959）④、《公民权利和政治权利国际公约》（International Covenant on Civil and Political Rights，

① 《儿童权利公约》第 1 条规定：“为本公约之目的，儿童系指 18 岁以下的任何人，除非对其适用之法律规定成年年龄低于 18 岁（For the purposes of the present Convention，a child means every human being below the age of eighteen years unless under the law applicable to the child，majority is attained earlier）。”王勇民认为此条款的翻译不够准确，应译为“为本公约之目的，儿童系指 18 岁以下的任何人，除非根据对该儿童适用之法律，该儿童在 18 岁之前成年”（2010）[3]。由于《儿童权利公约》第 1 条未明确标明儿童年龄的起算点，他参考了相关的讨论后，在其研究中划定，“儿童指的是已出生但未满 18 岁的人，不包括从受孕时起算但尚未出生的人”（2010）[5]。

② 由国际联盟（League of Nations）采纳的这个“儿童权利宣言”称为《日内瓦儿童权利宣言》（Geneva Declaration of the Rights of the Child），以区别于 1959 年联合国大会通过的《儿童权利宣言》。详见本书第一章相关内容。

③ 《世界人权宣言》第 25 条第 2 款：“母亲和儿童有权享受特别照顾和协助。一切儿童，无论婚生或非婚生，都应享受同样的社会保护。”

④ 《儿童权利宣言》“序言”：“儿童因身心尚未成熟，在其出生以前和以后均需要特殊的保护及照料，包括法律上的适当保护。”

特别是第 23 和 24 条)①、《经济、社会及文化权利国际公约》(International Covenant on Economic, Social and Cultural Rights)、《儿童权利公约》(Convention on the Rights of the Child)以及关心儿童福利的各专门机构和国际组织的章程及有关文书中,都对此加以确认。②

《儿童权利宣言》(1959)将"人类必须给予儿童以最好的待遇"进一步表达为"儿童最大利益(the best interests of the child)原则"③;"儿童应受到特别保护,并应通过法律和其他方法而获得各种机会与便利,使其能在健康而正常的状态和自由与尊严的条件下,得到身体、心智、道德、精神和社会等方面的发展。在以此为目的而制订法律时,应以儿童的最大利益为首要考虑"(原则二);而《儿童权利公约》将这一原则确立为儿童权利保护的基本法律原则——"关于儿

---

① 《公民权利和政治权利国际公约》第 23 条第 4 款:"本公约缔约各国应采取适当步骤以保证缔婚双方在缔婚、结婚期间和解除婚约时的权利和责任平等。在解除婚约的情况下,应为儿童规定必要的保护办法。"第 24 条:"1. 每一儿童应有权享受家庭、社会和国家为其未成年地位给予的必要保护措施,不因种族、肤色、性别、语言、宗教、国籍或社会出身、财产或出生而受任何歧视。2. 每一儿童出生后就立即加以登记,并应有一个名字。3. 每一儿童有权取得一个国籍。"

② 本书引用了相当数量的国际文件,包括相关国际人权公约、联合国教科文组织的文件、联合国及相关人权公约委员会的文件。对这些文献的具体引用情况及标注方式说明如下。

(1) 国际人权公约的作准中文本,被收录于联合国人权事务高级专员办事处(Office of the High Commissioner for Human Rights, OHCHR)编辑的《核心国际人权条约》(The Core International Human Rights Treaties,2006 年版)和《新增核心国际人权条约》(The New Core International Human Rights Treaties,2007 年版)中,本文对相关内容直接予以引用,在行文中加以说明,不标示文件编号。需要说明的是,本书所采用的《经济、社会及文化权利国际公约》是"通用中文本",并非"作准中文本"。具体缘由,详见本书第二章对该公约的相关介绍。

(2) 联合国教科文组织的文件,如有中文本,收录于本书参考文献中的"本书引用的国际文件一览表"中,在引用相关内容时,标示其在联合国教科文组织文件系统中的文件编号;如无中文本,但国内已有通行译文的,此类文件都是联合国教科文组织的重要教育文献,已被收录于《教育的使命——面向二十一世纪的教育宣言和行动纲领》(赵中建编,教育科学出版社 1996 年版)、《全球教育治理——国际教育改革文献汇编》(王晓辉编,教育科学出版社 2008 年版),在引用相关内容时,在行文中加以说明,采用通行译文,未标示文件编号,未收录于"本书引用的国际文件一览表"中;其余无中文本文件的,在引用相关内容时,由笔者依据英文本译出,标示文件编号,收录于"本书引用的国际文件一览表"中。

(3) 联合国及相关人权公约委员会的文件,有中文本的,收录于"本书引用的国际文件一览表"中,在引用相关内容时,标示其在联合国文件系统中的文件编号;无中文本的,在引用相关内容时,由笔者依据英文本译出,标示文件编号,收录于"本书引用的国际文件一览表"中;此外,尚有个别重要的联合国文件,在行文中加以说明,对其内容的引用,采用联合国网站中文主页、中华人民共和国外交部网站提供的中文本,不标明文件编号。

③ 王勇民(2010)[95-102]依据《儿童权利公约》对"儿童最大利益原则"的内涵作了三点阐释:(1) 儿童最大利益原则是各国立法、行政与司法的纲领性基础;(2) 儿童最大利益原则是处理儿童事务的准则;(3) 儿童最大利益原则是儿童个体权利的最大化。这三点共同构成了该原则的内涵,任何单一的理解都难以全面把握该原则的精神。

童的一切行动，不论是由公私社会福利机构、法院、行政当局或立法机构执行，均应以儿童的最大利益为一种首要考虑"(第 3 条第 1 款)。

对儿童利益的持续关注，促成了关于儿童生存、保护与发展的国际共识。1990 年，首次世界儿童问题首脑会议(World Summit for Children)在联合国总部召开，这是与前一年通过《儿童权利公约》和当年早些时候通过的《世界全民教育宣言：满足基本学习需要》(World Declaration on Education for All: Meeting Basic Learning Needs)(以下简称《世界全民教育宣言》)相互呼应的国际联合行动。该首脑会议的与会代表通过《儿童的生存、保护和发展世界宣言》(World Declaration on the Survival, Protection and Development of Children)，联合向全世界紧急呼吁，"使每一位儿童享有更美好的未来"(第 1 条)，"儿童的福利需要有最高级别的政治行动"(第 18 条)，"最优先地重视儿童的权利、儿童的生存以及儿童的保护和发展。这将保证所有社会的福利"(第 19 条)。该会议同时通过的《九十年代贯彻儿童的生存、保护和发展世界宣言的行动计划》(Plan of Action for Implementing the World Declaration on the Survival, Protection and Development of Children in the 1990s)郑重指出：

> 由于今天的儿童是明日世界的公民，因而他们的生存、保护和发展就成为人类未来发展的前提条件。年轻一代有权利获得知识和资源来满足他们基本的人的需求并逐渐充分发展自己的潜能，这应是国家发展的一个基本目标。由于年轻一代的个人发展和社会贡献将塑造世界的未来，因而对儿童的健康、营养和教育予以投资就成为国家发展的基础。(第 3 条)

而同年发布的《世界全民教育宣言》宣布，每一个儿童"都应能受益于旨在满足(其)基本学习需要的受教育机会"[①](第 1 条)。这可以视为是《日内瓦儿童权利宣言》第一原则("儿童应获得物质层面与精神层面正常发展所必需的手段")的具体体现。无疑，教育是儿童生存、保护和发展的重要事务，是儿童成长

① 这句话在英文本《世界全民教育宣言》里是：Every person — child, youth and adult — shall be able to benefit from educational opportunities designed to meet their basic learning needs.《中国全民教育行动纲领》里引述它时，将其译为"每一个人(无论是儿童、青年还是成人)都应能受益于旨在满足(其)基本学习需要的受教育机会"。相比流行译文，这一翻译更为准确，为本书所采用。

的必需手段，也是确保各国繁荣发展的首要事业。

第二次世界大战临近结束的时候，渴盼世界和平发展的仁人志士就在《联合国宪章》(Charter of the United Nations)①中指出，"为造成国际间以尊重人民平等权利及自决原则为根据之和平友好关系所必要之安定及福利条件起见，联合国应促进……国际间文化及教育合作"(第55条第2款)。同年通过的《联合国教育、科学及文化组织组织法》(Constitution of the United Nations Educational, Scientific and Cultural Organization)确认"本组织法之各签约国秉人皆享有充分与平等受教育机会之信念(believing in full and equal opportunities for education for all)"。② 随后，1948年的《世界人权宣言》将这一信念转化为一项基本人权——"人人都有受教育的权利(Everyone has the right to education)"③(第26条)。这是人类历史上第一次超越地域、国家、种族、民族、阶层、身份等区别，以国际文书的方式确认人人应无差别地享有教育的理念。

在过去的七十余年里，诸多国际政府间组织(IGO，包括联合国系统中的诸多专门机构，如联合国教育、科学及文化组织，联合国儿童基金会，联合国人口基金，世界银行，联合国开发计划署等，以及欧洲经济与合作组织、欧洲

① 《联合国宪章》于1945年6月26日签订，同年10月24日生效。

② 联合国教科文组织在创立之初提出的这一具有理想主义与浪漫主义情怀的"education for all"的信念，在四十余年后演变为一个指导全球教育发展的国际政策。

③ 本书所讨论的"受教育权"是指由国际人权法所规定的"受教育权"(right to education)。它是指个人接受教育的权利，不是中国相关教育法律所规定的"权利与义务"统一体；仅仅是在"初级教育"阶段，它才既是一项个人权利，又是必须履行的义务。《世界人权宣言》将其表述为："初级教育应属义务性质(Elementary education shall be compulsory)。"《经济、社会及文化权利国际公约》重申了这一观点："初等教育应属义务性质(Primary education shall be compulsory)。"1999年，联合国经济、社会和文化权利委员会(UN Committee on Economic, Social and Cultural Rights, CESCR)第二十届会议通过的《第11号一般性意见：初级教育行动计划》(CESCR General Comment No. 11: Plans of Action for Primary Education, Art. 14)第6段对"义务性"(compulsory)一词作出了解释："这一强制性(compulsion)的要求集中表明，无论是家长、监护人还是国家都无权把儿童是否应受初级教育的决定视为可选择性的……"。同年，该委员会第二十一届会议通过的《第13号总评论：受教育的权利》(CESCR General Comment No. 13: The Right to Education, Art. 13)对"受教育权"这一概念作出了更详尽的阐释(E/C.12/1999/10)。因而，本书以国际通行的理解为依据，在论述这一概念时，直接引述国际准则性文书(normative instruments)的相关论断。

在我国，有"国家教育权""家庭教育权""社会教育权"等概念。从国际人权法的角度来看，"国家教育权"应是指国家为保障公民受教育权、履行相关教育职责(尊重、保护并落实公民受教育权)而需要具备的权力(power)。在英文文献中，没有关于"国家教育权"的专门表述，而国际准则性文书中谈及的是缔约国(state party)实现受教育权(the realization of the right to education)的义务(obligations)。需要说明的是，从相关的国际条约的规定来看，将right to education译为"教育权"较为妥帖(沈俊强，2015a)。不过，为了便于理解，本书仍遵从国内的惯例，使用"受教育权"一词。

联盟等①)、国际非政府组织(NGO)与各国政府机构通力合作,发起一系列倡议,在各种会议、公约、宣言、建议书、研究报告、出版物之中,全面深刻地重申受教育权的内容、目的、意义,并为在全球范围内实现这一权利不断地提出新的规划蓝图和实施纲领。这些努力使得这一观念成为一种普适性的、深入人心的“信仰”。

毫无疑问,作为人类的一分子,儿童天然享有这种无差别的、属于基本人权的受教育权。与此同时,人们也认识到,各国政府尊重、保护并落实(respect, protect and fulfil)儿童受教育权,是推进全球儿童生存、保护与发展事业的必然要求、重大关切与行动基础。

为回顾1990年会议以来取得的进展并再次激发世界各国落实儿童权利的热情,2002年,联合国大会召集儿童问题特别会议(The United Nations General Assembly's Special Session on Children)②,颁布了《适合儿童生长的世界》(A World Fit for Children)。该宣言(A/RES/S-27/2)着重指出:

> 我们有信心共同建立一个能够让所有女孩和男孩享受童年的世界。在这个世界上,他们的童年将是游戏和学习的时光,他们将受到爱护、尊重和珍视,他们的权利将没有任何差异地受到促进和保护,他们的安全和福祉高于一切,他们将健康、和平、尊严地成长。(第9条)

一个适合儿童生长的世界,一个所有儿童享有幸福童年的世界,必然要关切并尽力改善儿童教育。《适合儿童生长的世界》重申了全球落实儿童受教育权的历史使命:

> 在一个适合儿童生长的世界,所有儿童都能在生活中有一个良好的开端,得到高质量的基础教育,包括人人免费享有义务初级教育。所有儿童,

---

① 联合国教育、科学及文化组织(United Nations Educational, Scientific and Cultural Organization, UNESCO,以下简称“联合国教科文组织”)、联合国儿童基金会(United Nations Children's Fund; Formerly: United Nations International Children's Emergency Fund, UNICEF)、联合国人口基金(United Nations Population Fund; Formerly: United Nations Fund for Population Activities, UNFPA)、世界银行(World Bank)、联合国开发计划署(United Nations Development Programme, UNDP)、经济合作与发展组织(Organization for Economic Co-operation and Development, OECD)、欧洲联盟(European Union, EU)。

② 这是联合国大会第二十七届特别会议。它是有史以来第一次专门探讨儿童问题的会议,也是第一次接纳儿童作为正式代表(official delegates)的会议。

包括青少年，都能在一个安全、有利的环境中获得充足的机会发展个人的能力。我们将促进儿童在身体、心理、精神、社会、情感、智力和文化各方面的发展，将此作为国家和全球的优先事项。（第 14 条）

我国政府对儿童受教育权的尊重、保护和落实，是一个逐步实现的过程。中华人民共和国成立之后，由于客观存在的各种限制以及在特定历史时期受到“阶级成分论”的影响，我国儿童的教育机会、教育条件存在阶级、城乡、地域等差别。从法律上看，直至 1986 年《中华人民共和国义务教育法》颁布，我国才明确“国家实行九年制义务教育”（第 2 条），“国家、社会、学校和家庭依法保障适龄儿童、少年接受义务教育的权利”（第 4 条）。此后，历经 15 年艰苦卓绝的努力，我国实现了基本普及九年义务教育，基本扫除青壮年文盲。然而，与这一巨大成就相伴的是，我国儿童教育的发展仍然存在着诸多问题，尤其是由于各地经济社会发展水平与教育资源的不平衡，各地各级政府的行政理念与地方性规章制度的差异，保障儿童受教育权的无差别实现仍然面临着许多严峻的挑战。

进入 21 世纪，人类文明交流互鉴日益加深，全球人类构成了命运息息相关的共同体。从这个角度来看，作为一个人口大国，中国的文化教育水平与人口素质的提高就是对世界和平与发展的重大贡献。在全球教育广泛交流、深入合作的今天，我国教育与全球教育发展紧密关联；当代中国教育的改革成就与发展问题，也就是世界教育发展的重大成就与重要问题。事实上，中国教育已经全面“参与世界”，既学习融汇国际性的教育理念、教育准则，也向世界贡献自己的教育智慧、教育经验。在这一过程中，我们看到，中国加强与国际组织开展各层次教育合作，中国签署（涉及教育的）国际公约并提交履约报告。诸如此类的交流与合作，对我国儿童教育的发展路径、价值观念、实践模式产生了深远的影响。与此同时，国际社会也加深了对中国儿童教育的理解，中国儿童教育的国际形象有了整体更新。

第一章

筑梦大同：研究儿童受教育权的时代意义

受教育本身就是一项人权，也是实现其他人权不可或缺的手段。

——联合国经济、社会和文化权利委员会《第13号总评论：受教育的权利》开篇语从人类文明史来看，儿童教育从“教师中心”转向“儿童中心”是近百年来才发生的事情。在此之前的岁月里，为儿童设立的教育机构尽管在形式和职能上有所差别，但都将儿童视为教化的对象，儿童通过受教育得以了解社会规则，习得营生技能。在教育机构之外，儿童与成年人混居共处，在家庭、手工作坊、集会以及其他日常活动中进行学习。在几乎所有的教育形式中，儿童尚未被视为独立自主的教育主体，他们处于依附地位。这些教育的主导形态是学徒制，其“特色是完全以教师为中心，具有个人色彩的传统。学生对教师的尊敬和爱戴带有绝对服从的特点”(雅斯贝尔斯，1991)[8]。随着人类社会经济的发展，各行各业需要越来越多的具有读写算能力的从业人员，并且对识字能力(literacy)的要求也不断提高，这使得各国的普及教育与强制教育成为大势所趋。为此，教育的主流形式发生了改变，学校教育开始“垄断”儿童教育，而它的首要功能是为社会生产培养足够的后备劳动力。

> 学校代替学徒制成为教育的方式，这意味着儿童不再与成年人混在一起，不是直接通过与成年人的接触来学会生活。尽管步履蹒跚，姗姗来迟，但儿童最终与成年人分开，这种分隔犹如检疫隔离，之后儿童才被松手放归世界。这种隔离机构就是学校。儿童由此开始有了一个长期被禁闭的过程(就像疯子、穷人和妓女)，这种状况一直延续到我们今天，人们称之为“学校教育”。(阿利埃斯，2013)[3]

儿童在学校接受“隔离”式的教育，这客观上使人类文明注意到了儿童独特的生命形态、童年的价值以及儿童教育的意义。然而，这种给予儿童的特殊待遇也远未达到要求尊重儿童个性成长的程度——工业时代最著名的教育问题是“什么知识最有价值”。

直至19世纪末20世纪初，人类社会才开始认识到儿童独特的生命价值。

这一时期，儿童教育运动席卷欧美，在此期间，得益于儿童心理学的发展，儿童教育思想和教学实践取得了根本性的观念突破。1897 年，杜威在《我的教育信条》一文中说：

> 儿童自己的本能和能力为一切教育提供了素材，并指出了起点。
>
> 儿童的社会生活是其一切训练或生长的集中或相互联系的基础。
>
> 教育最根本的基础在于儿童活动的能力。
>
> 成年人只有通过对儿童的兴趣不断地予以同情的观察，才能够进入儿童的生活里面，才能知道他要做什么，用什么教材才能使他工作得最起劲、最有效果。

随着诸如此类观念的丰富与传播，恰如美国比较教育学家艾萨克·莱昂·康德尔(Isaac Leon Kandel)所评论的，到 20 世纪初，“教学的重点已从学科转移到儿童本身”。

> 没有什么比对儿童态度的变化更能说明 19 世纪至 20 世纪的变化了。这种变化说明了爱伦·凯为其著作取名为《儿童的世纪》(1900)是有道理的。(康德尔，2001)[171]

1919 年，进步教育促进会(Association for the Advancement of Progressive Education)发布的有关协会原则的声明里说：“进步教育的目的是以对人的心理、生理和精神，以及社会的特性和需要进行科学研究为基础，促使个人得到最自由和最充分的发展。”(克雷明，2009)[216]这一时期，欧美地区的教育革新家们创造并运用诸多以人为中心的新教育原则，儿童教育呈现出新的面貌。到第二次世界大战结束的时候，“儿童中心”成为受人欢迎的教育常识。

> 到第二次世界大战结束时，进步主义也变成了“传统的智慧”。教育政策的讨论中增加了许多习惯用语，诸如“认识个别差异”“个性发展”“全面发展的儿童”“社交和感情的发展”“创造性的自我表现”“学习者的需要”“内在的动力”“具有连续性的生活环境”“跨越学校和家庭的鸿沟”“教儿童而不是教科目”“为了儿童而调整学校”“真实的生活经验”“师生关系”“教师制定计划”，等等。可以肯定，这些都是时髦话，是教师所特有的行话。但是，它们并不仅仅是时髦的行话，因为它们标志着杜威曾经预言的**进步**教育最

终以良好的教育被人们接受的那一天终于来到了。(克雷明,2009)290

在新的交通与媒介技术的支持下,欧美教育家的教育理念迅速传播,这推动了20世纪儿童教育的革新。然而另一股潮流的到来,也为全球儿童教育交流与合作清除了障碍。当人们还在憧憬一个更加安定富足的世纪时,接连发生的两次世界大战震惊了文明世界。战争所造成的满目疮痍、社会衰退,促使人们对文明本身作出全面深入的反思,这种反思的成果之一就是联合国教科文组织的成立。① 当时推动这一事业的先哲们认为:“战争起源于人之思想,故务需于人之思想中筑起保卫和平之屏障。”(《联合国教育、科学及文化组织组织法》“序言”)而为了建设一个和平的世界,必须增进各国间的交流、了解与互信,“增进对正义、法治及《联合国宪章》所确认之世界人民不分种族、性别、语言或宗教均享人权与基本自由之普遍尊重”(《联合国教育、科学及文化组织组织法》第1条第1款)。在联合国教科文组织的倡导下,各国检查本国教育制度、调查教育效果——因为,正是什么样的教育造就了什么样的民族。这些反思与检查推动了全球教育民主化进程,世界各国的教育制度近乎一致地延长了儿童教育年限、面向所有的人提供平等的教育机会。

> 洪堡的声明:“你想要在国家里采取什么措施,你必须先在学校里采取那种措施”,和另一句教育名言:“谁控制了一国的青年,谁就控制着国家的未来”,可以从过去30年中找到充分的例证。……既然同盟国参加两次大战是为了维护民主自由,这就有必要检查一下教育制度是否真正民主。提供平等的教育机会,现在开始被认为是民主教育制度的基本要求。(康德尔,2001)37

第二次世界大战结束以来,人们最终同意各国教育不再仅仅是一国内部的事务,国际教育交流合作应该在全球范围内展开。全球教育交流促成了各国儿童教育观念、教育条件、教育方式的改进。在儿童教育思想转变、各国教育制度调整、国际教育交流合作兴起等因素的综合推动下,全球儿童的教育机会与教育状况受到越来越多的关注,为尊重、保护并落实儿童受教育权所采取的国际行动也得到了越来越多的响应。

---

① 联合国教科文组织“理想”诞生日:1945年11月16日,即《联合国教育、科学及文化组织组织法》签署之日;联合国教科文组织惯常的纪念日:1946年11月4日,即《联合国教育、科学及文化组织组织法》生效之日。

第一节 儿童受教育权的要义

一、受教育权的人权特性

关于受教育权，可以结合政治思想史进行一番理论上的探讨，以对它是否存在，以及（如果它确实存在）它的来源、本质等问题进行辩论。但是，笔者并不打算作这样的讨论，只在通行的意义上使用这一术语，并承认这一术语背后所包含的、被给定的关于人类生活某些方面的理想。

从国际条约的层面来看，受教育权是《世界人权宣言》《儿童权利宣言》《取缔教育歧视公约》①（Convention against Discrimination in Education）、《经济、社会及文化权利国际公约》《儿童权利公约》等国际准则性文书规定的一项社会权利，②它是具有普适性的人权，并且要求国家给予尊重、保护并落实。这一表述在关于"权利理论"的讨论中③是内在矛盾的。因为它给出了两种权利来源，将其界定为两种权利的结合，即受教育权既是自然权利，也是社会权利。前者是人生而拥有的，它独立于国家而出现，不是来自政治权威；而后者是由国家授予（entitled）公民的。然而，如果将自然权利的话语转变为人类权利（human rights）

① 该公约也常被译为《反对教育歧视公约》，于1960年12月14日联合国教科文组织大会第十一届会议第三十次全体会议通过。在本书中，遵照联合国人权高级专员办事处提供的该公约的中文本的译名，统一使用《取缔教育歧视公约》。

② 《经济、社会及文化权利国际公约》没有严格界定经济权利、社会权利或文化权利的具体范围，也无明确的区分标准。在该公约中，"受教育权"既可视为"社会权利"，亦可理解为"文化权利"（北京大学法学院人权与人道法研究中心，2012b）[79]。

需要提及的是，《经济、社会及文化权利国际公约》与《公民权利和政治权利国际公约》所规定的两大类权利都是旨在确保"实现自由人类享有免于恐惧和匮乏的自由的理想"（两份公约的"序言"）；它们具有同等重要性、同等法律地位，并且各权利构成了相互依存、不可分割的整体。但这两类权利所体现的价值观还是有区别的。

> 公民权利和政治权利所要实现的核心价值是自由，而经济、社会和文化权利所追求的价值目标是平等。因此，公民权利和政治权利经常要么要求国家权力对某些领域不得随意干涉（如人身权、表达自由、集会自由、迁徙自由等），要么要求对国家权力进行参与或监督（如选举权），而经济、社会和文化权利则经常要求国家对社会和经济生活进行必要的干预，以实现对每个人基本生活条件的保障，保证社会实现实质上的平等。正因为经济、社会和文化权利注重的是实现社会平等，所以它们更关注对经济和社会生活中弱者的权利保护。当然，这种说法并不绝对，因为事实上，几乎所有经济、社会和文化权利都包含一些体现自由价值的权利内容，……但尽管如此，总体而言，经济、社会和文化权利还是一类比公民权利和政治权利更加侧重保障经济平等的权利。（北京大学法学院人权与人道法研究中心，2012b）[79-80]

③ 本段中关于"权利理论"变迁的解读，主要参见《政治思想导读》第四章"权利的起源和本质"（斯特克、韦戈尔，2005）[125-131]。

的话语，那么它又是内在一致的。自然权利要求的是防范他人对天赋权利的侵害，而人类权利提出的是对他人的要求权。“关于人类权利，论辩通常停留在某种观念上，即人类或者（更确切地说）个人是有着需要和利益的生命，如果他或她要过一种完整的人类生活，这种需要和利益就必须得到满足。”（斯特克、韦戈尔，2005）[129]恰如兰登·皮尔逊（Landon Pearson）（2012）所指出的：“人权，恰当地理解，与其说是关于法定权利（entitlements），不如说是关于关系——关于个体之间的关系、关于个人与社会的关系、关于个人（不管是单个的还是成群的）与国家的关系。”换句话说，当前国际社会关于“受教育权”的定义，可以理解为是对个人与其生活于其中的社会的一种关系界定。从人权的立场来看，受教育权是人类个体可以要求的，他所在的社会或国家必须给予尊重、保护并落实的一种基本权利。而运用当前学术界广泛认同的“三代人权”①的观点来看，受教育权具有第一代人权与第二代人权的特征，是自由权（限制他人包括国家的干预）与福利权（要求国家提供特定物品或服务）的结合体（霍奇森，2012）[56]。

就受教育权的历史来看，它的出现和界定，是与人类社会的发展状况密切相联的。大而化之地说，在20世纪之前，人类社会并未真正承认“受教育”是个人生存和发展的必需条件与实际利益；人类文明有相当长的岁月是将“受教育”视为某些特殊人群因其身份、出生等条件而享有的一种特权。在19世纪，这种特权在个别国家被承认为国家应该提供给国民的基本福利，但这一基本福利出现的原因首先是为了国家而不是为了个人。② 20世纪的国际条

① 1979年，时任联合国教科文组织人权与和平处处长的卡伦·瓦萨克（Karel Vaska）根据法国革命时期的自由、平等、博爱三大口号，提出了“三代人权”学说：(1) 公民权利和政治权利被称为“第一代人权”，其权利依据是“自由”思想；(2) 经济、社会和文化权利为“第二代人权”，其权利依据是“平等”思想；(3) 像发展权和环境权等集体权利则是“第三代人权”，其权利依据是“博爱”思想。这一划分大体反映了这三类权利在政治与法律上得到确认的先后顺序（北京大学法学院人权与人道法研究中心，2012b）[80]。然而，学术界关于“三代人权”的具体表述并不完全一致。例如，霍奇森（2012）[55]的表述是这样的：“第一代人权以限制政府行动及其对人民事务的干涉为追求，……第二代人权要求政府积极作为赋予符合条件的个体以福利。”

② 霍奇森（2012）[7]指出：

> 在19世纪后半期，国家宪法和法律开始明确承认受教育权以及国家促进受教育权的责任。1849年的《德意志帝国宪法》包含标题为“德国人民基本权利”的一节，其中有7条（第152—158条）是关于受教育权的。这些权利的目的在于妥善处理儿童、父母、教会、国家以及教育机构经营者之间的利益。教育被确认为国家的一项职能，独立于教会，同时穷人享有免费教育的权利也被提出。德国公民创办和经营学校、进行家庭教育、选择职业和就业培训的权利以及科学研究和教学的自由得到保证。同样，1919年的德国《魏玛宪法》权利宪章中也有完整的一节是关于“教育和学校”的规定（第142—150条），其中明确规定了通过免费和强制入学确保教育是国家的责任。（1849年3月的《德意志帝国宪法》尽管从未正式生效，但对欧洲大陆宪政的发展具有重要影响。——原书注释）

约尤其是相关"国际人权宪章"①中将受教育权作为一项基本人权加以确认和推广，这是权利来源范围扩展的一个重要体现；这一权利得到众多国家和社会的承认与落实，则充分表明了人类社会的重大进步。

"人人都有受教育的权利"，这一信念从被铭记于《世界人权宣言》之日起，就成为一个人类教育的总体规划，一个全球教育的发展愿景，以及一个事关人类美好未来的梦想——它将确保人类文明的传承与繁盛。在实践中，它也成为一个考察民族国家教育民主化进程的核心指标。而对任何教育家来说，人人都有受教育权，这是不言而喻的确信。

关于"人人都有受教育权"的确信，与其他关于基本人权的确信一样，具有两个方面的内涵，即它是自由的权利，任何人都可以自由选择和接受尊重其本人意愿的适合的教育，并且在受教育过程中免于被侵害；它也是平等的权利，任何人都享有与他人一样的教育机会、教育条件，从而有可能获得适合的教育结果。笔者在这里使用的"适合的"一词意指多方面的、个性化的。这里需要说明的是，国家尊重、保护并落实受教育权的可操作性体现于立法、决策、规划、投入、监管、评估等方面；而对具体个人来说，他通过享用受教育权获得何种身心上的成长，取得何种人生成就，是难以预见的。

就受教育权的人权特质来看，它具有丰富的国际人权法基础；《经济、社会及文化权利国际公约》（第13、14条）、《儿童权利公约》（第28、29条）等公约都对其予以明确规定。在此基础上，1999年12月8日联合国经济、社会和文化权利委员会通过的《第13号总评论：受教育的权利》②为国际社会准确而全面地理解"受教育权"提供了非常细致的说明（E/C.12/1999/10）。

在综合《经济、社会及文化权利国际公约》及《第13号总评论：受教育的权利》（E/C.12/1999/10）相关内容的基础上，北京大学法学院人权与人道法研究

① "国际人权宪章"包括《世界人权宣言》《经济、社会及文化权利国际公约》《公民权利和政治权利国际公约》，以及《公民权利和政治权利国际公约》的两份任择议定书。

② 在本书中，笔者采用此文件作准中文本的译名。在这一文件中，General Comments被译为"总评论"；Committee on Economic, Social and Cultural Rights（CESCR）被译为"经济、社会、文化权利委员会"。而在联合国人权事务高级专员办事处（http://www.ohchr.org）、中国人权网（http://ww.humanrights.cn）的相关页面中，它们各自被译为"一般性意见""经济、社会和文化权利委员会"。就笔者查阅的相关材料来看，这是目前通行的译名；本书加以采用——除"第13号总评论"外。

经济、社会和文化权利委员会（在国内，常被简称为"经社文权利委员会"）是监督缔约国落实《经济、社会及文化权利国际公约》情况的独立专家机构，自1985年5月28日成立以来，它发布了一系列对公约各条款的解读意见，即"一般性意见"。关于该委员会的进一步介绍，参见本书第六章第二节的相关内容。

中心(2012b)[102]在其组织编撰的《国际人权法概论》一书中，对“受教育权”作出如下概述：

> 受教育权是指人人都享有接受教育的权利，它也是实现其他人权不可或缺的手段。从其内涵上说，受教育权包含以下内容：
>
> 1. 教育应鼓励人的个性和尊严的充分发展，加强对人权和基本自由的尊重，促进各民族之间和各种族、人种或宗教团体之间的了解、容忍和友谊。
>
> 2. 各种形式的各级教育都应确保教育的可提供性、可获取性、可接受性和可调适性(availability, accessibility, acceptability, adaptability)。
>
> 3. 初等教育应属义务性质并一律免费；中等教育应普遍设立，并对一切人开放，特别要逐渐做到免费；高等教育应根据成绩，对一切人平等开放，并要逐渐做到免费。
>
> 4. 受基础教育的权利不受年龄或性别的限制。
>
> 5. 学校中实施的纪律措施不应有损个人的尊严，禁止对学生进行体罚和当众羞辱。
>
> 6. 父母和法定监护人可以为其孩子选择非公立的但符合国家所规定或批准的最低教育标准的学校，并保证其孩子能按照他们自己的信仰接受宗教和道德教育。
>
> 7. 个人或团体都有设立及管理教育机构的自由，但其所实施的教育必须符合教育的宗旨以及国家所可能规定的最低标准。
>
> 8. 为了确保受教育权的实现，学术自由和教育机构自治应得到尊重。
>
> 9. 个人享有受教育权不应受任何歧视。

二、儿童受教育权概念蕴含的教育理念

在相关国际文件中，“受教育权”的英文表述是 right to education，其中的“to”有“toward”(朝向)或“for the purpose of”(为了……)的意思。(Michael Agnes, 2009)[1503]就字面意思来理解，它并无“受”(被动)的含义。事实上，相关受教育权条款的内容，是基于对几个关键性问题的深入讨论而确定的；其中，最令人感到困扰的问题是，由谁来决定儿童选择何种教育。是由国家决定儿童教育的内容和形式，还是尊重父母在其子女教育问题上的决定权？对这一问题的理解和回答，与各国的社会、政治、文化传统相关。

1947—1948年，受联合国大会委托起草《世界人权宣言》草案的联合国人权委员会（United Nations' Commission on Human Rights，UNCHR）在讨论"Elementary education shall be compulsory"（第26条第1款）这一条文时，担心"义务性的"（compulsory）一词有国家垄断教育的嫌疑。

> 在委员会第三次会议上，有的委员对"义务性的"一词产生了疑虑。卡森教授①曾主动解释说：这个词的"意思应当理解为任何人（或是国家或是家庭）都不得阻挠儿童接受初等教育"。他补充说"这里绝不意味着强制（coercion）"。而苏联的帕夫洛夫（A. P. Pavlov）先生认为"义务性的"一词所含的"义务"（obligations）适用于社会和国家："（'义务性的'一词）所含的概念与受教育权的概念有密切联系。它要求社会的义务与每个人免费接受教育的权利相符。国家有义务向每个人提供受教育的机会并确保任何人都不被剥夺这种机会。"
>
> 黎巴嫩的阿兹库勒（Karim Azkoul）先生则认为："义务的概念与有关权利的说法是矛盾的。"印度的梅赫塔（Hansa Jivraj Mehta）女士表达了同样的看法。委员会的另外一些委员认为，问题在于国家的作用。例如，英国的威尔逊（Geoffrey Wilson）先生就认为："在《宣言草案》中使用'义务性的'一词是危险的，因为这很可能被理解为接受国家教育（state education）的概念。"而在联合国教科文组织的勒巴尔（Pierre Lebar）先生看来，"（'义务性的'一词）并不意味着国家对教育实行垄断，也不妨碍家长按自己的愿望为子女选择教育的权利"。（联合国教科文组织，2001，引用时略有改动）[93]

而关于《世界人权宣言》第26条第3款"父母对其子女所应受的教育的种类，有优先选择的权利（a prior right to choose）"的措辞，代表联合国大会负责对该宣言草案进行审议的联合国第三委员会②的代表们也进行过激烈的争论。该委员会的主席美国罗斯福总统的夫人安娜·埃莉诺·罗斯福（Anna Eleanor

---

① 法国法学家勒内·卡森（René Samuel Cassin）在《世界人权宣言》起草过程中起了决定性的作用，他受命撰写该宣言的早期草稿。因其为世界人权事业所作出的杰出贡献，他获得了1968年诺贝尔和平奖。

② 第三委员会（Third Committee）是联合国大会设立的主要委员会之一，负责对影响全球人口的社会、人道主义和文化（Social，Humanitarian & Cultural）等事务与议题进行讨论和审议。

Roosevelt)指出:“按照她的理解,委员会委员普遍认为采用‘义务性的’这个词根本不会妨碍家庭为子女选择就读学校的权利。”在以美国代表身份发言时,她认为:“国家提供免费和义务性的教育的责任意味着儿童必须上学,但未必在国家提供的学校就读。虽然国家有明确的责任不加区别地向所有的儿童提供学校,但是选择学校的权利依然属于家长。”而委员会的其他代表同样强调了父母对其子女教育的首要责任(联合国教科文组织,2001)[99]。

> 荷兰代表博福尔(Leo Josephus Cornelis Beaufort)先生指出,家庭应为教育承担首要责任是合乎逻辑的,因为孩子首先在家庭里学习如何与人相处。任何公立或私立的教育机构都不能取代家庭。如果不是因为《世界人权宣言》“序言”的第二段①提到的最近的教训,谁都会认为这一点是不言而喻的。
>
> 儿童的权利是神圣的,因为儿童自己不会要求实施其权利:家长自然是要求行使这些权利最合适的人。……除非家长可以选择子女接受教育的类型,否则他们就不能承担这一首要责任。在纳粹德国,希特勒青年团剥夺了家长对其子女的管理,这种情况绝对不允许再出现。有人也许会反对说,这种规定限制了儿童受教育的权利,因为它不能从不负责任或不知好坏的家长手中保护儿童。这类情况是例外,再说,即使出现这种情况,教师和学校应当有可能阻止造成任何重大的损失。《世界人权宣言》不能以对一些例外情况的考虑为依据。……家长应当保留选择他们认为对其子女是最好的学习环境的权利。(联合国教科文组织,2001)[99-100]

毫无例外,《经济、社会及文化权利国际公约》和《儿童权利公约》的“受教育权”条款也必须处理同样的问题。大而化之地说,《经济、社会及文化权利国际

① 《世界人权宣言》“序言”第2段:“鉴于对人权的无视和侮蔑已发展为野蛮暴行,这些暴行玷污了人类的良心,而一个人人享有言论和信仰自由并免予恐惧和匮乏的世界的来临,已被宣布为普通人民的最高愿望。”这一表述借鉴了1941年1月6日美国富兰克林·D.罗斯福(Franklin D. Roosevelt)总统在致美国国会的咨文中提出的人类四大基本自由:言论自由(freedom of speech and expression)、信仰自由(freedom of every person to worship God in his own way)、不虞匮乏的自由(freedom from want)以及免除恐惧的自由(freedom from fear)。中国教育家晏阳初(1890—1990)认为,这还不够,应该有另一项更重要的自由:免于愚昧无知的自由(freedom from ignorance)(吴相湘,2001)[342-343]。而这第五项自由在《世界人权宣言》的“受教育权”条款中得到了体现。

公约》中界定“受教育权”的第 13 条共有四款：第 1 款规定教育的目的，第 2 款规定国家落实这一权利的义务，第 3 款规定父母或法定监护人为儿童选择非公立学校教育的自由，第 4 款规定个人或团体设立及管理教育机构的自由。它们清楚地表明，在强调国家落实受教育权、推行普及初等义务教育时，并不意味着所有儿童都必须在国家规定的公立教育机构接受教育；儿童可以自由选择进入公立的或达到国家规定或批准的“最低教育标准”(minimum educational standards)的教育机构学习——人们有设立和管理非公立的教育机构的自由。这两种自由与国家的教育管辖权并不冲突。同样，《儿童权利公约》也强调了父母或法定监护人在儿童受教育权上的主动性，并规定了个人和团体设立教育机构的自由。

> 缔约国应尽其最大努力，确保父母双方对儿童的养育和发展负有共同责任的原则得到认可。父母或视具体情况而定的法定监护人对儿童的养育和发展负有首要责任(primary responsibility)。儿童的最大利益将是他们主要关心的事。(第 18 条第 1 款)
>
> 对本条或第二十八条任何部分的解释均不得干涉个人和团体建立和指导教育机构的自由，但须始终遵守本条第 1 款载列的原则，并遵守在这类机构中实行的教育应符合国家可能规定的最低限度标准的要求。(第 29 条第 2 款)

事实上，从这两个公约有关“受教育权”条款的表述中，我们可以看到西方教育管理的传统，即国家对教育的管制并非否定“父母对其子女所应受的教育的种类，有优先选择的权利”(《世界人权宣言》第 26 条第 3 款)。虽然现代国家的教育制度都不可避免地融入了普鲁士教育的基因，但是欧美国家不能想象将教育作为侵犯个人自由的手段，而且纳粹德国的典型案例更是使得制定公约的人们时刻警醒这一点。然而，即便《儿童权利公约》在这一问题上采用了十分严谨并留有余地的措辞，到目前为止，美国仍是全球唯一一个虽已签署但尚未批准它的国家。美国国内反对批准这一公约的原因有许多；仅就该公约“受教育权”条款来说，美国人民的主要疑虑是，该公约第 28 条第 1 款提出缔约国承认“儿童受教育权”，这可能会导致美国政府或儿童权利委员会规定所有儿童都应接受公立学校教育，或者干涉父母让儿童在家上学或送他们去私立学校就读的自由。另外，有些美国人关心该公约第 29 条第 1 款提及的儿童教育目的的元素，认为它们可能导致政府干涉私立学校和家庭学校(home-school)的课程。[①] 塔拉·柯林斯(Tara Collins)(2014)指出，美国国内反对《儿童权利公约》的诸多广泛传播的批评性意见，通常是误解或以讹传讹，它们怀疑国际权力会被滥用，父母权威则会被削弱。笔者以为，在"受教育权"条款的反对意见上，我们可以发现美国教育管理体制的传统界定——美国人民不允许联邦教育部门侵犯各州的教育管辖权，也不交出父母养育与教育各自子女的优先权。

显然，在理解相关国际公约中的儿童"受教育权"条款时，我们有必要明确区分国家与父母在儿童教育事务上的地位。国际社会已经制定的"受教育权"条款并未一劳永逸地解决儿童教育选择权的问题，它们也并未认可在儿童教育领域缔约国政府拥有并行使无限度的权力——儿童属于家庭，家庭教育奠定了儿童成长与发展的基础，这样的观念是相关"受教育权"条款所尊重与承认的。例如，《公民权利和政治权利国际公约》第18条第4款也规定："本公约缔约各国承诺，尊重父母和(如适用时)法定监护人保证他们的孩子能按照他们自己的信仰接受宗教和道德教育的自由。"

而"受教育权"条款中，儿童作为权利主体的地位如何，则是另一个关键性问题。1959年的《儿童权利宣言》首次在国际法层面上明确提出"儿童最大利益原则"(原则二)，并在其"受教育权"条款(原则七)中强调："儿童的最大利益应成为对儿童的教育和指导负有责任的人的指导原则。"

> 原则二：儿童应受到特别保护，并应通过法律和其他方法而获得各种机会与便利，使其能在健康而正常的状态和自由与尊严的条件下，得到身

---

① 美国于1995年2月16日签署了《儿童权利公约》，并于2002年12月23日批准了《儿童权利公约》的两个任择议定书：《儿童权利公约关于买卖儿童、儿童卖淫和儿童色情制品问题的任择议定书》(2002年1月18日生效)、《儿童权利公约关于儿童卷入武装冲突问题的任择议定书》(2002年2月12日生效)；但是，美国政府一直没有批准《儿童权利公约》。"美国抵制儿童权利公约网"(http://www.nocrc.org/)就抵制这一公约给出如下意见：(1) 该公约授予美国政府在任何儿童事务应用儿童最大利益原则，美国政府有可能以此干涉父母养育、教育子女的权利；(2) 该公约委员会干涉美国内政；(3) 该公约授予儿童获取存在争议的性信息和堕胎的自主权(autonomous rights)；(4) 该公约对18岁以下儿童的免除死刑条款与美国的国内法相冲突(但美国联邦高等法院在2005年的Roper v. Simons案件中，确立了18岁儿童免死的判例)。我国学者王宗兴(2006)认为，美国没有批准《儿童权利公约》与其霸道和虚伪无关，事实上主要原因在于该公约与美国例外论的政治传统、联邦主义的法律体系以及美国传统家庭理念存在冲突，并且美国基督教右派通过有效的社会动员阻止了政府的批准行动。

体、心智、道德、精神和社会等方面的发展。在为此目的而制订法律时，应以儿童的最大利益为首要考虑。

然而，《儿童权利宣言》并不具有法律约束力。直至1989年《儿童权利公约》的颁行，“儿童最大利益原则”才成为考虑儿童生存与发展等相关事务的首要原则。“关于儿童的一切行动，不论是由公私社会福利机构、法院、行政当局或立法机构执行，均应以儿童的最大利益为一种首要考虑。”（第3条第1款）从这一原则出发，既然教育是儿童获得生存与发展的必要手段，是儿童的利益所在，那么各国理应切实地尊重、保护并落实儿童受教育权。

缔约国应采取一切适当的立法、行政和其他措施以实现本公约所确认的权利。关于经济、社会及文化权利，缔约国应根据其现有资源所允许的最大限度并视需要在国际合作范围内采取此类措施。（第4条）

自第二次世界大战以来，国际社会就将教育视为维护世界和平的重要途径。联合国教科文组织创立时就确立其宗旨为：“通过教育、科学及文化来促进各国间之合作，对和平与安全作出贡献，以增进对正义、法治及《联合国宪章》所确认之世界人民不分种族、性别、语言或宗教均享人权与基本自由之普遍尊重。”（《联合国教育、科学及文化组织组织法》第1条第1款）这是对“战争起源于人之思想，故务需于人之思想中筑起保卫和平之屏障”（《联合国教育、科学及文化组织组织法》“序言”）这一观念的阐发与具体化。为了进一步传达通过教育来维护世界和平的信念，联合国在《世界人权宣言》中特设“教育目的”条款：“教育的目的在于充分发展人的个性并加强对人权和基本自由的尊重。教育应促进各国、各种族或各宗教集团间的了解、容忍和友谊，并应促进联合国维护和平的各项活动。”（第26条第2款）这一表述的思想基础正在于：“对人类家庭所有成员的固有尊严及其平等的和不移的权利的承认，乃是世界自由、正义与和平的基础。”（《世界人权宣言》“序言”第1句）此后，包含“受教育权”条款的重要国际公约都援引了《世界人权宣言》对“教育目的”的说明：发展个性，加强对人权和基本自由的尊重，促进人类的相互了解和宽容。这就是说，国际社会确认人人都有权接受教育，而教育既是个体个性化成长的需要，也是人类社会和平发展的需要。

然而，我们可以注意到，在“儿童最人利益原则”的指导下，《儿童权利公约》

第29条第1款(a)段首先提出的“儿童教育目的”是“最充分地发展儿童的个性、才智和身心能力”。换句话说，儿童的生命成长才是居于首位的教育目的。这一条款是对《世界人权宣言》《经济、社会及文化权利国际公约》提出的教育目的——“发展人的个性”的具体说明，它也扬弃了《儿童权利宣言》将儿童教育的目的定义为成为“有用的社会一分子”的说辞——这相当于说，儿童不是被塑造的对象，而是追求自我实现的主体。

《儿童权利公约》第29条第1款：

缔约国一致认为教育儿童的目的应是：

(a) 最充分地发展儿童的个性、才智和身心能力；

(b) 培养对人权和基本自由以及《联合国宪章》所载各项原则的尊重；

(c) 培养对儿童的父母、儿童自身的文化认同、语言和价值观、儿童所居住国家的民族价值观、其原籍国以及不同于其本国的文明的尊重；

(d) 培养儿童本着各国人民、族裔、民族和宗教群体以及原为土著居民的人之间谅解、和平、宽容、男女平等和友好的精神，在自由社会里过有责任感的生活；

(e) 培养对自然环境的尊重。

《经济、社会及文化权利国际公约》第13条第1款：

教育应鼓励人的个性和尊严的充分发展，加强对人权和基本自由的尊重，并应使所有的人能有效地参加自由社会，促进各民族之间和各种族、人种或宗教团体之间的了解、容忍和友谊，和促进联合国维护和平的各项活动。

《儿童权利宣言》原则七：

儿童所受的教育应能增进其一般文化知识，并使其能在机会平等的基础上发展其各种才能、个人判断力和道德的与社会的责任感，而成为有用的社会一分子。

《世界人权宣言》第26条第2款：

教育的目的在于充分发展人的个性并加强对人权和基本自由的尊重。教育应促进各国、各种族或各宗教集团间的了解、容忍和友谊，并应促进联合国维护和平的各项活动。

关于此点，2001年儿童权利委员会(Committee on the Rights of the Child,

CRC)在其发布的《〈儿童权利公约〉第 1 号一般性意见：教育的目的》(General Comment No. 1 (2001) Article 29 (1)：The Aims of Education)中着重进行了说明。该意见第 9 条指出，该公约中关于儿童受教育权的两个条款，"第 28 条的重点是缔约国在建立教育体系和确保教育准入方面的义务，而第 29 条第 1 款强调了享有特定教育质量的个人和主体权利"。

> 第 29 条第 1 款不仅为第 28 条所确认的受教育权增加了一个实质性方面，反映了儿童的各项权利和固有尊严，而且坚持认为儿童教育应以儿童为中心、对儿童友善并赋权儿童(child-centred, child-friendly and empowering)，并强调教育过程应基于该款所述各项原则。每个儿童有权享有的教育，应能培养儿童的生活技能，增强儿童享有全面人权的能力，并培育融入恰当人权价值观的文化。它旨在通过培养儿童的技能、学识及其他能力、人格、自尊和自信来赋权儿童。这种"教育"远远突破了正规学校教育的范围，而包含着广阔的生活经验和学习过程，以使儿童(个人和集体)能够发展他们的个性、天资和才能，并能在社会中度过完满一生。(《〈儿童权利公约〉第 1 号一般性意见：教育的目的》第 2 条)

总之，《儿童权利公约》对儿童教育目的说明，凸显了儿童的生命成长与教育需求，相对弱化(甚至可以说有意回避了)传统意义上的说辞——通过教育使儿童社会化。这种视角的转变，最终使得"儿童"真正成为了目的，"教育"成了手段，"知识"仅是达成目的的媒介之一。

此外，我们可以看到，自第二次世界大战以来，受教育权的理念与终身教育、全民教育紧密结合，以至于 2000 年联合国教科文组织发布 21 世纪的第一份世界教育报告时，其标题为《教育的权利：走向全民终身教育》①(The Right to Education: Towards Education for All throughout Life)。换句话说，在 21 世纪到来之前，国际社会已经充分认识到，儿童享有受教育权，接受教育不仅仅是为其成年后的社会生活与职业生涯做准备；儿童时期的教育是一个人终身学习、终身发展的基础，它的根本目的在于使儿童成其为人。②

① 此为报告中文本采用的译名。
② 本书第三章第一节对这一观点进行了阐述。

第二节　研究中国儿童受教育权的意义

在人类社会中，儿童是值得特别关注、需要给予特别待遇的特定群体；相应地，儿童受教育权研究是受教育权研究的重要分支。

从1948年《世界人权宣言》提出受教育权是一项基本人权以来，以联合国系统为首的国际社会，通过各种国际公约、宣言、建议书、报告书重申并丰富了儿童受教育权的基本内涵与保护原则。1990年《世界全民教育宣言》的发表为基础教育提供了一个"扩大了的愿景"（expanded vision）——"全民终身教育"；在这一总体框架下，国际社会采取了一系列尊重、保护并落实儿童受教育权的国际行动（沈俊强，2012）。中国政府承诺落实《世界全民教育宣言》的各项目标，并发布《中国全民教育行动纲领》（1993），设立了"到2000年，全国基本普及九年义务教育"（以下简称"普九"）等目标。随着"普九"的推进，受教育权理论逐渐成为我国学者分析儿童教育热点问题的重要视角与理论依据；我国学者重点关注了弱势儿童与处境不利儿童的受教育权问题。这些儿童包括残疾儿童、女童、农民工子女、流动儿童、留守儿童、流浪乞讨儿童、少数民族边远地区儿童，等等。大而化之地说，在全面推行免费义务教育（2008年秋）之前，我国学者集中关注的是弱势儿童与处境不利儿童的入学问题；而在这前后，流动儿童的异地升学、清理民工子弟学校、农村中小学布局调整等问题持续引发社会关切，成为研究的热点问题。① 在研究推动下，各级政府陆续出台并修订了相关政策，我国儿童受教育权状况日益改善。

简而言之，在21世纪，不管是从国际潮流还是从国内需要来看，我国儿童受教育权研究都具有重要的社会意义与学术价值。

一、研究中国儿童受教育权的社会意义

儿童享有教育机会、参与教育过程、获得教育结果、得到公正评价等，都是儿童受教育权利的实现过程。但是，大多数相关国际文书（公约、宣言、建议、计

① 相比来说，近年来，学龄前儿童的"入园难"问题，即幼儿接受学前教育的权利问题成为舆论与研究的焦点。学前教育不同于义务初等教育，保障学前儿童的受教育权，不是国家向国际社会承诺的最低限度的核心义务（《经济、社会及文化权利国际公约》《儿童权利公约》对学前教育没有任何直接相关的规定）。就这一困境来看，与受学前教育权相关的研究有可能提出新的观点。

划，等等）对受教育权的全面规定，往往被缩减为对儿童普遍入学的要求。例如，《世界人权宣言》第 26 条第 1 款的规定——“教育应当免费，至少在初级和基本阶段应如此。初级教育应属义务性质。技术和职业教育应普遍设立。高等教育应根据成绩而对一切人平等开放”，在实践中被转换为确保儿童进入各级各类教育机构的平等机会（对一些落后国家来说，它们甚至很难确保所有儿童进入初等教育）。

随着各国教育普及水平的提高以及国际教育理念的丰富与系统化，人们对受教育权的理解，不再仅仅停留于入学问题上，而是进一步研究教育领域中实际存在的各种歧视问题、教育质量问题、教育评价的公正性、教育机构的可选择性、学历与证书的可互换性等问题。此外，若是从广义教育的角度来理解这一问题，那么，对个体来说，它是在其所处的社会经济文化条件中享用教育的问题，也是享有与他人均等的教育机会、获得具有适切性（relevance）的教育以改善其生存境遇的问题；而对群体来说，它是设立制度、调配资源以确保不同社会资源占有者之间共享均等的教育机会、教育条件，获得公平①的教育结果的问题，也是采取措施改善弱势群体的不良处境、提高其教育质量、确保无歧视地让其发挥才能、参与社会生活的问题。简而言之，儿童受教育权问题既是保证儿童入学的问题，也是儿童在其教育世界中获得成长的问题，更是国家与社会需要通过各种举措加以保障和落实的问题。

（一）研究儿童受教育权是全面认识全球儿童教育发展议程，科学规划我国儿童教育的时代要求

儿童受教育权问题是重大的国际教育问题，研究这一问题有助于我们认识全球儿童教育发展议程。从 20 世纪后半期以来，国际组织不仅为世界各国提供各种教育规划策略与政策建议，也创造了大量的教育文献——它们反映了整个世界的教育发展动态，提出了一系列相关的重大教育问题。在尊重、保护并落实儿童受教育权的行动与研究方面，国际社会达成了丰富的共识，并创造了监测儿童受教育权落实状况的指标体系——儿童入学率、识字率、续读率（retention rate）、教育投入占国民生产总值比例等指标已经成为国际教育比较的重要内容。这些指标描述了一国教育发展的状况，同时也展现了该国尊重、保护并落

① 均等（equality）是一个量的概念，而公平（equity）是一个质的概念。前者可以是一个静态的、可测量的指标，它要求的是教育机会与教育条件的一致；而后者是动态的、描述性的指标，它强调的是社会规范与价值体系的变革，以确保不同社会处境的人都能够得到适合其发展需求的教育。

实儿童受教育权的实际水平。它们也提供了国际视角，使得各国教育被纳入全球教育发展(人类发展)的全景中。在全球教育发展进程中，开展多边教育合作的国际组织发起与推进了多项儿童受教育权保护的全球倡议；尤其是在全民教育领域，联合国教科文组织作为牵头与协调机构，推动了世界全民教育行动框架的成形。在这一全球行动框架下，进一步开展全球性的教育动员，促进人类教育的新发展，成为当代国际社会所有成员的共同使命。在全球教育广泛交流、深入合作的时代，研究儿童受教育权问题，有助于认识当前我国基础教育与世界全民教育的紧密关联，有助于我们准确定位我国基础教育发展的重大问题。

(二) 研究儿童受教育权，全面关注全体儿童的全部教育生活，是当代儿童教育政策创新的必然选择

不同社会经济文化背景中的儿童有哪些不同的教育需求？入学机会、教育内容、教育条件、教育过程的性别差异问题有哪些表现？女童是否受到恰当的平等对待？儿童教育的各种主体应该如何合作？国家的立法、政策与发展规划是否体现儿童利益最大化原则？为儿童创造一个适合其生长的世界，教育应该有什么样的愿景？当前儿童教育与现实生活的关联性如何实现？儿童终身学习的能力如何获得、如何实现？弱势与处境不利儿童的教育机会如何保障？城乡儿童教育质量的差距如何缩小？……可以说，我国政府尊重、保护并落实儿童受教育权的所有努力，都需要通过儿童教育政策创新加以保证。而国际社会在儿童受教育权政策上所提供的经验、范例、研究成果，对思考、修订、创新我国儿童教育政策有重要的启示与借鉴意义。

(三) 研究儿童受教育权，深入理解国家、家庭、社会、学校各方对儿童成长与教育的责任，是探讨解决我国儿童教育热点问题，构建适合儿童生长的社会的需要

对教育领域各利益相关人的权利与义务关系的界定和梳理，是解决教育热点问题的先导性步骤。以义务教育阶段的择校问题为例，各地政府曾经主推各种限定性、排他性的政策，这难以得到家长与社会的认同；家长通过各种方式运作其可支配的社会资本来达成其子女入学的目标，并不顾及教育资源利用的公平性。在这一问题上，政府制定的“外在制度”逐步被相关利益人的运作改造成“内在制度”。因优质教育资源供给不足而导致的择校，进一步催生了各种内幕交易，入学机会成为一种可以议价购买的“商品”。其严重后果之一，就是使社会各界人士对义务教育的公平性普遍产生了质疑，对政府法规政策普遍产生了不信任。在初等教育阶段，国家有义务向所有适龄儿童提供免费教育；但是在

优质教育资源供给不足的情况下，国家所采取的尊重、保护并落实儿童受教育权的努力，就面临如何合理满足儿童教育需求、处理家长对其子女的教育诉求的问题。换句话说，厘清教育主体的关系与利益诉求，是解决当代儿童教育热点问题的前提之一。总之，通过研究儿童受教育权问题，我们能够深化对儿童教育供给与需求的矛盾的认识，并探寻这一问题公平与合理的解决方案。

二、研究中国儿童受教育权的学术意义

进入21世纪以来，我国受教育权研究大体可以分为前后两个阶段：第一阶段主要是解决受教育权的法理问题，讨论集中于受教育权的定义、性质、内容、分类、可诉性、司法救济等方面；而第二阶段主要是分析教育领域受教育权的落实问题，集中关注弱势群体受教育权的状况与制度保障。① 在笔者看来，这种阶段性差异的原因主要在于，受教育权的法理原则已经较为明确，相关的法学理论创新难有突破；相对来说，探讨教育领域特定人群的受教育权保障问题更具现实性、针对性与紧迫性。而就我国学者现有研究所涉及的国际文件来看，主要引述的是《世界人权宣言》《取缔教育歧视公约》《经济、社会及文化权利国际公约》《儿童权利公约》等，最着重阐述的是《经济、社会及文化权利国际公约》的相关条款和该公约委员会所发布的《第13号总评论：受教育的权利》(E/C.12/1999/10)。《第13号总评论：受教育的权利》中提及的各国教育应具有相互联系的4A特征，以及国家保障各级教育发展的义务和最低限度的核心义务②，是诸多论文的重要论据。

---

① 事实上，这两个阶段并不是泾渭分明的：对法理问题的讨论基于对现实问题的反映与思考，而对现实问题的剖析与探讨离不开对法理问题的澄清。由于对受教育权问题的研究需要以相当的法学知识为基础，这客观上使受教育权问题的研究主体大体包括两类学者：一是法学界对教育法律政策问题感兴趣的学者，以申素平、杨成铭、温辉等人为代表；二是教育学界具有法学知识的学者，以劳凯声、秦惠民、尹力等人为代表。虽然两类学者都对受教育权的法理问题有深入研究，但是，当相关问题逐渐形成了较为普遍的共识之后，他们各自有不同的研究选择，前者在近年来逐渐将受教育权理论运用于分析教育立法问题，而后者弱化了对受教育权问题的理论探讨，主攻特定人群受教育权保障问题的研究。本书的写作参考了以上及国内诸多学者的论著，并在笔者的论文《近十五年我国儿童受教育权研究述评》(沈俊强，2015b)中作了梳理。由于本书回避了受教育权的诸多理论问题，直接采用国际人权法中关于儿童受教育权的诸多现行界定，因而，对这些学者的研究成果的直接引述相对较少。在此说明，特致谢忱。

② 《经济、社会及文化权利国际公约》第14条规定缔约国在其管辖领土内应采取行动，以实现所有人免费的、义务的初等教育。这一条款被视为缔约国保障受教育权的最低限度的核心义务。

教育的4A特征①

6. 虽然对这些词语的解释应视特定缔约国的国情而定，但采取各种形式的各级教育应该展现相互联系的下列基本特征：

(a) 可提供性——应在缔约国的管辖范围内设置足够数量能起作用的教育机构和教育项目。它们的运作取决于诸多因素，包括其所处的发展环境；例如，所有的机构和项目可能需要建筑物或其他遮蔽风雨的设施，男女卫生设施，安全的饮用水，领取本国内具有竞争力的薪水的、受过培训的教师，教学材料，等等；但有些机构和项目也需要图书馆、电脑机房和信息技术等设施；

(b) 可获取性——在缔约国管辖范围内，人人都应该能够利用教育机构和教育项目，不受任何歧视。可获取性包含互相重叠的三个因素：

不歧视(non-discrimination)——必须让所有人，特别是最弱势群体，在法律上和事实上都能获得教育，而不受任何被禁止的理由的歧视(见"关于不歧视"的第31—37段)；

实际可获取性(physical accessibility)——教育必须在安全的物质环境中进行，学生可在一些堪称便利的地点上学(例如邻近的学校)或通过现代技术设备接受教育(例如收看"远距离教学"节目)；

经济上的可获取性(economic accessibility)——教育费用必须人人负担得起。这个维度的可获取性以《经济、社会及文化权利国际公约》第13条第2款中对初等教育、中等教育和高等教育的规定为准：初等教育应"一律免费"，缔约国对中等教育和高等教育要逐渐做到免费；

(c) 可接受性——教育的形式和实质内容，包括课程和教学方法，对学生来说，必须是可接受的(例如适切、文化契合以及优质)，在适当情况下，也应该得到学生家长的接受；这一点不得违反《经济、社会及文化权利国际公约》第13条第1款所规定的教育目标和缔约国可能批准的最低教育标准(载于《经济、社会及文化权利国际公约》第13条第3款和第4款)；

(d) 可调适性——教育必须灵活，以便适应变化着的社会和社区的需求，并能响应具有不同社会和文化背景的学生的需求。

7. 在考虑如何适当应用这些"相互联系的基本特征"时，首先应该考虑到学生的最佳利益。(E/C.12/1999/10第6段)

---

① 为便于理解，此处引文依据该文件的英文本进行了校对与修订。

2012年，我国出版了申素平翻译的澳大利亚学者道格拉斯·霍奇森(Douglas Hodgson)的著作《受教育人权》(*The Human Right to Education*,1998)。该书以国际、地区层面的重要国际准则性文书以及各国宪法的相关规定为依据，全面论证了受教育权问题，呈现了国际社会在受教育权领域所取得的重要共识。可以说，此书的翻译出版，为我国学者讨论受教育权问题提供了一个重要的知识基础和学术脉络。就目前来看，虽然我国学者对这些国际人权文书的相关内容作了较多的引用与阐释，但未能有进一步的理论创新，似乎正面临一个受教育权理论创新的"瓶颈期"。

笔者以为，就受教育权这一概念的"简史"来看，它的丰富与完善是一个持续的过程。它从最初的入学机会平等权演进为当前涉及教育全程、关注教育质量与教育结果的平等权，这正是人类社会政治、经济、文化、观念全面进步的体现，也是人类教育条件与教育实践方式发生重要变革的成果。第二次世界大战以后，世界各国的民主化进程加速，个人的主体地位与自由精神得到了尊重和彰显；而全球科技的飞速发展，对各国人口素质提出了新的更高的要求，特别是人力资本理论更是有力地推动了国家加快教育事业投入；与此同时，各种新兴的国际教育思潮持续影响全球，国际教育援助与国际教育资源全球性流动规模加速扩张，教育"特权论"为时代所抛弃，人类为教育事业投入了更多的资源。不仅如此，在更多复杂因素的综合作用下，人类教育观念还在持续演进中。换句话说，哪些人以何种理由通过何种方式享有哪种教育，以及获得何种教育成果，是受教育权理论要不断回答和澄清的问题。正是这一问题的存在，为受教育权理论创新提供了空间。简单点说，人类教育的主体、观念、方式、条件都在演变，受教育权理论的创新就有前景。

当前我国的儿童受教育权研究存在如下特点和问题，对它们的分析能够启发我们进一步推进我国儿童受教育权理论的发展与进步。

(一) 当前的儿童受教育权研究未能充分关注与表达儿童自身的声音

《儿童权利公约》第12条第1款规定："缔约国应确保有主见能力的儿童有权对影响到其本人的一切事项自由发表自己的意见，对儿童的意见应按照其年龄和成熟程度给予适当的看待。"此条款提醒我们，在任何与儿童利益相关的问题上，应该尊重与倾听儿童的意见，了解他们真实的关切与需求。就我国现有的儿童受教育权研究来说，学者着重关注的依然是相关的规则、原则是否适用、是否可诉的问题。换句话说，我们关注的是已经制定出来的儿童受教育权法律条文，而没有认真研究儿童生活世界中的各种教育需要，没有认真思考为了儿童的生存与发展，我们可以改造、创造、规划哪些有益于儿童享用受教育权的政策、法规、制度。

（二）我国儿童受教育权的研究对相关国际文件的引用，缺少与国际教育思潮的整合

在我国，有为数不少的相关论著只是将国际文件的相关条文作为论据，缺少进一步的诠释；尤其是“断章取义”的引述往往未能注意到这些条款与其他条款的“相互依赖与不可分割性”。因此，在大多数情况下，这些条款中所蕴含的儿童教育国际理念就被忽略掉了。其实，从历史上看，这些儿童受教育权条款的出台都与特定时期的国际教育思潮密切相关，它们或是国际教育思潮的产物，或是国际教育思潮的先声，或是孕育了一种新的国际教育思潮。因此，在研究与儿童受教育权相关的国际文件时，有必要将它们与国际教育思潮的变迁结合起来思考。

（三）儿童受教育权研究偏向应用研究，基础理论研究相对薄弱

我国的儿童受教育权研究力量主要由法学学者和教育学者构成。由于法学学者主要是用法学的相关理论成果来分析教育问题，他们对儿童及其教育世界的了解不多，所以，他们在宪法与人权的框架中探讨儿童受教育权的立法、保障、诉讼与救济问题。而教育学学者缺少法学理论的研究经验，他们也多是借鉴法学研究的相关成果。这两方面的研究力量都未能创造出关于儿童受教育权的独特视角与理论观点。其实，对公民受教育权的理论分析并不能直接迁移到对儿童受教育权的研究上来，因为儿童是成长中的人，具有特殊的法律身份，而且不同年龄阶段的儿童有不同的需要，他们受教育的行为还需受到不同法律关系主体的干预，不具有完全的自主选择权。然而，这既是挑战，也是机遇——儿童受教育权研究有可能丰富已有的受教育权理论。

综合以上观点，我们可以看到，研究儿童受教育权需要对儿童这一特殊人类群体的生命形态进行哲学思考，需要对处于不同发展阶段的儿童的教育需求进行全面分析，需要对儿童教育的观念与国际教育思潮进行整体性反思，需要与时俱进地探讨改进儿童教育条件与教育水平的策略和措施。在我国已通过宪法、教育基本法、教育部门法、教育行政法规政策等层面形成较为完善的儿童受教育权法律体系的情况下，面对社会上仍然存在的诸多儿童受教育权得不到充分实现、保障不力、侵害不断的问题，我国儿童受教育权研究既要思考和解决当下的问题，也应努力构建尊重与体现我国儿童教育需求的受教育权理论。

第三节 研究中国儿童受教育权的国际视角

“受教育权作为一项基本人权”这一理念，从它诞生之日起就是引领时代风气的国际新思潮，它天生就具有全球视野。国际社会通过国际组织这一载体，为推行受教育权所创设的各种会议（记录）、公约、宣言、建议书、研究报告、出版物，事实上都或多或少具有国际教育比较的性质。虽然受教育权属于个人，但是国际社会对个体受教育权的倡议需要得到国家的认同，国家才是尊重、保护并落实个体受教育权的真正的义务主体。

的确，现代社会的任何个人几乎都生存于“民族国家”中，国家针对个人实施的教育，既提供了个人成长与发展的平台，也对个人的成长与发展作出了限定。与此同时，国际组织通过协调国家之间的合作，对国家的观念与行为产生影响，而国家的行为选择也影响着国际组织业务活动的方向。

有鉴于此，笔者以为，中国儿童受教育权问题的研究方向之一就是“国际组织与中国儿童受教育权保护研究”。这一研究方向需要关注三个主体：国际组织、中国（各级各地）政府、中国儿童。了解与反思它们之间的互动关系与互动过程，有助于启示和推动中国儿童受教育权保护事业。不过，国际组织主要扮演着倡议、动员、宣传与监测的角色，而儿童更多的是国家制度安排里被主导的一方，政府则是儿童受教育权问题的决策者，也就是说，这三者的地位、资源、作用是不同的。在本研究中，笔者侧重关注的是国际组织与中国（政府）在儿童受教育权问题上的互动关系。

进一步说，针对任何主题的国际组织与中国互动关系的研究，都要求研究互动关系的结构要素（制度、机构、事务）、过程要素（限定性条件、压力、驱动力）、主体要素（人员、情境、观念）、评估要素（指标、数据、例证）等。不过，就“儿童受教育权保护”这一主题来说，它已经为我们提供了一个可行性的视角，即“受教育权作为一项基本人权”（这一理念由国际组织提出，并得到各缔约国的认同与实践，其本身就要求国际组织与国家在这一问题上的互动）。

因此，可行的选择是通过“受教育权作为一项基本人权”这一视角来探讨中国儿童受教育权保护的历史进程与国际影响。这一选择关联着以下三点理论假设：（1）中国尊重、保护并落实儿童受教育权的意识觉醒受益于国际组织的相关行动；（2）中国尊重、保护并落实儿童受教育权的相关问题及其解决过程具有普遍意义；（3）中国尊重、保护并落实儿童受教育权是对全球人权事业的重大贡献。

一、国际视野下中国儿童受教育权研究路径的思考

(一) 探寻"受教育权作为一项基本人权"这一观念中国化的历程

这一观念的中国化可以追溯到我国作为联合国创始会员国,合乎逻辑地默认了《世界人权宣言》①提出的这一观念。此后我们要分析这一观念在中国扎根的"土壤"及其生长的过程。该观念的中国化过程只能从中国教育的实际发展历程中才能体现出价值。因此,这一分析过程应是贯穿整个研究的始终。

(二) 分析中国加入与受教育权相关的公约及履约的情况,尤其是关注主要国际公约委员会对中国履约报告的审议意见

笔者以为,国际组织与中国在"儿童受教育权"问题上的合作互动的主要平台之一就是相关的国际公约:国际组织倡议并动员各国政府达成共识,形成国际公约;公约对各缔约国有法律约束力,各缔约国必须定期向公约委员会提交履约报告;国际组织为各国拟定与提交履约报告提供帮助;国际组织也组织专家小组对各国的状况进行考察、研究与监测,向当事国提供智力支持(政策建议与人员培训等)。具体来说,国际公约、各国的政策、各国的现实问题是相互影响的(详见图 1-1):国际公约影响了各国政策的制定与修订;各国的政策又是对其国内现实问题的回应;国际公约提供了关于各国具有普遍性的现实问题的"国际共识",它们为各国政策所吸纳,也因各国的政策与现实问题而发生调整,进而推动国际公约的完善(制定"公约备择议定书"是一种选择,但是更通常的做法是公约委员会发布对公约条款具有解释性、补充性的"一般性意见")。

中国政府加入了《经济、社会及文化权利国际公约》《儿童权利公约》等,但是尚未加入《取缔教育歧视公约》。从这一事实中,我们可以看出中国政府对全面消除教育领域内的歧视仍持保留态度;这种态度客观上反映了中国政府对其

---

① 《联合国宪章》第 68 条规定:"经济及社会理事会应设立经济与社会部门及以提倡人权为目的之各种委员会,并得设立于行使职务所必需之其他委员会。"据此,联合国经济及社会理事会(United Nations Economic and Social Council, ECOSOC)在其 1946 年 2 月举行的第一次会议上成立具有筹备性质的联合国人权核心委员会(Preparatory Committee,或称 the Nuclear Commission on Human Rights),并指定该委员会为"国际人权法案"(International Bill of Human Rights)提交报告与建议。这一核心委员会负责组建完整的联合国人权委员会,其成员是经济及社会理事会选定的九名专业人员,中国教育家、外交家张彭春(1892—1957)是该委员会的核心四人组之一(Johnson & Symonides, 1998)[19,22,33]。1947 年 1 月 27 日,联合国人权委员会第一届会议第一次会议的代表们考虑到张彭春在人权领域的工作成就,一致选举其为该委员会的副主席(E/CN.4/SR.1)。同年 3 月 27 日,经联合国经济及社会理事会批准,联合国人权委员会设立由澳大利亚、中国、智利、法国、黎巴嫩、美国、英国、苏联等国代表组成的《世界人权宣言》起草委员会(Drafting Committee)(E/383)。张彭春先生在起草委员会中的工作,为《世界人权宣言》的诞生作出了不可或缺的重大贡献。

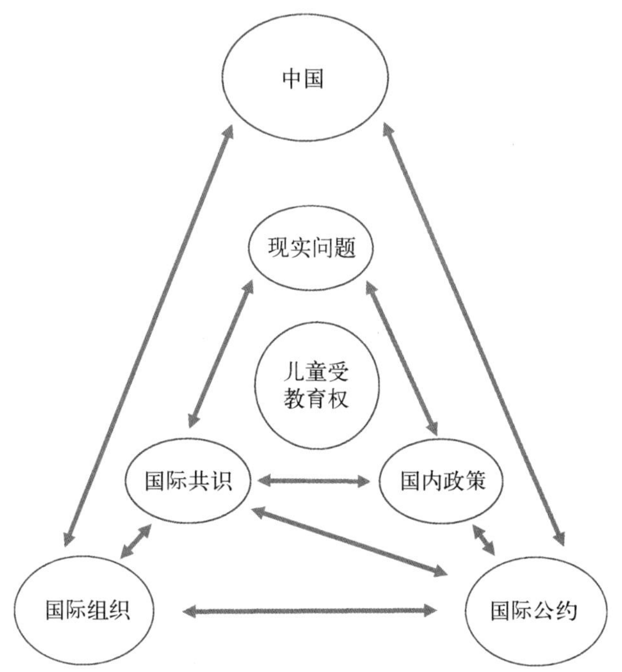

图1-1 国际视野下中国儿童受教育权研究对象关系图

教育发展规划与实际状况的判断。

在加入相关国际公约的同时，中国政府也承担着向这些国际公约特设的委员会定期提交履约报告的义务。一方面，中国定期提交的履约报告呈现了其力图向国际社会传达的中国教育的成就(统计数据、法规政策、成功经验等)；另一方面，通过各公约委员会对中国履约报告的审议意见，我们可以了解国际社会的关注点、对中国教育问题的认知(甚至是偏见与误解)。这些报告既有相关性，又有历时性，从中我们可以看到中国尊重、保护并落实儿童受教育权的历史进展，以及国际社会对这些进展的了解与认同。

(三) 收集整理中国向国际组织传递的关于中国(儿童)教育的主题与论断，以及国际组织出版物中关于中国(儿童)教育的主题与论断，对两者进行比较分析

中国教育是世界教育的重要组成部分，国际组织编撰的关于世界发展、教育研究等主题的出版物，基本上都纳入了关于中国教育发展状况的数据与观点。联合国教科文组织历年来出版的《全民教育全球监测报告》(EFA Global Monitoring Report，GMR)中，就或多或少地提及了中国教育的数据、经验、问题。近年来经济合作与发展组织(从2000年起正式实施)的国际学生评估项

目(Programme for International Student Assessment，PISA)则开始呈现中国(尤其是上海)的数据与分析。除此之外，还有散见于不同国际组织相关出版物中的关于中国教育的数据与论断。这些都可以为我们研究中国儿童受教育权保护的国际影响提供数据基础。

（四）基于对当代中国（儿童教育）实践的成就与问题的探讨，回答中国是否能够提供具有影响力的话语，以丰富国际“受教育权”理念

中国的“两基”(基本普及九年义务教育，基本扫除青壮年文盲)工作取得了举世瞩目的成就；国际社会对中国的扫盲工作赞赏有加，却屡次质询中国初等教育中存在的儿童失学问题——中国在21世纪初叶有多年未向相关国际机构提供这一方面的详细数据。这从一个侧面表明，中国基础教育改革与发展的成功经验与现实问题，还未能有效地向国际社会传播。如何从中国基础教育发展的历程中，提炼出有价值的、具有普适性的观念和模式，形成既体现中国特点，又能有益于其他国家的教育话语，这是一个值得深入思考的问题。

二、国际视野下中国儿童受教育权研究的可行方案

开展中国儿童受教育权研究，有诸多重要的主题需要深入；以国际视野来研究中国自身的儿童受教育权问题，也有诸多的方案可以选择。就本书来说，它旨在通过对国际组织与中国政府在儿童受教育权问题上的合作互动情况的分析，论述国际视野下的中国儿童受教育权问题的历史进程与国际影响。

由于不同国际组织对中国儿童教育问题关注的侧重点不同，双方合作的机制与深入程度不同，逐一列述各相关国际组织与中国开展教育合作的情况虽具有可行性，但是必然存在碎片化描述的风险。有鉴于此，笔者以为，既然本书致力于从整体上对中国儿童受教育权保护的历史进程与国际形象进行剖析，那么中国儿童受教育权事业的发展进程才是研究的中心议题。相应地，国际视野实是观察这一中心议题的“聚光灯”。

具体来说，各国际组织对中国儿童受教育权事业的关注与影响程度是不同的。以世界全民教育大会(World Conference on Education for All)为例，虽然几大国际组织都起了重要的作用，但是联合国教科文组织当仁不让，它在相关文件的形成、各国教育发展情况的报告、后续全民教育进展的监测等方面都发挥了不可替代的作用。事实上，相比其他国际组织来说，联合国教科文组织与中国有着相当长时期的教育合作，它的理念、政策、行动计划更为全面与深入地影响着中国教育的现代化进程。因此，笔者更倾向于以联合国教科文组织为典

范来分析它与中国在儿童教育领域的互动关系，即以联合国教科文组织为中心，来代表（并涉及）其他几个重要国际（教育）组织与中国在儿童教育领域的合作。客观上，这也是面对与这一主题相关的浩如烟海的文献资料的一种合理而可行的选择。当然，在研究论述中，笔者也尽可能避免忽视其他国际组织（与中国教育合作）的贡献，避免造成联合国教科文组织独挑大梁的印象。不过，就教育业务来说，相关国际组织（包括联合国教科文组织）更多地扮演着专业咨询机构的角色。它们不是政府的教育行政机构，不给具体的国家下达教育指令。它们主要是通过提供专业建议，指示能够改进教育的可行方案，以及运作少量的典型示范性项目（即便如此，项目本身还是主要由当事国来执行与完成），来影响当事国的教育政策与教育实践。总体上看，通过立足中国自身的教育改革与发展的实践，我们可以将相关的国际组织视为一个整体，分析它们所共同倡议的教育理念、教育行动对中国儿童受教育权保护事业所产生的影响。

要通过世界的眼光来研究中国自身的儿童受教育权问题，这也对我们提出了另一个要求，即我们要研究（关于儿童受教育权问题）中国向世界传达了什么信息，世界最终理解到了什么信息。毫无疑问，中国人口构成了世界人口的很大一部分，中国普及九年义务教育、扫除青壮年文盲，努力解决自身的教育发展问题，这就是对全球普及初等教育、全球扫盲等全球教育发展目标的重大贡献。但这是一种解决自身问题、客观影响全球进步的方式。中国是否主动选择了将其意志展现出来，并采取策略使之在国际舞台上赢得认同，进而使“中国的声音”转化为被认可的国际建议、决议与政策，这是中国教育对全球教育发展的另一种方式的贡献。在过去的几十年里，中国在各个方面都逐步与国际接轨，在国际教育交流与合作方面有了长足的进步，中国教育日益国际化，但是，中国经常被认为是一个先进经验的“输入国”，它在教育理论、教育思想、教育理念、教育模式等方面的“输出”远远不够。众所周知，国际（教育）组织提供了各国教育与世界对话的多边平台，在这个平台上发出的声音能够更为便捷、迅疾地为世界各国倾听到。中国可以利用这些平台展现自身的魅力，发表自己的演说，并从“听众”的反应与回馈中识别与改进自身的国际形象。

总之，本书在分析国际组织对中国的影响、讨论中国通过国际组织向世界发出的声音等方面，都力图围绕着中国儿童受教育权问题这个中心。中国政府在不同历史时期尊重、保护并落实儿童受教育权所面临的诸多问题、困境、挑战，及其提出解决方案、制定政策规划、建立相关制度等努力，既有持续性，也有跳跃性，这都是在当代中国的历史文化传统与客观发展进程中发生的。虽然国际组织与中国都对这些问题的成因、实际状况及其历史局限性作出了评断，但是双方的理解既有共识，也有分歧。然而，不管怎样，对中国来说，它是更了解自身情况的一方，我们可以从中国儿童受教育权保护的历史进程与现实困境中，解读出两者在认知上的一致性与分歧。进而，我们应该对分歧与一致的内在原因作出理论分析，以便我们可以更为深入地理解中国儿童教育的国际形象，进而思考完善形象、提升国际影响力的策略。

基于以上考虑，笔者以为，本研究可以通过以下几个层面展开：

（一）国际组织以及相关国际公约关于儿童受教育权问题的阐述

本书第二章着重探讨儿童受教育权"国际共识"的基本内容与形成历程。此章所依据的材料来自相关国际公约的相关条款，各公约委员会针对这些条款作出的"一般性意见"，以及相关的研究成果，据此来梳理儿童受教育权的含义与相关理论问题。

（二）国际组织对落实全球儿童受教育权事业的历史性贡献

本书第三章以 1945 年联合国教科文组织的成立、1990 年在泰国宗滴恩[①](Jomtien)召开的世界全民教育大会、2000 年在塞内加尔首都达喀尔召开的世界教育论坛(World Education Forum 2000，亦称"达喀尔教育论坛")、2015 年在韩国仁川举行的世界教育论坛(World Education Forum 2015)为时间节点，对全球落实儿童受教育权事业的进展进行分阶段阐述；以重大历史事件为线索，深入探讨儿童受教育权国际共识在全球儿童教育发展进程中是如何落实与实践的。

（三）中国落实儿童受教育权的历史与问题

本书第四、第五章全面展现中华人民共和国成立以来不同历史时期儿童享有受教育权的实际状况。通过回顾中国儿童受教育权保护的历史进程，揭示不同时期国家政策对儿童受教育权的基本设定，考察这些政策实际执行的效果，进而以历史的眼光把握当前落实儿童受教育权的重要问题。这一部分所依据的材料主要是相关的政策文本、当时的新闻报道、教育年鉴以及相关研究的成果。对中国儿童受教育权问题进行历史分析是进一步思考中国与国际组织在儿童受教育权问题上相互合作、相互影响的基础。

① 根据联合国教科文组织公布的《世界全民教育宣言》中文本文件的译名，在本书中统一将 Jomtien 译为"宗滴恩"，而不用"宗迪恩"或"中天"；该宣言也常被简称为《宗滴恩宣言》。

（四）国际社会对中国儿童受教育权问题的认知

本书第六章主要选取《全民教育全球监测报告》对中国教育的报道、各人权公约委员会对中国履约报告的审查意见，以及联合国人权理事会的“普遍定期审议”与受教育权问题特别报告员的相关意见，来梳理分析国际组织对中国儿童受教育权问题的关注点与主要意见。

（五）中国落实儿童受教育权的国际影响

前几章的论述为第七章的论证提供了基础。第七章主要通过相关的报告、访谈、新闻报道，来考察中国落实儿童受教育权的国际影响力，进而回答中国落实儿童受教育权的成功经验如何影响全球教育议程。

需要说明的是，考虑到在教育领域中国与联合国教科文组织合作的历史、规模、深度、广度、成效具有典范性，此书所谈及的国际组织主要是联合国教科文组织；由于研究选题与研究条件的限定，本书主要是对联合国系统的相关重要文件进行梳理与分析。

本章概要

第二次世界大战以来，国际社会承认受教育权是一项基本人权。儿童享有受教育权，这一观念本身蕴含现代教育的诸多理念。国际社会界定的儿童受教育权，对各国政府提出了普及义务教育、提供教育条件、确保教育开展等责任，但并不否定父母对其子女教育的优先选择权。儿童享有受教育权是儿童利益至上原则的体现，是确保“最充分地发展儿童的个性、才智和身心能力”的先决条件之一。

研究当代中国儿童受教育权有重要的社会意义与学术意义。就目前来看，我国学者通过对国际社会关于儿童受教育权问题的公约、建议等准则性文书的借鉴与运用，在这一领域创造出了丰富的成果。为进一步深化中国儿童受教育权研究，我们既要思考和解决当下的儿童受教育权问题，也应努力构建基于当代中国儿童教育需求的本土化的受教育权理论。

中国儿童受教育权研究的方向之一是“国际组织与中国儿童受教育权保护研究”。在立足中国儿童教育事业的基础上，我们可以通过分析中国与国际组织在儿童教育领域的合作与互动情况，来审视中国政府尊重、保护并落实儿童受教育权的当代成就与国际影响。

第二章

宏图大业：儿童受教育权的国际共识

基础教育的愿景应包含作为全民教育议程核心的受教育权。

——联合国教科文组织执行局(175 EX/28)

当人类历史进入21世纪，受教育权作为一项基本人权的理念早已赢得了全球社会的普遍认同，绝大多数国家都在其教育政策与发展规划中对这一权利加以确认。这一文明成就实是各国人民漫长抗争后的思想革新。尤其是具体到儿童这一群体来说，与那些在历史上因其身份而被排斥于教育之门外的成人一样，他们作为人类的一分子，并不是与生俱来就享有受教育权。而且，受教育权从特权转变为人权，不歧视、不加限制地授予每一个儿童，这不是某国政治的独特产物，而是那些怀抱世界大同理想、秉持人类文明和谐发展信念、具有浪漫主义精神的人类思想家的集体智识的结晶。他们超越了一国一地一时的见识，转而从全人类命运共同体的高度来理解儿童受教育权问题。正是以国际共识的形式，尊重、保护并落实儿童受教育权才成为各国政府展现其“善治”能力的重要政策选择。回顾历史，我们可以知道，国际社会关于儿童受教育权的共识，并不是一蹴而就，而是累积式发展的，它得益于一系列重要的儿童权利文件的制定与传播。虽然儿童受教育权的国际共识在不断演进与持续丰富，但它蕴含的四个基本观念是相对稳定的：受教育权是一项基本人权，是实现其他人权不可或缺的手段；儿童受教育权是“儿童最大利益原则”的具体体现；儿童教育的首要目的是“最充分地发展儿童的个性、才智和身心能力”；政府承担尊重、保护并落实儿童受教育权的责任。

第一节　儿童受教育权国际共识的历史性生成

一、儿童受教育权国际共识的先声

在20世纪以前，儿童受教育权并不是一个引起广泛关注的问题，它湮没于学者与教育家们对应该如何教育儿童的构思与经验总结中。教育使人成其为人，应该为所有人提供教育，这样的观念在著名教育家的著述中有所提及。① 但是，限于当时的社会环境与教育制度，人人应当受教育的理念并未合乎逻辑、顺理成章地得到普遍接受。

> 早在18世纪，卢梭、狄德罗等法国启蒙思想家从天赋人权的角度就已将接受教育的权利作为自然权利的一部分。从立法的角度来说，德国是实施义务教育最早的国家。1717年，普鲁士王国制定的《普鲁士义务教育法》就规定，"凡为父母者须送其4到12岁子女入学"。然而，最旗帜鲜明地将受教育权作为一种人权进行规定的国家却是法国。法国大革命后通过的《1791年宪法》即规定，国家"应行设立和组织为全体公民所共有的公共教育，一切人所必需的那部分教育应当是免费的"，法国《1793年宪法》也确认接受教育是与平等、自由、安全一样不可剥夺的人权。19世纪社会主义思潮出现后，受教育权逐渐成为一项受到各国普遍接受的权利。1919年的德国《魏玛宪法》和1918年俄罗斯第一个苏维埃宪法及1936年《苏联宪法》都明确规定了受教育权。第二次世界大战后，受教育权成了国际人权公约的重要内容。（北京大学法学院人权与人道法研究中心，2012b）[100]

20世纪以前的人类社会并未有足够的理论创见来论证儿童受教育权的必不可少，这主要受制于两方面的原因。一是社会发展尚未提出普及教育的要求。在历史上，人们对教育的价值有各种理解，但很少将其视为从整体上提升国民素质、增进社会财富的基本条件与必要手段；直至19世纪，随着工业文明的进一步扩展与民族国家作为行为主体的国际关系的发展，才对教育提出了新要求：既要为大规模生产准备合格的产业工人，又要培养认同国家意识形态的公民。当人们意识到儿童普遍入学可以延续并促进社会的进步繁荣时，接受教育不再被视为与社会身份相关的特权，儿童教育也不仅仅是家庭的责任，普及教育就成为一种时代潮流。欧美国家相继推行义务教育，建立完整学制，为儿童的普遍入学提供制度与物质条件。霍奇森（2012）[7]这样总结这一历程：

---

① 例如，夸美纽斯在《大教学论》（2006）[65]中写道："不仅是富人和有权势的人的孩子，而是一切孩子，不分男女，不分出身高贵或出身平民，不分富裕或贫穷，而是生活在一切城市和小镇、村落和小村庄中的孩子，都应该上学。"

在19世纪后半期，国家宪法和法律开始明确承认受教育权以及国家促进受教育权的责任。……义务教育法的制定要求国家负责提供公共教育、监督私立教育并为儿童提供一般性的基础教育和职业培训。这些法律为儿童提供了新的受教育机会，使大量儿童退出劳工队伍。儿童劳工法也获得通过，以限制剥削童工，并确保儿童能够利用这些新的受教育机会。

另一个原因是人类社会对儿童与童年的研究还处于科学前期。长期以来，人们一直把儿童当成“小大人”。菲力浦·阿利埃斯(Philippe Ariès)在《儿童的世纪：旧制度下的儿童和家庭生活》①中提出，西方中世纪文明没有注意到儿童世界和成人世界的差别，没有发现在孩子和大人之间有一个需要启蒙和教育的过渡期，因而没有儿童的观念。直至18世纪中叶，现代儿童观才出现：与孩子有关的一切事情和家庭生活都成了值得注意的事情，孩子成了家庭的中心。家庭与学校一道将孩子从成人社会中分离出来(俞金尧，2001)。关于中世纪学校对于儿童的意义，阿利埃斯(2013)[226]这样写道：

在很长时间里，学校对年龄段的分割和区分并不在乎，因为它并不把教育儿童作为基本目的。没有任何东西预设中世纪的拉丁语学校担当道德培养和社会教育的角色。中世纪的学校不是面向儿童的，它某种意义上是技术学校，是为培养“教士”服务的，教士有“年轻者和年长者”，……因此，学校一视同仁、不加提防地招徕儿童、年轻人、成年人(不论是早熟的还是发育迟缓的)来到威严的讲坛之下。

至少直到18世纪，这种心态在生活上和学校习俗中还大量存在。我们已经看到，年级分层和规范化是如何被延迟，在每个年级内部不同年龄段的人又是如何混杂，每个年级既有10至13岁的幼童，也有15至20岁的青少年。在一般用语里，“到了上学的年龄”并不一定意味他是一名儿童，因为“到了上学的年龄”也可以被认为是一条界限，超过这一界限人们可能就很难有成功的机会了。

18世纪，卢梭“发现儿童”，提醒人们注意这一独特生命形态的价值，建议人

---

① 此为中译本的译名。该书的法文原名是 *L'Enfant et la Vie Familiale sous l'Ancien Régime*(《旧制度下的儿童和家庭生活》)，英译本的题名为 *Centuries of Childhood: A Social History of Family life*(《儿童的世纪：家庭生活社会史》)。

们给予童年这一不可重来的生命历程以基本的尊重。① 但是，他的观察与思考以贵族家庭的儿童为对象，对儿童学校教育的思考甚少。显然，卢梭没有夸美纽斯那种“把一切知识教给一切人”的教育信仰，他对儿童教育的思考缺少对普及儿童教育的关切。19 世纪末 20 世纪初，与新教育和进步主义教育运动相伴而生的欧美儿童研究运动才真正使被发现了的儿童逐渐进入人文社会科学的世界。这些运动努力的成果之一，就是使得人们重新定义了儿童与教育工作者的关系。人们承认，儿童是新的教育人际关系中的独立主体，他们有独特的人格与需求。

从国际层面来看，“国际上首先承认受教育权的事例是第一次世界大战后由协约国与战败国签署的附于和平条约之后的各种少数者条约”②（霍奇森，2012）[7]。随后，《日内瓦儿童权利宣言》③的出现表明，人类社会承认儿童是与成人共享世界的平等分子，并且应该得到特殊关照。1924 年 9 月 26 日，人类历史上第一个综合性的国际组织——国际联盟采纳了埃格兰泰恩·杰布④（Eglantyne Jebb）起草的、以救助儿童会国际联盟（Save the Children International Union，SCIU）的名义提交的《儿童权利宣言》，这使得该宣言成为历史上第一份由政府间机构采纳的人权文件（Buck，2014）[89]。该文件的“序言”指出：“所有国家的男人与女人（超越种族、民族或信仰的考虑）承认人类必须给予儿童最好的待遇，声明此点，并将之视为责任（duty）。”在这份篇幅短小的宣言中，没有直接承认儿童的受教育权，但其五条行动原则中有三条暗示了这一权利：“儿童应获得物

① 卢梭在《爱弥尔》中指出：“我们对儿童是一点也不理解的：对他们的观念错了，所以愈走就愈入歧途。最明智的人致力于研究成年人应该知道些什么，可是却不考虑孩子们按其能力可以学到些什么，他们总是把小孩子当大人看待，而不想一想他还没有成人哩。”（2001）[2]“大自然希望儿童在成人以前就要像儿童的样子。……儿童是有他特有的看法、想法和感情的；如果想用我们的看法、想法和感情去代替他们的看法、想法和感情，那简直是最愚蠢的事情。”（2001）[91]

② 1919 年 6 月 28 日签署的《主要协约国及参战国与波兰的协定》，是这类条约的首个。该协定第 8 条规定：

> 属于种族、宗教或语言少数者的波兰国民应在法律和事实上享有与其他波兰国民同样的待遇和安全。特别是，他们应有平等的权利建立、管理和控制他们自己出资建立的……学校及其他教育设施，有权使用他们自己的语言……。（霍奇森，2012）[7-8]

③ 参见本书“前言”的相关脚注。

④ 杰布女士于 1919 年在英国成立救助儿童会（Save the Children Fund），并于次年在日内瓦成立救助儿童会国际联盟。1923 年，杰布女士声明其对儿童权利的看法：

> 在我看来，目前我们无法指望进行大规模的救助行动。然而，如果我们希望继续为儿童工作……唯一的方法可能就是倡议各国共同合作，用有建设性的方法而非施舍的方法保护他们自己的儿童。我相信，我们应维护儿童的一些权利并为其获得普遍认可而奋斗。（原文出处：救助儿童会，档案文献编号 SC/SF/17）（联合国儿童基金会，2009）[4]

质层面与精神层面正常发展所必需的手段”(原则 1),“发展迟缓的儿童应获得帮助”(原则 2),“儿童应处于能谋生的境地”(原则 4)。由于教育正是儿童生存、发展所必需的基本手段之一,因而我们可以认为,代表“全球保护儿童国际准则发展的第一步”(霍奇森,2012)[8]的《日内瓦儿童权利宣言》客观上承认了儿童受教育权的普适性,它是儿童受教育权国际共识的先声。毫无疑问,该宣言的传播,吸引了各界人士的注意,成功地使国际人士开始关注儿童权利问题。

> 第一次世界大战结束后,一些新成立的国际组织开始阐明人权的相关规定。这些新的团体考虑到了儿童的具体权利,例如,新成立的国际劳工办事处(现国际劳工组织①)最早期的一些公约集中于维护童工的权利,如 1919 年的《(工业)未成年人夜间工作公约》(Night Work of Young Persons (Industry) Convention)和 1921 年的《(农业)最低年龄公约》(Minimum Age (Agriculture) Convention)。但是,在两次世界大战之间的许多国际立法中并没有明确说明区别于成人权利的儿童权利。(联合国儿童基金会,2009)[4]

《日内瓦儿童权利宣言》构成了 1959 年《儿童权利宣言》的基础,但它对各国不具有拘束力,仅是一套可以接受的道德准则。其后,采纳了这一宣言的国际联盟也未就儿童受教育权提出进一步的明确意见。就国际联盟短暂的历史来看,它在推动国际教育交流与文化合作方面也少有真正富有成效的工作——这个以战胜国的利益为基础而建立起来的国际组织并未意识到,实现所有人的受教育权是维持国际和平与安全的必要选择之一。

二、儿童受教育权国际共识的理念成形

第二次世界大战全面地改变了人类文明的面貌及其发展进程,对它的反思则推动了人类思想的飞跃。在大战之前,人权问题被视为国家主权管辖范围内的事务。第二次世界大战期间发生的严重的、大规模侵犯人权的事件,促使世界各国人民认识到,此类行为都是通过国家权力作出的,必须使人权问题国际化才能达到保护人权的目的;而且历史表明,当国家大规模侵犯人权时,这种行为就会与战争关联,破坏世界和平与安全。(北京大学法学院人权与人道法研究中心,2012b)[12]有鉴于此,《联合国宪章》的起草者们就把对人权与基本自由的

① 英文为 International Labour Organization,简称 ILO。

尊重写入其中；其第1条第3款规定联合国的宗旨之一为："促成国际合作，以解决国际间属于经济、社会、文化及人类福利性质之国际问题，且不分种族、性别、语言或宗教，增进并激励对于全体人类之人权及基本自由之尊重。"这开启了将人权问题写入国际法的新时代。

在整个战后重建阶段，欧美精英对全球教育发展的构想充满了理想主义。在他们看来，经过战争的毁灭性洗礼，人性的光辉已随着民主制度的重建而闪耀，全球教育的民主化是理所应当的大势所趋。曾任联合国教科文组织总干事的费德里科·马约尔(Federico Mayor)(1997)[75]指出，第二次世界大战在人类思想上产生了一个关键性的转变，"由于各国人民之间和各个领域的国际合作之间的相互承认与相互理解对于保持和维护和平越来越必不可少，国际教育合作就不再被认为是对与国家主权不相容的外部干涉开了一扇门"。这一认识为儿童受教育权国际共识的理念成形准备了良好的国际环境。

联合国教科文组织在其组织法及其活动中，表达了它对受教育权的关切以及对所有人平等的受教育机会的强调(Benedek, 2007)[295]。《联合国教育、科学及文化组织组织法》(1945)提出各签约国要秉持"人皆享有充分与平等受教育机会之信念"("序言")，通过国家间的协作促进"不分种族、性别及任何经济或社会区别均享有平等的受教育机会之理想"的实现(第1条第2款b项)。

同样的理想在1948年的《世界人权宣言》中重现。它声明：

> **第一条**
>
> 人人生而自由，在尊严和权利上一律平等。他们赋有理性和良心，并应以兄弟关系的精神相对待。
>
> **第二十六条**
>
> (一)人人都有受教育的权利，教育应当免费，至少在初级和基本阶段应如此。初级教育应属义务性质。技术和职业教育应普遍设立。高等教育应根据成绩而对一切人平等开放。
>
> (二)教育的目的在于充分发展人的个性并加强对人权和基本自由的尊重。教育应促进各国、各种族或各宗教集团间的了解、容忍和友谊，并应促进联合国维护和平的各项活动。
>
> (三)父母对其子女所应受的教育的种类，有优先选择的权利。

"人人都有受教育的权利"，即教育是一项基本人权。这样的理念一经提出，立即成为全球普及教育运动的时代宣言。虽然《世界人权宣言》并不具有强制执行力，①但它为全球教育事业提供了一种新的价值观：它将受教育权与人权综合起来思考，从人权的高度来思考教育对个人成长、社会发展与文明进步的意义。

《世界人权宣言》关于受教育权的界定，也奠定了儿童受教育权国际共识的根基。此后国际社会关于儿童受教育权的各种规定，都是在这一基础上的阐释、补充与完善。因此，我们可以说，儿童受教育权国际共识的形成，并不是递进式发展的，它一诞生就已经蕴含其后发展的各种内涵。它的出现奠基于三种基本观念：教育使人成其为人，人人都应受教育；教育应充分发展人的个性；个人应有选择接受何种教育的自由。这三种观念也客观上指引了儿童受教育权国际共识发展与丰富的两个方向，一是承认儿童的受教育权，二是尊重儿童的教育需求。

值得注意的是，《世界人权宣言》第 26 条第 3 款——“父母对其子女所应受的教育的种类，有优先选择的权利”，实际上是面向儿童的特别条款。这一条款是在该宣言起草的最后阶段，在最终文本通过之前增加进去的。② 这一条款的起草者认为，儿童教育的基本责任在于家庭；承认家长对其子女教育的优先选

---

① 由于联合国大会不是专门立法的机构，根据《联合国宪章》的相关规定，联合国大会通过的决议只具有建议和讨论的性质，因此，《世界人权宣言》是不具备法律约束力的文件。即便如此，它仍具有重大的历史意义：它是国际人权公约的基础；它起了解释《联合国宪章》的作用（《联合国宪章》只是在原则上规定了尊重人权和基本自由，没有说明人权与基本自由的具体内容）；它所包含的诸多原则成为国际习惯法的一部分，影响了许多国家的宪法与立法，国际法院与许多国内法院都在判决中将其作为解释工具或习惯法加以运用（北京大学法学院人权与人道法研究中心，2012b）[16]。

② 1948 年联合国人权委员会第三届会议完成对《世界人权宣言》草案的审议工作之后，将草案提交给联合国经济及社会理事会。同年 8 月，联合国经济及社会理事会第七届会议经过简短的一般性辩论之后，决定将《宣言》草案原封不动地提交联合国大会（联合国教科文组织，2001）[90]；理事会的成员肯定了起草《宣言》的重要性，但也对联合国人权委员会未能完成国际人权公约及其执行措施的起草工作表示遗憾。9 月 24 日，第三届联合国大会第一四二次会议委托其第三委员会审议《世界人权宣言》草案。在第三委员会的会议上，黎巴嫩与荷兰两国的代表对联合国人权委员会第三届会议结束时通过的草案的有关教育的条款的文字提出了修正案，即在已有的前两个段落之间新增一段：（黎巴嫩提出）“父母对其子女所应受的教育的种类，有优先选择的权利（Parents have a prior right to choose the kind of education that shall be given to their children.）”；（荷兰提出）“儿童教育的基本责任在于家庭。家长有权决定其子女接受哪一类教育（The primary responsibility for the education of the child rests with the family. Parents have the right to determine the kind of education their children should have.）。”在为此开展的讨论结束时，荷兰代表撤回了自己的修正案，转而支持黎巴嫩的修正案。在随即进行的表决中，第三委员会通过了黎巴嫩代表提出的修正案。之后，第三委员会成立了一个分委员会，对《世界人权宣言》的各个条款进行“条理化、连贯性、统一性和风格”（arrangement，consistency，uniformity and style）的复审。这个分委员会将这一涉及父母教育其子女的问题的条款移到该条款的末尾，作为第三条（联合国教科文组织，2001）[99-101]。

择权，可以预防国家独断教育（联合国教科文组织，2001）[98-99]。

> 事实上，马利克（Charles Habib Malik）先生（黎巴嫩）在联合国人权委员会第三届会议上提到了父母在其子女教育方面的权利，他“强调有必要排除独裁者有权阻止父母以其希望的方式教育子女的可能性”。他补充道：“教育问题不能完全由国家独断（discretion）；应允许父母自由地决定希望以什么精神培养子女。”（联合国教科文组织，2001）[98]

但是，在联合国大会第三委员会对审议通过并进行格式审查的条款①进行表决时，苏联代表认为这一条款可能会被理解为父母有权干涉其成年子女在教育事务上做出个人选择的自由，建议在该条款中的“子女”（children）之前增加“未成年”（minor）一词。在随后的讨论中，第三委员会没有采纳这一建议，在表决时，关于受教育权的这一条款被“原封不动地”（as it stood）通过（联合国教科文组织，2001）[100-101]。

> 瓦特（Watt）②先生（澳大利亚）说，“谁也不会认为，家长可以对任何年龄的子女行使这样的权利；这里指的主要是相对于国家而言的家长的权利”。里克曼斯（Ryckmans）③先生（比利时）也是这个意思，他说：“这一条款显然是要强调在教育问题上，家长的意见优先于国家或家庭以外的其他组织……当然没有任何人可以强迫一个成年人去上一所他不愿意上的学校；因此，该条款只适用于未成年儿童（children under age）。”（联合国教科文组织，2001）[100-101]

而且，《世界人权宣言》还强调“母亲和儿童有权享受特别照顾和协助。一切儿童，无论婚生或非婚生，都应享受同样的社会保护”（第 25 条第 2 款）。我们可以在其后的《儿童权利宣言》《儿童权利公约》等国际准则性文件中看到这一观点发展为“儿童最大利益原则”。

---

① 参见第 38 页脚注 2。

② 查无此人，疑为赫伯特·维尔·伊瓦特（Herbert Vere Evatt，1894—1965）。伊瓦特先生曾任澳大利亚外部事务大臣，曾担任联合国大会第三届会议主席（1948—1949），并协助《世界人权宣言》的起草工作。

③ 未能找到相关原始文件，就检索所及，疑为皮埃尔·里克曼斯（Pierre Ryckmans，1891—1959），他曾任比属刚果（Belgian Congo）总督，有参与联合国事务的经历。

回顾20世纪，《世界人权宣言》的另一大功绩让人印象深刻，即它推动了相关的一系列国际准则性文件的颁布与丰富。① 早在1946年，国际儿童福利联合会②就督促联合国采纳《日内瓦儿童权利宣言》。但联合国更关注阐明1948年《世界人权宣言》的原则，它有意为儿童权利问题制定一份新文件。在1957年，联合国将注意力转移到起草《儿童权利宣言》的事业上，这促使联合国大会在1959年11月20日第1386(XIV)号决议中宣布了《儿童权利宣言》。

> 联合国大会通过《儿童权利宣言》意义重大，因为它强调了需要单独考虑儿童权利，不应假定国际人权文书的广泛范围可顾及儿童权利。《儿童权利宣言》更加强调儿童的情感健康，并维护儿童在紧急情况下"应属于首先受到保护和救济之列"的权利。(原则八)20年之后，联合国儿童基金会的口号"儿童优先"(First Call for Children)重申了这一权利。除了以上的改变外，1959年的文件仍采取了福利主义的方式(a welfarist approach)，旨在维护和保护儿童，但几乎没有强调儿童赋权(empowering)。(联合国儿童基金会，2009)[5]

该宣言首次公开声明"儿童"这一主体的受教育权。

> 儿童有受教育之权，其所受之教育至少在初级阶段应是免费的和义务

---

① 整个20世纪50—60年代，联合国致力于起草制定《经济、社会及文化权利国际公约》等一系列的人权文件，其中有一个重要的背景是，在起草《世界人权宣言》的过程中，各国政府对这一宣言应包括哪些权利存在严重分歧。西方国家认为人权是公民权利和政治权利，社会主义国家则要求包括经济、社会及文化权利。由于该宣言最终以英语国家提出的建议草案为蓝本，所以它更多地反映了西方国家的观点，总共30条的《世界人权宣言》大部分是公民权利和政治权利(北京大学法学院人权与人道法研究中心，2012b)[15]。这种分歧也延续到其后的公约制定过程中。联合国本来计划起草一个单一的人权公约，但争论达到了令人担忧、根本不可能形成任何公约的程度，折中的解决方案就是起草两个公约：《公民权利和政治权利国际公约》与《经济、社会及文化权利国际公约》。由于最初设想是起草一个单一公约，故最终颁布的两个公约的"序言"和部分条款中有一些基本相同的规定(比如，两个公约的第一条都用完全相同的措辞规定了自决权；又如，关于不歧视方面的规定)(北京大学法学院人权与人道法研究中心，2012b)[17]。

② 根据国际协会联合会(Union of International Associations，UIA)网站(https://www.uia.org/)的相关页面介绍，1946年9月，救助儿童会国际联盟、国际促进儿童福利协会(International Association for the Promotion of Child Welfare)，以及埃格兰泰恩·杰布非欧洲裔儿童保护办公室(Eglantyne Jebb Office for the Protection of Children of Non-European Origin)合并，组建了国际儿童福利联合会(International Union for Child Welfare，IUCW)(UIA，2000)。

性的。儿童所受的教育应能增进其一般文化知识，并使其能在机会平等的基础上发展其各种才能、个人判断力和道德的与社会的责任感，而成为有用的社会一分子。儿童的最大利益应成为对儿童的教育和指导负有责任的人的指导原则；儿童的父母首先负有责任。儿童应有游戏和娱乐的充分机会，应使游戏和娱乐达到与教育相同的目的；社会和公众事务当局应尽力设法使儿童得享此种权利。（原则七）

这一原则考虑到了各国政府与家庭对儿童教育的责任。该文件的英文版对此的表述是"The child is entitled to receive education"，即儿童"被"给予受教育的权利。《儿童权利宣言》在其"序言"中表明，之所以这样表述，是考虑到儿童的身心未成熟，需要得到特别保护。因而，虽然相比《世界人权宣言》中的right来说，《儿童权利宣言》的entitlement有所弱化，但从现实的角度来看，这样的表述更具可行性。笔者以为，这样的表述体现了国际社会的两点共识：受教育权是一种无歧视的人人共享的人权；同时，它也应实现从人因其自由意志而享有的right转化为国家赋予所有公民的无差别的entitlement。①

第二次世界大战后初期，致力于推进全球受教育权事业的国际组织，非联合国教科文组织莫属。虽然面临资金短缺的问题，但成立伊始的联合国教科文组织仍把基本教育(fundamental education)作为其工作的重心与优先事项。联合国教科文组织的创建者力图为受战争影响而没能在教育系统内获得基本的参与现代社会生活的必需技能的人提供初等教育，这既包括儿童的学校教育，也包括对青少年(young people)和成年人的扫盲(Brunswic, etc., 1997)[118]。1947年，联合国教科文组织组建了一个特别委员会，以深入探讨"基本教育"这一新概念。这一特别委员会在其题为《基本教育：人类的共同基础》(Fundamental Education: Common Ground for All People)的研究报告中，提出基本教育是民主制度的一部分，它是由

① 关于rights(权利)与entitlement(法定权利)语义的具体区别，参见《元照英美法词典》的相关词条。在该词典中，人权(human rights)的定义如下："指人的权利或基本自由，在法律上予以承认并加以保护的，使每个人在个性、精神、道德和其他方面获得最充分和最自由发展的权利。这些权利被认为是生来就有的个人理性、自由意志的产物，即不是实在法(positive law)授予的，也不能被实在法剥夺或取消。"(薛波，2003)[652]简而言之，人权是因人生而为人所自然享有的权利，这种权利应该得到法律的承认与保护。英国法学家米尔恩(A. J. M. Milne)指出，"权利的要义是资格"(1995)[111]，而要使人权概念经得起理性的辩驳，能够回答是否存在适用于所有人类社会不同文明的普遍权利的问题，就应寻求这些社会与文明所共有的最低限度的道德标准，这即是"无论何时何地都由全体人类享有的道德权利"(1995)[7]。这就是说人权应是普遍的道德权利，而非由不同社会不同文明通过政治手段规定的政治权利。

人民进行的人民的教育。这一概念关联了民主和参与，它强调人们不仅要会读写算，而且要掌握适应经济和社会发展的基本知识（Brunswic, etc., 1997）[121]。基本教育运动为联合国教科文组织此后的普及教育事业奠定了坚实基础，可以视为全民终身教育的胚胎形态和早期开端。而就联合国教科文组织的发展历程与实际业务来看，儿童自始至终是其最重要的关切与服务的对象。

三、儿童受教育权国际共识的政策转化

当历史进入 20 世纪 60 年代，《世界人权宣言》所确立的“受教育权是一项基本人权”的信念，在《取缔教育歧视公约》《经济、社会及文化权利国际公约》等国际文件中被全面定义。这些国际文件强调了受教育权的两个主要方面：其内容（content）关注不同形式教育机会的获得，以及受教育权的平等享用；其目的（purpose）在于（促进）“人的个性的充分发展”，“加强对人权和基本自由的尊重”。它们将“受教育权”阐释为一种能使其受益者改善自身的社会经济状况并充分行使其各项人权的“授权性权利”（empowerment right）（Benedek, 2007）[295]。恰如 20 世纪末，经济、社会和文化权利委员会在《第 13 号总评论：受教育的权利》中所强调的：

> 受教育（education）本身就是一项人权，也是实现其他人权不可或缺的手段。作为一项增长才能的权利（empowerment right），教育是一个基本工具，在经济上和在社会上处于边缘地位的成人和儿童受了教育以后，就能够脱离贫困，取得充分参与社区生活的手段。教育具有重大的作用，能使妇女增长才能，保护儿童，使他们不至于从事剥削性的危险工作或者受到性剥削，能够增进人权与民主，保护环境，控制人口增长。人们日益确认，教育是各国所能做的最佳投资。但是，教育的重要性并不只是限于实用的层面：有一颗受过良好教育，能够自由、广博思考的开悟而且活跃的心灵，是人生在世的赏心乐事。（E/C.12/1999/10 第 1 段）

1960 年 12 月 14 日联合国教科文组织大会第十一届会议通过的《取缔教育歧视公约》①，“是教科文组织在教育领域制定的一项最为重要的准则性文书。

① 《取缔教育歧视公约》依据其第 14 条（“自第三件批准书、接受书或加入书交存之日起三个月后”）于 1962 年 5 月 22 日生效。（转下页）

它提出了受教育权的准则性框架及其基本内容以及各项国际义务”。它是“全民教育的重要支柱”(ED.2007/WS/29)。该公约第1条指出了教育歧视的两种主要形式(第1款甲、乙项),并说明了该公约中“教育”一词的含义。

第一条

一、为本公约目的,“歧视”一语指基于种族、肤色、性别、语言、宗教、政治或其他见解、国籍或社会出身、经济条件或出生的任何区别、排斥、限制或特惠,其目的或效果为取消或损害教育上的待遇平等,特别是:

(甲)禁止任何人或任何一群人接受任何种类或任何级别的教育;

(乙)限制任何人或任何一群人只能接受低标准的教育;

(丙)对某些人或某群人设立或维持分开的教育制度或学校,但本公约第二条的规定不在此限;

(丁)对任何人或任何一群人加以违反人类尊严的条件。

二、为本公约目的,“教育”一语指一切种类和一切级别的教育,并包括受教育的机会、教育的标准和素质(quality),以及教育的条件在内。

此前,《世界人权宣言》第2条提出“人人有资格享有本宣言所载的一切权利和自由……”,但没有说明这一原则在教育领域的具体适用情况。直至《取缔教育歧视公约》的出现,才明确了在教育方面人人享有平等和不受歧视的待遇

(接上页)1965年2月12日,当时占据中国合法席位的蒋介石政府向联合国教科文组织交存了《取缔教育歧视公约》批准书。1974年9月2日,中华人民共和国常驻联合国教科文组织代表团致函联合国教科文组织总干事,声明“蒋介石集团盗用中国名义在《国际交换出版物公约》(Convention concerning the International Exchange of Publications,1958)上的所有签字都是非法和无效的,中国政府不予承认,也不受其约束”。1988年5月17日,中华人民共和国常驻联合国教科文组织代表团致函通知总干事,前述声明同样适用于《取缔教育歧视公约》和《国家间交换官方出版物和政府文件公约》(Convention concerning the Exchange of Official Publications and Government Documents between States,1958)(联合国教科文组织,2001)[106]。

截至2016年底,中国尚未批准《取缔教育歧视公约》。需要说明的是,1981年1月8日,当时管辖澳门的葡萄牙政府向联合国教科文组织交存该公约批准书;1999年10月17日,中国致函通知联合国教科文组织总干事:该公约将继续适用于澳门特别行政区,自1999年12月20日起生效。

除了《取缔反对教育歧视公约》,中国也尚未批准联合国教科文组织大会通过的另外两项直接与教育相关的国际条约:《设立一个和解及斡旋委员会负责对取缔教育歧视公约各缔约国间可能发生的任何争端寻求解决办法的议定书》(Protocol Instituting a Conciliation and Good Offices Commission to be Responsible for Seeking the Settlement of any Disputes which may arise between States Parties to the Convention against Discrimination in Education,1962;1968年10月24日生效)和《技术和职业教育公约》(Convention on Technical and Vocational Education,1989;1991年8月29日生效)。

(联合国教科文组织,2001)[40]。该公约对“教育”与“教育歧视”的定义具有广泛的指导性,充分体现了教育作为一项基本人权的原则。它也为受教育权政策的执行提供了具有实际操作性的“不歧视原则”。该原则为理解与分析教育领域的诸多问题与不平等现象提供了理论视角与法理依据,并在其后的诸多相关国际文件中被重申与具体化。①

《世界人权宣言》与《取缔教育歧视公约》中关于受教育权的规定,在《经济、社会及文化权利国际公约》中得到了强化。1966年12月16日联合国大会第2200A(XXI)号决议通过、1976年1月3日生效的《经济、社会及文化权利国际公约》,其第13条“是国际人权法中对受教育的权利规定得最为广泛和全面的条文”(E/C.12/1999/10第2段)。

> 据北京大学法学院人权与人道法研究中心网的相关网页介绍:International Covenant on Economic, Social and Cultural Rights 作准中文本译名为《经济、社会、文化权利国际盟约》。2002年1月联合国应中国政府建议,将“盟约”一词改为“公约”,即译为《经济、社会、文化权利国际公约》。目前国内外普遍使用的“通用中文本”《经济、社会及文化权利国际公约》出现于中华人民共和国恢复在联合国合法席位(1971年)之后,来源不明。这两份中译本的行文存在明显差异(详见表2-1)。(北京大学法学院人权与人道法研究中心,2012a)

---

① 例如,1979年12月18日联合国大会第34/180号决议通过,1981年9月3日生效的《消除对妇女一切形式歧视公约》(Convention on the Elimination of All Forms of Discrimination against Women)第10条对“教育”的规定:

缔约各国应采取一切适当措施以消除对妇女的歧视,以保证妇女在教育方面享有与男子平等的权利,特别是在男女平等的基础上保证:

(a) 在各类教育机构,不论其在城市或农村,在专业和职业辅导、取得学习机会和文凭等方面都有相同的条件。在学前教育、普通教育、技术、专业和高等技术教育以及各种职业培训方面,都应保证这种平等;

(b) 课程、考试、师资的标准、校舍和设备的质量一律相同;

(c) 为消除在各级和各种方式的教育中对男女任务的任何定型观念,应鼓励实行男女同校和其他有助于实现这个目的的教育形式,并特别应修订教科书和课程以及相应地修改教学方法;

(d) 领受奖学金和其他研究补助金的机会相同;

(e) 接受成人教育、包括成人识字和实用读写能力(functional literacy)的教育的机会相同,特别是为了尽早缩短男女之间存在的教育水平上的一切差距;

(f) 降低女生退学率(drop-out rates),并为离校过早的少女和妇女安排各种方案;

(g) 积极参加运动和体育的机会相同;

(h) 有接受特殊知识辅导的机会,以有助于保障家庭健康和幸福,包括关于计划生育(family planning)的知识和辅导在内。

表 2-1 《经济、社会及文化权利国际公约》第 13 条中英文对照表

作准中文本	作准英文本	通用中文本
经济、社会、文化权利国际盟约	International Covenant on Economic, Social and Cultural Rights	经济、社会及文化权利国际公约
一、本盟约缔约国确认人人有受教育之权。缔约国公认教育应谋人格及人格尊严意识之充分发展，增强对人权与基本自由之尊重。缔约国又公认教育应使人人均能参加自由社会积极贡献，应促进各民族间及各种族、人种或宗教团体间之了解、容恕及友好关系，并应推进联合国维持和平之工作。	1. The States Parties to the present Covenant recognize the right of everyone to education. They agree that education shall be directed to the full development of the human personality and the sense of its dignity, and shall strengthen the respect for human rights and fundamental freedoms. They further agree that education shall enable all persons to participate effectively in a free society, promote understanding, tolerance and friendship among all nations and all racial, ethnic or religious groups, and further the activities of the United Nations for the maintenance of peace.	一、本公约缔约各国承认，人人有受教育的权利。它们同意，教育应鼓励人的个性和尊严的充分发展，加强对人权和基本自由的尊重，并应使所有的人能有效地参加自由社会，促进各民族之间和各种族、人种或宗教团体之间的了解、容忍和友谊，和促进联合国维护和平的各项活动。
二、本盟约缔约国为求充分实现此种权利起见，确认： （子）初等教育应属强迫性质，免费普及全民； （丑）各种中等教育，包括技术及职业中等教育在内，应以一切适当方法，特别应逐渐采行免费教育制度，广行举办，庶使人人均有接受机会； （寅）高等教育应根据能力，以一切适当方法，特别应逐渐采行免费教育制度，使人人有平等接受机会；	2. The States Parties to the present Covenant recognize that, with a view to achieving the full realization of this right: (a) Primary education shall be compulsory and available free to all; (b) Secondary education in its different forms, including technical and vocational secondary education, shall be made generally available and accessible to all by every appropriate means, and in particular by the progressive introduction of free education; (c) Higher education shall be made equally accessible to all, on the basis of capacity, by every appropriate means, and in particular by the progressive introduction of free education;	二、本公约缔约各国认为，为了充分实现这一权利起见： （甲）初等教育应属义务性质并一律免费； （乙）各种形式的中等教育，包括中等技术和职业教育，应以一切适当方法，普遍设立，并对一切人开放，特别要逐渐做到免费； （丙）高等教育应根据成绩，以一切适当方法，对一切人平等开放，特别要逐渐做到免费；

续 表

作准中文本	作准英文本	通用中文本
(卯) 基本教育应尽量予以鼓励或加紧办理以利未受初等教育或未能完成初等教育之人； (辰) 各级学校完备之制度应予积极发展，适当之奖学金制度应予设置，教育人员之物质条件亦应不断改善。	(d) Fundamental education shall be encouraged or intensified as far as possible for those persons who have not received or completed the whole period of their primary education; (e) The development of a system of schools at all levels shall be actively pursued, an adequate fellowship system shall be established, and the material conditions of teaching staff shall be continuously improved.	(丁) 对那些未受到或未完成初等教育的人的基础教育，应尽可能加以鼓励或推进； (戊) 各级学校的制度，应积极加以发展；适当的奖学金制度，应予设置；教员的物质条件，应不断加以改善。
三、本盟约缔约国承允尊重父母或法定监护人为子女选择符合国家所规定或认可最低教育标准之非公立学校，及确保子女接受符合其本人信仰之宗教及道德教育之自由。	3. The States Parties to the present Covenant undertake to have respect for the liberty of parents and, when applicable, legal guardians to choose for their children schools, other than those established by the public authorities, which conform to such minimum educational standards as may be laid down or approved by the State and to ensure the religious and moral education of their children in conformity with their own convictions.	三、本公约缔约各国承担，尊重父母和(如适用时)法定监护人的下列自由：为他们的孩子选择非公立的但系符合于国家所可能规定或批准的最低教育标准的学校，并保证他们的孩子能按照他们自己的信仰接受宗教和道德教育。
四、本条任何部分不得解释为干涉个人或团体设立及管理教育机构之自由，但以遵守本条第一项所载原则及此等机构所施教育符合国家所定最低标准为限。	4. No part of this article shall be construed so as to interfere with the liberty of individuals and bodies to establish and direct educational institutions, subject always to the observance of the principles set forth in paragraph 1 of this article and to the requirement that the education given in such institutions shall conform to such minimum standards as may be laid down by the State.	四、本条的任何部分不得解释为干涉个人或团体设立及管理教育机构的自由，但以遵守本条第一款所述各项原则及此等机构实施的教育必须符合于国家所可能规定的最低标准为限。

《经济、社会及文化权利国际公约》第13条第2款的上述规定中，除（甲）项外，其他的要求允许缔约国可以"逐渐做到""鼓励或推进""不断加以改善"。这是因为包括受教育权等在内的诸多经济、社会和文化权利的充分实现，需要经济和技术资源，需要社会体制的调整，但某些发展中国家很难达到相应的要求（北京大学法学院人权与人道法研究中心，2012b）[20]。

除了重申并加强《世界人权宣言》与《取缔教育歧视公约》中的相关条款外，《经济、社会及文化权利国际公约》第14条明确规定：任何已经批准该公约却尚未提供免费义务初等教育的缔约国应"承担在两年之内制定和采取一个逐步实行的详细的行动计划，其中规定在合理的年限内实现一切人均得受免费的义务性教育（compulsory education free of charge for all）的原则"。① 这客观上要求缔约国政府改进本国教育政策，修订或增加普及免费义务教育的法律条文，以及采取普及免费义务教育的行动。这一条款创造了以国际规则指导世界各国教育政策规划的典范，它的生效极大地推进了全球普及教育事业。

与《世界人权宣言》相比，《经济、社会及文化权利国际公约》具有法律约束力（legally binding force）。② 这就是说，在《世界人权宣言》中当事国同意给予

---

① 1999年联合国经济、社会和文化权利委员会发布的《第13号总评论：受教育的权利》指出，优先实行义务性的免费初等教育（compulsory, free primary education），这是缔约国必须立即履行的义务（E/C.12/1999/10第51段）。该文件也指出，缔约国在受教育权方面必须立即履行的义务还有，依据《经济、社会及文化权利国际公约》第2条第2款的规定，"确保"（guarantee）这项权利"免于任何歧视地被行使"（be exercised without discrimination of any kind）；以及依据该公约第2条第1款的规定，"采取步骤"，达成该公约第13条所规定的受教育权的充分实现（E/C.12/1999/10第43段）。

《经济、社会及文化权利国际公约》第2条第1、2款规定如下：

> 一、每一缔约国家承担尽最大能力个别采取步骤或经由国际援助和合作，特别是经济和技术方面的援助和合作，采取步骤，以便用一切适当方法，尤其包括用立法方法，逐渐达到本公约中所承认的权利的充分实现。
>
> 二、本公约缔约各国承担保证，本公约所宣布的权利应予普遍行使，而不得有例如种族、肤色、性别、语言、宗教、政治或其他见解、国籍或社会出身、财产、出生或其他身份等任何区分。

② 在国际法上，declaration（宣言）、covenant（盟约）、convention（公约）具有不同的法律效力。"宣言"依当事方的意愿确定是否构成条约（treaty）（1969年《维也纳条约法公约》第2条甲款界定"条约"为"国家间所缔结而以国际法为准之国际书面协定"），如构成条约，则对当事各方有法律约束力；但大多数国际组织出台的宣言并不构成条约，只是对重要原则、规则的宣示，不具有法律约束力，例如《世界人权宣言》《儿童权利宣言》；"虽然国家和国际组织之间也可以缔结条约，但条约主要涉及国家间的关系"（肖，2011）[711]。

> 条约法的基本原则无疑是主张（proposition）各条约对其缔约国有拘束力（binding）并且它们应该被善意（in good faith）执行。该规则被称为"约定必须遵守"（pacta sunt servanda），它可以说（arguably）是最古老的国际法原则。……"条约"这一术语是国际协定中使用最多的，但还有其他不同的名称也能并且有时确实用来表达同样的概念，如议定书（protocol）、文件（act）、宪章（charter）、盟约（convenant）、公约（pact）以及协定（concordat）。它们每个指的都是同样的基本行为，使用其中一个而非另一个通常只是为了追求表达的变化而已。（肖，2011）[711]

儿童受教育权，但在《经济、社会及文化权利国际公约》中缔约国承诺落实儿童受教育权。而且，《经济、社会及文化权利国际公约》还设立了监测各国履约情况的报告制度，其第16、17条规定缔约国有定期提交"关于在遵行本公约所承认的权利方面所采取的措施和所取得的进展的报告"（第16条第1款）的义务。

曾任经济、社会和文化权利委员会主席的弗吉尼娅·B.丹丹（Virginia B. Dandan）女士充分肯定联合国教科文组织在受教育权的界定与阐释方面的决定性作用，她评论道：

> 教育在所有经济、文化和社会权利方面中起着关键的作用，教育的影响遍及所有权利：劳动权、健康权、受教育权、各项社会权利等。所有这些权利均受到受教育权的影响。正因为如此，受教育权是经济、社会和文化权利委员会的工作重点之一。在联合国系统中，教科文组织在教育领域的首要作用和责任可以追溯到《经济、社会及文化权利国际公约》的诞生。在制定该公约时，教科文组织负责起草了有关教育的第13和第14条。因此可以这样说，这些条款"属于"教科文组织。（167 EX/CR.2）[Annex II]

20世纪60年代，作为教育领域的联合国专门机构，联合国教科文组织先后召集了四次地区教育会议①，以帮助各地区设立限期实现的普及免费义务初等教育目标（Beigbeder，2001）[102]。这一时期，联合国儿童基金会也开始致力于服务全球普及教育事业。这个机构最初的使命仅限于健康与卫生领域，但是在一系列国际人权文件的支持下，它逐步涉足了所有教育领域，包括正规教育与非正式教育（informal education），主要关注初等教育与女童教育。1960年，联合国儿童基金会主持发起了一项联合国几大专门机构参与其中的调查，各专门机构在其各自的专业领域为这一调查提供了关于儿童需要（children's need）的最高水准（state-of-the-art）的报告（其中，联合国教科文组织提供了儿童教育需要的内

① 根据伊夫·贝格伯德（Yves Beigbeder）（2001）[102]提供的线索，这四次会议应该是：（1）亚洲会议：Regional Meeting of Representatives of Asian Member States on Primary and Compulsory Education，Karachi，1960；（2）非洲会议：Conference of African States on the Development of Education in Africa，Addis Ababa，1961；（3）拉丁美洲会议：Intergovernmental Advisory Committee for the Major Project on the Extension and Improvement of Primary Education in Latin America：Fourth Session，Santiago，1962；（4）阿拉伯国家会议：Conference of Ministers of Education and Ministers Responsible for Economic Planning in the Arab States，Tripoli，1966。

容)。翌年六月,这项调查的成果——题为《发展中国家的儿童》(Children of the Developing Countries)的研究报告,主张儿童的需要应被纳入国家发展规划中。从这份报告开始,联合国儿童基金会认识到不仅要关注儿童的食物、营养以及卫生方面的需求,更要关照整个儿童(whole child)的所有需要(Beigbeder, 2001)[22]。这份报告也促使联合国儿童基金会执行局同意扩大援助范围,将小学教育、农业教育与职业培训列入其中。相对联合国教科文组织来说,联合国儿童基金会对非正式教育更感兴趣,但并不把非正式教育计划视为主流教育系统的替代物(Beigbeder,2001)[102]。随后,在联合国儿童基金会的积极活动下,1976年,联合国大会宣布1979年为国际儿童年(International Year of the Child),①以纪念《儿童权利宣言》发布20周年,并指定联合国儿童基金会作为联合国系统中负责协调国际儿童年活动的领导机构(Beigbeder,2001)[28]。

因此,可以说,国际社会在20世纪60年代已经就儿童受教育权作为一项无差别的普适性人权作出明确规定,并对各国政府改进教育系统、落实这一权利提出了明确的政策建议。

四、儿童受教育权国际共识的全球推进

20世纪的最后十余年,在科技进步的推动下,各国经济、社会、政治、文教等领域的合作规模已全面全球化,知识与价值观在全球范围内加速流动与扩散,世界正在变平。在联合国系统各专门机构的引领下,国际社会日益加强对儿童问题的关注,《儿童权利公约》应时而生。联合国儿童基金会为庆祝该公约颁布20周年而编撰出版的《世界儿童状况特别专刊》(The State of the World's Children: Special Edition)对这一公约给予了如下评价:

> 它是宣传(promotion)和保护儿童权利方面最全面的人权条约及法律文书。虽然在其他国际人权文书中有保护儿童权利的规定,但是该公约首次清晰阐明了所有与儿童有关的权利:经济权利、社会权利、文化权利、公民权利及政治权利。它也是首份明确将儿童视为社会参与者及自身权利

① 国际儿童年最初是由国际天主教儿童局(International Catholic Child Bureau, ICCB)秘书长(一位比利时牧师)卡农·约瑟夫·莫尔曼(Canon Joseph Moerman)于1973年提议的。他的提议得到了国际儿童福利联合会等许多非政府组织(NGO)的支持(Beigbeder, 2001)[28]。事实上,20世纪60—70年代,非政府组织极大地推动了儿童权利运动的开展(联合国儿童基金会,2009)[11]。这是例证之一。

的积极持有者的国际文书。

在这一条约的规定下，缔约国必须在法律上实现每一个儿童的权利。《儿童权利公约》包含54项条款并建立在四项基本原则之上：不歧视；儿童的最大利益；确保儿童的生命权、生存权和发展权；尊重儿童的意见。《儿童权利公约》覆盖范围广，重视儿童的能动作用，因此《儿童权利公约》对所有旨在宣传、保护和实现儿童权利的行动具有永久的适用性。

《儿童权利公约》是对国际人权框架的一个有力的补充。……它已几乎被全世界所接受……《儿童权利公约》及其任择议定书在各大洲和地区、各国家和社会各界已产生了普遍的影响，它仍将在未来几十年里——甚至可能几个世纪——作为儿童问题的大宪章发挥作用。

《儿童权利公约》极大地重申并丰富了人权。它通过应用以往国际人权文书中直接与儿童相关的基本原则——如无差别和不歧视——而重申了人权。它通过巩固和增强其他人权文书所包含的规定而丰富了人权，说明了缔约国对儿童的责任和义务。该公约包含了未被广泛阐明的儿童权利，特别是参与权，规定了儿童的最大利益应作为所有与儿童相关行动的首要考虑因素。《儿童权利公约》强调儿童权利的责任在于义务承担者，包括受委托保证儿童权利得以实现的缔约国、家庭及监护人。

《儿童权利公约》的重大意义远不只在立法领域。它也使得对待儿童的态度得以转变。事实上，《儿童权利公约》确立了"童年条款"，概述了所有18岁以下的个人在被对待、照料、生存、发展、保护及参与等方面权利的最低标准。它的条款强化了社会间(societies)的一个共识，即要实现儿童权利，必须保护童年这个与成人期分离的阶段，也必须确定一段儿童可以成长、学习、玩耍和发展的时间。

在《儿童权利公约》规定下，儿童是权利持有者而不是被施舍的对象。实现这些权利不再是缔约国的一个选项，而是其政府保证履行的义务。同样重要的是，《儿童权利公约》对未来乐观、明确和坚定的认识——终有一天，所有的儿童都将享受充分尊重其权利的童年，他们的基本需求得到满足，免于暴力、虐待、剥削、忽视及歧视，被赋予权利参与所有影响他们生存的决策并使其参与富有意义。

在其"序言"和所有规定中，《儿童权利公约》强调了家庭在儿童成长及其福祉上所起的基本作用，确认了一个关爱、和谐及理解的家庭环境在儿童全面发展方面的重要性。它要求缔约国向家庭提供一切必要的手段(means)，以实现家庭的职责。(联合国儿童基金会，2009)[2-3]

联合国大会 1989 年 11 月 20 日第 44/25 号决议通过，1990 年 9 月 2 日生效①的《儿童权利公约》有诸多涉及教育的条款。② 霍奇森（2012）[33]认为，该公约第 28 条（“受教育权”条款）及第 29 条（“教育目的”条款）代表了“国际层面对受教育权的最全面规定”。

第28条

1. 缔约国确认儿童有受教育的权利，为在机会均等的基础上逐步实现此项权利，缔约国尤应：

(a) 实现全面的免费义务小学教育；

(b) 鼓励发展不同形式的中学教育，包括普通和职业教育，使所有儿童均能享有和接受这种教育，并采取适当措施，诸如实行免费教育和对有需要的人提供津贴；

(c) 以一切适当方式根据能力使所有人均有受高等教育的机会；

(d) 使所有儿童均能得到教育和职业方面的资料和指导；

(e) 采取措施鼓励学生按时出勤和降低辍学率。

2. 缔约国应采取一切适当措施，确保学校执行纪律的方式符合儿童的人格尊严及本公约的规定。

3. 缔约国应促进和鼓励有关教育事项方面的国际合作，特别着眼于在全世界消灭愚昧与文盲，并便利获得科技知识和现代教学方法。在这方面，应特别考虑到发展中国家的需要。

第29条

1. 缔约国一致认为教育儿童的目的应是：

(a) 最充分地发展儿童的个性、才智和身心能力；

(b) 培养对人权和基本自由以及《联合国宪章》所载各项原则的尊重；

(c) 培养对儿童的父母、儿童自身的文化认同、语言和价值观、儿童所居住国家的民族价值观、其原籍国以及不同于其本国的文明的尊重；

(d) 培养儿童本着各国人民、族裔、民族和宗教群体以及原为土著居民的人

---

① 《儿童权利公约》第 49 条规定，《儿童权利公约》自第二十份批准书或加入书交存联合国秘书长之日后的第三十天生效。

② 除第 28、29 条外，《儿童权利公约》第 23 条第 3 款提到缔约国为确保残疾儿童有效地获得教育和培训“在可能时应免费提供”相应的援助；第 40 条第 4 款涉及在青少年犯罪的情况下，采用指导、教育及职业培训方案等多种处理办法作为机构照管的代替办法；第 32 条第 1 款确认儿童有权受到保护，以及免于“从事任何可能妨碍或影响儿童教育或有害儿童健康或身体、心理、精神、道德或社会发展的工作”（霍奇森，2012）[33]。

之间谅解、和平、宽容、男女平等和友好的精神，在自由社会里过有责任感的生活；

(e) 培养对自然环境的尊重。

2. 对本条或第28条任何部分的解释均不得干涉个人和团体建立和指导教育机构的自由，但须始终遵守本条第1款载列的原则，并遵守在这类机构中实行的教育应符合国家可能规定的最低限度标准的要求。

《儿童权利公约》第28条融合之前诸多国际准则性文件关于"受教育权"条款的表述，但它与《经济、社会及文化权利国际公约》一样，没有提及学前教育。① 联合国教科文组织在审议《儿童权利公约》草案时，建议加入儿童接受学前教育的权利，但有不少国家反对增加教育预算，这一建议最终没有被采纳。在儿童受教育权的具体规定上面，相比《经济、社会及文化权利国际公约》来说，《儿童权利公约》第28条关于受教育权的规定相对弱化，比如，它采用了"逐步"实现此权利的表述，而不是前一公约要求的逐步"充分"实现(achieving progressively the full realization of the rights)；②它将《经济、社会及文化权利国际公约》中提出的普遍设立中等教育(generally available and accessible to all)的规定，表述为鼓励(encourage)发展不同形式的中等教育；它没有与《经济、社会及文化权利国际公约》第14条相应的规定，即要求尚未实行免费义务初等教育的缔约国在两年

① 《世界人权宣言》未提及"幼儿保育和启蒙教育"(early childhood care and initial education)，"实际上1948年以来通过的所有国际人权公约也未提及"(联合国教科文组织，2001)[47]。《世界人权宣言》第26条第3款、《经济、社会及文化权利国际公约》第13条第3款都规定了家长对其子女的教育的自由选择权。《儿童权利公约》第18条第3款规定"缔约国应采取一切适当措施确保就业父母的子女有权享受他们有资格得到的托儿服务(child-care services)和设施"。联合国教科文组织(2001)[48]在其出版的《世界教育报告2000》中指出："近几十年来全球小学教育的发展与其说是落实了国际公认的受教育权利的一个方面，还不如说反映了不断变化的社会现象，尤其是越来越多的妇女走出家门，参加工作这一事实。"这提醒我们，随着社会的发展，毋庸置疑，学前教育必将成为尊重、保护并落实儿童受教育权的重大关切事项——事实也正是如此。例如，2006年联合国教科文组织就出版了以《坚实的基础：幼儿保育和教育》(Strong Foundations：Early Childhood Care and Education)为题名的全民教育全球监测报告。

② 《经济、社会及文化权利国际公约》第2条第1款规定："每一缔约国家承担尽最大能力个别采取步骤或经由国际援助和合作，特别是经济和技术方面的援助和合作，采取步骤，以便用一切适当方法，尤其包括用立法方法，逐渐达到本公约中所承认的权利的充分实现。"1986年通过的《关于执行经济、社会及文化权利国际公约的林堡原则》(Limburg Principles on the Implementation of the International Covenant on Economic，Social and Cultural Rights)(因荷兰林堡大学得名)规定："'渐进达到权利的充分实现'的义务要求缔约国为实现权利而尽可能迅速行动。在任何情况下这都不能被解释为国家有权无限期推迟保证充分实现的努力。相反，所有的缔约国都有义务立即开始采取措施，实现其公约义务。"(原则21)该原则中的原则23、原则25"几乎没有给发展中国家任何缓和的余地"。原则23规定："渐进实现的义务应独立于资源的增加，它要求有效利用可获得的资源。"原则25规定："不管经济发展水平如何，缔约国有义务保证对所有人最低生存权利的尊重。"(霍奇森，2012)[33]

内采取实施该制度的详细行动计划(霍奇森,2012)[34-35]。客观上看,这种弱化是共同协商的产物,它在这些条文上所作出的让步是积极的。①

的确,在各国政治、经济、社会、文化发展不平衡的情况下,缔结一份能够在最大限度上确保缔约国尊重、保护并落实儿童权利的公约,并使之具有更广泛的代表性,而非坚持制定一份理想的、却难以推行的完美公约,这是更符合全球儿童利益的现实选择。这份公约受到广泛欢迎的事实也证明了这一点:到 2017 年 12 月为止,《儿童权利公约》是签约国家最多、批准国家最多的国际公约。② 2000 年 5 月 25 日,联合国大会通过了《儿童权利公约》的两个任择议定书,即《关于买卖儿童、儿童卖淫和儿童色情制品问题的任择议定书》(Optional Protocol to the Convention on the Rights of the Child on the Sale of Children, Child Prostitution and Child Pornography,2002 年 1 月 18 日生效)及《关于儿童卷入武装冲突问题的任择议定书》(Optional Protocol to the Convention on the Rights of the Child on the Involvement of Children in Armed Conflict,2002 年 2 月 12 日生效)。

但是,相比其他国际核心人权公约来说,在其生效后的相当长一段时间内,《儿童权利公约》的执行机制却是最弱的,它仅有报告制度(reports),没有个人来文(individual communications)和国家对国家来文制度(inter-state communications)③

---

① 在是否有必要就儿童受教育权的实现水平制定一个全球标准的问题上,国际社会很难达成共识。《儿童权利公约》没有采用"充分"实现一词,正体现了这一问题的复杂性。

作为普遍性国际人权文件,该公约所确认的权利应该是国际标准。但是不能不承认,世界各国的发展程度不同,特别是世界南北方国家之间存在的巨大差距。因此有学者认为"对于发展中国家的大多数人口来说,童年是一种难以实现的奢侈。发展中国家的儿童通常在比工业国家的儿童更早的年龄就不得不开始发挥成人的作用","因为不符合西方国家关于童年的标准,南方社会成为外来干涉的永久目标。"(原文出处:Vanessa Pupavac, "The Infantilization of the South and the UN Convention on the Rights of the Child", Human Rights Law Review, (1998), Vol. 3, No. 2, p. 3.)(北京大学法学院人权与人道法研究中心,2012b)[26]

② 2015 年 1 月,索马里成为该公约的第 195 个批准国。至此,美国成为全球唯一一个未批准该公约的国家。

③ "个人来文"制度首先在 1965 年 12 月 21 日联合国大会第 2106A(XX)号决议通过,1969 年 1 月 4 日生效的《消除一切形式种族歧视国际公约》(International Convention on the Elimination of All Forms of Racial Discrimination)中出现。该公约第 14 条规定:"缔约国得随时声明承认委员会(消除种族歧视委员会——笔者注)有权接受并审查在其管辖下自称为该缔约国侵犯本公约所载任何权利行为受害者的个人或个人联名提出的来文。"而 1966 年 12 月 16 日联合国大会第 2200A(XXI)号决议通过,1976 年 3 月 23 日生效的《公民权利和政治权利国际公约》,其第 41 条规定了"国家来文"制度:"本盟约缔约国得依据本条规定,随时声明承认委员会(Human Rights Committee,人权事务委员会——笔者注)有权接受并审议一缔约国指称另一缔约国不履行本盟约义务之来文。"(此译文来自该公约作准中文本;通行中文本将关键术语 communications 译为"通知"——笔者注)随后,"来文制度"在其他国际核心人权公约及其相关任择议定书中陆续得到普及。

(北京大学法学院人权与人道法研究中心,2012b)[26]。不过,这一局面在近年有了根本性的改观。2011 年 12 月 19 日联合国大会第六十六届会议通过的《儿童权利公约关于设定来文程序的任择议定书》(Optional Protocol to the Convention on the Rights of the Child on a Communications Procedure)于 2014 年 4 月 14 日生效,该任择议定书规定了侵害《儿童权利公约》及其前两项任择议定书所载任何权利的个人来文和国家来文制度。

作为一个相对晚近的国际公约,《儿童权利公约》吸收了之前公约的精华,形成了一个构造精细的整体,它的任何条款都是相互关联的——"所有的人权都是不可分割和相互依存的,①这表明任何一种权利都不应优先于另一种权利"(联合国儿童基金会,2009)[12]。值得注意的是,《儿童权利公约》突破过去人权法中"公民与政治权利"和"经济、社会与文化权利"的两分法,将两类权利融合在一起,全面规定了儿童权利(北京大学法学院人权与人道法研究中心,2012b)[112]。关于儿童受教育权的第 28 条与该公约中的不歧视或无差别原则(第 2 条)、儿童的最大利益(第 3 条)、儿童的生命权、生存权和发展权(第 6 条)、尊重儿童的意见(第 12 条)四项基本原则密切相关;同时,表达自由(第 13 条),思想、信仰与宗教自由(第 14 条),免于任何形式暴力(第 19 条)等十余项公约条款的执行也与第 28 条相互配合(Hodgkin & Newell, 2007)[435-436]。

不仅如此,儿童权利委员会也通过发布关于《儿童权利公约》条款的一般性意见,对该公约作了进一步的阐释;该委员会对各缔约国政府提交的《儿童权利公约》履约报告所给出的结论性意见(concluding observations),也促进了各国对该公约的理解与执行。

---

① 关于各项人权相互关联的问题,北京大学法学院人权与人道法研究中心(2012b)[4]编撰的《国际人权法概论》作出如下说明:

> 由世界人权宪章和其他国际人权文件所宣示的各项人权,构成了一个不可分割的整体,其中各种权利都互相依存、互相补充、互相促进,对其中一种权利的侵犯往往会影响到其他权利的尊重和享有。1968 年 5 月 13 日在伊朗首都德黑兰召开的世界人权大会通过的《德黑兰宣言》(Proclamation of Teheran)宣告:"人权及基本自由不容分割……。"1977 年联合国大会于 12 月 16 日通过的第 32/130 号决议《关于人权新概念的决议案》强调:"深切相信一切人权和基本自由都是相互依赖和不可分割的。"人权的这一性质在 1993 年世界人权大会上通过的《维也纳宣言和行动纲领》(Vienna Declaration and Programme of Action)中得到再次重申:"一切人权均为普遍、不可分割、相互依赖和相互联系的(All human rights are universal, indivisible and interdependent and interrelated.)。"(联合国大会第 32/130 号决议全称为 Alternative Approaches and Ways and Means within the United Nations System for Improving the Effective Enjoyment of Human Rights and Fundamental Freedoms。——作者注)

可以说,《儿童权利公约》的诞生是儿童受教育权国际共识全球推进的里程碑。在《儿童权利公约》生效后,相继召开的世界全民教育大会、首次世界儿童问题首脑会议,成功地将这一共识转化为面向各国的儿童教育政策建议。① 所有儿童享有受教育权,这已经不仅仅是理想主义者的梦想,也是具有全球普适性的教育政策导向。就这一政策导向来说,其实践的前提是"缔约国确认儿童有受教育的权利"(States Parties recognize the right of the child to education)——《儿童权利公约》首次明确采用了"儿童受教育权"(the right of the child to education)的表述。

《儿童权利公约》被通过之后,它的"词汇和规定被纳入世界各国家和地区的法规、宣言、宪章及声明"之中(联合国儿童基金会,2009)[6]。自 20 世纪 90 年代以来,在儿童受教育权问题上,国际社会已经意识到,在史无前例的国际教育交流与合作潮流面前,一国的教育发展与全球的教育进展已经融为一体,为了促进各国的教育改革与发展,发起一场全球性的儿童教育普及运动势在必行。对这一全球性挑战作出整体回应的,是 1990 年 3 月在泰国宗滴恩召开的世界全民教育大会。此次会议发布的《世界全民教育宣言》将基础教育视为"终身学习和人类发展"的基础,强调"每一个人(无论是儿童、青年还是成人)都应能受益于旨在满足(其)基本学习需要的受教育机会"。随后,1994 年制定的《萨拉曼

---

① 需要提及的是,这一年的晚些时候,1990 年 12 月 18 日联合国大会第 45/158 号决议通过、2003 年 7 月 1 日生效的《保护所有移徙工人及其家庭成员权利国际公约》(International Convention on the Protection of the Rights of All Migrant Workers and Members of Their Families)加入了移徙工人子女受教育权的条款。

第 30 条

移徙工人的每一名子女应照与有关国家国民同等的待遇享有接受教育的基本权利。不得以其父亲或母亲在就业国的逗留或就业方面有任何不正常情况为由或因为其本人的逗留属不正常的情况,而拒绝或限制其进入公立幼儿园或学校。

第 45 条

1. 移徙工人的家庭成员在就业国内在以下方面应享有与该国国民同等的待遇:

(a) 在符合有关机构和服务的入学规定和其他规章的情况下,享用教育设施和服务;

(b) 享受职业指导和训练机构和服务,但需符合参加的规定;

(c) 享受社会服务和保健服务,但需符合参加各种计划的规定;

(d) 享受和参加文化生活。

2. 就业国应斟酌情况同原籍国协作,实施一项旨在促进移徙工人的子女进入当地学校系统就读的政策,特别是在有关教学当地语文方面。

3. 就业国应努力促进移徙工人子女的母语和文化学习,原籍国在这方面应斟酌情况给予协作。

4. 就业国可以为移徙工人子女的母语提供特别教学方案,必要时可同原籍国协作。

卡宣言：关于特殊需要教育的原则、方针和实践》[①]提出"全纳学校教育"(inclusive schooling)[②]的理念，倡导将"有特殊教育需要"的儿童纳入普通学校之中，给予弱势、边缘、有发展障碍的儿童以平等的参与教育、融入社会的机会，同时也要关注普通儿童在特定发展阶段产生的特殊教育需求。它写道：

第2条

每个儿童都有受教育的基本权利，必须有机会达到和维持可接受的学习水平；

每个儿童都有其独特的性格、兴趣、能力和学习需要；

教育系统的设计和教育项目的实施应该考虑这些性格和需要的广泛差异；

有特殊教育需要的儿童必须有机会进入普通学校，而这些学校应以一种满足其特殊需要的儿童中心教育学思想接纳他们；

以全纳性为导向的普通学校是反对歧视态度，创造受人欢迎的社区，建立全纳性社会以及实现全民教育的最有效途径；此外，普通学校应向绝大多数儿童提供一种有效的教育，提高整个教育系统的效率并最终提高其成本效益。

在上述努力的支持下，国际社会对受教育权给出了更为全面深刻的解读。1999年，经济、社会和文化权利委员会在《第13号总评论：受教育的权利》中指出，就其对教育目标和宗旨(aims and objectives of education)的界定来说，《经济、社会及文化权利国际公约》第13条"最带根本性的一点可能是'教育应鼓励人的个性的充分发展'"(E/C.12/1999/10第4段)。

事实上，多年来，经济、社会和文化权利委员会不断意识到，世界各地还有无数的人难以享用受教育权，各缔约国还存在各种无法确保《经济、社会及文化权利国际公约》第13条得到充分实现的障碍；依据多年审议缔约国履约情况报告的经验，该委员会制定《第13号总评论：受教育的权利》以帮助缔约国执行该公约和履行提交报告的义务(E/C.12/1999/10)。在这份文件中，委员会详细规

① 1994年6月7—10日，西班牙政府与联合国教科文组织在萨拉曼卡市联合召开"世界特殊需要教育大会：入学和质量"(World Conference on Special Needs Education: Access and Quality)，通过《萨拉曼卡宣言：关于特殊需要教育的原则、方针和实践》(The Salamanca Statement: On Principles, Policy And Practice In Special Needs Education)与《特殊需要教育行动纲领》(Framework for Action on Special Needs Education)。

② 近年来，大量相关国际文件的中文本中将inclusive education译为"包容性教育"。在本书中，笔者对"全纳教育""包容性教育"的用法不作区分。

定了缔约国尊重、保护并落实儿童受教育权的“一般法律义务”和“具体法律义务”(其中主要的几段意见摘引如下)。这些意见可以说明,在儿童受教育权问题上,该公约所强调的“受教育权”,既是一种消极权利(免于被妨害),更是一种积极权利(要求缔约国积极作为,采取措施加以落实)。

一般法律义务

46. 受教育的权利和所有人权一样,使缔约国负有三类或三个层面的义务,即尊重义务、保护义务、落实义务。而落实义务既包含便利义务(facilitate),又包含提供义务(provide)。

47. 尊重义务要求缔约国不采取任何妨碍或阻止受教育的权利的享受的措施。保护义务要求缔约国采取措施,防止第三方干扰受教育的权利的享受。落实(便利)义务要求缔约国采取积极措施,使个人和群体能够享受这项权利,并便利其享受这项权利。最后,缔约国有义务落实(提供)受教育的权利。一般来说,在个人或群体由于无法控制的原因而无法利用可供利用的手段自行落实有关权利的情况下,缔约国有义务落实(提供)《经济、社会及文化权利国际公约》规定的某项权利。不过,这项义务的范围总是以《经济、社会及文化权利国际公约》的条文为准。

48. 在这方面,第十三条有两个特点需要强调。首先,显然,第十三条认为,在多数情况下,国家对直接提供教育承担主要责任。例如,缔约国认为,“各级学校的制度,应积极加以发展”(第十三条第二款(戊)项)。其次,由于第十三条第二款在初等、中等、高等教育和基础教育方面的措词有所不同,缔约国的落实(提供)义务的范围就各级教育而言不尽相同。因此,从《经济、社会及文化权利国际公约》条文来看,缔约国在受教育的权利方面担负着一项繁重的落实(提供)义务,但这项义务的范围,就各级教育而言,并不完全相同。委员会认为,对第十三条的落实(提供)义务所作的这一解释,是与许多缔约国的法律和实践相一致的。

具体法律义务

50. 关于第十三条第二款,各国有义务尊重、保护并落实受教育的权利的各项“基本特征”(可提供性、可获取性、可接受性、可调适性)。具体而言,一国必须尊重教育的可提供性,不关闭私立学校;保护教育的可获取性,确保第三方,包括父母和雇主在内,不阻止女童入学;落实(便利)教育的可接受性,采取积极措施,确保教育在文化上满足少数民族和土著居民

> 的需要，并使人人都接受高质量的教育；落实(提供)教育的可调适性，针对学生在不断变化的世界中的当前的需要，设计课程，提供这些课程所需的资源；并且落实(保障)教育的可提供性，积极建立教育体系，包括建造校舍、提出教学大纲、提供教材、培训师资、向教师支付在国内有吸引力的薪金等。
>
> 57. 委员会第 3 号一般性意见[①]确认，缔约国有“最低限度的核心义务，确保至少使(写入《经济、社会及文化权利国际公约》的每种权利的)实现达到一个最基本的水平”，这包括(实现)“最基本的教育形式”(the most basic forms of education)。从第十三条的规定来看，这项核心义务的内容是：保障在不歧视基础上进入公立教育机构学习的权利；确保教育与第十三条第一款规定的目标相一致；依照第十三条第二款(甲)项的规定，为人人提供初等教育；通过并执行一项国家教育战略，该战略包括提供中等、高等教育和基础教育；确保在不受国家或第三方干涉的前提下自由选择教育机构，但此类机构须符合“最低限度教育标准”(第十三条第三款和第四款)。

总之，在 20 世纪即将结束时，全面规定缔约国尊重、保护并落实儿童受教育权的各项义务的《第 13 号总评论：受教育的权利》的出现，标志着儿童受教育权的国际共识的整体框架已经形成。

而进入 21 世纪，在全球儿童教育改革与发展的实践中，儿童受教育权的国际共识被不断重申，并持续丰富。2000 年 4 月 26—28 日在塞内加尔达喀尔举行的世界教育论坛通过的《达喀尔行动纲领——全民教育：实现我们的集体承诺》(The Dakar Framework for Action Education For All：Meeting Our Collective Commitments)强调：“各国政府有义务确保全民教育的各项目标得以实现并长期保持下去。”(《达喀尔行动纲领》第 2 条)

> 我们重申按《世界人权宣言》和《儿童权利公约》的精神制订的《世界全民教育宣言》(宗滴恩，1990)的目标，即所有的儿童、青年和成人均享有接受教育的人权，这种教育应能真正地和充分地满足他们的基本学习需求并应包括学会认知、学会做事、学会共同生活和学会生存。这种教育的目的是开发每个人的才智和潜力并发展学习者的个性，使他们能够改善生活和

① 1990 年《第 3 号一般性意见：缔约国义务的性质(〈公约〉第二条第一款)》(General Comment No.3：The Nature of States Parties' Obligations，Art.2)(Para.1，of the Covenant)。

改造社会。(《达喀尔行动纲领》第 3 条)

2002 年 5 月 10 日,联合国大会儿童问题特别会议(Special Session of the General Assembly on Children)鼓励儿童参与联合国主要决策机关的工作。这次会议作出了反映儿童作为参与者的意见的决议,通过了名为《适合儿童生长的世界》(A World Fit for Children)的文件。与会的各国元首、政府首脑和代表重申对儿童的承诺,决心"为了儿童,并与儿童一起改变这个世界"(第 3 段)。

> **让所有儿童受教育**。所有女孩和男孩都必须能获得并完成优质的免费义务初级教育,这是包罗万象的基础教育的基石。必须消除小学和中学教育中的性别差异。[《适合儿童生长的世界》第 7(5)段]

在各国提高初等义务教育普及程度的同时,处境不利、边缘、弱势、残疾儿童的受教育权问题日益受到关注。2006 年 12 月 13 日联合国大会第 61/106 号决议通过、2008 年 5 月 3 日开始生效的《残疾人权利公约》①(Convention on the Rights of Persons with Disabilities)强调要"在各级教育系统中培养尊重残疾人权利的态度,包括从小在所有儿童中培养这种态度"(第 8 条第 2 款第 2 项);其

---

① 联合国对《残疾人权利公约》的介绍如下:

《残疾人权利公约》及其《任择议定书》于 2006 年 12 月 13 日由联合国大会通过,并于 2007 年 3 月 30 日开放供签字。《残疾人权利公约》有 82 个签字国,《任择议定书》有 44 个签字国,有 1 个缔约国批准了《残疾人权利公约》。这是有史以来在开放供签字之日获得签字数量最多的联合国公约。《残疾人权利公约》是 21 世纪第一个综合性人权条约,也是首个开放供区域一体化组织签字的人权公约。它标志着人们对待残疾人的态度和方法发生了"示范性转变"。

《残疾人权利公约》旨在成为记录明确的社会发展问题的人权文书。《残疾人权利公约》通过了对残疾人的广泛分类,并重申身患不同残疾的所有残疾人都有权享受一切人权和基本自由。《残疾人权利公约》阐明并描述了各种权利应如何适用于残疾人,查明了在哪些领域作出了便于残疾人有效行使其权利的调整;残疾人的权利在哪些领域受到侵犯;以及必须在哪些领域加强对残疾人权利的保护。(联合国残疾人公约秘书处,2017)

在该公约被通过之前的岁月里,联合国为改善残疾人的处境,也采取了多项相关的人权举措。例如,1975 年 12 月 9 日,联合国大会通过决议,公布《残疾人权利宣言》(Declaration on the Rights of Disabled Persons);1976 年,联合国大会宣布 1981 年为"国际残疾人年"(International Year of Disabled Persons);1982 年 12 月 3 日,联合国大会通过《关于残疾人的世界行动纲领》(World Programme of Action Concerning Disabled Persons),宣布 1983—1992 年为"联合国残疾人十年"(United Nations Decade of Disabled Persons);1992 年 10 月 14 日,联合国大会通过决议,将每年的 12 月 3 日定为"国际残疾人日"(International Day of Disabled Persons);1994 年 12 月 20 日,联合国大会通过《残疾人机会均等标准规则》(Standard Rules on the Equalization of Opportunities for Persons with Disabilities),等等。

第24条对残疾人的受教育权作出了适切的具体规定。

第二十四条　教育

一、缔约国确认残疾人享有受教育的权利。为了在不受歧视和机会均等的情况下实现这一权利，缔约国应当确保在各级教育实行包容性教育制度和终身学习，以便：

（一）充分开发人的潜力，培养自尊自重精神，加强对人权、基本自由和人的多样性的尊重；

（二）最充分地发展残疾人的个性、才华和创造力以及智能和体能；

（三）使所有残疾人能切实参与一个自由的社会。

二、为了实现这一权利，缔约国应当确保：

（一）残疾人不因残疾而被排拒于普通教育系统之外，残疾儿童不因残疾而被排拒于免费和义务初等教育或中等教育之外；

（二）残疾人可以在自己生活的社区内，在与其他人平等的基础上，获得包容性的优质免费初等教育和中等教育；

（三）提供合理便利（reasonable accommodation）以满足个人的需要；

（四）残疾人在普通教育系统中获得必要的支助（support），便利他们切实获得教育；

（五）按照有教无类的包容性目标，在最有利于发展学习和社交能力的环境中，提供适合个人情况的有效支助措施。

三、缔约国应当使残疾人能够学习生活和社交技能，便利他们充分和平等地参与教育和融入社区。为此目的，缔约国应当采取适当措施，包括：

（一）为学习盲文，替代文字，辅助和替代性交流方式、手段和模式，定向和行动技能提供便利，并为残疾人之间的相互支持和指导提供便利；

（二）为学习手语和宣传聋人的语言特性提供便利；

（三）确保以最适合个人情况的语言及交流方式和手段，在最有利于发展学习和社交能力的环境中，向盲、聋或聋盲人，特别是盲、聋或聋盲儿童提供教育。

四、为了帮助确保实现这项权利，缔约国应当采取适当措施，聘用有资格以手语和（或）盲文教学的教师，包括残疾教师，并对各级教育的专业人员和工作人员进行培训。这种培训应当包括对残疾的了解和学习使用适当的辅助和替代性交流方式、手段和模式、教育技巧和材料以协助残疾人。

五、缔约国应当确保，残疾人能够在不受歧视和与其他人平等的基础上，获得普通高等教育、职业培训、成人教育和终身学习。为此目的，缔约国应当确保向残疾人提供合理便利。

随后，2007 年 9 月 13 日，联合国大会通过《联合国土著人民权利宣言》(Declaration on the Rights of Indigenous Peoples)，在其"序言"中写道，"特别认识到土著家庭和社区有权以符合儿童权利的方式，保有共同养育、培养、教育子女和为子女谋幸福的责任"；相应地，该宣言也制定了(儿童)受教育权条款。①

20 世纪中后期以来，国际社会通过一系列准则性文件有力地传播了儿童受教育权的理念，而其为推进各国落实儿童受教育权所发起的一系列倡议也有效地改变了全球儿童教育的面貌。今天，确保所有儿童在机会均等的基础上享用受教育权的"宏图大业"②仍在持续建构中。

2015 年 5 月 19—22 日，联合国教科文组织携手联合国儿童基金会、世界银行、联合国人口基金、联合国开发计划署、联合国妇女署(UN Women)、联合国难民事务高级专员办事处(United Nations High Commissioner for Refugees, UNHCR)在大韩民国仁川市举办了 2015 年世界教育论坛。来自 160 个国家的 1 600 余名与会者，包括 120 多名部长、代表团团长和成员、各机构首脑、多边和双边组织的官员以及民间社会、教师职业、青年和私营部门的代表通过了《仁川宣言 2030 年教育：实现包容和公平的全民优质教育和终身学习》(Incheon Declaration Education 2030: Towards Inclusive and Equitable Quality Education and Lifelong Learning for All，以下简称《仁川宣言》)，为今后十五年提出了新的教育愿景(ED-2015/WS/18)[58]。同年 11 月 4 日，联合国教科文组织第三十八届大会期间举行的高级别会议通过了《2030 年教育行动框架》(Education 2030 Framework for Action)。

《仁川宣言》号召国际社会确保所有儿童入学就读，在世界全民教育前十五

---

① 《联合国土著人民权利宣言》第 14 条规定：

1. 土著人民有权建立和掌管他们的教育制度和机构，以自己的语言和适合其文化教学方法的方式提供教育。

2. 土著人，特别是土著儿童，有权不受歧视地获得国家提供的所有程度和形式的教育。

3. 各国应与土著人民共同采取有效措施，让土著人，特别是土著儿童，包括生活在土著社区外的土著人，在可能的情况下，有机会获得以自己的语言提供的有关自身文化的教育。

② 曾任联合国教科文组织新闻发言人的米歇尔・科尼尔・拉科斯特(Michel Conil Lacoste)编撰的联合国教科文组织编年史题名为《宏图大业——联合国教科文组织编年史(1946—1993)》；原书名为 *The Story of a Grand Design: UNESCO 1946—1993*。

年成就的基础上，“再接再厉，确保提供十二年免费、公立、公平、优质、学有所获的中小学教育，其中至少九年为义务教育”；鼓励各国“提供至少一年的免费、义务、优质的学前教育，让所有儿童接受优质的幼儿发展、保育和教育”，并“承诺为广大失学儿童和少年提供满意的教育和培训机会”。①

> 我们的愿景旨在通过教育改变生活，这一愿景承认教育作为发展的主要驱动力以及它在实现其他拟议的可持续发展目标(Sustainable Development Goals，SDGs)方面的重要作用②……这一新愿景完全体现在了拟议的可持续发展目标4(“为所有人确保包容、公平的优质教育并促进终身学习机会”)及其相关具体目标之中。(《仁川宣言》第5段)

2015年9月25—27日，联合国成立七十周年之际，各国国家元首、政府首脑和高级别代表会聚在纽约联合国总部，制定了新的全球可持续发展目标——《变革我们的世界：2030年可持续发展议程》③(以下简称《议程》)(Transforming Our World：the 2030 Agenda for Sustainable Development)。与会代表承诺在2030年前全面执行这一议程(《议程》第2条)，“承诺在各级提供包容和平等的优质教育：幼儿教育，小学、中学和大学教育，技术和职业培训。所有人，特别是处境困难者，无论性别、年龄、种族、族裔为何，无论是残疾人、移民还是土著居民，无论是儿童还是青年，都应获得终身学习的机会，以掌握利用人生机遇的必需知识和技能，并充分融入社会”(《议程》第25条)。

可持续发展目标4

确保包容和公平的优质教育，让全民终身享有学习机会④。

---

① 《仁川宣言》中文本见本书附录。

② 此句的翻译依据该文件的英文本，与中文本略有不同。其英文原文为：Our vision is to transform lives through education，recognizing the important role of education as a main driver of development and in achieving the other proposed SDGs.

③ 该文件列述了17个可持续发展目标和169个相关具体目标(associated targets)。

④ 在本书中，“可持续发展目标4”(Ensure Inclusive and Equitable Quality Education and Promote Life-Long Learning Opportunities for All)采用的是联合国教科文组织发行的多语版《仁川宣言》(ED-2015/WS/18)中文本的相关译文。而2016年中华人民共和国外交部网站公布的《变革我们的世界：2030年可持续发展议程》将其译为“确保包容和公平的优质教育，让全民终身享有学习机会”；这一译法也出现在联合国教科文组织发行的《2030年教育：仁川宣言和行动框架 实现可持续发展目标4：确保包容和公平的优质教育，让全民终身享有学习机会》(ED-2016/WS/28)中。

4.1 到2030年，确保所有男女童完成免费、公平和优质的中小学教育，并取得相关和有效的学习成果

4.2 到2030年，确保所有男女童获得优质幼儿发展、看护和学前教育，为他们接受初级教育做好准备

4.3 到2030年，确保所有男女平等获得负担得起的优质技术、职业和高等教育，包括大学教育

4.4 到2030年，大幅增加掌握就业、体面工作和创业所需相关技能，包括技术性和职业性技能的青年和成年人数

4.5 到2030年，消除教育中的性别差距，确保残疾人、土著居民和处境脆弱儿童等弱势群体平等获得各级教育和职业培训

4.6 到2030年，确保所有青年和大部分成年男女具有识字和计算能力

4.7 到2030年，确保所有学习者(learner)都掌握可持续发展所需的知识和技能，具体做法包括开展可持续发展、可持续生活方式、人权和性别平等方面的教育，弘扬和平和非暴力文化，提升全球公民意识，以及肯定文化多样性和文化对可持续发展的贡献

4.a 建立和改善兼顾儿童、残疾和性别因素的教育设施，为所有人提供安全、非暴力、包容和有效的学习环境

4.b 到2020年时，在全球范围内大幅增加发达国家和部分发展中国家为发展中国家，特别是最不发达国家、小岛屿发展中国家和非洲国家提供的高等教育奖学金数量，包括职业培训和信息通信技术，技术、工程和科学项目的奖学金

4.c 到2030年时，大幅增加合格教师人数，具体做法包括在发展中国家，特别是最不发达国家和小岛屿发展中国家开展师资培训方面的国际合作

综上所述，历经近一个世纪的努力，国际社会关于儿童受教育权的认识已经形成了完善的观念系统：全球普及儿童教育，既要关注儿童教育的普遍性、平等性与包容性，同时也应注重儿童教育的个性化；尊重儿童个性、满足儿童的特殊教育需求，则意味着既要增加儿童受教育的机会、改善儿童受教育的条件，也应采取措施着力提升儿童教育的质量。在儿童受教育权的内涵不断丰富的过程中，儿童受教育权作为一项基本人权在世界范围内得到广泛承认；全球大多

数国家将尊重、保护并落实儿童受教育权视为国家繁荣、社会发展、儿童健康成长的优先事项。与此同时，国际社会逐步设立并推动了各种全球儿童教育行动议程，并努力完善各国落实儿童受教育权状况的监督机制（包括处理受教育权被侵害申诉的来文制度）。

第二节　儿童受教育权国际共识的反思

一、儿童受教育权国际共识的基本特点

（一）儿童受教育权作为一项基本人权已得到国际社会的广泛承认

国际社会以公约、宣言、建议书、报告的形式，不断重申受教育权是一项基本人权，并为它的实现规定了具体的目标，制定了相应的行动纲领，号召各国政府与国际社会给予资助和合作，其原因在于教育是消除愚昧，改善人类生存和发展条件，推动人类文明进步，促进经济、人口、环境可持续性发展的重要保障和可以信赖的基本手段。而且，恰如《儿童的生存、保护和发展世界宣言》所指出的："提供全民基础教育和扫盲，是为世界儿童的发展可以作出的最重要的贡献。"（第 13 条）可以说，落实儿童受教育权就是为人类文明的未来作出的坚定承诺。

（二）国际社会关于儿童受教育权的认识有内在一致性

《世界人权宣言》的颁布正式宣告全人类已经意识到儿童受教育权保护的重大意义。它确认人人都有受教育的权利，初等教育应该是义务的、免费的；又确立了教育的目的是"充分发展人的个性并加强对人权和基本自由的尊重"，同时致力于促进世界和平；在鼓励各国发展各级各类教育的同时，承认父母对其子女教育的优先选择权。它既尊重了各国的现实与传统，也申明了人类教育的新价值观：教育不再属于特权阶层，而应当是所有人成其为人的条件和保障。《世界人权宣言》呈现的教育价值观在此后的诸多条约、宣言、建议书中得到了体现——各种国际文件中规定的全民教育的目标皆是对它的扩充与具体化。回顾儿童受教育权的相关国际文件，我们可以看出，自《世界人权宣言》发布以来的近七十年里，全球儿童受教育权保护的核心目标是不变的：其一，实现不歧视的、免费的、义务的初等教育；其二，通过教育尊重与促进人的个性化成长，实现人与人之间的和谐共处。

（三）国际社会始终强调国家有义务尊重、保护并落实儿童受教育权

通过国际多边合作，从国际机构或其他国家获得人力、资金、技术等方面的

支持，代替不了各国政府为提升其本国国民的教育水平而下定的政治决心与作出资源动员的行动；而且，教育本来就是国家主权的重要实践领域，它是促进本国文化传承、形成国民意识的重要支柱。因此，恰如《满足基本学习需要的行动纲领》所指出的：

> 满足全民基本学习需要方面的进展将最终取决于各国所采取的行动。尽管区域性合作和国际合作及财政援助能够支持并推进这些行动，但各国政府当局、社区以及它们的国内合作者才是实现改进工作的关键力量，而且各国政府对协调国内外资源的有效使用负有主要责任。（第 16 条）

（四）落实儿童受教育权的全球目标逐步细化与深入

自《世界人权宣言》发布以来，落实儿童受教育权的全球目标的飞跃式发展集中表现为，从当初的普及初等教育入学机会迈向当前的“为所有人确保包容、公平的优质教育并促进终身学习机会”。《世界全民教育宣言》发布之前，在推进全球普及教育（基本教育）方面，以联合国教科文组织为首的国际组织就作出了长期坚持不懈的努力。而 20 世纪 90 年代以来，以“全民教育”为旗帜，众多业务领域涉及教育事业的国际组织联合协作，逐渐丰富了全民教育的内涵，细化了全民教育的具体目标。比如，在诸多关于世界全民教育进展的评估中，人们看到的是入学机会普及方面的可喜进展，但是学习质量提升的问题仍然十分突出。因而，在普及的同时提供有质量的优质教育就成了国际社会的一致共识。又如，世界特殊需要教育大会深化了人们对教育平等、个体教育需求不同的认识。国际社会承认并尊重儿童具有特殊的教育需要，提出要通过对儿童参与权的尊重，改进学校，使其更有包容性，以适应所有儿童的需要，这为儿童受教育权保障制度的建设提供了新的导向。

（五）国际社会落实儿童受教育权的视野逐步拓宽

国际社会超越以往的以读写算为核心的教育普及观，为“基础教育”增加了新的教育价值，使之成为一种综合视野，以全面推进全民终身教育。《世界全民教育宣言》提出要“满足全民的基本学习需要，光靠加强现存的基础教育是不够的。所需要的是一种‘扩大了的愿景’，它在依靠现行实践之优点的同时，能超越现有的资源水平、制度结构、课程和通常的传授体系”。

> 基本学习需要包括基本的学习手段（如读、写、口头表达、演算和问题

解决)和基本的学习内容(如知识、技能、价值观念和态度)。这些内容和手段是人们为能生存下去,充分发展自己的能力,有尊严地生活和工作,充分参与提高、改善自己的生活质量,作出有见识的决策并能继续学习所需要的。基本学习需要的范围及其满足的方法因各个国家和各种文化的不同而不同,而且不可避免地会随着时代的变化而变化。(《世界全民教育宣言》第1条第1款)

世界全民教育大会之后,国际社会进一步关注众多涉及环境、人口、人权、国际理解等主题的教育活动。基础教育在满足基本学习需要的同时,如何吸纳这些新的教育价值元素,成了一个富于挑战的现实问题。联合国教科文组织通过制定《21世纪前夕人口教育行动纲领》①(Action Framework for Population Education on the Eve of the Twenty-first Century),提供了一种思路。该行动纲领在谈及"人口教育"计划时,强调"教育当局应确保所有重视改善生活质量的教育活动之间的互补性"(第9段)。在普通中等教育和中等职业技术教育阶段,"人口、保健、环境、人权和国际理解等领域的教育活动,远不是要在现有的课程中增加新的学科或作为单独的学习科目,而是构成了一种旨在改善生活质量的全球性综合性视角,并可作为一种综合性力量服务于教育革新"(第20段)。而在初等教育阶段,人口教育的内容可以采取以"与日常生活和地方事件相联系的主题"为基础的跨学科单元,这样就不必要求新的资源,也不必改变已有的教学实践(第19段)。

(六)国际社会认识到在儿童受教育权保护方面,重中之重是女童教育

1979年的《消除对妇女一切形式歧视公约》强调在学前教育,普通教育,技术、专业和高等技术教育以及各种职业训练方面,都应保证妇女在教育方面享有与男子平等的权利(第10条a项)。它与《取缔教育歧视公约》《经济、社会及文化权利国际公约》《儿童权利公约》等其他国际准则性文件共同为全球女童教育事业的发展提供全面的、有约束力的法律条款。

《世界全民教育宣言》强调:"最为紧迫之事就是要确保女童和妇女的入

① 1993年4月14—17日,联合国教科文组织、联合国人口活动基金在土耳其伊斯坦布尔联合召开第一届"国际人口教育与发展大会"(International Congress on Population Education and Development, ICPED)通过了《伊斯坦布尔宣言》(Istanbul Declaration)和《21世纪前夕人口教育行动纲领》。这次会议是为提请1994年开罗"国际人口与发展大会"(International Conference on Population and Development)关注人口教育问题所做的努力(赵中建,1996)[154-157]。

学机会，改善其教育质量，并消除阻碍她们积极参与的一切障碍。应该摈弃教育中任何有关性别的陈规陋习。”（第3条第3段）然而，1996年审查世界全民教育进展的《安曼公报》①指出，实现缩小教育上的性别差距这一目标的“进展速度一直是缓慢得令人难受”（赵中建，2003）[213]。该公报重申，在实现全民教育的诸多长久挑战之中，“重中之重必须仍然是妇女和女童的教育”（赵中建，2003）[215]。2000年的《达喀尔行动纲领》将“性别平等”列为实现全民教育的六大目标之一，并在另一目标（“普及初等教育”）中重点提及2015年确保所有女童能接受和完成免费的和高质量的义务初等教育。同年，联合国“千年发展目标”（Millennium Development Goals，MDGs）也提出了实现男女教育平等的具体目标。然而，恰如《对〈达喀尔行动纲领〉的详细说明》（Notes on the Dakar Framework for Action）第40段所指出的：“性别歧视仍然是妨碍行使受教育权的最棘手的问题。”（ED.2000/CONF.211/1）

二、落实儿童受教育权国际共识的挑战

儿童受教育权的国际共识在20世纪末已臻完善，但是，如何富有成效地实现这一共识，国际社会还面临着巨大的挑战。当前的现实是，全球普及儿童初等教育的目标未能在2015年实现，而且国际社会为这一目标进行的教育融资总量正呈现下降趋势。② 科林·鲍尔③（Colin Power）（2015）[20]指出，为了创造一个保护与促进所有人享有受教育权的国际系统，有必要明确定义受教育权的概念，而且，有必要就全球目标达成一致，开发项目，建立监测机制，以及设立处理受教育权被侵害问题的程序。有鉴于此，笔者以为，今后推进全球儿童教育事业、落实儿童受教育权国际共识，需要重点关注以下几个方面的问题。

（一）儿童教育的全球愿景应与时俱进

以历史的眼光来看，建立义务教育制度的初衷与前提性原则不是“教育是

① 1996年6月16—19日在约旦安曼召开的全民教育国际咨询论坛十年中期会议（Mid-Decade Meeting of the International Consultative Forum on Education for All）通过的文件《安曼公报 全民教育：正在实现》（The Amman Affirmation Education for all：Achieving the Goal），简称《安曼公报》。

② 达喀尔论坛以来，截至2010年，全球教育援助资金总量稳步上升，但此后呈下降趋势（全民教育全球监测报告小组，2015b）[261]。

③ 科林·鲍尔曾任联合国教科文组织教育助理总干事（1989—1998）、副总干事（1999—2000）。任职期间，他积极推动世界全民教育大会（1990）、世界教育论坛（2000）的召开；作为这些重大事件的亲历者，他为全球全民教育事业以及联合国教科文组织相关教育项目的开展作出了重要贡献。

一项基本人权”，更普遍的情况是“教育是训练国民的基本手段”；教育并不是为了解放个人，而是为了给人固定的身份，通过社会主流文化的再生产过程，保持社会关系结构的稳定。在义务教育制度成形并扩散到全球的进程中，工业革命宣告传统农业与手工作坊生产方式的末日临近，它也促成了旨在培养产业工人的教育。而这种被杜威划定为传统教育的教育方式，实是政治专制与工业化生产交织而成的产物。尽管20世纪70年代联合国教科文组织在《学会生存：教育世界的今天和明天》(Learning to Be: The World of Education Today and Tomorrow)①之类的报告中就强调，一劳永逸的、为生活做准备的学校教育将被终身学习与学习社会所取代，教育将摆脱“学校教育”的思维定势，与生活重新建立起鲜活而直接的联系，拥有更丰富的内容、更多样的形式，以满足更多样化的教育需求。但是，全球普及初等教育面临的困难明确地告诉我们，理想与现实的鸿沟依然存在——人类世界还未兑现确保每一个孩子都能上学的承诺。因此，新时期儿童教育应有怎样的理想，仍是一个让人沉思的复杂问题。在努力实现普及儿童教育的同时，我们应该谨记，我们正处于一个知识爆炸、社会急速变革的时代，教育要为不确定的未来培养新人，而各种学习内容与教学方式要为儿童面对不确定的生活奠定终身发展的基础。换句话说，儿童教育需求及其质量问题将持续困扰着我们，要求我们给予与时俱进的回答。

（二）儿童受教育权的具体内涵需要进一步建构

我国有学者提出，受教育权包括“学习自由”与“参与平等”两个方面的内涵。受教育权的本质是学习自由；受教育权的保障要与全民对所有社会领域都能平等参与的正义社会相契合，才能得到真正实现。他举例说，穷人不享有某项具体财产的所有权，但享有拥有财产的资格权。同样地，作为一项具体的受教育权，不是每个人都享有，但是作为抽象意义上的受教育资格权，每一个公民都可以同时拥有。面对教育资源稀缺的问题，他强调，对儿童来说，受最低限度教育的权利不仅是一种抽象资格，而且是在现实世界里必须实现的具体权利；而对成人来说，受教育权首先是资格权，当将这种资格权转变为具体权利时，存

① 1970年，联合国教科文组织执行局第八十四次会议要求总干事勒内·马厄(René Maheu)组建一个委员会，提交一份关于教育的未来的报告。这份报告将帮助会员国“制定教育发展策略”，并作为对第二个发展十年与国际教育年的贡献。为此组建的国际教育发展委员会(International Commission on the Development of Education)从1971年3月开始工作。该委员会主席是法国政治家、前教育部长埃德加·富尔(Edgar Faure)，因此，该委员会也被称为“富尔委员会”，而其报告常被称为《富尔报告》。按惯例，在本书的写作中，《学会生存：教育世界的今天和明天》也被简称为《富尔报告》或《学会生存》。

在教育资源稀缺的问题(王柱国,2009)[35-36]。

目前,国际社会同时使用"受教育权"与"学习权"(right to learn)这两个术语。编撰《富尔报告》的国际教育发展委员会(1996)[223]提出把"每个人都必须能够在一生中不断地学习"作为"教育政策的指导原则",并将终身教育视为一个用来建立完整教育体系的原则。《富尔报告》发表后不久召开的第三次国际成人教育会议(Third International Conference on Adult Education,东京,1972)提出:"个人的受教育权、学习权和继续学习权应与个人的其他基本权利,如医疗保健权、安全权和各种形式的公民自由权一样,受到同等对待。"到了20世纪80年代末,有别于"受教育权"的"学习权"被人们接受,第四次国际成人教育会议(Fourth International Conference on Adult Education,巴黎,1985)通过有关学习权的宣言,根本未提及"受教育权"。而第五次国际成人教育会议(汉堡,1997)会议宣布"承认终身受教育权和学习权比以往任何时候更为重要"(联合国教科文组织,2001)[55-56]。在全民终身教育事业的推进下,这样的理解是可以接受的。

从上述对同一概念的不同理解中,我们可以看到,儿童受教育权(学习权)与成人受教育权(学习权)的核心内涵及其相互关系,需要更进一步的理论探讨。

(三)儿童受教育权国际共识应积极转化成当事国的教育行动

尽管国际组织能够成功地聚合与运用全球智力资源和物质资源,从而为全球儿童教育事业提供人力、物资、资金、知识、政策等方面的帮助,并通过传播信息、思想、研究报告、政策建议、准则性文件,通过设计项目、提供专家、开展培训等方式,为各国儿童教育事业提供决策支持与改革模板,但是,它们的贡献是有特定的历史局限性的。就目前的国际体系来说,儿童受教育权国际共识的真正落实,最根本的还需要当事国的努力。在尊重、保护并落实儿童受教育权的问题上,各国政府有不可推卸的义务。要将国际共识转化为国内政策,并形成一种认知广泛的共同文化,不仅需要当事国政府给予物质方面的保障,而且需要政府有足够的政治决心,积极地开展社会动员。恰如1993年世界九个人口大国签署的全民教育《德里宣言》①(Delhi Declaration)所指出的,"教育是,而且必须是一种社会的责任,它涉及政府、家庭、社区和非政府组织,要求所有人的承诺和参与,超越不同的见解和政治立场予以通力合作"(第2条第8款)。

---

① 1993年12月13—16日,九个人口大国全民教育首脑会议(Education for All Summit of Nine High-population Countries)在印度新德里召开。会议的成果是签署了《德里宣言》及其《行动纲领》(Framework for Action)。"九国"包括孟加拉、印度、巴基斯坦、印度尼西亚、中国、埃及、尼日利亚、巴西和墨西哥。

笔者以为，为积极促成儿童受教育权国际共识转化为当事国的教育行动，还应处理好以下几个方面的关系。

1. 实现优质的初等教育与全球政治动员的关系

《世界人权宣言》申明各国儿童都应得到免费的、义务的初等教育，这一目标在此后的各种国际条约和国际会议上被屡屡重申，但是20世纪中后期发布的众多宣言大多数并未提及教育的质量问题。《达喀尔行动纲领》根据全民教育十年的评估报告，重点提出全民教育的质量问题，并将“全面提高教育质量，确保人人都能学好，在读、写、算和基本生活技能方面都能达到一定的标准”（第7条第6款）设定为实现全民教育的目标之一。① 在《对〈达喀尔行动纲领〉的详细说明》中，世界教育论坛起草委员会（World Education Forum Drafting Committee）强调“学习质量（quality of learning）是而且必须是全民教育的核心问题”（ED.2000/CONF.211/1第65段）。2005年的《全民教育全球监测报告》以“全民教育：提高质量势在必行”为主题，设计了一套教育质量评估标准，并用数据证明提高教育质量有诸多益处，但是，评估也表明，通过教育消除贫穷、文盲以及男女不平等等社会痼疾的任务根本没有完成。因此，优质的初等教育不仅仅是其定义以及教育数据的问题，其背后还有大量的政治、社会、经济、文化因素，需要全球广泛地动员政治资源、社会资源、经济资源以投入这一事业。而且，就全球教育的发展愿景来看，人类各级各类教育都应该在确保普及的前提下，努力追求质量的提升。恰如早些年，时任联合国教科文组织总干事的松浦晃一郎（Koïchiro Matsuura）所总结的：

> 教育是一项基本人权，它对实现“千年发展目标”所包含的广泛的发展目标至关重要。高质量的教育是改进大多数最被忽视者和最弱势者的健康和生存状态，推动可持续发展和消除贫穷的关键，也是为了改变生活并建立一个更和平的世界。今天的全球挑战只有通过不断扩大高质量的教育来应对，这种教育提供人们改变自己未来、融入社会和获得丰富而有意义生活所需的知识和能力。（松浦晃一郎，2008）[1]

2. 落实儿童受教育权的世界愿景与当事国的教育国情

1996年评估“全民教育十年中期检查”（Mid-decade Review of Progress

① 《对〈达喀尔行动纲领〉的详细说明》第42条指出：“质量是教育的核心，……高质量的教育是能够满足学习者的基本学习需要，丰富他们的生活及其全面生活经验（overall experience of living）的教育。”（ED.2000/CONF.211/1） towards Education for All)结果的《安曼公报》指出：

> 宗滴恩大会采纳的扩展基础教育的远见，现在常常被降至简单地强调让更多的儿童入学：尽管这是基本的一步，但只是实现全民教育所需诸多措施中的一步。(赵中建，2003)[213]
>
> 这样一种趋势依然存在：只注重基础教育而不承认基础教育与中等教育、高等教育、教师培训以及职业技能教育发展的重要联系。《世界全民教育宣言》旨在赋权，而非限制；旨在提出最低限度，而非规定发展上限。(赵中建，2003)[214]

这样的问题在全民教育的推进过程中普遍存在，不少宣布实现了普及免费义务初等教育的国家实际上仍然存在大量未能接受足够的教育的儿童，他们的教育缺少与社会生活、自身生存与发展的“关联性”(relevance)。世界各国在实现入学机会均等方面面临巨大的挑战，而全面提高儿童教育质量更是任重道远。进入21世纪，联合国教科文组织提出要从受教育的权利(rights to education)、教育中的权利(rights within education)和教育后的权利(rights through education)三个方面全方位实现男女教育平等(王晓辉，2008)[序言6-7]，这更是摆在各国政府面前的重大社会发展问题。

3. 发展合作的人权本位方针与各国意识形态的协调

目前，联合国系统各机构普遍采用①“发展合作的人权本位方针”②。

---

① 1997年联合国改革计划启动时，联合国秘书长呼吁联合国系统的所有机构在它们各自职权范围内的各种活动和计划中使人权主流化(mainstream)。从那时起，一些联合国机构在它们的发展合作计划中采纳了人权本位方针，并积累了运用这一方针的经验；不过，各个机构对这一方针的理解及其应用方式各有不同。考虑到联合国系统在全球、地区尤其是国家层面的跨机构的发展合作，需要对人权本位方针及其内涵有共识，为此，在联合国改革的背景下，联合国于2003年5月3—5日召开了人权本位方针的跨机构研讨会(Interagency Workshop on a Human Rights based Approach)，通过了《发展合作的人权本位方针——联合国各机构达成的共同理解》(The Human Rights Based Approach to Development Cooperation: Towards a Common Understanding Among UN Agencies)。(UN，2003)

② 2005年5月前，联合国秘书长科菲·安南(Kofi A. Annan)向联合国大会提交了题为《联合国秘书长的报告：大自由——实现人人共享的安全、发展和人权》(In Larger Freedom: towards Development, Security and Human Rights for All: Report of the Secretary-General)的报告。这份报告的附件三《联合国人权事务高级专员提出的行动计划》(Plan of Action Submitted by the United Nations High Commissioner for Human Rights)的中译本，将“human rights-based approaches”译为“人权本位方针”。我国学者郭曰君(2013)在其相关论文中采纳了这一译法。本书也采用这一译法。

1. 所有发展合作项目、政策和技术援助，都应促进《世界人权宣言》和其他国际人权文书中所规定的人权的实现。

2. 以《世界人权宣言》和其他国际人权文书中所包含的人权标准及其引申出的各种人权原则，指导所有部门、所有开发阶段的一切发展合作和项目。

3. 发展合作有助于提升“责任承担者”(duty-bearers)履行义务的能力和(或)“权利持有者”(rights-holders)主张其权利的能力。(UN,2003)

在联合国儿童基金会与联合国教科文组织等国际机构看来，“全民教育是一项基本人权，对发展至关重要”(ED.2000/CONF.211/1 第 45 段)。而“教育采用人权本位方针的目标是简明的：确保多个儿童获得优质教育，这种教育尊重并促进他或她享有人格和最适宜发展的权利”(UNICEF & UNESCO, 2007)[1]。但是，在儿童受教育权领域应用人权本位方针，还需与各国的政治制度、意识形态、文化传统相协调①——毕竟国际社会推出的大部分政策建议对当事国家并不具有法律上的强制执行要求②。

---

① 在此有必要忆及米尔恩(1995)[2-3]对《世界人权宣言》的批判。在他看来，该宣言的“作者们心目中的人权概念是一个所有人类社会都应该努力去达到的理想标准概念”，这一理想标准是“由体现自由主义民主工业社会的价值和制度的权利构成的”；人类的大多数没有，从来没有，而且在可预见的将来也不可能，生活在那样的社会里。因此，“尽管《世界人权宣言》声称具有普遍性，但它所规定的权利有许多简直与这些国家全然无关”。

② 关于各国是否切实落实受教育权国际承诺的问题，笔者将联合国教科文组织在《世界教育报告 2000》中作出的相关说明摘编如下。

1. 关于国际条约。虽然批准某项条约的国家数目大体反映了国际社会对该条约各项条款全面承担义务的程度，但是批准程序也允许各国在递交批准文件时，附上其对某些条款如何解释的正式声明，或者其不打算执行某一条或若干条款的保留意见。而且，批准条约是一回事，“各国采取具体措施实施各项规定则完全是另一回事”。因此，在制定条约时设立监督实施情况的办法和机制就显得很重要。这基本上是，在条约中规定，由各国定期提交其实施有关条约所采取的措施的报告。因而，国际监督是否有效在很大程度上取决于各国提交的国家报告的质量。但对不执行条约的国家并没有制裁措施；监督机构可以通过发表报告和提出建议的方式，向有关国家施加道义压力。这一切表明，各国“批准某项条约只有法律意义，并不一定是执行条约条款的明确‘保证’(commitment)”。

2. 除条约外，各国可以通过其他方式对落实国民的受教育权作出承诺。这主要包括：(1) 各国政府代表构成的国际会议达成的建议书。虽然这些建议并不具有类似条约的法律约束力，但它们通常都是协商一致通过的，一般认为各国都会尽最大努力去落实各项条款；(2) 由政府间会议或(各国政府、国际组织及民间团体代表参加的)“混合”会议(如世界全民教育大会)通过宣言、行动项目或行动纲领。同样，它们也不具有类似条约的法律约束力，“但由于其条款与现有的一些条约和建议有许多相同的地方，因此它们也推动了以往正式同意的承诺的实施。同时，在增加现有条约和建议未曾直接提出的一些新观念等方面，它们也有更大的灵活性”。比如《世界全民教育宣言》提出的“满足基本学习需要”(联合国教科文组织，2000)[20-21]。

基于以上考虑，结合当前我国儿童教育发展趋势与政策走向，我们可以看到我国政府落实儿童受教育权的两个基本指向：实现全民终身教育，融入全球教育质量监测体系。鉴于21世纪初我国已基本普及义务教育，那么落实儿童受教育权的主要努力就有了新的侧重点：与国际潮流一致，在保证儿童入学的前提下，强调儿童教育机会的平等与教育质量的提升。我们也可以看到，《全民教育全球监测报告》与国际学生评估项目的引入，开启了我国儿童教育质量接轨全球标准的新篇章；相应地，我国儿童教育质量标准与监测体系的建设将是这一时期重要的、具有挑战性的工作。在这一方面，笔者以为，我国儿童教育政策的发展可以更多地考虑儿童校外教育与学校教育的质量标准对接问题；更进一步的是，在全民终身教育的框架下，思考如何建立一个基于儿童教育需求的各层次、各形式教育融通的儿童教育系统——为孩子们建设一个可以随时随地获得适合其个性、促进其发展的学习机会的世界。

本章概要

自《世界人权宣言》颁布以来，一系列国际准则性文件都对“人人都有受教育的权利”这项基本人权加以承认、重申、补充与完善；儿童作为人类的一分子，代表着人类的未来，他们理所当然地享有受教育权。

在以联合国教科文组织为代表的国际机构的共同努力下，关于儿童受教育权的共识逐步转化为具有重要影响力的国际教育政策。通过对诸多涉及儿童受教育权的重要国际文件相关条款的回顾，我们可以看到，儿童受教育权从一开始就是一个比较成熟的概念，它的发展完善与人类社会对儿童和儿童教育的理解紧密关联。

虽然世界各国已经普遍承认儿童享有受教育权，但是儿童受教育权的国际共识仍应与时俱进，尤其需要关注两个主要问题，即从理论上说，我们应思考描绘何种全球儿童教育的蓝图；而从现实来说，要探讨儿童受教育权国际共识通过何种策略在各国儿童教育政策中得到有效落实。

对儿童受教育权国际共识的回顾与展望给我们的启示是：我国当前落实儿童受教育权的政策存在两个基本取向，一是实现全民终身教育，二是融入全球教育质量监测体系。

第三章

形塑未来：落实儿童受教育权的全球进展

我们强调致力于创造一个适合儿童生长的世界，考虑到儿童的最高利益，在民主、平等、不歧视、和平与社会正义等原则以及包括发展权在内的所有人权的普遍性、不可分割性、相互依存性和相互有关性的基础上实现可持续的人类发展。

联合国大会第二十七届特别会议决议《适合儿童生长的世界》，2002 年 5 月 10 日

20世纪，尤其是第二次世界大战之后，人类社会见证了国际组织的蓬勃发展，它们的职权范围涉及人类社会生活的各个方面。而在诸多全球教育发挥着重大作用的国际(教育)组织①中，联合国教科文组织首屈一指。在70余年致力于思考与推进全球教育发展的历程中，联合国教科文组织的教育业务遍及世界各地，涉及各级各类教育；它综合考虑全球教育发展的各种时代性、普遍性问题与未来挑战，倡议并推动了诸多影响深远的全球教育行动。与此同时，它也与其会员国、相关的国际机构建立起广泛而紧密的业务联系，构建了一系列全球教育交流合作的国际平台，切实引领着全球教育发展的时代潮流。在联合国教科文组织为庆祝其成立50周年而编撰发行的《教育五十年》(*50 Years for Education*)一书中，联合国教科文组织自称教育领域的"未来塑造者"(shaper of the future)(Brunswic, etc.,1997)[24]。这一评价并未言过其实——至今没有任何一个国际组织能像它这般综合考察各个不同发展水平国家的教育问题与实际需求，有能力承担持续塑造全球教育整体面貌的时代使命。

> 教育改变生活。教育居于联合国教科文组织促进和平建设、消除贫困和推动可持续发展等使命的中心。联合国教科文组织相信，教育是一项所有人终生享有的人权；它也相信，上学(access)必须与教育质量相匹配。作为联合国系统中唯一一个对教育的各个方面都负有业务职责的机构，它被赋予了通过"可持续发展目标4"②牵头2030年全球教育议程的使命。实

---

① 关于"国际教育组织"的概述，参见张民选《国际组织与教育发展》一书(上海教育出版社2010年版)第二章。

② 参见本书第62—63页的相关内容。

现这一议程的路线图是《2030 年教育行动框架》。①

事实上，教育是联合国教科文组织筹建之时就给予最优先考虑的业务领域，而且它一直以来都是联合国教科文组织最为重要、最有成效、为全球发展作出最大贡献的业务领域。当谈及此点时，曾任联合国教科文组织总干事的费德里科·马约尔先生给出了如下评论：

> 建立一个国际组织（它将要成为联合国教科文组织）的想法在第二次世界大战期间就已经被讨论，而为它设定的第一个活动领域就是教育。（Mayor，1997）[75]……在《联合国教育、科学及文化组织组织法》中，“教育”所占据的地位，可以反映联合国教科文组织的创建者们对教育重要性的认识。在该组织法的“序言”和第一条中，没有其他概念像“教育”这样频繁地出现，这一事实意味深长。这种对教育的作用的看法，是联合国教科文组织的创建者们通过该组织法所要传达给我们的伟大观念之一。……这种看法历经五十载依然被联合国教科文组织奉行。联合国教科文组织在世界形势演变的每个新阶段，在其开展工作的每个新时期，都重申教育在实现人类生存状况改善的宏图大业中的卓越作用。（Mayor，1997）[77]

曾任联合国教科文组织教育助理总干事的科林·鲍尔先生在其著作《教育的力量：全民教育、发展、全球化与联合国教科文组织》（*The Power of Education：Education for All，Development，Globalisation and UNESCO*）一书中写道：“很简单，受教育权就是未来权。”（Power，2015）[15]联合国教科文组织这个致力于实现“人皆享有充分与平等受教育机会”的国际组织就是一个形塑未来的组织。

总之，当我们回顾全球落实儿童受教育权的艰辛历程，当我们展望全球儿童教育的未来时，以联合国教科文组织的努力为中心，兼顾其他国际组织的贡献，是明智而可行的做法。

① 参见联合国教科文组织官网主页上关于其教育业务的简介：http://en.unesco.org/themes/education-21st-century。

第一节 20 世纪中后期儿童受教育权的历史状况与全球行动

20 世纪中后期以来，儿童受教育权的观念不断发展丰富；落实儿童受教育权的全球行动紧紧围绕着普及初等教育这一中心。

大而化之地说，在教育领域，联合国教科文组织全部行动的目标就是有效地落实受教育权（Brunswic, etc.,1997）[26]。1945 年 11 月 16 日，标志着联合国教科文组织成立的《联合国教育、科学及文化组织组织法》被正式签署。这份划时代的文件向人们传达了"人皆享有充分与平等受教育机会"的信念，并将"给教育之普及（popular education）与文化之传播以新的推动"视为联合国教科文组织的职能之一，而实现这一职能的途径是：

> 应会员国之请求，与之协作开展各种教育活动；建立国家间之协作以促进实现不分种族、性别及任何经济或社会区别均享有平等的受教育机会之理想；推荐最适合于培育世界儿童担负自由责任之教育方法。[第 1 条第 2(b)款]

联合国教科文组织在《世界教育报告 2000》中指出，自从《世界人权宣言》宣布人人都有受教育的权利起，在过去的数十年中，全球落实受教育权的观念已经发生了三个阶段性的变化。

> 第一阶段是从 40 年代后期到 60 年代初，国际上对"基本教育"（fundamental education）条款①的注意力集中在消除文盲（illiteracy）上，与此同时，扩大初等教育（elementary education）（尤其是在新独立的发展中国家中）的呼声也日益强烈。在第二阶段，即 60 年代中期至 70 年代后期，人们所关注的文盲的范围扩大到包括"功能文盲"（functional illiteracy），同时，初等教育持续快速扩张。在第三阶段，即 80 年代初至现在，"功能扫盲"（functional literacy）已被认为是（满足）"学习需要"（learning needs）

① 此处指的是《世界人权宣言》第 26 条第 1 款的相关内容：Education shall be free, at least in the elementary and fundamental stages.

的一个特定方面，而同时，“初等教育”也已被视为旨在满足“基本学习需要”的“基础教育”(basic education)的组成部分。(联合国教科文组织，2001)[26]

一、从“基本教育”迈向“满足基本学习需要”①

(一) 基本教育

第二次世界大战结束后，许多国家进入了教育恢复重建的阶段。因为旷日持久的战争，整整一代人错失了进入学校接受教育的机会，大量儿童辍学，被迫进入社会寻求生计。这一战争遗留问题对战后世界的和平与发展构成了巨大的挑战。国际社会忧心于此，特地召开一系列国际会议，试图提出可行的全球解决方案。面对迫在眉睫的“扫盲”需求，联合国教科文组织选择了“基本教育”。

1945年11月，即在决定建立联合国教科文组织的最后文件(Final Act of the Conference for the Establishment of an Educational Scientific and Cultural Organization of United Nations, London, 16th November, 1945)签字后不久，担任联合国教科文组织筹备委员会(Preparatory Commission for UNESCO)执行秘书的艾尔弗雷德·齐默恩(Alfred Zimmern)爵士就在筹备委员会第一届全体会议上表明他的信念：基本教育将成为联合国教科文组织的主要关注事项之一(Lacoste,1994)[34]。筹备委员会为1946年11—12月举行的联合国教科文组织首届大会(General Conference)准备了一份拟议的工作计划，其中的一个建议就是开展“基本教育”，并提出这是联合国教科文组织的主要兴趣领域之一(联合国教科文组织，2001)[26]。恰如联合国教科文组织筹备委员会执行秘书②、首任总干事朱利安·赫胥黎(Julian Huxley)所说：“当世界上还有半数人不能享受具备读写能力才有的基本自由时，联合国共同力争实现的人类大同和基本公正(basic unity and basic justice)就是一句空话。”(联合国教科文组织，2001)[26]

1947年，联合国教科文组织发行了它的第一份出版物——《基本教育：人类的共同基础》(Lacoste,1994)[34]。该书指出：“理想的基本教育是理想的民主制度(democracy)的一部分；它与民主制度一样，应该‘民有、民享、民治’(of

① 本小节主要参考《世界教育报告2000》第二、第三章提供的主题线索与部分内容，以及科林·鲍尔的著作(Power,2015)的相关内容。

② 齐默恩爵士因病休养后，由赫胥黎接任。

the people, for the people, by the people)。”(EDUC/10)[2]同年6月2—14日，中国政府和联合国教科文组织合作在南京召开联合国教科文组织第一次基本教育地区研究会议(UNESCO Regional Study Conference on Fundamental Education)。此次会议的文件强调：

> 的确,《联合国教育、科学及文化组织组织法》的起草者们并不认为,仅仅教人们读与写,就是该组织法自身要寻求的目标之一。更准确地说,他们以及那些已经开始贯彻该组织法的人们认为,增进世界上每个人的受教育机会是为“和平与安全”作贡献的一种方式。联合国教科文组织的基本教育项目是基于这样一种信仰:“目前国家间的教育不平等是对世界和平的一个威胁;如果这世界上一半的人还是文盲,那么这个世界就不能融为一体。”(EDUC/6)[1]

这就是说,联合国教科文组织发起“基本教育”,旨在使每个人都能获得必需的最低限度的教育,以为世界和平与发展奠定基础。该文件也指出,基本教育的对象既包括儿童也包括成人;它不仅仅是教人们读写算,而且也为他们谋生、提高经济地位、艺术而文雅地表达自己、改善卫生条件、参与国内外政治生活、迈向更完美生活打下基础(fundamentals)(EDUC/6)[2]。在这一年,联合国教科文组织期望与中国、海地政府合作发起基本教育试点项目(EDUC/6)[8],但是由于当时的局势,中国项目没有实行;而海地项目于1949年开始实施。随后,联合国教科文组织于1951年在墨西哥设立拉丁美洲基本教育地区培训中心(Regional Conference for Fundamental Education in Latin America, CREFAL),1952年在埃及建立阿拉伯基本教育中心(Arab States Fundamental Education Centre, ASFEC)。

然而,在其短暂的发展史中,“基本教育”并不是一个含义清晰的术语。一开始,它与“成人教育”一起被视为“普及教育”[《联合国教育、科学及文化组织组织法》第2条第1款(b)项的措辞]的两个不同方面(联合国教科文组织, 2001)[29]。但是,它与“初等(级)教育”和“成人教育”之间的区分并不明确。这种界定上的问题给《世界人权宣言》教育条款相关内容(第26条第1款)的起草带来了困扰。

> “基本教育”一词首先在美国针对秘书处起草的教育条款初稿提出的

修正意见中出现：

“人人都有受教育的权利。各国均有义务要求在其管辖领土上的每一个儿童都接受一种基本教育(a fundamental education)……”

卡森教授①在他的《世界人权宣言》草案第一稿和第二稿里，均效仿秘书处，沿用了“初等教育”一词。但在人权委员会第二届会议(日内瓦，1947年12月2—17日)上设立的《世界人权宣言》工作组在讨论他的草案第二稿时，罗斯福夫人坚持用“基本”代替“初等”(primary)一词。她的建议在工作组里付诸表决并获得通过。

从那次会议的记录中看不出与会者是如何准确理解“基本”和“初等”教育之间的区别的，尽管在表决前的讨论中，教科文组织的观察员(Jacques Havet)曾说：“教科文组织正在拟订一项基本教育计划，以使所有人均有权享受最低限度的教育(a minimum standard of education)，它将作为一种世界合作的方式。”

人权委员会第三届会议(成功湖，纽约，1948年5月24日—6月18日)再次讨论了这个问题。罗斯福夫人(作为美国代表发言)同意接受(澳大利亚)约克尔先生(Gordon Albert Jockel)提出的用“初级”(elementary)一词代替“基本”一词的修正意见。但是，后来就在同一次会议上，(印度)梅赫塔女士说她“坚持认为用‘基本’一词，因为它比‘初级’一词更清楚地表达了作为每个人的权利应享受的基础教育(basic education)这一概念”。接下来的一次会议(同一天下午)继续讨论了这个问题，会上，罗斯福夫人对这两个供选择的词作了介绍，“并解释说，起草委员会的几位委员主张‘基本’一词，以便扩大教育的概念，使之既包括青、少年的教育，也包括成人教育”。……卡森教授“看不出有什么必要反对‘基本’一词，法文本已将‘基本’一词译成了‘初等’(élémentaire)”。(教科文组织)勒巴尔先生“强烈支持用‘基本’代替‘初级’，理由是‘基本’一词包含着更新、更广的成人教育概念，并且代表着过去几十年来教育思想上的重大进步”。(中国)张彭春先生“请求大家支持已经由教科文组织的代表阐明的‘基本’教育的概念”，并补充说“在成人教育已经成为未曾有机会接受小学教育的人的当务之急的国家中，这个新的现代的概念特别适用”。……然后，主席要求委员

① 此处引文根据英文本(UNESCO，2000)[97-99]作了必要修订，缩减了个别字句；引文里没有列出的人物与机构的说明，参见本书第9—10页的相关内容。

> 会在“初级”和“基本”两个词之间作出选择，并就此进行表决，结果是“这项权利包括免费、义务性初级教育”这个句子获得通过。尽管如此，(中国)张彭春先生仍然坚持自己的意见。他认为“在这一表述中删掉‘基本’一词是可悲的。他敦促委员会在‘初级’一词的后面加上‘和基本’，以包括成人教育”；他的这项修订获得通过。
>
> 虽然在委员会的工作结束时，这一措辞最终改成了“初级和基本教育应当免费和属义务性质”，但是从讨论中可以清楚地看到，‘初级’和‘基本’这两个词意味着同一事物的不同方面，看你强调的是儿童还是成年人。所以，第三委员会最后采纳了这样的表述——“教育应当免费，至少在初级和基本阶段应如此”，但把“义务性质”(compulsory)一词局限于初级教育。(联合国教科文组织，2001)[91-92]

这样的理解导致基本教育被当成了“扫盲”。1949 年，联合国教科文组织在丹麦埃尔西诺市举办第一届国际成人教育大会(International Conference on Adult Education)，与会代表一致同意，将扫盲作为“基本教育领域中与成人教育密切相关、但又与之不同的一部分”(联合国教科文组织，2001)[28]。1956 年，联合国教科文组织召集的一次专家会议(这些专家随后组成了联合国教科文组织大会的一个特设工作组)提出了基本教育的新定义，即基本教育的目的，是“帮助那些尚未获得已有的教育机构提供的教育的人，去了解他们所处的环境存在的各种问题以及他们作为公民、作为个人所享有的权利和应承担的义务，去获取使他们得以逐步改善其生活条件、更有效地参与其社区的经济和社会发展的一系列知识和技能”(Lacoste，1994)[75]。

虽然经过了上述努力，但是基本教育与成人教育、初级教育的概念重合问题仍然没有得到根本解决。20 世纪 50 年代的各国教育系统在度过恢复重建期后，逐步具备了大规模接纳儿童入学的能力，“基本教育”渐渐地被视为一种低水平的成人扫盲教育；由于它与初级教育概念有重合之处，客观上给初级教育政策的制定带来了不必要的困扰——“在《世界人权宣言》发表之时，大多数国家对‘初级教育’①都有明确的定义”(联合国教科文组织，2001)[36]。

1958 年，联合国教科文组织第十届大会通过决议，承认“基本教育”一词导

① 《世界人权宣言》中的“初级教育”不是指当时世界上存在的正规教育系统中的某一具体阶段，而是泛指能使所有儿童获得良好生命开端的教育(UNESCO，2000)[40]。

致理解混乱,决定在该组织的所有正式文件中立即停止使用它①(10C/Resolutions)[18]。

1973年,非政府组织国际教育发展理事会(International Council for Educational Development, ICED)在对发展中国家农村地区失学儿童、青少年和青年的非正规教育进行研究的基础上,向联合国儿童基金会提交了一份报告。在这份报告中,该理事会提出"最低基本学习需要"(minimum essential learning needs)这一概念,以使儿童受教育权具有"实际意义"(practical meaning)。它是借鉴"最低限度营养需求"而产生的,但是"最低限度"的提法遭到了批评,人们认为,如果要确定一系列学习需求,为什么不可以是最高限度的。因此,20世纪七八十年代,国际社会开始倾向于使用"基本学习需要"(basic learning needs)的宽泛提法,它的意思是"奠定基础"(foundation)而不是"最低限度"(minimum)(联合国教科文组织,2001)[42-43]。不久后,1990年的世界全民教育大会将更新了的"基础教育"②送上国际教育政策舞台——"应该为所有儿童、青年和成人提供基础教育"(《世界全民教育宣言》第3条第1款)。

(二)普及教育

在《世界人权宣言》发布时,世界上大多数国家都已有某种类型的小学,五十多个联合国会员国在其宪法和(或)立法中明确提出要提供某种程度的免费

① 关于废止"基本教育"一词,联合国教科文组织编年史《宏图大业——联合国教科文组织编年史(1946—1993)》一书作了如下说明:

> 大会决定放弃使用"基本"或"基础"(basic)教育这一术语。在此以前,它作为联合国教科文组织教育政策的重要(seminal)观念之一,而持续受到尊崇。某些发展中国家认为,它有可能使一种"打折扣的"教育目标成为正式目标,这会违背普及初等教育的目标。1949年以来发行的季刊《基本教育简讯》(*Bulletin of Fundamental Education*)因之改为《成人教育简讯》(*Bulletin of Adult Education*)。虽然如此,引起争议的这一术语在很久以后又在世界全民教育大会(宗滴恩,泰国,1990年3月)的辩论中重新出现;甚至1976年在拉各斯(Lagos)召开的第三届非洲会员国教育部长与经济规划部长地区会议(Regional Conference of Ministers of Education and Those Responsible for Economic Planning in Africa Member States)期间,这一术语就被不那么正式或者说较为随意地提了出来。这次会议的最终报告认为"基础教育(basic education)是提供大众教育(mass education)的最佳手段"。(Lacoste,1994)[86]

② 贯彻人人享有受教育权的理念,为全球人民提供必需的教育,从而使其能更好地参与现代社会生活并有能力改善自己的生存处境,从这一点来说,"基本教育"与1990年提出的"基础教育"在内容上并无多大差别。但是"基本教育"强调的是民众的紧迫需要和问题,它的实践并不是一定要采取什么恰当的形式,而是要着手解决世界上存在着数量庞大的成人文盲与其他文盲的问题,因此各国为此目的所采取的行动和得出的经验,实际上都可以称为实现"基本教育",而且它并不考虑为更高级的教育做准备的问题。而对于"基础教育"来说,它是进一步学习的基础,也就是为"终身学习"做准备(联合国教科文组织,2001)[27-28]。

义务教育，而且有些国家的义务教育年限已超出小学阶段。起草并通过《世界人权宣言》的国家乐观地认为，只要有足够的政治意愿和决心，在世界范围内普及免费义务初级教育是可能实现的。大约十年后，国际社会才充分意识到这一任务的艰巨性。联合国教科文组织最早的统计估算数据表明，1952年各类中小学的在校生人数不到世界上5—14岁儿童的一半，其中半数国家或地区的在校生人数仅占5—14岁儿童的四分之一(联合国教科文组织，2001)[36-37]。

1951年7月20日，联合国教科文组织与国际教育局(International Bureau of Education, IBE)联合召集召开的第十四届国际公共教育大会(International Conference on Public Education)采纳了《义务教育及其年限的延长》(Compulsory Education and Its Prolongation)的建议书。一年后，联合国教科文组织秘书处将扩展所有人的免费义务教育和中等教育改革(包括职业培训与劳工教育)作为“永久问题”。从那以后，联合国教科文组织力图在两个平行的道路上前行：普及教育，给予弱势者以优先关注(Brunswic, etc., 1997)[27]。

自1952年联合国教科文组织在印度孟买召开第一次免费义务初等教育地区性会议(Regional Conference on Free and Compulsory Education in South Asia and the Pacific)开始，联合国教科文组织在20世纪50年代举办的一系列免费义务教育地区会议，对义务教育的年限给出了6或7年的建议，并反复强调，除非“普及”并且“免费”，否则就没有真正的义务教育；相应地，国家应当承担责任，提供足够的学校以确保所有儿童接受义务教育(联合国教科文组织，2001)[39]。

在20世纪50年代中期，世界上大部分地区都大力扩大中小学招生，在已经实行义务教育的国家，人们要求延长义务教育年限到“小学后”(post-primary)阶段；而那些尚未确立义务教育的国家(大部分在非洲和亚洲)，则需要既扩大小学招生，又提高小学毕业率(联合国教科文组织，2001)[37-38]。

在20世纪50年代开始的儿童入学潮面前，人们也注意到了教育机会平等与不歧视问题。这促成1960年12月14日联合国教科文组织大会通过《取缔教育歧视公约》和《取缔教育歧视建议书》(Recommendation against Discrimination in Education)。为确保此公约与建议书得到执行，联合国教科文组织制定了相应的监测程序，定期审查《取缔教育歧视公约》缔约国的履约情况报告；并要求所有会员国根据一项调查表的要求，就《取缔教育歧视建议书》的落实情况提交报告。

而另一个全球教育发展的历史性契机是，1960年12月15日，联合国大会通过了在国际教育援助史上具有重大意义的1515(XV)号决议,它的建议之一是:“对技术培训、教育和预先投资项目的援助,不论是国际组织还是各国政府单独提供的,都应被看作欠发达国家经济发展的一个重要因素。”由此开始,教育不再被视为消费,它成为一项有益的投资。为国际教育项目提供资金的机构逐渐认识到,教育的各个层面都是人力资源开发(因而也是发展)的要素。在联合国教科文组织的努力下,作为发展的动力和目的的以人为中心的综合发展概念逐步成为一种国际共识。在这样的认识指导下,联合国儿童基金会向联合国教科文组织提供经费,支持开展初等教育方面的联合行动;世界银行以及晚些时候成立的各地区开发银行,也对教育的各个方面以至整个教育体制产生兴趣。联合国教科文组织参与了世界银行为响应某些国家要求而开展的项目。在人们承认教育对经济发展的贡献的同时,教育规划作为经济规划有机组成部分的观点也逐渐赢得了广泛认同。联合国教科文组织从1961年开始应会员国要求,向各会员国派出教育规划专家组,随后于1963年成立了国际教育规划研究所(International Institute for Educational Planning, IIEP),并于1968年在巴黎召开了教育规划国际会议(International Conference on Educational Planning)(联合国教科文组织,1985)[18-19]。

各国政府逐步将教育视为经济发展、国家振兴的重要推动力,将国民教育规划与经济发展规划紧密结合,这有力地促成了各国教育机会的增加与儿童入学率的迅速提升。在亚非拉地区,那些刚摆脱殖民统治的国家渴望通过教育实现国家振兴,民众积压已久的接受正规教育的需求得到释放:20世纪50—70年代,非洲小学生人数增长近三倍,亚洲大洋洲(Asia/Oceania)、拉美加勒比地区(Latin America/Caribbean)也增长了两倍。从绝对数字来看,这三个地区的小学生总数从1950年的仅一亿多(占世界小学生总数的一半)增加到1970年的三亿多(占世界小学生总数的四分之三)(联合国教科文组织,2001)[39]。

这一时期,就开展教育项目的方式问题,联合国教科文组织内部存在诸多争议,其中之一是在预算十分有限的情况下,联合国教科文组织是应支持小规模的教育革新计划,还是应促进大规模的国家与地区教育发展项目(Brunswic, etc., 1997)[5]。事实上,联合国教科文组织不是一个资助机构(funding agency),它的预算仅相当于一个中等规模大学的预算。① 因此,它逐步放弃了直接资助具体

① 科林·鲍尔写道,联合国教科文组织是一个堂吉诃德式的组织,满是不可能(实现)的梦想,但缺少实现目标的必要资源。它的年度财政预算远少于任何发达国家的大学(Power,2015)[30]。

项目的方式，而是动员资源、寻找援助并促成其合理使用（Brunswic，etc.，1997）[224]。1960年，联合国教科文组织在卡拉奇、贝鲁特和亚的斯亚贝巴分别就亚洲、阿拉伯国家和非洲的教育需求问题召开了三次政府间会议。这一年拟定的《卡拉奇计划》（Karachi Plan）和翌年通过的《亚的斯亚贝巴计划》（Addis Ababa Plan）旨在于1980年前在亚洲、非洲地区分别实现普及小学教育。但是，这种大力扩张小学的教育发展模式其实是一种线性思维的产物，它只是满足了形式上的扩张，却忽视了其他诸多的教育发展问题。

> （大力发展）小学的模式最终遭到了质疑。尽管规划时的设想很好，但20世纪五六十年代扩大招生的做法并非没有问题。正如《世界教育报告1998》所指出的那样，到处都缺少合格的教师，更不用说课本和其他学习材料了。在许多国家，人们都为教育质量而担忧。为了满足社会对增加受教育机会的需求，人们往往想到在形式上扩大教育，即增加名额，而无实质内容。这种方法的结果也就是学习效果差，从而造成更高的辍学率。
>
> 规划的目的是调节整个教育系统的产出，使各级教育的毕业人数适合预计的经济对“人才的需求”，然而，经济学家并非总能提出正确的数字，他们的意见也并非总能得到尊重。在许多国家，尤其在非洲，曾出现过当时被称为“小学毕业生问题”的现象：即已读完小学的年轻人纷纷涌向城市，去寻找根本就找不到的白领工作，因为他们所受的教育未能给他们提供能在别处发挥作用的技能。（联合国教科文组织，2001）[40-41]

20世纪70年代，世界大多数欠发达地区小学入学率继续呈上升趋势，失学儿童人数没有增加，甚至反而有所下降。到1980年，《亚的斯亚贝巴计划》设定的在非洲普及小学教育的目标没有如期达成，不过儿童入学人数确实大幅增长；而《卡拉奇计划》在东亚/大洋洲实现，但在南亚未能达成（联合国教科文组织，2001）[44]。虽然如此，全世界儿童的入学机会在20世纪80年代仍保持了增长的势头。

然而，普及小学教育、增加入学机会并不等同于儿童受教育权的全面落实。在许多国家中，初等教育入学率数据看上去令人满意，却常常是被夸大的，“其中包含了大量超龄（和一些年龄不足的）儿童，其中许多是留级生，而同时仍有许多适龄儿童根本就没有注册，原因是他们中途辍学或从一开始就没有进过学校”（联合国教科文组织，2001）[45]。此外，联合国教科文组织通过年度教育统计问卷收集各国义务教育年限数据，“但是许多国家报告的义务教育年限，只是其有待实现的目标而非实际的状况，这是因为在这些国家中，有大量儿童在规定的义务教育年限里并未在校”（UNESCO，2000）[48]。

在中等教育方面，《世界人权宣言》通过后的20年间，中等教育入学机会也大大增加，全球中学生人数每十年就翻一番。（联合国教科文组织，2001）[57]而且该宣言提出的“技术和职业教育应普遍设立”的观念，对当时的中等教育的办学思想与办学模式提出了挑战。

> 起先，（中等教育的）扩张主要基于现有的（教育）制度结构，但是在许多有着不同形式的小学后教育（post-elementary education）的国家里，提供什么类型的中等教育很快就成了一个问题。在20世纪四五十年代“面向所有人”的“综合”中学的观念或模式仅在北美、苏联和其他少数几个国家出现。在欧洲、拉丁美洲和世界其余的大部分地区，小学后的办学模式是一种“分化的”（differentiated）学校教育：主要以职业为导向的各类学校，以及一种非为大众设立的传统学术中学。由于社会强烈要求传统中学扩大招生，因此，开放中等教育增加的入学机会确实对“中学办学的目的和宗旨”，即“中学教育的特定观念”构成了一个重大的挑战。（UNESCO，2000）[61]

一方面，不同类型或不同形式的中等教育给予受教育者的回报是不同的；另一方面，在那些采用“分化的”办学模式的国家里，通常家庭社会经济状况较好的儿童进入学术性中学，能够进一步升学以获得接受高等教育的机会；那些家境贫寒的儿童则被送去职业学校，其中的大多数人一生的教育到此终结。更进一步说，中等教育的发展模式如何避免沦为“再生产”社会阶层的机制，如何促进社会公平，成为必须思考的重大理论与现实问题。

> 从教育的角度来说，过早鉴定孩子的能力和兴趣并因此影响他们一生的发展机会，（即使不说它是不公正的）这具有不确定性；而从经济的角度来说，预测经济发展对不同种类的职业技能的未来需求，这也是难以确定的。（UNESCO，2000）[67]

虽然第二次世界大战后的二三十年间各国教育有了较大改观，初等教育得到了很大程度的普及，中等教育也有了快速的发展，但是，“仍然存在着一种非常严重的歧视现象，即限制女童及妇女受教育的机会”（联合国教科文组织，1985）[34]。这一问题显而易见的危害之一是，“如果女孩没有同等机会上小学，那么妇女占成人文盲的百分比会继续增加”（联合国教科文组织，2001）[35]。此外，各国政府与国际社会“尽管在普及教育方面曾作出努力，也曾采取措施克服那些影响家庭出身低微但为数最多的儿童的整个学业的社会、经济及文化方面的障碍，但不平等的现象仍旧屡见不鲜”（联合国教科文组织，1985）[35]。世界上大多数人口生活于农村地区，这些地区的儿童教育在数量与质量上都难以得到保障；“在许多国家，教育对促进农村发展所起的作用仍然很小”（联合国教科文组织，1985）[35]；各国的残疾儿童、移民工人子女、难民子女等群体的教育条件极为低劣，难以获得同等的受教育机会。面对这些现实的困境和挑战，在推进全球教育普及事业的进程中，联合国教科文组织始终将教育领域的不平等问题，尤其是弱势儿童（特别是女童）的教育问题置于关切的中心。

（三）满足基本学习需要

虽然国际社会和大多数国家在普及教育方面作出了重要承诺并采取了各项措施，但是普及教育（特别是普及初等教育）的目标远未实现。在世界全民教育大会召开之时，全球有“1 亿多儿童，其中包括至少 6 000 万女童，未能接受初等学校教育……不计其数的成人未能完成基础教育计划；更多的人虽能满足上学的要求，但并未掌握基本的知识和技能”（《世界全民教育宣言》“绪论”）。由于经济衰退、人口膨胀、某些国家社会政治动荡等原因，全球教育事业面临着严重挑战。在距离 21 世纪还有最后十年的历史时刻，国际社会在儿童受教育权领域采取了一系列重大行动；它们决定了人类社会将要为 21 世纪创造怎样的一幅儿童教育世界图景。

1990 年 9 月 2 日，《儿童权利公约》正式生效；同年 9 月 30 日，在纽约联合国总部召开的世界儿童问题首脑会议通过了《儿童的生存、保护和发展世界宣言》和《九十年代贯彻儿童的生存、保护和发展世界宣言的行动计划》。而同年早些时候，3 月 5—9 日，在泰国宗滴恩召开的世界全民教育大会通过了《世界全民教育宣言》和《满足基本学习需要的行动纲领》。国际社会通过这一系列重大事件达成共识：“每一个人（无论是儿童、青年还是成人）都应能受益于旨在满足（其）基本学习需要的受教育机会。”由此开始，全民教育成为推进全球教育发展的新旗帜。它是对此前全球普及教育事业的一个创造性继承：成人扫盲与普及初等教育被整合进“全民教育”的崭新框架中；虽然它们仍是主要的工作，但是，全球教育行动绝不只是为了让每个人上学识字，它要“向所有儿童、青年和成人提供基础教育”，这种新的基础教育“是终身学习和人类发展的基础”，也是各国更新完善教育系统的基础(《世界全民教育宣言》“绪论”)。

> 满足基本学习需要可以使任何社会中的任何个人有能力并有责任去尊重和依赖他们共同的文化的、语言的和精神的遗产，促进他人的教育，推动社会正义事业，保护环境，宽容与自己不同的社会、政治和宗教制度，从而确保坚持为人们所普遍接受的人道主义价值观念和人权，并为这个互相依存的世界建立国际和平与团结而努力。(《世界全民教育宣言》第1条第2段)

世界全民教育大会标志着一场更大范围、被寄予了更大期望的全球扫盲运动的兴起。与前几次由联合国教科文组织领导的普及教育运动相比，全民教育面临的挑战更大，得到的支持也更多。需要着重指出的是，这次大会将学前教育纳入“基础教育”之中。它提出“基础教育”应包括“幼儿保育和启蒙教育”(early childhood care and initial education)(《世界全民教育宣言》第5条)，必须满足学龄前儿童的基本学习需要。而且，它还创造出了一种新的处理全球复杂难题的跨机构合作方式：联合国教科文组织依然是联合国系统内负责教育的机构，但它今后将与其他三个居于领袖地位的政府间组织(联合国儿童基金会、联合国开发计划署、世界银行)并肩奋斗，为在全世界普及被视为发展之基石的基础教育而共同努力(Lascoste，1993)[317-318]。相应地，“全民教育行动不再是某个联合国机构的独奏，它是由联合国机构、开发银行、双边资助机构以及非政府组织共同演奏的交响乐”(Power，2015)[58]。

世界全民教育大会建议各国从六个维度(dimensions)确定本国20世纪90年代的全民教育目标，其中与儿童受教育权直接相关的三项目标是：

> 扩大幼儿保育和发展活动，包括家庭和社区干预，特别针对贫困儿童、处境不利儿童和残疾儿童；
>
> 到2000年普及并完成初等教育(或任何被认为是“基础”的更高层次的教育)；
>
> 提高学习成绩，使商定的(agreed)适当年龄组的百分比(如14岁年龄组的80%)达到或超过规定的必要学习成绩的水平。(《满足基本学习需要的行动纲领》第8段)

随后，《儿童的生存、保护和发展世界宣言》重申了落实儿童受教育权的时代意义："目前，有1亿以上的儿童未能接受基础学校教育，其中2/3是女童。提供全民基础教育和扫盲，是为世界儿童的发展可以作出的最重要贡献。"（第13段）这一宣言对应的《九十年代贯彻儿童的生存、保护和发展世界宣言的行动计划》呼吁各国政府、联合国系统的有关机构以及主要的非政府组织等与会者，"争取到2000年在所有国家实现……普及基础教育并使至少80%的小学学龄儿童完成初等教育"（第5段）。

为实现普遍落实儿童受教育权的目标，1993年12月13—16日，九个人口大国全民教育首脑会议在印度新德里召开，会议通过了《德里宣言》及其《行动纲领》。与会各国承诺："将确保每一位儿童都能入学或依其能力接受适当的教育，……将消除因性别、年龄、收入、家庭、文化、种族和语言等差异及地域偏远之缘故造成的基础教育机会不等。"（《德里宣言》第3.1、3.3段）当时，九个人口大国中至少有六个国家的女童入学率比男童低10—30个百分点，性别造成了最大的入学差异；而且这些国家初等教育质量低下，读完小学的儿童并不总能掌握基本的学习和生活技能（《行动纲领》第3、4段）。有鉴于此，普及、平等与优质成了九个人口大国乃至大部分国家落实儿童受教育权时必须考虑的三个基本原则。

1995年9月4—15日，联合国在北京召开第四次世界妇女大会（Fourth World Conference on Women），大会通过了《北京宣言》和《行动纲领》，各国政府决心"确保妇女和女童充分享有所有人权和基本自由；并且采取有效行动，防止这些权利和自由受到侵犯"；"采取一切必要措施，消除对妇女和女童一切形式的歧视，并移除实现两性平等、提高妇女地位和赋予妇女权力的一切障碍"（《北京宣言》第22、23条）。

除了女童之外，残疾儿童以及其他弱势儿童的受教育权也得到了重视。《儿童的生存、保护和发展世界宣言》设定的任务之一是"对残疾儿童以及其他处境极为困难的儿童予以更多的关心、照顾和支持"（第11条）。这一任务在1994年通过的《萨拉曼卡宣言：关于特殊需要教育的原则、方针和实践》中变成了具体的教育政策原则："有特殊教育需要的儿童必须有机会进入普通学校，而这些学校应以一种能满足其特殊需要的儿童中心教育学思想接纳（accomodate）他们。"（第2条第4项）各国政府应"在改善教育制度方面给予政策和预算的最优先考虑，以使教育制度能容纳所有儿童而不论其个体差异或个人困难如何"（第3条第1项）。而同时通过的《特殊需要教育行动纲领》强调，“学校应该接纳所有的儿童，而不考虑其身体的、智力的、社会的、情感的、语言的或其他任何条件”(《行动纲领》第3段)。这一原则奠定了全纳学校的理念基础。

1998—1999年，联合国系统的五个专业机构(联合国教科文组织、联合国儿童基金会、联合国开发计划署、世界银行、联合国人口活动基金会)联合开展了包括183个国家的全民教育十年评估，即世界全民教育2000年评估(Education for All 2000 Assement)。评估结果表明，1990年世界全民教育大会设定的目标还远未实现。① 虽然，“世界上所有的国家都已经批准了《儿童权利公约》，并且因此已经接受了确保每个儿童接受基础教育的权利这样一项义务”(ED.2000/CONF.211/1第11段)，但是，“进展是不平衡的，而且十分缓慢”(ED.2000/CONF.211/1第5段)，“令人无法接受的是在2000年竟然还有1.13亿儿童上不了小学……”(《达喀尔行动纲领》第5段)。1999年，经济、社会和文化权利委员会发布的《第11号一般性意见：初等教育行动计划》(以下简称《第11号一般性意见》)也重述了这一问题，并着重指出，《经济、社会及文化权利国际公约》第14条要求尚未实行免费义务初等教育的缔约国有义务在两年内制定并采取一个详细的行动计划，以规定在合理年限内，逐步实现对所有人的免费义务初等教育。但“一些国家既未拟订也未执行免费义务初等教育的行动计划”(《第11号一般性意见》第1段)。换句话说，历经近十年的全球动员和教育发展，全球未入学儿童人数的规模依然庞大，部分国家的政治意愿还是不足。这固然有人口膨胀、适龄儿童总数增多、经济危机与政治动荡等原因，但这也表明，国际社会仍需作出巨大的努力以持续推动全球落实儿童受教育权这一伟大事业。

2000年4月26—28日在塞内加尔达喀尔举办的世界教育论坛通过《达喀尔

① 世界教育论坛起草委员会编写的《达喀尔全民教育：实现我们的集体承诺——对〈达喀尔行动纲领〉的详细说明》(ED.2000/CONF.211/1)概要地介绍了这一评估结果。

成就：在全世界，自1990年以来，小学在校生人数增加了大约8 200万，1998年在校女生人数比1990年增加了4 400万——这些数字比任何其他东西都更能说明许多国家在面临往往是十分严峻的经济困难和人口持续增长的情况下要为这种发展作出多么艰苦的努力。90年代末，发展中国家纯入学率已经超过80%。重读率和辍学率已经下降。(第11段)

不足：(1) 在8亿多6岁以下的儿童中，只有不到1/3的儿童在接受某种形式的儿童早期教育。(2) 大约1.13亿儿童上不了小学，其中60%是女童。(3) 至少有8.8亿成年人是文盲，其中多数是妇女。(第5段)这些数字是对人的尊严的公然藐视和对受教育权的否定。这是消除贫困和实现可持续发展的主要障碍，显然是不可接受的。(第6段)

行动纲领——全民教育：实现我们的集体承诺》①。该纲领强调实现全民教育目标“刻不容缓”，“所有的人的基本学习需求能够而且必须作为当务之急予以满足”（第6段）。“各国有义务确保全民教育的各项目标得以实现并长期保持下去”（第2段）。与会代表承诺实现全民教育的六大目标②，并为此“动员各国和国际社会从政治上大力支持全民教育，制定国家行动规划，大大增加对基础教育的投资”（第8段）。

1. 扩大和改善幼儿，尤其是最脆弱和条件最差的幼儿的全面保育与教育；

2. 确保在2015年以前所有的儿童，尤其是女童、各方面条件较差的儿童和少数民族儿童都能接受和完成免费的和高质量的义务初等教育；

3. 确保通过公平获得必要的学习机会学习各种生活技能来满足所有的青年人（young people）和成年人的学习需求；

4. 2015年以前使成人脱盲人数，尤其是妇女脱盲人数增加50%，所有的成年人都有接受基础教育和继续教育的平等的机会；

5. 在2005年以前消除初等教育和中等教育中男女生人数不平衡的现象，并在2015年以前实现教育方面的男女平等，重点是确保女青少年（girls）有充分和平等的机会接受和完成高质量的基础教育③；

---

① 联合国教科文组织在相关文件中谈及了《达喀尔行动纲领》与《世界全民教育宣言》的区别：

《达喀尔行动纲领》在一些重要方面与《宗滴恩宣言》不尽相同。《达喀尔行动纲领》没有像《宗滴恩宣言》那样为后续活动制定时间表。同时，《达喀尔行动纲领》更加强调资源（资金）需求，更加重视全民教育计划在非洲撒哈拉以南地区、南亚和最不发达国家所面临的挑战，更加关注女童教育以及明确接受“全球化”的概念，尤其是强调需要将“全民教育计划”纳入更宽泛的减贫框架中。

整个“全民教育运动”特别重要的一点是，《达喀尔行动纲领》一方面承认“全民教育活动的中心是在国家一级”，同时又制定了全世界应该努力达到的具体目标；《宗滴恩宣言》则号召（invited）各个国家在特定的数项“维度”（dimensions）里“制定自己的目标”，在实施中各个国家也可以根据各自的具体情况调整这些“维度”。

在致力于普及初等教育和扫除文盲的《宗滴恩宣言》以及之前开展的地区和国际行动中，为实现各项目标而采取必要措施的责任主要由各个国家自己承担。《达喀尔行动纲领》重新强调了这一点，但是论坛的与会者们也保证会满足各个国家对外援的需求：“我们申明凡是认真履行全民教育计划的国家在实现目标的过程中不会由于资金短缺而受挫。”（《达喀尔行动纲领》第10段）（170 EX/8）[2-3]

② 2000年世界教育论坛通过的这六项全民教育目标，在相关文件中常被称为“达喀尔目标”；而该论坛也常被称为“达喀尔论坛”或“达喀尔教育论坛”。

③ 此处引述的是联合国教科文组织相关文件中文本（ED－2000/CONF/211/1）的表述。此句的英文表达为“with a focus on ensuring girls' full and equal access to and achievement in basic education of good quality”，从字面上理解，可译为：重点是确保女童全面与平等地获得和完成优质的基础教育。

6. 全面提高教育质量,确保人人都能学好(excellence),在读、写、算和基本生活技能方面都能达到一定的标准。

2000 年 9 月 6—8 日,联合国首脑会议(Millennium Summit)在纽约联合国总部召开。在这一会议上,189 个国家签署了《联合国千年宣言》(United Nations Millennium Declaration)。依据该宣言,联合国设立了八项以 2015 年为最后实现期限的"千年发展目标",其中包括两项与教育直接相关的目标。①

两项与教育相关的"千年发展目标"②

目标 2:普及初等教育。

具体目标

2.A 确保到 2015 年,世界各地的儿童,不论男女,都能完成全部初等教育课程。

目标 3:促进两性平等并赋予妇女权力。

具体目标

3.A 最好到 2005 年在初等与中等教育中消除两性差距,至迟于 2015 年在各级教育中消除此种差距。

达喀尔教育论坛所设立的六项全民教育目标,是"国际社会一致同意要加

---

① 联合国教科文组织并不满意"千年发展目标"仅有两项涉及教育领域;而且,它认为这两项"千年发展目标"的措辞弱化了此前的全民教育目标,使全民教育运动一定程度上偏离了原先的道路。

首先,六项"达喀尔目标"仅有两项被选为"千年发展目标",这妨碍了整个达喀尔议程的推广:涉及幼儿教育、青年人和成年人的学习需求、成人扫盲,以及教育质量的几项全民教育目标,从"千年发展目标"中缺失,这是引人注目的。经验表明,这些其他目标的实现对于实现和巩固与教育相关的"千年发展目标"至关重要。

其次,与教育相关的两项"千年发展目标"与其对应的"达喀尔目标"之间在措辞上的差异,导致了它们的侧重点显著不同。《达喀尔行动纲领》的签署国承诺提供"完全的(complete)、免费的、义务的、优质的初等教育"。这些修饰词在"千年发展目标"(目标 2)中被剔除。类似地,"千年发展目标"(目标 3)旨在至迟于 2015 年在各级教育中消除"两性差异"(gender disparities),但(其对应的)全民教育目标是"2015 年以前实现教育方面的男女平等(gender equality),重点是确保女青少年有充分和平等的机会接受和完成高质量的基础教育"。尽管看起来两者措辞相近,但其中的差别代表的是全民教育运动在国际协调、宣传和监测等方面实实在在的挑战。而且,在全民教育合作伙伴中,它们已经被转化为不同的方式和策略选择,最主要的是世界银行牵头的快速道倡议(Fast Track Initiative,FTI)。(170 EX/8 第 49—50 段)[14]

② 联合国"千年发展目标"的中文本存在多种文字表述,此处参照英文文本作了校译。

以实现的最全面和最宏伟的教育目标”(176 EX/9)。而从更广泛的全球发展的角度看,《千年发展宣言》及其相关的“千年发展目标”构成了国际合作的总体框架。由于“千年发展目标”包括了两项与教育相关的目标,因而全民教育的进展与实现“千年发展目标”之间的联系就越来越紧密,从而“更加清楚地表明教育对整体发展所作出的贡献,也重申了投资教育的合理性——不论教育是作为发展的关键驱动力之一,还是作为一项基本人权”(176 EX/9)。

2005 年 4 月,联合国教科文组织执行局在其第一七一届会议的一项决议中指出,《取缔教育歧视公约》和《取缔教育歧视建议书》是全民教育进程的关键支柱(171 EX/Desicions)[47]。此前,在 2004 年联合国教科文组织执行局第一七〇届会议上,公约与建议委员会(Committee on Conventions and Recommendations of the Executive Board, CR)在“关于编制《反对教育歧视公约》/《反对教育歧视建议》实施情况报告的指导原则草案”的磋商中就明确此点,并强调了早已被铭记在《联合国教育、科学及文化组织组织法》中的不歧视和教育均等原则的重要性(171 EX/22)。而此后,2005 年 5 月 2 日,在“教科文组织(公约与建议委员会)/经社理事会(经济、社会和文化权利委员会)监测受教育权利联合专家小组”①的第三次会议上,专家们关注各国受教育权的法律基础问题;并认为全球全民教育议程进展迟缓是因为缺乏资金与国际支援,对此,应进一步提高对受教育权的认识,“应当把受教育权作为全民教育议程的核心来看待基础教育问题”(172 EX/25)。同年 12 月 2—4 日,印度尼西亚政府国民教育部与联合国教科文组织合作,在联合国教科文组织成立 60 周年之际,在印度尼西亚雅加达召开“关于享有基础教育权这一基本人权和基础教育经费法律框架问题国际会议”(International Conference on the Right to Basic Education as a Fundamental Human Right and the Legal Framework for Its Financing),会议通过了《雅加达宣言》(Jakarta Declaration),强调要以“不歧视和教育机会均等的基本原则”落实受教育权,并对这一权利给予宪法和法律的保障(174 EX/37 Rev.)。

> 受教育权是一项得到国际承认的权利,它与发展权密不可分;这一权利的充分实现必须要有宪法和法律的保障……建议联合国教科文组织、人权事务高级专员办事处以及知识界对各国宪法和法律中关于接受基础教

① 关于“监测受教育权联合专家小组”的说明,参见本书第 113—115 页。

育的权利的规定进行比较研究……敦请各国通过宪法和法律规定保障接受基础教育的权利……。(174 EX/37 Rev.)

在全球、地区、国家和地方的协同努力下,全球儿童教育状况得到显著的改善。2015 年,联合国发布最后一份《千年发展目标报告》(Millennium Development Goals Reports),对两个与教育相关的"千年发展目标"的进展作出如下总结:

发展中地区的小学净入学率从 2000 年的 83%上升到 2015 年的 91%;全世界小学教育适龄儿童失学人数接近减半,从 2000 年的 1 亿人减少为 2015 年估计的 5 700 万人;1990 年至 2015 年间,全球 15—24 岁的青年识字率从 83%上升至 91%。(UN,2015)[4] 相比 15 年前,现在更多的女孩在上学。发展中地区整体而言已经实现消除小学、中学和高等教育中两性差距的具体目标。(UN,2015)[5]

二、从"学会生存"迈向"必要的乌托邦"①

联合国教科文组织在其第六个中期战略《2008—2013 中期战略》中提出,联合国教科文组织的使命是"作为联合国的一个专门机构,应通过教育、科学、文化、传播和信息,促进和平建设,消除贫困、推动可持续发展和文化间对话";为履行其使命,联合国教科文组织"将为国际社会担负起五项既定职能:(1) 思想实验室;(2) 标准制定者;(3) 信息交流中心;(4) 会员国在教科文组织各主管领域的能力培养者(capacity-builder);(5) 国际合作的推动者"(34 C/4)[7]。

而在《2014—2021 中期战略》中,联合国教科文组织重新表述了五项职能:

(a) 作为思想实验室,在教科文组织的主管领域提供创新建议和政策咨询;

(b) 通过政策分析、监督和基准制定(benchmarking)等方式,制定并加强教科文组织主管领域的全球议程;

(c) 制定教科文组织主管领域的准则和标准(norms and standards),

① 本小节的写作主要参考 Colin Power (2015)的著作第 6 章,以及 Maren Elfert(2015)的论文。需要说明的是,在本书中,笔者参照《学会生存》《学习:内在的财富》的英文本,对现行中译本的译文作了一些调整;在引述时,在参照中译本的基础上对个别引文进行了重译,故标示其在英文本报告中的出处。

并支持和监督其落实；

(d) 在教科文组织主管领域加强国际和地区合作，促进结盟、智力合作、知识共享和业务伙伴关系；

(e) 为政策的制定和实施提供咨询意见，并提高机构和人员的能力。(37C/4)[14]

这一表述进一步凸显了联合国教科文组织作为联合国智力机构的定位。相应地，在教育领域，联合国教科文组织的工作重心在于促进全球智力合作。科林·鲍尔(Power，2015)[89]指出，联合国教科文组织的关键作用之一是促进关于教育目的及未来教育发展的国际对话与反思；为确保教育系统和教育机构能够适应学习者和国际社会当前和长远的需要，联合国教科文组织采取了三管齐下的方式。

(1) 收集并分析关于国家与全球教育状况和发展情况的定量和定性数据，并发布关于教育立法、政策、计划、革新与挑战等方面动态的定期报告；

(2) 在最高的政治与智力层面，促进关于教育发展的具体问题和一般趋势的意见、观念、研究和讨论的交流；

(3) 根据全球社会和各国教育部门面对的社会、经济、政治挑战，培育关于未来教育的全球反思、对话与行动。

第一种方式的例子是，《联合国教科文组织世界教育调查》(UNESCO's World Surveys of Education)、《世界教育报告》(World Education Reports)、《全民教育监测报告》(EFA Monitoring Reports)，以及联合国教科文组织及其专业机构发行的各种技术报告。而地区教育部长会议(Regional Conferences of Ministers of Education)、联合国教科文组织国际教育局在日内瓦召开的两年一次的国际教育大会(International Conferences on Education，ICE)，以及关于具体议题的各种主题会议……，代表了第二种方式。设立重要的委员会评论全球教育问题与优先事项，比如 1968 年的《世界教育危机：系统分析》(The World Educational Crisis：A System Analysis)(常称《世界教育危机》)报告，1972 年富尔委员会的《学会生存》报告，以及 1996 年德洛尔委员会的《学习：内在的财富》报告，即是第三种方式。

的确，联合国教科文组织对全球教育事业已作出的、正在作出的历史贡献，其现实的追求是统一的，都是旨在面向时代挑战，推动全球对话，促进全球教育发展。

就全球儿童教育来说，联合国教科文组织在不同历史时期关于教育危机与未来教育的思考，剖析了落实儿童受教育权方方面面的现实挑战，指明了儿童教育发展的未来方向与可行策略。这些思考是“必要的乌托邦”，它们对工业时代传统的学校教育模式的“祛魅”，为当代儿童教育的发展清理出了广阔的空间，也为儿童受教育权的落实开辟了新道路。

（一）全球教育危机

第二次世界大战以后，各国教育的发展过程内在地包含两个方面的重要挑战：一是建构能够确保社会民主化进程的教育体制；二是改进教育目标、内容、方法，使之与社会经济文化发展相协调。这意味着，教育发展不仅要适应量的需求，而且要主动进行质的变革。这两大诉求催生了两份国际报告（1968年的《世界教育危机》与1972年的《学会生存》）的发表，也使得“废除学校”(deschooling)、终身教育①、学习社会的主张得到广泛传播。它们共同促成了从“教育”的概念转向“学习”的概念，从而实质性地更新了“教育”——在终身教育的框架内，实现正规教育、非正规教育(non-formal education)与非正式教育的相辅相成、协同运作。

1968年，联合国教科文组织的专业机构国际教育规划研究所的第一任所长菲利普·霍尔·库姆斯(Philip Hall Coombs)发表了第一份《世界教育危机》报告。在这份报告中，他指出第二次世界大战后，世界范围内教育发展的环境发生了剧烈的变革，“但是教育系统适应周围环境变化的速度却过于缓慢，由此产生的教育系统与周围环境之间的各种形式的不平衡正是这场世界性教育危机的实质所在”（库姆斯，2001）[3]。这场教育危机的核心内容可以概括为“变化、适应、差别”。

库姆斯所讨论的这场危机通过1968年的法国学潮给联合国教科文组织及其会员国留下了深刻的印象。在这样的氛围下，联合国教科文组织组建的以埃德加·富尔为主席的国际教育发展委员会历时一年，撰写了一份“对这个变革世界中的教育发展的主要问题”的总答复——《学会生存：教育世界的今天和明天》。② 该报告指出世界教育危机的两个主要方面：(1) 改良传统教

① 在1970年“国际教育年”，联合国教科文组织出版了法国教育家保罗·郎格朗(Paul Lengrand)的《终身教育导论》(*An Introduction to Lifelong Education*)。

② 关于这份报告的撰写情况，参见《学会生存》报告中收录的《呈送报告 埃德加·富尔主席致联合国教科文组织总干事勒内·马厄函1972年5月18日》。

育体系的努力受到了广泛的批评，人们甚至怀疑整个教育体系。在西方世界，青年们公开反对和拒绝强加于他们身上的教育体系，这在 1968 年的“学潮”中得到了集中反映；而在第三世界，移植发达国家模式建立起来的教育体系增加了这些国家的财政困难，扩大了社会的分裂（国际教育发展委员会，1996）[1-2]。（2）教育跟不上社会的变化。“教育在全世界的发展正倾向于先于经济的发展，这在历史上大概还是第一次”；“现在，教育正在为一个尚未存在的社会培养着新人，这在历史上也是第一次”；而且“有些社会正在开始拒绝制度化教育所产生的成果，这在历史上也是第一次”。这些现象表明，现行的教育体系难以适应日益发展的社会需要。因此，人们日愈感受到，“教育必须更好地适应社会经济的变化，必须更好地符合学习者的意愿和能力。同时，教育还必须提供更多的平等机会”（国际教育发展委员会，1996）[35-38]。

为了应对危机，国际教育发展委员会将（原本被视为“成人教育”的新概念）“终身教育”加以改造，提出将其作为教育政策的指导原则：“每个人必须在其一生中持续学习。终身教育的观念（idea）是学习社会的基石”；并“建议把终身教育作为发达国家和发展中国家在今后若干年内制订教育政策的主导思想”（国际教育发展委员会，1996）[223]。而就儿童受教育权来说，委员会建议“学前儿童教育的发展应成为（20 世纪）70 年代教育（发展）策略的主要目标之一”；他们也提出“必须保证所有的儿童有接受基础教育的实际可能性，如果有可能，就用全日制；如果无可能，就必须采用其他形式”（国际教育发展委员会，1996）[233-234]。

尽管联合国教科文组织的两份报告都让人们注意到要应对世界教育危机，就必须对教育系统进行重大变革，但是教育系统及其所嵌入其中的社会系统是如此稳固，联合国教科文组织所传达的信息并不足以直接推进各国的教育改革；而且，因“学潮”和“报告”而唤醒的教育变革的兴趣，很快就被经济领域的困难所冷却。20 世纪 70 年代受过教育的劳动力失业现象在各国蔓延，人们抨击并抛弃原来那种指望通过增加资本投入和现代技术转移就可以实现西方模式现代化的观念。那个相信教育直接作用于经济增长的天真时代已告结束，紧随其后的是一个经济衰退、社会动荡的时代。

> 由于教育系统与迅速变化的周围世界之间日益加剧的不协调，旧的危机更加严重，而且在 20 世纪 70 年代和 20 世纪 80 年代初又产生了新的危机。其中最主要的是现在对教育自身产生了信念危机。（库姆斯，2001）[7]

这种信念危机仍然是在传统的教育体系里产生的：教育体系无法满足日益增长的多样化的学习需求——“没有理由认为，这些学习需求的急剧发展会在不远的将来缓和下来，相反，所有迹象都表明，在可以预见的将来，这些需求和要求会继续扩大”（库姆斯，2001）[63]。1976 年，联合国教科文组织总干事在第十九届大会开幕式上的讲话中指出，小学教育正在输掉扫盲这一战①（Lacoste，1994）[164]。这次大会通过的《关于发展成人教育的建议》（Recommendation on the Development of Adult Education）将终身教育定义为：

> 教育和学习远非限于在校上学的时期，而应扩展到生命的所有过程，应包括所有的技能和所有分支的知识，应使用所有可能的方式，应给予所有人全面发展其个性的机会。（Lacoste，1994）[164]

1991 年，苏联解体，第二次世界大战后形成的东西两极对峙的世界格局发生重大转变，国际社会进入新时代。从苏联体制下独立出来的部分东欧国家向联合国教科文组织寻求帮助，以改造其教育系统，这唤醒了联合国教科文组织的雄心——这是联合国教科文组织提升形象、再次引领全球教育变革的新契机。此前，1989 年 11 月 27—12 月 2 日，联合国教科文组织与中国政府合作在北京召开的面向 21 世纪国际教育问题研讨会（International Symposium and Round Table on Qualities Required of Education Today to Meet Foreseeable Demands in the Twenty-first Century）最终形成的建议之一是，联合国教科文组织应考虑建立一个与学会生存委员会类似的新的国际委员会，以进一步推进这次研讨会与圆桌会议的议题——“学会关心：21 世纪的教育”（Learning to Care：Education for the Twenty-first Century）（ED.89/CONF.810/5）[18]。1991 年 11 月，第二十六届联合国教科文组织大会请总干事“召集一个国际委员会以思考 21 世纪的教育和学习”；1993 年初，雅克·德洛尔（Jacques Delors）领导下的国际 21 世纪教育委员会（International Commission on Education for the

① 正如库姆斯在 20 世纪 80 年代所评论的：“尽管过去的 20 年中，识字率一直稳定增长，识字总人数不断增加，但在全世界消除文盲的运动到目前为止还是一场失败的战争。今天世界上的文盲，其总数比这一运动刚开始时的 50 年代多得多。”（库姆斯，2001）[279] 这一方面是因为世界人口的增长率远远超过教育普及增长率，另一方面也是因为社会正在经历剧变，教育跟不上社会的发展了。这时人们也已经意识到，将教育视为增加生产力的手段是把人的尊严贬低为社会财富增值的工具。

Twenty-first Century)①正式成立(Delors,1996)[249]。该委员会重点思考了一个囊括其他问题的中心问题——哪种教育为未来哪种社会所需？(What kind of education is needed for what kind of society tomorrow?)(Delors,1996)[253]

1996年,德洛尔委员会提交的报告《学习：内在的财富》(Learning：the Treasure Within)在以国内冲突和人民间内部冲突为特点的后冷战时代的背景下,着重强调了"学会共处、学会与他人一起生活"(learning to live together, learning to live with others)(Brunswic, etc., 1997)[7]。

> 《学习：内在的财富》……及时提醒我们,在提升社会凝聚力、促进社会参与以及培育经济增长等方面,教育继续扮演着至关紧要的角色。……教育必须服务整个社会(而不仅仅是它的经济)。它必须见证在人类文化中曾存在的过去,也必须为年轻人(youth)面对未知的将来做准备。(因此)受教育权不仅就其自身来说是必需的,它也是享用其他人权及承担与这些人权相伴而生的责任的手段。(Brunswic,etc.,1997)[6]

如果以历史的眼光来看20世纪60年代、70年代、80年代、90年代以至当下的教育危机,我们可以发现,这几十年里全球教育实际上是在持续向前发展的;而不断提出的"危机",其实是对教育改革的力度和速度的不满,换句话说,是对教育改革的强烈吁求。虽然全球普及教育事业处在"危机"的阴影里,但是,人类社会的教育观念已经发生了根本性的变革。

(二) 学会成人②

埃德加·富尔为《学会生存》撰写序言,其标题为"教育与人的命运"(Education and Man's Destiny);雅克·德洛尔为《学习：内在的财富》所写的序言题为"教育：必要的乌托邦"(Education：the Necessary Utopia)。这足以说明联合国教科文组织所秉持的教育理想主义——教育是全面发展人的潜能、促进人

---

① 由法国政治家、前欧洲理事会主席雅克·德洛尔担任主席的这一委员会,也被称为"德洛尔委员会",因而其报告常被称为《德洛尔报告》;本书的写作也采用这种惯例。

② "学会生存"是目前我国教育学界对"learning to be"的流行译法。20世纪70年代末,我国学者在翻译联合国教科文组织的报告Learning to be时,将其译为"学会生存"。后来联合国教科文组织总部中文科在修订Learning：The Treasure Within(教育科学出版社,1996年版译名为《教育——财富蕴藏其中》,1998年修订版译名为《学习：内在的财富》)的中文版时,又将"学会生存"(1996)改译为"学会做人"(1998)。笔者主张,就联合国教科文组织报告的英文句意来看,应译为"学会成人"更为妥当,即学习,使人成其为人(沈俊强,2009a)。

类社会整体进步的动力。曾在联合国教科文组织终身学习研究所(UNESCO Institute for Lifelong Learning，UIL)任职的马伦·埃尔费特(Maren Elfert)(2015)指出，尽管这两份发布时间相距24年的报告有着不同的社会政治背景，但是它们都基于联合国教科文组织的启蒙传统——它们受到了理性与进步、普世价值、个人自由、解放，以及一种人类掌握其自身命运的人文主义的影响；它们都倡导一个基于正义社会的教育乌托邦，它们都通过质疑教育系统和整个社会系统的正确性来思考教育的未来。而且，在这两份报告中都出现的"终身学习"的概念具有同样的政治特性，即追求正义与平等的解放要求，而这一直是启蒙与现代化的驱动力。

1. 通过终身教育培养完善的人

国际教育发展委员会特别强调两个基本观念：终身教育(lifelong education)与学习社会(learning society)。它指出，倡导终身教育的理由之一在于人的未完成性(incompleteness)，"他的生存是一个无止境的完善(completion)过程和学习过程"(国际教育发展委员会，1996)[196]。

> 人生下来就是"早熟的"。他带着一堆潜能来到这个世界……他是能够受教育的。事实上，他总是不停地"进入生活"，不停地变成一个人。这是赞成终身教育的一个主要论点。……我们时代的社会既有过去的经验，也有必需的现成的或潜在的资源……可以帮助一个人以一切可能的形式去实现他自己，使他成为发展与变化的主体、民主的促进者、世界的公民、实现他自己潜能的主人。同样，这也可以帮助他通过现实去寻求成为完善的人(complete man)的道路。(国际教育发展委员会，1996)[197]
>
> 发展的目的在于人的完善(complete fulfilment)；使他的人格丰富多彩，表达方式复杂多样；使他作为一个人，作为一个家庭和社会的成员，作为一个公民和生产者、技术发明者和有创造性的梦想家，来承担各种不同的责任。……唯有一种全面的、终身的教育能够培养出这种完善的人(complete man)，而随着撕裂个人(人格)的严格束缚持续加重，培养完善的人的需要正在增加。我们再也不能刻苦地一劳永逸地获取知识，而需要终其一生学习如何建立一个持续演进的知识体系(a continually evolving body of knowledge all through life)——学会成人(learn to be)。(Faure，2013)[viii]
>
> 如果我们要学习的所有东西都必须不断地重新发明和日益更新，那么教学就变成了教育，而且就越来越变成了学习。如果学习包括一个人的整

> 个一生(既指它的时间长度,也指它的各个方面),而且也包括全部的社会(既包括它的教育资源,也包括它的社会和经济的资源),那么我们除了对“教育体系”进行必要的检修以外,还要继续前进,达到一个学习社会的境界。(国际教育发展委员会,1996)[16]

实际上,《富尔报告》仅有上述一处提及“学会生存”,且未在报告中给予明确论证;就整个报告的主旨来看,learning to be 意指学会成为完善的人。而提出终身教育四大支柱的《德洛尔报告》①对 learning to be 作了说明:《学会生存》对科技变革可能导致的“非人化”(dehumanized)表达了忧虑,“在一个以社会和经济革新为主要动力之一的日新月异的世界里,毫无疑问,应特别推崇想象力与创造性,它们是人的自由的最明确的表现,而个人行为的某种标准化可能使人的自由处于危险之中”(Delors,1996)[95]。因此,“教育应当促进每个人的全面发展,……所有人应当能够独立地、批判性地思考,能够形成他们自己的判断,以便在不同的生活状况下为他们自己决定他们认为应该做的事情”(Delor,1996)[94]。

> 教育应围绕四种基本学习形式加以安排;从某种程度上说,这四种学习将是每个人一生中的知识支柱:学会求知(learning to know),即获得理解的手段;学会做事(learning to do),以便能够创造性地对自己所处的环境产生影响;学会共处(learning to live together),以便在所有的人类活动中与他人一道参与并进行合作;学会成人(learning to be),是延续前三种学习的必要进展。当然,这四种获取知识的途径形成一个整体,因为它们之间有许多连接、交叉和交流。……委员会认为,在任何一种有组织的学习中,这四种(知识)支柱中的每一种都应得到同等重视,这样教育就被视为一种贯穿一生的整体经验,这种经验面向理解与应用,关注个体和个体的社会地位。委员会从一开始工作就觉得,为了迎接下一个世纪的挑战,必须改变教育目的,必须改变人们对教育作用的看法。一个广泛的、包容的学习观念应该使每一个人都能发现、发挥和加强自己的创造潜力,也应有助于展现隐藏在我们每个人身上的财富。这意味着,要超越那种将教育

---

① 《德洛尔报告》关于这一点的表述是:Education throughout life is based on four pillars: Learning to know, learning to do, learning to live together and learning to be.(Delor, 1996)[97]

视为人们为达到具体目的(习得各种技能、获得各种能力,或者获得潜在的经济利益)而忍受的过程的工具性观点,而将教育理解为培育完善的人(complete person),简而言之,学会成人。(Delors,1996)[86]

2. 通过终身学习创造必要的乌托邦

虽然《富尔报告》传达了"终身学习"的看法,但该报告的关键术语是终身教育。

> 每个人必须在其一生中持续学习。终身教育的观念(idea)是学习社会的基石……终身教育并不是一个教育体系,而是全面组织一个体系所根据的原则,而且相应地,这个原则应当成为这个体系各个组成部分(进一步)发展的基础。(Faure,2013)[181-182]

事实上,针对正规教育系统的变革建议是《富尔报告》的主旨所在。而到了20世纪90年代前后,终身教育思想已经广泛流传,国际社会对学校教育系统之外的教育、培训、学习途径的思考日益增多。不过,世界银行和经济合作与发展组织等机构发布的教育报告有功利主义的倾向,面对这一情况,联合国教科文组织发布《德洛尔报告》的一个重要考虑,就是要重述《联合国教育、科学及文化组织组织法》与《富尔报告》中的那种关于教育的人道主义。

在富尔委员会最初提交的法语版报告中,"cité éducative"(学习社会)参考的是古希腊的polis(城邦)——致力于共同利益的公民理想社会(Elfert,2015)。因此,作为学习社会基石的终身教育,必然要求一个人人都能获得教育的民主社会。

> 构成我们工作的基础(的)……第二个设想是对民主主义的信仰,这意味着,一个人有实现他自己的潜力和享有创造他自己未来的权利。这样理解的民主主义的关键是教育——教育不仅是人人都可享受的,而且它的目的和方法都已经是重新考虑过的。(国际教育发展委员会,1996)[呈送报告]

同样,《德洛尔报告》强调,教育与民主社会息息相关,终身学习是社会的动力(heartbeat),是通往21世纪的钥匙之一(Delors,1996)[22],是民主的必需(Delors,1996)[100]。

> 教育是个人与社会发展的关键；它的使命是毫无例外地使我们每一个人的所有才能都能完全发展，创造潜能都能实现，并且让我们对自己的生活承担责任，实现我们的个人目标。……尽管它的实现是漫长而艰难的，但这是对寻求一个更加公正的、更加美好的世界的极其重要的贡献。(Delors，1996)[19]

> 教育关涉所有公民，他们都应是各机构提供的教育的积极参与者……随着非正规教育与正规教育的整合，教育根植于社会之中，社会对教育完全负责并通过教育得到更新。(Delors，1996)[109]

德洛尔委员会讨论了向学习社会迈进的必要性——“事实是，个人生活与社会生活的每个方面，都提供了学习与做事的机会”(Delors，1996)[21]。不过，这并不否定正规教育系统的地位与作用。

> 虽然人们需要利用每一个学习和自我提升的机会，但是他们将不能充分利用所有这些潜在的机会，除非他们已经获得了一种合理的基础教育。更好的是，学校应该赋予学生学习的兴趣和学习中的乐趣、学会学习的能力以及求知欲。甚至，任何人都可以设想一种每个人都将轮流当教师与学员的社会。……这样一来，没有什么能够代替正规教育系统，在这个系统中，每个人都被引向多种形式的知识。(Delors，1996)[21]

需要着重指出的是，《德洛尔报告》中“终身学习”对应的原文是 learning throughout life，而非 lifelong learning；其意在说明，终身学习既包括学习的纵向维度(lifelong)，也包括学习的横向维度(lifewide)。曾在联合国教科文组织教育研究所①任职的波格丹·苏霍多尔斯基(Bogdan Suchodolski)(1976)[62-63]指出，正如其题名“Learning to be”所透露的，《富尔报告》中的终身教育是“与生活紧密联系的”。同样，《德洛尔报告》的主撰人之一，前葡萄牙教育部长罗伯托·卡内罗(Roberto Carneiro)也强调：“生活是你学习的基本原料，你基本的思考(主题)，它是经验的。”(Elfert，2015)

虽然这两份报告极大地拓展了全球教育改革者的视野，但是它们蕴含的乌托邦精神未能得到重视，且正日趋沉寂。

马朗·埃尔费特(Elfert，2015)对两份报告发布后所产生的影响的相关研究

---

① UNESCO Institute for Education，UIE；联合国教科文组织终身教育研究所的前身。

作出述评：1972年底，在一系列友好的评论之后，联合国教科文组织执行局表达了遗憾：《富尔报告》未能提供使其“更具有现实感和实用性”的“教育类型学(typology)”和“教育改革方法论(methodology)”。这一看法得到了不少成员国的附和。发展中国家认为，在这份试图服务于联合国第二个发展十年(Second United Nations Development Decade 1971—1980)的报告中谈及的终身教育观念是仅属于发达国家的奢侈品。而《德洛尔报告》提出的终身教育的四个支柱，虽然在政策报告与学术文献中经常被引用，但是没有可以用以判定这份报告对全球政策有何种程度的真实影响的证据。由于“终身教育”概念先在成人教育领域兴起，因而，成人教育界对这两份报告给予了广泛的欢迎。但是，这两份报告所强调的教育体系整体变革的思想很难在各国的教育政策话语中得到落实。联合国教科文组织所强调的考虑社会正义、凝聚力、公民权利的“终身学习”，在和经济合作与发展组织那种看重教育的经济回报(在竞争激烈的知识社会，获得迎合劳动力市场需要的技术与能力)的“终身学习”话语进行竞争时，处于下风。这两份报告都倡导一个更加公正的新社会，然而，摆在我们面前的现实是，进入21世纪以来，在已经发表的全球教育报告及各国提交的国家教育报告中，很难看到国际社会或国家对社会变革的追求。全球全民教育行动越来越关注数量上的进展，而非政治变革；成本收益、技术路线主导着关于教育变革的思考，寻求技术解决方案逐步取代了将教育问题置于广阔的社会背景下的讨论；尤其是女童教育正在被“政治无涉”(apolitical)，造成女童教育困境的社会根源被有意忽略。

综上所述，《富尔报告》与《德洛尔报告》传承并延续了联合国教科文组织铭记在其组织法中的人文主义精神，它们倡导培养完善的人，主张通过终身学习来创造和更新个人生活与社会生活；它们吁求通过教育建设一个更加民主、更加人道的世界。为此，它们强调，必须对教育及其根植其中的社会进行整体性的变革，而且这种变革应当奉行机会均等原则——“机会均等是终身学习的一个基本原则”(Delors，1996)[102]。

第二节　21世纪儿童受教育权的全球行动

在全球化、信息化深化的21世纪，全球知识社会的发展使国际社会更加确信，教育是一项基本人权，是世界和平与发展的基石。没有受教育权的人，就等同于被剥夺了生存的权利；没有普及教育的国家，就等同于放弃了参与全球合作的能力，放弃了为其国民赢得美好未来的机会。《达喀尔行动纲领》写道：“教育是可持续发展和各国内部和各国之间的和平与稳定的关键，因而也是有效地参与正在经历迅速的全球化的二十一世纪的社会和经济的必不可少的手段。”（第6段）可以说，在21世纪，人人享有受教育权已是老生常谈，而儿童享有受教育权更是天经地义。进一步说，儿童不仅应该获得教育机会，而且这种机会必须是通往优质教育的机会——儿童获得优质教育是其终身学习的关键。

迈入21世纪，国际社会仍然将儿童受教育权全球行动国际领袖的地位授予联合国教科文组织。近年来，在联合国教科文组织向全球人民进行“自我介绍”的小册子《何为教科文组织？它如何运作》[①]（UNESCO：What Is It？What Does It Do？）中，联合国教科文组织的教育业务被描述为：

> 联合国教科文组织所有战略与行动都得到了国际社会确定的广泛目标与具体目标的支持……它的总体目标（overarching objectives）之一是：“实现全民优质教育和终身学习”。
>
> 在教育领域：（1）它通过确保全球协调和向会员国提供援助，牵头开展全民教育，以实现全民教育目标和与教育有关的“千年发展目标”；（2）它推动扫盲和全民终身优质教育，特别重视两性平等和青年人，使社会最弱势群体和边缘群体以及土著人民都能接受这种教育。特别关注非洲、最不发达国家和小岛屿发展中国家，将教育促进可持续发展作为一种交叉问题（crosscutting concern）。[②]
>
> 联合国教科文组织通过动员政治意愿和协调教育领域所有利益相关者（包括发展伙伴、政府、非政府组织和民间社会）的努力，领导全球在2015年前努力实现达喀尔教育论坛确立的全民教育的六大目标。
>
> 它每年发布《全民教育全球监测报告》[③]，评估各国履行该组织2015年前向所有儿童、青年和成年人提供基础教育的承诺的情况。
>
> 它也是“联合国扫盲十年”（UN Literacy Decade 2003—2012）和“联合国教育促进可持续发展十年”（UN Decade of Education for Sustainable Development 2005—2014）的牵头机构。（BPI/EPP/E/1）

---

① 该小册子的中文版标题。该小册子未提及联合国教科文组织的组织结构和运作方式，或许译为“联合国教科文组织：是什么？做什么？”更明了一些。

② 在这份2009年版的联合国教科文组织“简介”中，这是两项并列的目标。而在2010年版的“简介”中，行文一致，但从排版方式来看，前者是着重强调的唯一目标，后者是对前者的进一步说明。

③ 该报告以年为周期，但并未严格地实现逐年出版。

一、国际社会落实儿童受教育权的全球机制

（一）人权公约框架下的国际合作

从20世纪中叶以来，儿童受教育权已经得到了一系列国际准则性文书的确认，并且，各个相关的国际公约也建立起了落实儿童受教育权的促进与监测机制。在设立落实儿童受教育权的全球机制方面，联合国教科文组织起着首屈一指的作用。它在过去的几十年间通过其教育领域的公约与建议书对受教育权的各个维度进行了详细论述，尤其是在1960年通过了联合国系统中第一份全面涵盖受教育权的公约《取缔教育歧视公约》及其《取缔教育歧视建议书》；这两份文件为《经济、社会及文化权利国际公约》相关教育条款的起草提供了重要支持。这些国际文件也为联合国教科文组织，联合国经济、社会和文化权利委员会以及其他国际人权条约机构在儿童受教育权领域的合作提供了共识基础。在与联合国人权条约机构的合作中，联合国教科文组织的《取缔教育歧视公约》及其《取缔教育歧视建议书》，以及《技术和职业教育公约》所强调的不歧视与教育机会均等原则，被置于核心地位。

> 在人权公约与条约中，教育机会均等这一根本原则均得到了体现，它是所有人权条约机构工作的共同原则。在进一步协调与配合人权条约机构的工作，以及与联合国系统合作中，联合国教科文组织给予这一原则特别的重要性。联合国教科文组织与联合国人权条约机构分享缔约国提交的落实《取缔教育歧视公约》的国家报告，以及与落实联合国教科文组织教育领域其他建议书相关的信息。（UNESCO，2008）[19-20]

除了为世界各国提供落实受教育权的文件与建议外，联合国教科文组织也负责与联合国系统中的各人权条约机构合作，共同对受教育权文件的实施状况进行监测。这些由独立专家组成的人权机构主要包括：经济、社会和文化权利委员会，儿童权利委员会，消除对妇女歧视委员会（Committee on the Elimination of Discrimination against Women，CEDAW），消除各种形式种族歧视委员会（Committee on the Elimination of All Forms of Racial Discrimination，CERD），保护所有移徙工人及其家庭成员权利委员会（Committee on the Protection of the Rights of All Migrant Workers and Members of Their Families，CMW），残疾人权利委员会（Committee on the Rights of Persons with Disabilities，CRPD）等。

总之，联合国教科文组织在人权公约框架下监测全球儿童受教育权落实情

况并提出相应的建议；这方面的工作有力地推动了各国政府审视和改进其本国与儿童受教育权相关的教育立法与政策。

> 和所有人权一样，受教育权使缔约国负有三个层面的义务：尊重义务、保护义务与落实义务。而落实的义务既包括便利义务，又包含提供义务。这要求缔约国将联合国及联合国教科文组织设立的公约和条约中规定的义务整合进当事国的国内法律秩序中，并使它们在国内政策与项目中生效。(UNESCO，2008)[3]

（二）全民教育框架内的国际合作

1. 联合国教科文组织与联合国儿童基金会的合作

1989年，联合国教科文组织执行局和联合国儿童基金会执行局一致决定，成立联合国教科文组织/联合国儿童基金会教育联合委员会(UNESCO/UNICEF Joint Committee on Education，JCE)，以便为两个组织之间的合作提出战略性建议。由此开始，双方确立正式合作关系。① 世界全民教育大会和国际全民教育咨询论坛②(International Consultative Forum on Education for All)为双方提供了合作机制；2000年达喀尔教育论坛上，联合国教科文组织和联合国儿童基金会分别受命协调/领导全民教育、女童教育这两方面的工作。2002年11月25日，联合国教科文组织/联合国儿童基金会教育联合委员会召开第八次会议，在讨论了《关于联合国教科文组织和联合国儿童基金会在全民教育和女童教育两大领域合作的报告》(Report on Collaboration between UNESCO and UNICEF in the Areas of Education for All and Girls' Education)之后，双方一致认为："尽管教育联合委员会在开展合作和确保尽早解决问题等方面的重要意义是不容置疑的，但现有的一系列机制完全可以履行这些职能，因此该委员会便没有继续存在的必要了。"(166 EX/10)

这份报告中提及的国际合作"现有的"机制如下：

---

① 双方在教育领域的合作可以追溯到1960年。参见本书第48—49页的相关内容。

② 此论坛是为了指导和监督《世界全民教育宣言》的后续行动而设立的。1990年3月9日，世界全民教育大会闭幕会上一致通过了《世界全民教育大会后续行动声明》(Statement on the Follow-up to the World Conference on Education for All)。该声明指出："人们期望各国代表、多边和双边机构及非政府组织都愿意成为促进全民教育目标的咨询论坛的一分子。"联合国教科文组织为随后成立的这一非正式咨询论坛提供了秘书处。论坛的第一次会议于1991年12月4—6日在巴黎联合国教科文组织总部召开。

全民教育工作组(Working Group on Education for All，WG)，由联合国教科文组织牵头。这是一个非正式的专业论坛，主要机构(key agencies)利用这一论坛讨论全球层面的全民教育问题。

联合国女童教育倡议(United Nations Girls' Education Initiative，UNGEI)，由联合国儿童基金会牵头。这是各机构和民间团体根据("千年发展目标"/全民教育目标中的)性别平等目标推动和协调女童教育行动的机制。

全民教育高级别小组(EFA High-Level Group①，HLG)，由联合国教科文组织主管。这一全球审查机构能使各国政府首脑根据在达喀尔教育论坛上所作的承诺，加强政治支持、募集技术和财政资源。

快速道倡议(Fast Track Initiative，FTI)，由世界银行牵头。这一合作机制为被选定的国家制定在短期内实现全民教育目标所需的全部门(sector-wide)变革的战略。

艾滋病病毒/艾滋病与教育机构间工作组(Inter-agency Task Team on HIV/AIDS and Education)，由联合国教科文组织负责召集。这是一个行动平台，以应对艾滋病病毒/艾滋病削弱教育系统而给教育和全民教育目标造成的威胁。

紧急情况教育机构间网络(Inter-agency Network on Education in Emergencies，INEE)由一个包括联合国儿童基金会、联合国教科文组织在内的一些机构组成的指导小组负责运作。这一机制可使各机构集思广益，形成处理紧急情况对教育和全民教育目标所造成的威胁的标准。

女童教育加速进展运动(Accelerating Progress on Girls' Education)，由联合国儿童基金会牵头。这是一个方兴未艾的运动，让各机构和民间团体携手为被选定的国家制定跨部门战略，以帮助这些国家在女童教育领域取得扎实又持久的成果。

"联合国扫盲十年"框架内的扫盲：全民教育(Literacy in the Framework of the United Nations Literacy Decade：Education for All)，这一正在成形的网络由联合国教科文组织牵头。它使各机构加强合作，在全球开展"联合国扫盲十年"运动。

教师与优质教育(Teachers and Quality Education)，跨机构小组，由联

① High-Level Group在相关文件的中文本中，还存在"高级别工作组""高层小组""高级工作组"等译名。在本书中，一律采用"高级别小组"的译名。

合国儿童基金会牵头。这是一个技术工作组，负责促进和协调有关教育质量和教师职业的国际行动。(166 EX/10)

2. 全民教育伙伴与全球行动计划

《世界全民教育宣言》提出："满足基本学习需要构成了一种人类共同的普遍责任。"(第10条)为此，该宣言呼吁各国政府、有关组织与个人参与这一紧迫的事业。同样，《达喀尔行动纲领》也强调"保证为每个公民和每个社会实现全民教育的各项目标"是一项集体的行动承诺，各国政府不仅要在各国国内开展广泛的合作，也需要与地区和国际机构合作(第1、2条)。

2004年，联合国教科文组织执行局决定："(请总干事)开始与所有主要利益相关者进行磋商，以便进一步使《达喀尔行动纲领》为它们所确定的各自在实现全民教育目标和与教育有关的'千年发展目标'方面的作用和责任更加明确、一致和得到相互承认，并促进拟定每个合作伙伴现在和今后为达到这些目标应作出贡献的综合性蓝图和实施计划。"(171 EX/8)为此，联合国教科文组织总干事召集了几个专业小组，通过与全民教育合作伙伴广泛磋商，于翌年向执行局提交了《总干事关于全民教育战略研究的后续行动以及教科文组织2005—2015年全民教育战略的报告》(Report by the Director-general on the Follow-up to the EFA Strategic Review and UNESCO's Srategy for the 2005 - 2015 Period)。该报告指出，参与磋商的全民教育伙伴认为，联合国教科文组织应继续承担"协调全民教育伙伴和维持它们的合作势头"(《达喀尔行动纲领》第19段)的作用，并在全民教育工作组、全民教育高级别小组和《全民教育全球监测报告》之间建立有效的联系和协同(见图3-1)。它们也指出："联合国教科文组织不能孤立行动，而应依靠所有的全民教育伙伴——各国政府、联合国其他机构、世界银行、捐助机构、民间社团、私营部门——来实现对全民教育的全部承诺。"(171 EX/8)[5]的确，全民教育伙伴可以影响各种级别的发展议程，确保对全民教育的支持，形成政治意愿和开展集体行动。为了深化联合国教科文组织与全民教育伙伴的合作，这一报告特地对全民教育全球合作伙伴作了一个比较细致的梳理(见表3-1)(171 EX/8)[5-6]。

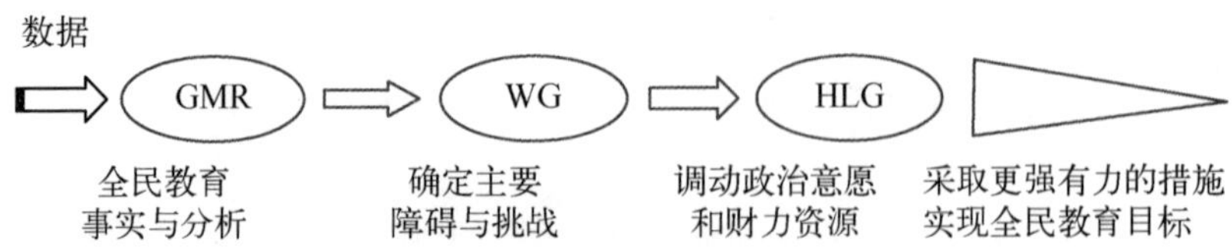

图3-1 整合各种国际全民教育机制(176 EX/9)

表 3-1 全民教育全球合作伙伴一览表

伙伴/利益相关者的类别		举　　例	主要角色
国家政府		—	政策框架，规划、资助和实施全民教育，促进对话与合作，监测，研究
援助机构	捐助者	双边和多边供资者	预算资助、部门资助、方案和项目、政策对话、研究
	贷款人	世界银行、地区开发银行	预算和方案资助、政策对话、协调供资倡议、研究
各国国内的民间社会组织、非政府组织、工会		当地成立的民间社会组织/非政府组织、国际非政府组织分支机构	倡导、服务提供、政策对话
国际的民间社会组织、非政府组织、工会		全球教育运动、援助行动社、拯救儿童基金、全球进军组织等①	倡导和游说、筹资、能力建设、监测
私营部门		企业、工商网络	供资、技术支持
多边机构	特定集团	经济合作与发展组织	监测、技术援助
	国际(政策对话和供资)组织	联合国儿童基金会、世界粮食计划署等	方案和项目资助、能力建设、监测、协调、倡导、研究
	国际(政策对话)组织	联合国教科文组织、世界卫生组织等	能力建设、监测、协调、倡导、研究

随后，联合国教科文组织拟定，并联合其他全民教育发起机构一起修订了《全民教育全球行动计划：为实现各项全民教育目标改进对国家的支持》②(EFA Global Action Plan: Improving Support to Countries in Achieving the EFA Goals)，它旨在依靠每个机构各自的相对优势(图 3-2)，协调行动，支持由各国教育部门主导的教育计划，争取在 2015 年实现全民教育目标(图 3-3)(176 EX/9)。

① 经检索，列出本表中此前未提及的相关机构的英文全称：全球教育运动(Global Campaign for Education, GCE)、援助行动社(Actionaid UK)、拯救儿童基金(Save the Children Fund)、全球进军组织(Global March Against Child Labour)、世界粮食计划署(World Food Programme, WFP)、世界卫生组织(World Health Organization, WHO)。

② 2005 年，联合国教科文组织执行局在第 171EX/7 号决定中要求总干事“根据与国际主要利益相关者开展的高级别对话，以及与全民教育工作组和高层小组的磋商结果，拟定一项旨在实现全民教育目标并涉及资金筹措的简要综合行动计划”；联合国大会在第 33C/15 号决议中也要求总干事“尽一切努力在 2006 年制订出一项联合行动纲领，清楚说明全球所有全民教育的主要利益相关者在所有六项达喀尔目标方面商定的责任与任务分工”。因此，联合国教科文组织总干事着手拟定了《实现全民教育全球行动计划》(Global Action Plan to Achieve the Education for All Goals)，并于 2006 年向联合国教科文组织执行局第一七四届会议汇报(174 EX/9)。此后，联合国教科文组织与其他全民教育发起机构进行了更进一步的磋商(175 EX/8)，以修订完善这一行动计划(176 EX/9)。

教科文组织：协调、召集会议、监测、能力建设及政策意见

开发计划署：与千年目标联系、联合国在国家一级的协调、向穷人倾斜的政策意见

全民教育

儿童基金会：紧急情况教育、幼儿保育、技术支持、计划、政策支持

人口基金：促进全民教育政策、学校及非正规教育中的生殖健康课程

世界银行：提供资金、动员捐助者、分析、政策支持

图 3－2　全民教育发起机构：支持全民教育的广泛领域(176 EX/9)

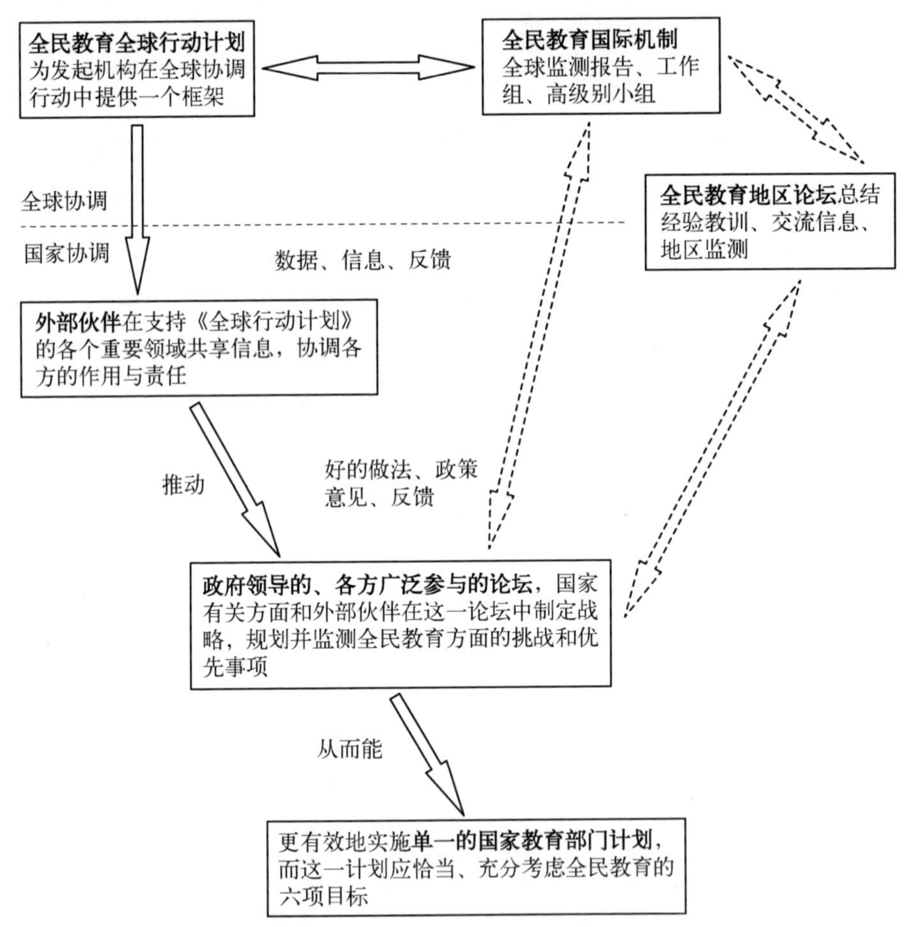

图 3－3　利用全球行动计划：全球与国家的协调(176 EX/9)

二、儿童受教育权国际监测机制

在达喀尔教育论坛上，联合国教科文组织受命“在协调全民教育合作伙伴和保持其合作热情方面继续发挥应有的作用”。为此，联合国教科文组织重新调整其教育计划，将论坛提出的意见和优先事项作为工作重点，并每年召集一次高级别的、小型的、灵活的小组会议①，将其作为表达政治意愿和动员技术力量与财力的一种手段(《达喀尔行动纲领》第19—20段)。

联合国教科文组织为“达喀尔后续行动”设计并执行了一系列方案。这包括动员并支持各国制定全民教育国家行动规划②；领导并支持全民教育高级别小组会议；编制《全民教育全球监测报告》③；开展各种层次的教育论坛与地区性教育磋商；建立受教育权监测相关机构与制度；参与推动与达喀尔目标相关的联合国各机构间的行动计划。通过联合国教科文组织的努力，儿童受教育权在全世界得到了进一步的保障与落实。

以下简要阐述联合国教科文组织在监测儿童受教育权方面比较具有特色、并产生了广泛影响的两项工作：监测受教育权利联合专家小组会议，《全民教育全球监测报告》的编撰与发行。

(一) 监测受教育权利联合专家小组会议

为了促进《达喀尔行动纲领》的执行，落实联合国系统内关于受教育权的各项具体建议，并制定受教育权相关指标，减少各国提交受教育权落实状况报告的工作负担，2001年，联合国教科文组织执行局决定成立“教科文组织(公约与建议委员会)④/经社理事会(经济、社会和文化权利委员会)监测受教育权利联合专家小组”(Joint Expert Group UNESCO (CR)/ECOSOC (CESCR) on the Monitoring of the Right to Education)(以下简称“联合专家小组”)，以加强双方在受教育权监测方面的协作。

---

① 即全民教育高级别小组的会议。

② 《达喀尔行动纲领》规定“各国最迟不晚于2002年制定国家行动规划或加强现有的国家行动规划”(第9段)。

③ 联合国教科文组织在2011年之前每年均召集高级别小组(HLG)、工作小组(WG)和全民教育国际咨询小组(International Advisory Panel on EFA, IAP)会议，以《全民教育全球监测报告》为工具，对全民教育的进展情况进行审查(192 EX/41)。

④ 公约与建议委员会(UNESCO Committee on Conventions and Recommendations, CR)是联合国教科文组织执行局的附属机构，它的职责是监测联合国教科文组织通过的准则性文书的落实情况。因此，监测《取缔教育歧视公约》与《取缔教育歧视建议书》是它的职责之一。它对《取缔教育歧视公约》的讨论，重申了《联合国教育、科学及文化组织组织法》确立的“不歧视”与“教育机会均等”原则，并将这一公约视为全民教育行动的一个关键支柱(ED.2006/WS/28)[28-30]。

联合专家小组是联合国教科文组织与联合国人权条约机构合作的独一无二的制度化机制。它既交流新观念与建议，也交流增进双方工作效率的实用方法，以便更有效率地监测受教育权的落实。它关注巩固受教育权在国家法律体系中的基础，着重强调分析宪法与国家法规中的受教育权；关注普及初等教育，强调会员国的核心义务——取消学费和其他直接费用，更有效地确保免费义务初等教育；关注受教育权的落实及其可诉性。它也就联合国教科文组织在全民教育中促进教育机会均等的行动提出有用的意见和建议（UNESCO，2008）[22]。

在 2001 至 2011 年期间，联合专家小组总共召开了 11 次会议①。这些会议的讨论成果丰富与深化了对全球受教育权监测工作的认识。例如，联合专家小组的第八和第九次会议都以"受教育权的全纳维度"（Inclusive Dimensions of the Right to Education）为主题，在第九次会议后，它向 2008 年召开的第四十八届国际教育大会提出了相关的建议。

> 建议 1：联合专家小组强调，受教育权的全纳维度至关重要，它构成了普及无歧视或无排斥受教育机会，推动全民教育议程的基础。
>
> 建议 2：联合专家小组强烈建议国际教育大会倡扬（在联合国通过的国际人权条约以及联合国教科文组织在教育领域通过的一系列公约和建议书中得到体现的）受教育权的全纳维度，并呼吁会员国在其法律系统、教育政策和战略方面反思受教育权的全纳维度。
>
> 建议 3：联合专家小组强调，会员国有法律义务和政治责任在国家层面促进全民全纳教育，以此落实受教育权的全纳维度……。（181 EX/28）

又例如，2006 年，联合专家小组第四次会议讨论了受教育权的行使与可诉性（enforcement and justiciability）问题。联合专家小组提出，非常有必要拟订一份关于受教育权可诉性的文件，以使公众更好地了解如何通过司法和准司法系统及程序来行使受教育权。联合专家小组的秘书处为此准备了一份有助于双方机构进一步深化受教育权可诉性问题讨论的概念性文件；这一《受教育权可诉性》文件指出，一旦与受教育权相关的公约被国家批准，并体现在国内法律上，那么，个人作为受教育权的享有者应"可以诉诸各种可利用的法律手段来确

① 2011 年 8 月执行局第 187 EX/21 号决定：请总干事暂停教科文组织参与教科文组织（公约与建议委员会）/经社理事会（经济、社会和文化权利委员会）监测受教育权利联合专家小组的工作（190 EX/25）。

保享有这一权利”(175EX/28 Annex)。

受教育权是国际公认的权利。《经济、社会及文化权利国际公约》(1966 年)第 13 条和联合国教科文组织《取缔教育歧视公约》(1960 年)均对此权利作出了全面的规定，确定了各国的义务。正如关于受教育权(《经济、社会及文化权利国际公约》第 13 条)的“第 13 号总评论”所指出的：和所有人权一样，受教育权使缔约国负有三个层面的义务：尊重义务、保护义务与落实义务。而落实的义务既包括便利义务，又包含提供义务。即使在教育私营化的情况下，国家也应继续履行这一义务。将公约规定应履行的义务纳入本国的法律并使受教育权得到有效的行使是各国义不容辞的责任。个人作为受教育权的享有者在其权利受到侵犯时最终应能诉诸法律。

受教育权的行使首先取决于国家的法律体系。在确认受教育权是公民应享有的权利(entitlement)方面，司法系统可以发挥至关重要的作用。必须建立有效的实施机制来确保国家履行最起码的核心义务，使全民都能接受基础教育。应鼓励各国研究国际和国家的法律是如何体现受教育权不是一种理想或愿望，而是受法律保护的可行使的权利。受教育权的可诉性应该得到承认并加以确认。(175EX/28 Annex)

此外，联合专家小组的工作也涉及“多语言、母语和受教育权”的问题。它也强调，需要对“基础教育”作出可操作的定义，并使“受教育权”成为全民教育全球行动以及《全民教育全球监测报告》关注的主题之一(190 EX/25)。

(二)《全民教育全球监测报告》的编撰与发行

在全民教育合作伙伴和全民教育工作组的帮助下，联合国教科文组织于 2001 年 10 月编写了第一份《全民教育全球监测报告》，并在第一次全民教育高级别小组会议①上散发(164 EX/7)。第一次全民教育高级别小组会议通过的

① 全民教育高级别小组历年会议：(1) 2001 年 10 月 29—30 日，法国巴黎，《最后公报》；(2) 2002 年 11 月 19—20 日，尼日利亚阿布贾，《最后公报》；(3) 2003 年 11 月 10—12 日，印度新德里，《最后公报 新德里声明》(Final Communiqué The New Delhi Statement)；(4) 2004 年 11 月 8—10 日，巴西巴西利亚，《最后公报 巴西利亚声明》(Final Communiqué The Brasilia Statement)；(5) 2005 年 11 月 28—30 日，中国北京，《最后公报》；(6) 2006 年 11 月 14—16 日，埃及开罗，《最后公报》；(7) 2007 年 12 月 11—13 日，塞内加尔达喀尔，《会议公报》(Communiqué)；(8) 2008 年 12 月 16—18 日，挪威奥斯陆，《奥斯陆宣言：共同努力》(Oslo Declaration: Acting Together)；(9) 2010 年 2 月 23—25 日，埃塞俄比亚亚的斯亚贝巴，《亚的斯亚贝巴宣言》(Addis Ababa Declaration)；(10) 2011 年 3 月 22—24 日，泰国宗滴恩，《宗滴恩声明》(Jomtien Statement)。

《最后公报》(Final Communiqué)建议：联合国教科文组织应立即采取行动，编制一份具有权威性、深入分析的、每年出版的全民教育监测报告；这份报告可利用各国提供的定量与定性的国家数据，评估各国和国际社会实现达喀尔目标的程度(ED/EFA/2006/ME/4)。

> 2002年1月，联合国教科文组织召开了《全民教育全球监测报告》国际编委会会议，国际社会(促进非洲教育发展协会①、联合国开发计划署、联合国儿童基金和世界银行)、非政府组织的主要代表和双边资助机构的代表、联合国教科文组织研究所所长和总部的工作人员出席了这次会议。编委会建议，年度《全民教育全球监测报告》应是提交给高级别小组的一份独立的重要报告，是促进全民教育的工具。在严格分析的基础上，该报告的目的应是提高认识，推动变革和提醒各国认清急迫的问题和全民教育进展中的阻力与困难。教科文组织目前正在巴黎(达喀尔后续行动组②)和蒙特利尔(教科文组织统计研究所③)建立编写这份报告的必要的基础结构和筹集资助它的资金。在统计研究所设立的全民教育观察站(EFA Observatory)已经开始运作，并召开了一系列专家会议，审查与新的全民教育目标和对象有关的指标。观察站还与达喀尔后续行动组联手策划和促进了年度《全民教育全球监测报告》的出版工作。(164 EX/7)

《全民教育全球监测报告》是一份独立编辑、基于数据、几乎每年发布一期的联合国教科文组织出版物，它旨在监测实现全民教育目标以及与教育有关的两项“千年发展目标”的进展情况。事实上，从2002年开始，这份报告就已成为在全球范围内普及国际教育理念、传播先进教育知识的重要教育文献。恰如前联合国教科文组织总干事松浦晃一郎所说，《全民教育全球监测报告》“为各国和国际决策者提供了一部综合性的参考文献，有助于他们确定能最终体现人类社会福祉的诸多教育优先领域”(全民教育全球监测报告小组，2005)序言。

《全民教育全球监测报告2002　全民教育：世界走上正轨了吗?》(Education for All：Is the World on Track?)预测，按现有趋势，到2015年，仅有83个国家已经或有很高的可能性达成六项达喀尔目标中那三项可以进行量化统计的目

① Association for the Development of Education in Africa，ADEA.

② Dakar Follow-up Unit，DFU。联合国教科文组织教育部门下设科室。

③ UNESCO Institute for Statistics，UIS.

标——普及初等教育(入学与完成)、性别平等和成人扫盲。它提醒各国政府应采取措施提升教师的地位与工作条件,做好应对实施全民教育计划将出现的教师紧缺问题(ED/EFA/2006/ME/3)。

《全民教育全球监测报告 2003/2004　性别与全民教育：跃向平等》(Gender and Education for All：The Leap to Equality)强调女童与妇女的教育不仅仅是一项人权,也是促进包括"千年发展目标"在内的其他优先发展事项的必要条件;而性别平等是表明这些目标取得进步的一个重要指标(ED/EFA/2006/ME/2)。

《全民教育全球监测报告 2005　全民教育：提高质量势在必行》(Education for All：The Quality Imperative)指出,有不少会员国"因偏重教育机会而忽视质量问题","但质量是全民教育的核心所在,它决定了学生能够学到多少知识和能否学好知识,还决定了各国的教育努力能在多大程度上实现个人、社会和发展的一系列目标"(全民教育全球监测报告小组,2005)[20]。这就是说,"有机会接受教育和接受优质教育(access and quality)是相辅相成的、不可分割的需要和权利,应该在国家教育规划与政策和国际教育行动中同时加以解决和提升"(ED/EFA/2006/ME/1)。

《全民教育全球监测报告 2006　扫盲至关重要》(Literacy for Life)指出,全民教育取得了新的进展,大多数国家的教育拨款与国际教育援助都有明显增长。但是全民教育六大目标之一的"性别平等"目标未能实现,仍有 1 亿儿童失学。自然灾害、内乱、社会暴力、艾滋病及其他流行病以及不断加深的贫困都越来越严重地影响各国实现全民教育目标。随着世界范围内入学人数的不断增加,各国师资短缺的危机加重;与此同时,为达成全民教育目标所需资金的缺口也是一个十分严峻的问题。为了实现到 2015 年为所有儿童提供全面优质教育的目标,必须加强对女童及其母亲的教育(ED/EFA/2006/ME/5)。

《全民教育全球监测报告 2007　坚实的基础：幼儿保育和教育》(Strong Foundations：Early Childhood Care and Education)指出："由于忽视幼儿教育、初等教育、中等教育及成人扫盲之间的关系,各国在提高全民教育质量的过程中,正在丧失改进基础教育的机会。"(全民教育全球监测报告小组,2006)[3]而随着入学人数的增加,如何保证教育质量,如何评估学习成果,是需要同时加以解决的优先重点(ED/EFA/2006/ME/17)。

《全民教育全球监测报告 2008　在 2015 年之前实现全民教育：我们能

做到吗？》①(Education for All by 2015：Will We Make It?)从总体上概述了六项全民教育目标的进展，并对2015年前实现目标的可能性作出了预测。该报告表明，三项全民教育目标(幼儿保育和教育、青年人和成年人的学习机会以及成年人扫盲)遭到忽视。这促使全民教育高级别小组在其第七次会议的公报中，重申达喀尔教育论坛对于筹集资金的承诺——“任何对实现全民教育作了严肃承诺的国家都不得因资金不足而贻误这一目标的实现”，并建议“国家和当地政府应根据参考标准(约相当于国民总收入的6%和占政府预算的15%—20%)，筹集充足的国内资金用于教育事业，特别是用于基础教育(国民总收入的3%以上和政府预算的10%以上)”(ED/EFA/2007/ME/32)。需要说明的是，2008年第八次全民教育高级别小组会议召开之际，正是20世纪30年代以来最为严重的金融危机引发全球经济衰退之时。会议通过的《奥斯陆宣言：共同努力》呼吁：“我们不能把这场危机作为削减各国教育开支和国际教育援助的理由，”应“加大资金支持，重点是最需要帮助的国家和个人”(ED/EFA/2009/ME/1)。

《全民教育全球监测报告2009　消除不平等：治理缘何重要》(Overcoming Inequality：Why Governance Matters)反思，“下放财政权的方式、学校管理中的选择与竞争以及教育计划与更广泛的减贫战略的结合尚未生成全民教育所需要的推动力”的原因在于推行治理改革时未充分考虑公平问题。因此，该报告提出，各国应坚决地将公平摆在全民教育议程的中心位置，推行善治，将教育领域的众多行动者联系起来，划定国家和地方政府在财政、管理和规范方面的责任(全民教育全球监测报告小组，2008b)[6]。

《全民教育全球监测报告2010　普及到边缘化群体》(Reaching the Marginalized)估计，用于低收入国家实现全民教育目标的外部资金缺口每年达160亿美元。随后召开的第九次全民教育高级别小组会议再次强调，经济危机不应成为减少教育资源的理由。在全球范围内，各国政府和捐助者应加倍努力，以维护教育事业在过去十年所取得的来之不易的成果，并且弥补世界上最贫穷国家财政收入的损失。会议通过的《亚的斯亚贝巴宣言》呼吁各国政府坚定决心，“将其国内教育支出水平至少增加至占其国民生产总值的6%和/或占其公共开支的20%”，并确保资金利用的成本效益(ED/EFA/2010/ME/1)。这一教育支出比例成为一个衡量各国教育投入的国际基准，被此后众多相关的全民教育文件提及。虽然联合国教科文组织做了很多的宣传与政治动员，但是2009年的教育

① 该报告2007年出版。

援助总额还是出现了自 2002 年以来的首次下降。这份报告也指出，自 2000 年以来全球全民教育取得了显著的进展，尤其在小学和初中的入学率和性别平等方面更为明显；但是，也出现了过于强调小学和初中的入学率和性别平等，以致其他教育目标（比如幼儿保育与教育）相对受到忽视的情况（185 EX/8）。

《全民教育全球监测报告 2011　潜在危机：武装冲突与教育》（The Hidden Crisis: Armed Conflict and Education）的核心信息是，世界各国政府仍未充分履行其集体承诺，在国际发展议程上，教育的地位不断下降，几乎难以列入八国集团（G8）或二十国集团（G20）所关注问题的范围（全民教育全球监测报告小组，2011）[4]。第十次全民教育高级别小组会议认为，按照当时的趋势，全民教育 2015 年目标难以达成。会议发布的《宗滴恩声明》呼吁："必须在各个层面，包括在地方一级，推动和促进民间社会和青年等其他利益攸关方参与决策过程和监督受教育权的落实情况。"（ED-11/HLG-EFA/2）这份报告着重指出，当各国政府在 2000 年通过《达喀尔行动纲领》时，冲突被视为"实现全民教育的一大障碍"，但证据表明，各国低估了这种障碍的严重性，没有对消除障碍的战略给予足够重视。

> 在受冲突影响的国家，约有 2 800 万小学学龄儿童失学。这些国家的小学学龄儿童占全世界小学学龄人口的 18%，失学儿童则占世界失学儿童的 42%。中等学校入学率几乎比其他发展中国家低三分之一，女孩入学率则更低。（全民教育全球监测报告小组，2011）[14]

《全民教育全球监测报告 2012　青年与技能：拉近教育和就业的距离》（Youth and Skills: Putting Education to Work）指出："实现 2000 年达喀尔世界教育论坛启动的使更多儿童上学的目标的主要动力日趋停滞……2008—2010 年间，这一进程全部停顿。"（全民教育全球监测报告小组，2012）[3]"低收入国家和中低收入国家完成小学教育却不会读写的儿童人数远远超出预料。"（全民教育全球监测报告小组，2012）[5]该报告提醒人们："普及初等教育的挑战在于使儿童能在合适的年龄上学，并确保其通过该（教育）体系取得进步并完成相关周期的教育。"（全民教育全球监测报告小组，2012）[3]而为青少年"提供基本技能的最具成本效益的办法是保证所有儿童能够完成优质的小学教育并升到初中"（全民教育全球监测报告小组，2012）[16]。在全世界 7 100 万适龄青少年没有注册上学（全民教育全球监测报告小组，2012）[21]的情况下，"迫切需要确保错过机会的所有年轻人有第二次机会实现这一目标”(全民教育全球监测报告小组,2012)[16]。

《全民教育全球监测报告2013/2014 教学与学习：实现高质量全民教育》(Teaching and Learning：Achieving Quality for All)指出,到2015年,六项达喀尔目标没有任何一项能够在世界各地实现,而且最边缘化群体的成员近十年来依然得不到受教育的机会(全民教育全球监测报告小组,2014)[1]。全球范围内有2.5亿儿童没有学到基本的读写和计算技能,“忽视教育质量和没能普及到边缘化群体,这两方面都加剧了学习危机,对此需要给予紧急关注”(全民教育全球监测报告小组,2014)[18]。面对如此严峻的现实,联合国教科文组织时任总干事伊琳娜·博科娃(Irina Bokova)认为,该报告“有力地证明了教育事业在2015年后全球发展议程中应占有核心位置”(全民教育全球监测报告小组,2014)[序言i]。这份报告也表明,国际社会有必要着手制定稳健的2015年后教育框架,以继续推进达喀尔教育论坛成立以来未竟的事业。

《全民教育全球监测报告2015 2000—2015年全民教育：成就与挑战》(Education for All 2000－2015：Achievements and Challenges)对达喀尔教育论坛成立以来的六大全民教育目标的达成情况及相关策略的实际效用作了一个总结性评估,最终给出了一个略显悲观沉重的结论。

> 《达喀尔行动纲领》宣称,在2015年以前实现全民教育是“一个务实和可达成的目标”,这可能过于夸大其词,即便缩小目标范围,如普及初等教育,仍然言过其实。然而,虽然全球性的具体目标本身没有实现,但取得了好于历史记录的适度进展。(全民教育全球监测报告小组,2015)[21]
>
> 世界各地自2000年以来推进教育的努力几乎等同于确保每个儿童都能上学。这一关于普及初等教育的全民教育(和“千年发展目标”)的具体目标,对最贫穷国家尤为适用,而其他国家认为它并没有那么重要(relevant)。这一议程似乎不够广泛或普遍,一些国家积极性(ownership)欠佳。与此同时,侧重于普及小学入学意味着减少对其他关键议题的关注……总体而言,普及初等教育这一具体目标都未能实现,更不用说那些更加雄心勃勃的全民教育目标了。进展低于预期,不足以匹配当初的壮志雄心。在议程未能完成、许多方面的增长并不平衡的情况下,最弱势者仍然收益最少。但已经取得的一些成就不应被低估。有证据表明,到2015年,全球教育发展程度将超过按20世纪90年代发展趋势所预测的水平。……最后,全民

教育运动可以说已经取得了一定的(qualified)成功,尽管全民教育合作伙伴可能并未能集体兑现其承诺。但过去15年反复出现的一个教训是,虽然技术解决方案很重要,但政治的影响和带动(traction)更加重要,尤其应认识到在国家层面为实现全民教育所需要的改革和行动的规模的重要性。(全民教育全球监测报告小组,2015)[43]

2016年起,《全民教育全球监测报告》转变为《全球教育监测报告》(Global Education Monitoring Report, GEM Report),以监测新的可持续发展目标框架内各项具体教育目标的进展情况。① 联合国教科文组织相信,这份独立编辑、基于证据的年度报告,仍是一份跟踪(follow-up)与评论全球教育的独特的、全面的权威文献(UNESCO,2016b)。

《全球教育监测报告》的一项任务是"帮助国际社会了解世界各国在教育和终身学习领域是否正在取得进展以及如何取得进展"(全球教育监测报告小组,2016)[35]。《全球教育监测报告2016 教育造福人类与地球:为全民创造可持续的未来》(Education for People and Planet: Creating Sustainable Futures for All)与此前《全民教育全球监测报告》的论调保持一致:依照目前的全球教育发展趋势,全球可持续发展目标中的教育目标到2030年也难以实现;②而且各国之间与各国内部的巨大教育差距仍将存在。《全球教育监测报告2016》表明:"除非学校参与率显著提高,学习成为终身追求并且教育体系完全接受可持续发展,否则教育将无法充分发挥其潜力,推动世界向前发展。"(全球教育监测报告小组,2016)[8]

三、2015年后全球落实儿童受教育权的展望

在2015年之前的数年里,国际社会就预见到千禧年设定的全球发展目标难以如期实现。为了巩固已取得的成果,持续推进这些目标的达成,并规划2015年

---

① 《仁川宣言》第18条规定:"我们还要求《全民教育全球监测报告》继续成为一份由联合国教科文组织主持和出版的独立的《全球教育监测报告》,在为了监测和审查拟议的可持续发展目标的实施情况而将要建立的机制中,作为监测和报告拟议的可持续发展目标4和其他拟议的与教育有关的可持续发展目标的机制。"

② 联合国秘书长可持续发展目标问题特别顾问杰弗里·D.萨克斯(Jeffrey D. Sachs)在为该报告撰写的"前言"中指出:"这也是一份令人不安的报告。它确定教育是实现可持续发展和可持续发展目标的关键,然而,它也明确了我们距离实现可持续发展目标有多么遥远。"(全球教育监测报告小组,2016)[6]

后全球发展目标与行动方案，联合国采取了一系列重要举措①，最终于 2015 年通过了全球发展的新愿景——《变革我们的世界：2030 年可持续发展议程》(以下简称《议程》)。

我们通过这些目标和具体目标提出了一个雄心勃勃的变革愿景。我们要创建一个没有贫困、饥饿、疾病、匮乏并适于万物生存的世界，一个没有恐惧与暴力的世界，一个人人都识字的世界，一个人人平等享有优质大中小学教育(quality education at all levels)、卫生保健和社会保障以及心身健康和社会福利的世界。……我们要创建一个普遍尊重人权和人的尊严，法治、公正、平等和不歧视，尊重种族、民族和文化多样性，尊重机会均等以充分发挥人的潜能和促进共同繁荣的世界；一个注重对儿童投资和让每个儿童在没有暴力和剥削的环境中成长的世界；一个每个妇女和女童都充分享有性别平等和一切阻碍女性权能的法律、社会和经济障碍都被消除的世界；一个公正、公平、容忍、开放、有社会包容性和最弱势群体的需求得

---

① 2010 年，第六十五届联合国大会举行审查“千年发展目标”进展情况的高级别全体会议(High-level Plenary Meeting of the General Assembly on the Millennium Development Goals)。此次高级别会议，即联合国“千年发展目标”高峰会议(United Nations Summit on the Millennium Development Goals)，于 2010 年 9 月 20—22 日在纽约联合国总部召开。该会议的成果之一是联合国秘书长潘基文(Ban Ki-moon)在与所有利益攸关方协商下于 2011 年 9 月设立了联合国系统 2015 年后发展议程工作组(UN System Task Team on the Post-2015 UN Development Agenda)。2012 年 6 月，该工作组向联合国秘书长提交了题为《实现我们共同憧憬的未来》(Realizing the Future We Want for All)的报告。2012 年 9 月 26 日，联合国秘书长发起“全球教育第一倡议”(Global Education First Initiative，GEFI)，这是一个为期五年的计划，旨在呼吁全球领导人加强宣传和支持，以将教育置于 2015 年后发展议程的核心位置。

2012 年 6 月 20—22 日在里约热内卢召开的联合国可持续发展大会(又称“里约＋20 会议”，United Nations Conference on Sustainable Development，Rio＋20)的会议成果文件《我们希望的未来》(The Future We Want)第 248—249 条规定，设立联合国可持续发展目标开放工作组(Open Working Group on Sustainable Development Goals，OWG)，授权其拟订关于可持续发展目标的提案，以供第六十八届联合国大会(2013 年 9 月至 2014 年 9 月)审议。联合国大会于 2013 年 1 月 22 日设立该工作组。2013 年 3 月至 2014 年 7 月，“开放工作组”共召开 13 届会议，以拟订可持续发展目标提案。(195 EX/6)2014 年 7 月 19 日，《可持续发展目标开放工作组的建议》(Proposal of the Open Working Group on Sustainable Development Goals)被递交给联合国大会。2014 年 12 月 5 日，联合国大会接受秘书长递交的一份关于 2015 年后发展议程的综合报告(12 月 4 日发布)：《2030 年尊严之路：消除贫困、改变所有生命并保护地球》(The Road to Dignity by 2030：Ending Poverty，Transforming All Lives and Protecting the Planet Synthesis Report of the Secretary-General On the Post-2015 Agenda)。这份报告指出，2015 后可持续发展目标进程应当基于开放工作组的建议。2015 年 9 月 25—27 日，联合国可持续发展首脑会议(UN Sustainable Development Summit)通过了《变革我们的世界：2030 年可持续发展议程》。

到满足的世界。(《议程》第7、8段)

我们今天宣布的今后十五年的全球行动议程,是二十一世纪人类和地球的章程。儿童和男女青年是变革的决定性的推动者,他们将在新的"目标"中找到一个平台,用自己无穷的活力来创造一个更美好的世界。(《议程》第51条)

(一)全球社会迈向2030年教育的新愿景

国际社会在2000年设立的全民教育目标、与教育相关的"千年发展目标"在2015年尚未达成。由于早已预见到这一情况,从2013年起,以联合国教科文组织为主的国际机构就对2015年后的全球教育发展议程进行构想与调研,并通过一系列的会议与活动作出了具体的答复。

"可持续发展目标4—2030年教育"是经各会员国推动和拥有的广泛协商过程制订完成的,这一过程得到教科文组织及其他合作伙伴的协助以及全民教育指导委员会①(EFA Steering Committee)的指导。"可持续发展目标4—2030年教育"借鉴了教科文组织和儿童基金会主持②的2012年和2013年关于2015年后教育问题的专题协商、2014年5月在阿曼马斯喀特举行的全球全民教育会议(Global EFA Meeting)③、非政府组织协商、教科文组织在2014年和2015年举办的五次地区部长级会议以及2014年在伊斯兰堡举行的九个人口大国会议。《马斯喀特协定》(Muscat Agreement)是"2030年教育"拟定过程中的一个重要里程碑,它是在2014年5月的全球

---

① 关于这一委员会的介绍,参见《2030年教育行动框架》(ED-2016/WS/28)的相关注释。

② 在联合国系统2015年后发展议程工作组中,联合国教科文组织和联合国儿童基金会被指定共同领导拟议的教育方面的可持续发展总目标(196 EX/8)。

③ 在制订可持续发展目标的"教育目标"的过程中,联合国教科文组织发挥了重要的作用。它与各会员国、其他全民教育发起机构和伙伴就拟议的具体目标进行广泛磋商,最终形成了《全民教育指导委员会关于2015年后教育的联合提案》(Joint Proposal of the EFA Steering Committee on Education Post-2015),并提交2014年的全球全民教育会议讨论,会议达成了"国际教育界关键利益攸关方对2015年后教育议程的共同愿景"——《马斯喀特协定》(195 EX/6)。

联合国教科文组织和联合国儿童基金会都是可持续发展目标开放工作组下属的跨机构技术支助小组(Technical Support Team, TST)的成员。作为教育重点领域指定的共同领导,它们积极为这项工作提供技术支持。也就是对开放工作组的各种文件草案提出评论意见和分析意见,并为可能的重拟工作提供建议,从而确保开放工作组拟议的具体教育目标与全民教育指导委员会联合提案及《马斯喀特协定》中的具体目标高度一致。(195 EX/6)

全民教育会议上通过的，它给联合国大会可持续发展目标开放工作组提议的全球教育目标及其关联具体目标和实施方式带来了启发。

这一过程的最终结果是于 2015 年 5 月 21 日在大韩民国仁川市举行的世界教育论坛上通过的《仁川宣言》。《仁川宣言》承认教育具有重要作用，是推动发展的主要因素，《仁川宣言》构成教育界对“可持续发展目标 4—2030 年教育”和 2030 年可持续发展议程的承诺。在 2015 年世界教育论坛上讨论了《2030 年教育行动框架》并在《仁川宣言》中对它的基本要素达成一致，《2030 年教育行动框架》为实施“可持续发展目标 4—2030 年教育”提供指导。2030 年教育起草小组最终完成了《2030 年教育行动框架》的起草工作，184 个会员国和教育界于 2015 年 11 月 4 日在巴黎举行的一次教科文组织高级别小组会议期间通过了《2030 年教育行动框架》。（《2030 年教育行动框架》第 2 段）

《仁川宣言》是国际社会对 2030 年全球教育议程的集体承诺，它承续《世界全民教育宣言》和《达喀尔行动纲领》未竟的事业，展现了全球教育发展的新愿景。全球教育界通过《仁川宣言》，在“机会、包容与公平”“性别平等”“质量”“终身学习办法”“冲突和灾害形势”等方面作出了集体承诺，对“责任和问责”“资金”“协调”“监测和评估”等事宜作出了安排，并委托联合国教科文组织作为联合国主管教育的专门机构继续履行其牵头和协调 2030 年教育议程的职责，并继续主持出版独立的《全球教育监测报告》。

紧随《仁川宣言》之后，联合国教科文组织召集的信息通信技术与 2015 年后教育国际会议（International Conference on ICT and Post - 2015 Education）于 2015 年 5 月 23—25 日在中国青岛市召开，会议通过了《青岛宣言：抓住数字化机遇，引领教育变革》（Qingdao Declaration: Seize Digital Opportunities, Lead Education Transformation）（以下简称《青岛宣言），它是“第一份针对教育领域的信息通信技术的全球宣言”①（UNESCO，2015）。与会代表重申《仁川宣言》阐明的“2030 年教育”新愿景，并特地指出“利用信息通信技术促进学习的能力不再是一种专门技能，而是在当今社会中获得成功的基础”。

① 2003 年，信息社会世界首脑会议（World Summit on the Information Society）通过《原则宣言》（Declaration of Principles），与会各国代表承诺要“建设一个以人为本、具有包容性和面向发展的信息社会，在此信息社会中，人人可以创造、获取、使用和分享信息与知识”（196 EX/34）。

技术为减少学习上长期存在的各种差异提供了史无前例的机遇。倘若我们要实现《仁川宣言》作出的承诺，实现无歧视教育、性别平等、增强妇女权能，促进可持续发展，信息通信技术的应用必不可少。我们承诺将在2030年之前，确保所有女童和男童，无论残疾与否、社会经济状况或地域位置如何，都能够使用相互连通的数字设备，拥有针对性强和顺应需求的数字学习环境。为了力争普及基本教育和技能培养，我们建议所有教育利益攸关方都能认识到，参加保证质量的在线课程是面对面课程的一个替代或补充模式。（《青岛宣言》第5段）

可以说，上述两个宣言是对20世纪中后期以来，全球教育发展理念及教育问题的总结与提升。它们反映着全球教育界在普及初等教育、基础教育、全民教育、终身教育（学习）等领域持之以恒的价值观念、行动经验与努力方向。平等、包容、优质这三个基本原则共同构成了21世纪全球教育发展的核心价值观。

（二）“2030年教育”对联合国教科文组织的挑战

在反思全民教育目标未能如期实现的问题时，联合国教科文组织认为，缺乏精确的教育监测指标体系，是全球全民教育进展不利的重要原因。因此，联合国教科文组织主张2015年后的全球教育议程应完善监测指标，加大监测力度。

2000年在塞内加尔的达喀尔制订了六项全民教育目标，此后，由于缺少精确的具体目标和指标，致使某些教育优先事项没能得到应有的关注。要制订2015年后的新目标，必须遵循以教育作为权利的指导原则，确保所有儿童都享有平等的教育机会，同时承认在人生的每一个阶段都要学习。应制订符合全球发展目标的一系列核心目标，同时辅之以更加详细的具体目标，用以补充2015年后全民教育框架。各项目标必须是明确和可以衡量的，目的是确保没有一个人掉队。为此，应利用最落后的群体取得的成绩来监测进展情况，确保这个群体与处境较优裕者之间的差距逐渐缩小。（全民教育全球监测报告小组，2014）[7]

在联合国教科文组织的坚持和努力下，相比此前的全民教育行动框架，《2030年教育行动框架》的篇幅是“巨大”的，它在对“可持续发展目标4—2030年教育”的总体目标进行分析的同时，还详细地列出了七项具体目标及为实现这些具体目标所设计的一系列指导性策略（indicative strategies），它们构成一个涉及各级各类教育、各种教育问题的庞大的教育政策系统。恰如丹克特·维德勒[①](Dankert Vedeler)所说的,《2030 年教育行动框架》是建立在全民教育目标基础之上的,但是"走得更远""更雄心勃勃"。它是对已有教育议程的延伸,而且针对所有国家,囊括从学前教育[②]到高等教育、从普通教育到职业教育、从正式教育到非正式教育的所有教育。它还确立了到 2030 年实现所有人至少完成高中教育的目标(吕伊雯,等,2016)。

> 确保通过多种方式让所有的儿童和青年获得并且完成十二年免费、公立、包容和公平的优质中小学教育,其中至少九年为义务教育,并且让失学儿童和青年获得优质教育。确保提供学习机会,从而让所有的青年和成人获得实用的识字和计算技能,促进他们以积极公民身份充分参与教育。还应当鼓励提供至少一年免费和义务的优质学前教育。(《2030 年教育行动框架》第 12 段)

然而,笔者以为,由《仁川宣言》及其行动框架共同构成的"2030 年教育"全球议程所展示的新愿景、新策略、新路线尽管经历了一个史无前例的磋商过程,并尽可能充分地体现全球、区域和国家层面的声音,但它所列出来的那些详尽目标,仍然面临着成为空洞的政策"引文"的危险。

联合国教科文组织在"2030 年教育"之前所倡议的诸多雄心勃勃的普及教育目标,至今没有完全实现,其根本原因,绝不仅仅是国际资助不够、各国政治动员不足、目标不够具体明确。众所周知,教育是整个社会生活的一个有机部分,各个国家的政治、经济、社会、文化状况决定了它们各自自主选择适合的教育系统、教育发展模式、教育发展水平。(或许联合国教科文组织与国际教育界都清楚这是"必要的乌托邦"。)换句话说,实现全民教育目标的真正阻碍要到各国内部去寻找,其中各国政治状况是尤其必须加以考量的重要因素。

---

① 时任联合国教科文组织全民教育指导委员会主席、《2030 年教育行动框架》起草委员会联合主席。

② 可持续发展目标 4 的具体目标 4.2:"到 2030 年,确保所有男女童获得优质幼儿发展、保育和学前教育,为他们接受初等教育做好准备。"其在《2030 年教育行动框架》中被阐释为:

> "做好上小学的准备"是指在多个领域达到了重要的发育目标,包括适足的健康和营养状况以及与年龄相符的语言、认知、社会和情感发育。要做到这一点,就必须让所有的儿童获得适合各个年龄的优质全面的幼儿发展、保健和教育。鼓励由训练有素的教育工作者提供至少一年免费和义务的优质学前教育。(《2030 年教育行动框架》第 36 条)

虽然 20 世纪以来频繁密切的国际经济、文化、政治交流使各国习以为常地接受国际机构的智力支持，但是联合国教科文组织所具有的国际政府间机构的天然特性使其不能直接干预某国的具体教育政策；联合国教科文组织的会议往往成为各国政府表达国家利益诉求的论坛。它通过大会、执行局、总部教育部门及教育机构以及地区办事处等一系列机关发起全球教育行动倡议，不过，这些倡议的落实还是要经由各国政府来安排实施。大而化之地说，联合国教科文组织在推行其所倡议的全球教育发展规划时，要么成为一个智力机构，只是协调、研究、建议、动员、监测；要么成为一个资助或参与机构，与会员国合作开展地方(local)教育项目。

由于经费来源及其预算规模的限制，联合国教科文组织在 20 世纪 70 年代前后就逐步放弃了成为地方教育项目资助机构的选择，转而更加努力证明其作为一个国际智力合作机构的合法性。一旦联合国教科文组织满足于成为联合国系统的智力机构，它就不免忽视成为一个行动机构的可能性与现实性。的确，它可以很好地诊断全球发展的问题，并开出令人信服的“药方”——那些基于先进思想、先进国家、先进经验，由先进专家得出的先进见识。然而，联合国教科文组织从一开始就已明白各国的发展是不平衡的。落后国家能否通过联合国教科文组织的“智力支持”迅速缩短发展历程，从而使这些“先进”见识得到运用？答案是不确定的。如果联合国教科文组织在会员国开展的教育变革项目数量相当有限，那么它实际上只能被动地接受是被排除在各国教育事业之外，还是被吸纳入各国教育发展事业之中，即它的宏图大业、大同之梦被各会员国选择性吸收或者不吸收。在 21 世纪的国际格局中，联合国教科文组织如何整合不同发展状况的会员国的需求，这是个巨大的挑战。

在缔造《联合国教育、科学及文化组织组织法》的先贤们看来，“文化之广泛传播以及为争取正义、自由与和平对人类进行之教育为维护人类尊严不可缺少之举措，亦为一切国家关切互助之精神，必须履行之神圣义务”(《联合国教育、科学及文化组织组织法》“序言”)。然而，人人都获得教育机会，并不能确保“于人之思想中筑起保卫和平之屏障”；要实现联合国教科文组织的“宗旨”——“通过教育、科学及文化来促进各国间之合作，对和平与安全作出贡献，以增进对正义、法治及《联合国宪章》所确认之世界人民不分种族、性别、语言或宗教均享人权与基本自由之普遍尊重”(《联合国教育、科学及文化组织组织法》第 1 条第 1 款)，更需确保“教育的目的在于充分发展人的个性并加强对人权和基本自由的尊重”(《世界人权宣言》第 26 条第 2 款)。

科林·鲍尔提醒我们："全民教育首要的是它的道德责任。"(Power，2015)[77]这句话从一个侧面说明了联合国教科文组织在全球教育行动中所扮演的角色——它其实是一个倡言人类大同、秉持民主主义与人道主义的梦想家。

其实，"2030年教育"所包含的诸多理念，在联合国教科文组织早先的教育文件(报告)中都有所体现。面对"2030年教育"这个新的行动框架，如果联合国教科文组织失掉了它的"堂吉诃德"精神的话，那么，它所信仰的价值、所憧憬的未来、所认知的原理、所拥有的经验、所掌握的影响全球教育进程的能力，都可能变得无足轻重。但它又必须超越它的理想主义，成为锐意进取的实业家。这就是说，它绝不能满足于只是作为"智库"(或者说全球教育信息中心、全球教育发展状况监测中心)而运作，而应更加主动地思考，如何传播带有它的印鉴的思想，如何在不同的文明土壤中培育起与其精神气质一致的思想，如何鼓舞和团结一批致力于人类美好未来的社会改造家。它应将这些思考付诸行动。为此，它需要振兴往日那种虽稚嫩却无畏的理想主义精神，以在这个变革的时代坚韧不拔、奋勇前行。

过去七十余年的岁月，联合国教科文组织已经成功地证明了自己存在的价值，在接下来的七十年里，它要引领人类教育走向何方，这全赖21世纪另一批充满理想主义的人类思想家的创造。而且，我们更应该说，"2030年教育"议程是必要的乌托邦，它的建成需要所有人都成为具有理想主义精神的实干家。

在此，我们需要重述一下全民教育全球监测报告小组(2015b)[300]对于2015年后全球教育议程的提醒：

> 崇高的可持续发展议程已经设置了一个实际的计划，去跟踪各国和发展伙伴的前行道路，并且帮助调动适当的途径去实现那些已取得共识的目标。在教育领域，我们能够从过去全民教育战略的实施中吸取教训，来帮助加快未来几年的进展。国际教育界将需要寻找解决政治承诺问题的方法，以及解决增加融资和加强问责机制的需求。政府和捐助方一样，将需要在他们的政策和项目中应对公平和质量问题——并且为了迈向一个成功的2015年后议程，建立和使用教育与其他发展部门之间的联系。

本章概要

20世纪中后期以来，国际社会齐心协力推进全球儿童受教育权的落实；在这一历程中，联合国教科文组织起着不可替代的引领与协调作用。起初它在全球不同地区试点“基本教育”项目，在执行这些项目的过程中创造并积累了丰富的普及儿童教育的知识与经验。它提出了一系列具有深远影响的重要教育观点，影响了世界各国的儿童教育政策及实践。20 世纪 90 年代以后，联合国教科文组织与联合国系统的其他国际机构紧密合作，通过召开世界全民教育大会(1990)、世界教育论坛(2000)，推动全球人类坚信“所有人的基本学习需求能够而且必须作为当务之急予以满足”。国际社会为此制定并实施了一系列雄心勃勃的全球教育发展规划。而 2015 年通过的《仁川宣言》及《2030 年教育行动框架》为我们提供了全球落实儿童受教育权的新愿景与新计划。在“为所有人确保包容、公平的优质教育并促进终身学习机会”的全球可持续发展目标 4 的指引下，全球儿童教育迈向新的征程。

第四章

万水千山：中国落实儿童受教育权的漫长征程（上）

国家、社会、学校和家庭依法保障适龄儿童、少年接受义务教育的权利。

——《中华人民共和国义务教育法》第四条，1986 年 4 月 12 日

1971年，联合国恢复中国合法席位，①但随后的几年，我国与国际组织的合作主要是出于政治考量，②还未考虑在专门领域开展相关的多边业务合作与交流——"在70年代加入联合国后的大部分时间中，中国参与联合国的活动在很大程度上具有高度选择性和象征性"（埃克诺米、奥克森伯格，2001）[48]，既不是议程的制定者，也很少对重大国际问题提出建设性的解决办法。1989年以后，由于"国际议程的变化和正在进行中的议程对中国的利益有直接影响"，中国更进一步地全面参与世界（江忆恩，2001）。这一点在儿童教育领域也有体现。虽然中华人民共和国成立以来，我国儿童教育在不同历史时期、不同时代处境中面临不同的发展机遇与现实挑战，但1990年前后，我国政府确实作出了重大的决策，将我国的儿童教育事业全面纳入全球儿童教育发展的历史进程中。1990年3月，中国政府派出以国务委员兼国家教委主任李铁映为团长的代表团参与世界全民教育大会，并以"中国全民基础教育的发展与改革"为题举行国别圆桌会议，介绍了我国基础教育的发展状况（赵中建，1996）[10-12]。同年8月29日，中国常驻联合国大使代表中华人民共和国政府签署了《儿童权利公约》。次月30日，中国外交部长钱其琛作为李鹏总理代表出席在纽约联合国总

---

① 1971年10月25日，第二十六届联合国大会通过"恢复中华人民共和国在联合国组织的一切权利并立即把蒋介石的代表从它在联合国组织及其所属一切机构中所非法占据的席位驱逐出去"的第2758(XXVI)号决议。联合国秘书长吴丹(U Thant)随后致电联合国教科文组织总干事勒内·马厄(René Maheu)，称各专门机构对中国代表权问题应参照联合国大会之决议处理。为此，总干事提议召开执行局会议。10月29日，联合国教科文组织执行局第八十八届会议决定中华人民共和国政府是中国在联合国教科文组织的唯一合法代表。联合国教科文组织成为联合国系统下属专业机构中第一个恢复中华人民共和国合法席位的组织（沈俊强，2009b）[51-53]。

② 1971年联合国恢复中国合法席位后，中国政府经历过一段将联合国系统各机构视为"驱蒋""反殖""反帝"舞台的岁月。谢喆平(2010)指出，当时中国参与联合国教科文组织，扮演的是"体系内的旁观者"的角色。

部召开的世界儿童问题首脑会议，并代表总理草签了会议通过的宣言和行动计划（赵中建，1996）[53]。

从已有的中华人民共和国教育史的研究成果中，我们可以看到中华人民共和国教育发展有几个不同的历史时期，比如中华人民共和国成立之初的教育重建与社会主义改造，“文革”时期的全面否定与教育倒退，改革开放时期的教育结构改革与发展，21 世纪教育的均衡发展等。这种对中华人民共和国教育发展的宏大叙事是与整个国家的发展（尤其是政治变革）紧密关联的。它们对中华人民共和国教育发展历程的认识呈现出一个重要特征，即重点关注不同历史时期的重大教育政策。然而，在政策史的叙述中，我们看到的是政策议题与政策建议，甚少看到关于政策执行结果的分析。相应地，从儿童教育政策史中，我们虽然能够大体了解我国儿童教育发展的方向、动力、问题与挑战，但是，这些政策也或多或少地反映出某些时期我国儿童教育思想的现代化程度、教育发展策略的长远性、教育政策的前瞻性与连贯性相对不足。而且，若以政策史来分析与反思我国儿童受教育权的落实情况，那么，我们可以看到，某些政策的某些内容反倒说明了我国儿童教育领域长期客观存在的选择性、排斥性和歧视性，比如 20 世纪 50 年代以来屡次出现的“重点学校”政策。而在某些特定的历史时期，甚至有部分法规政策对儿童教育的歧视性加以合法化和结构化，比如，中华人民共和国成立后的相当一段时期，我国对家庭成分的划分直接影响了儿童的教育机会与教育质量。

结合以上观察，本章在回顾我国落实儿童受教育权的历史进程时，将以世界全民教育大会为重要的历史分期节点。这一考虑的首要原因是，笔者以为世界全民教育大会是中国儿童教育全面迈向国际化的起点。从全球普及全民基础教育的角度来看，世界全民教育大会是 20 世纪国际教育思潮的历史性总结，它发起“全民终身教育”全球倡议，推进了全球教育的整体协作。它的召开使各国深刻地认识到，本国的教育发展不再仅仅是自身事务，也是全人类教育发展、社会和谐、文化繁荣、文明进步的重要事务。反过来看，基于这一认识，我们可以通过全球性的视角来回溯与分析我国落实与保护儿童受教育权事业的时代进展。

具体来说，为便于阐述相关的史实与论点，关于我国落实儿童受教育权的历史回顾，以 1990 年世界全民教育大会为节点，分为前后两个时期，即全民教育大会之前的时期（包括改革开放前的三十年和改革开放后的十余年），以及 20

世纪 90 年代以来的二十余年。① 此外，笔者以为在研究我国尊重、保护并落实儿童受教育权的历史进程时，我们既应关注不同时期现实的儿童教育问题转化为政策议题的国内外因素，也应了解社会变迁对儿童观与教育观的形塑作用——对儿童受教育权落实状况所作的历史分期应注意到“儿童观”这一元素。它是儿童获得教育机会并接受教育的驱动力之一，也是对不同历史时期我国儿童教育政策作出价值判断的基础之一。

第一节 “社会主义接班人”的受教育权：曲折起步(1949—1976)

从中华人民共和国成立到改革开放前，我国儿童教育事业处于建设与探索阶段。1954 年 9 月 20 日，第一届全国人民代表大会第一次会议通过第一部《中华人民共和国宪法》，首次明确规定我国公民享有平等的受教育权。

> 第八十五条 中华人民共和国公民在法律上一律平等。
>
> 第九十四条 中华人民共和国公民有受教育的权利。国家设立并且逐步扩大各种学校和其他文化教育机关，以保证公民享受这种权利。
>
> 国家特别关怀青年的体力和智力的发展。

但是从政策史与相关记载来看，我国这一时期的儿童受教育权问题受现实条件制约并与政治运动紧密结合，表现出一个十分鲜明的特点：发展儿童教育被视为一项政治任务，儿童受教育权问题被政治化。这一时期，儿童教育普及经常受到政治思潮和社会运动的影响，虽然普及速度很快，但是教育质量难以顾及；成分、出身等区分限制并损害了许多儿童的入学与升学的权利；儿童在教育过程中的受教育机会权、受教育条件权、(获得)公正评价权遭到不同程度的损害。

回顾历史，我们注意到，这一时期儿童教育事业所有的思想矛盾与发展问题都集中体现在 1958 年提出的两个判定上：一是教育为无产阶级政治服务；二是教育与生产劳动相结合。前者是意识形态问题在教育领域的反映，这一时期

① 众所周知，真实的历史是绵延不断的，并非能够人为划分。本书的这种分期是针对具体研究主题的，只具有一定的合理性，更多的是为了叙述与分析的方便。而且，儿童教育的发展是在整个社会变革中进行的，因此，这种划分仍应考虑中国儿童教育政策调整的阶段性特征。

的儿童教育受到政治运动的牵引，出现了许多违背儿童教育发展规律的观念、政策；而后者是社会发展问题对教育提出的要求，对它的回应影响了儿童教育的内容与实践方式。这两个判定相互结合，从国家的视角对儿童教育的路线问题作出规定，要求儿童教育为政治、经济服务。这一定位在 1958 年的“教育革命”中得到了集中体现。恰如杨东平所说：“1958 年中共中央《关于教育工作的指示》和教育革命，标志着一种有别于 50 年代照搬苏联模式的新的教育方针、教育路线的形成。”（杨东平，等，2003）[162]这一年的政策与决策可以说是对中华人民共和国成立初期儿童教育发展的一个批判性结论，从中我们可以看到当时各种政治思想与教育问题的冲突与调和，也能够看到儿童教育发展的经验与定位；它也是其后近二十年儿童教育事业的一个最初规划与纲领。就此来说，1958 年的教育政策与教育实践为我们思考改革开放前的儿童受教育权问题提供了重要线索。

一、儿童教育的恢复重建

中华人民共和国成立后，百废待兴，教育领域中的各种现实问题要协调解决，各种教育关系要理顺；国家在政治经济等领域采取的“大一统”思路也直接运用于教育中。在各种因素的综合作用下，以苏联教育为模板来规划中华人民共和国的教育事业成为合理选择。这一时期，通过对杜威与民国时期民主教育思想的批判，儿童教育不再是学校、教师如何为儿童服务的问题，而是如何培养社会主义事业的接班人，如何为国家建设服务的问题。

（一）中华人民共和国成立初期儿童教育发展方向的探索

1949 年 9 月 29 日，中国人民政治协商会议第一届全体会议通过的《中国人民政治协商会议共同纲领》（以下简称《共同纲领》），奠定了中华人民共和国的政治基础，①起到了临时宪法的作用；它也是中华人民共和国第一部《宪法》（1954 年）的基础。它确立的“人民民主专政”以“阶级成分”划分为基础，其“序言”指出：“中国人民民主专政是中国工人阶级、农民阶级、小资产阶级、民族资产阶级及其他爱国民主分子的人民民主统一战线的政权，而以工农联盟为基础，以工人阶级为领导。”就教育领域来说，《共同纲领》明确提出要在各个社会生活层面实现男女平等（第 6 条），并“有计划有步骤地实行普及教育”（第 47

① 1949 年 10 月 1 日，中华人民共和国中央人民政府主席毛泽东发布政府公告指出：中央人民政府委员会一致决议，接受《中国人民政治协商会议共同纲领》为本政府的施政方针。

条)。它提出新民主主义的教育，即民族的、科学的、大众的文化教育。为了贯彻《共同纲领》的文化教育政策，这一年在北京召开第一次全国教育工作会议，当时的教育部副部长钱俊瑞在该会议的总结报告中提出，教育工作必须"以老解放区新教育经验为基础，吸收旧教育的有用经验，借助苏联经验，建立新民主义教育"①(何东昌，1998)[7]。该会议明确了教育必须为工农服务，②为生产建设服务，学校向工农开门的方针(何东昌，1996)[33]。

1950年起，中国教育界着力于"除旧布新"的工作，陶行知、杜威、陈鹤琴③、武训等的教育观遭到猛烈批判。④ 当年8月，《人民教育》第1卷第4期在题为《革命的教育家陶行知先生——纪念陶行知逝世四周年》的社论中指出，"新中国已开始了新教育的建设和旧教育的改造过程"，要批判地接受陶行知的教育学说，应清楚"陶先生的教育思想虽然并不完整，并且因为受杜威思想的影响而包含某些重要的弱点"(佚名，1950)。两个月后，《人民教育》刊登曹孚先生《杜威批判引论》⑤一文，文中写道："假使我们要批判旧教育思想，我们首先应该批判杜威。"(瞿葆奎，等，1989)[23]而陶行知先生的"生活教育"的定义("生活教育是生活所原有，生活所自营，生活所必需的教育")"似乎是承袭"杜威的定义(瞿葆奎，等，1989)[57]。不过，作为一位资深的杜威研究专家，曹孚对杜威(兼及陶行知)的批判，客观上是对杜威教育理论的系统介绍与深入评析，有探索中华人民共和国教育理论的旨趣。在这篇文章中，他谈及了对中华人民共和国儿童

---

① 《在全国教育工作会议上钱俊瑞副部长总结报告要点》(原载《人民日报》1950年1月6日)。

② 1950年，当时的教育部副部长钱俊瑞在《人民教育》第1卷第1、2期(5、6月)发表的《当前教育建设的方针》一文提出："为工农服务，为生产建设服务，这就是当前实行新民主主义教育的中心方针。"钱俊瑞阐释道，当前阶段以"为工农服务"为方针，而不一般地提"为人民服务"，是因为工农联盟是民主专政的基础；而且目前的教育情况不适应新形势——占全国人口80%以上的工农大众及其子女基本上还被拒于学校门外(金一鸣，2000)[7-8]。

③ 1951年4月，《人民教育》第2卷第6期发表张凌光的文章——《评"活教育"的基本原则》。该文认为陈鹤琴提出的"活教育"与杜威教育学说相近，需要进行根本改造。随后《人民教育》陆续刊发了相关的批判文章，包括陈鹤琴的自我批评文章(中央教育科学研究所，1984)[40]。

④ 1955年11月4日，中共中央批转教育部党组《关于实用主义思想在中国教育中的影响和批判实用主义教育思想的初步计划》。中共中央批示："当前抓紧批判杜威、胡适的实用主义教育思想，进而批判其他资产阶级教育思想，这是宣传唯物主义思想，批判资产阶级唯心主义思想的一个重要组成部分，同时也是我国教育建设中的一个重要任务。"从1955年5月至1957年11月，《人民日报》《光明日报》《新建设》及各种教育刊物连续刊发针对杜威"教育无目的论""儿童中心主义"等教育理论的相关批判文章(中央教育科学研究所，1984)[145]。

⑤ 该文分为上、下篇，分别刊于《人民教育》第1卷第6期(1950年10月)和第2卷第1期(1950年11月)，1951年3月由人民教育出版社以"人民教育丛书之五"的单选本出版(瞿葆奎，等，1989)[23]。

教育的几个基本判断：中华人民共和国的儿童教育应该有既定的培养目标；要反对儿童中心主义背后的个人主义；向苏联学习，在学校中进行系统的学科知识教学。

> 假使人类可以要求动植物按照一定的方向而生长，人类为什么不可以要求自己的儿童按照一定的目标而受教育？（瞿葆奎，等，1989）[27]
>
> 儿童中心主义是个人主义的，我们反对个人主义。……中国经济建设的高潮就要到来……我们应该接受苏联的建国经验，从现在起就加强学校中的系统学科知识之严格训练。（瞿葆奎，等，1989）[63]

当时对资产阶级教育思想的清理并不局限于学术讨论的层面。1951 年 5 月 20 日，《人民日报》发表毛泽东撰写的社论《应当重视电影〈武训传〉的讨论》，强调这部电影的出现和获得的广泛好评表明我国文化界的思想混乱情况十分严重，"应当展开关于电影《武训传》及其他有关武训的著作和论文的讨论，求得彻底澄清在这个问题上的混乱思想"。由于陶行知先生生前提倡武训精神，因而，对这部电影的"讨论"其实就是对陶行知教育理论的进一步批判，其后果就是"经过批判，陶行知被否定了，在旧中国存在过的各种进步教育思想也都被否定了，中国现代教育史上留下的只有反动的记录"（金一鸣，2000）[88-89]。

批判中华人民共和国成立之前的教育思想所打扫出来的空间需要用新的思想去填补。资产阶级教育思想及其相关的一切遭到唾弃，而苏联的教育思想被当成了真理。这一时期，苏联伊·阿·凯洛夫主编的《教育学》①被引进国内。作为"介绍苏联教育理论的第一本有系统的著作"（大众，1952），我国教育工作者长期学习与运用这本著作，它对中国教育的理论与实践产生了重大影响。② 这本

① 1970 年第 2 期《红旗》杂志刊登的《谁改造谁——评凯洛夫的〈教育学〉》（署名"上海大批判写作组"）一文，称"陆定一一语道破了其中'奥妙'：凯洛夫《教育学》的'好处就是代替了杜威'"（杨东平，等，2003）[123]。

② 凯洛夫先后主编和修订了三版《教育学》（1939、1948、1956）。其 1948 年版（原书出版于 1947 年，次年修改、再版）的中译本，于 1950 年 12 月作为"大学丛书"由人民教育出版社出版。1957 年，人民教育出版社又翻译出版了凯洛夫主编，冈察洛夫、叶西波夫和赞可夫协助编辑的《教育学》，但此时已近中苏关系恶化。相比来说，1948 年版的影响最大（周谷平、徐立清，2003）。

1964 年 6 月，《人民教育》六月号发表《社会主义教育学中的一个重要问题》和《资产阶级教育观点必须批判》等文章，对苏联凯洛夫主编的《教育学》进行了不点名批判。此后，教育界对这本书开展了批判。同年 8 月，江西省教育学会在庐山举行教育学讨论会，逐章批判了凯洛夫的《教育学》（中央教育科学研究所，1984）[304]。

“没有儿童的教育学”，关注教师如何教，却很少考虑儿童如何学（杨大伟，2009）。它“重新诠释了一系列教育基本问题，凸显了以教师主导、以共产主义道德教育为核心和以课堂为中心”（黄书光，2011）[266]。在倡导课堂教学和学科德育之外，它还强调集体主义的教育价值导向，推行班主任、学校教研组等制度（黄书光，2011）[278]。这些外来的先进经验被视为社会主义教育的真理，压制并否定中国原有的教育教学理论与本土经验。1953 年 4 月 28 日，《人民日报》第 1 版“我们伟大的祖国”栏目的配图文字写道：“采用苏联全面发展的教学法来教育儿童，是我国儿童教育的正确途径。”

在这一时期，儿童教育领域的重大决策就是推行普及教育。1951 年 8 月 27 日到 9 月 11 日，教育部在北京合并召开第一次全国初等教育会议和第一次全国师范教育会议。会议提出，从 1952 年到 1957 年，争取全国平均有 80％的学龄儿童入学（1951 年学龄儿童入学率为 47％）；从 1952 年开始，争取十年内基本普及小学教育。从 1952 年起，五年内小学改为五年一贯制，五年内培养百万名小学教师（中央教育科学研究所，1984）[46]。

与普及教育相契合，学制改革成为迫在眉睫的任务。1951 年 10 月 1 日颁布的《中央人民政府政务院关于改革学制的决定》列述了原有学制存在的诸多问题。

> 我国原有学制（即各级各类学校的系统）有许多缺点，其中最重要的，是工人、农民的干部学校和各种补习学校和训练班，在学校系统中没有应有地位；初等学校修业六年并分为初高两级的办法，使广大的劳动人民子女难于受到完全的初等教育；技术学校没有一定的制度，不能适应培养国家建设人才的要求。

因此，这一学制改革的重点在于工农干部教育、技术教育和小学教育（中央教育科学研究所，1984）[50]。其中，与儿童教育相关的政策要点如下：

> 幼儿教育：实施幼儿教育的组织为幼儿园。幼儿园收三足岁到七足岁的幼儿，使他们的身心在入小学前获得健全的发育。幼儿园应在有条件的城市中首先设立，然后逐步推广。
>
> 初等教育：对儿童实施初等教育的学校为小学，应给儿童以全面的基础教育。……小学的修业年限为五年，实行一贯制，取消初、高两级的分段

制。入学年龄以七足岁为标准。毕业后，得经过考试升入中学或其他中等学校。

> 中等教育：实施中等教育的学校为各种中等学校，即中学、工农速成中学、业余中学和中等专业学校。① ……中学的修业年限为六年，分初、高两级。修业年限各为三年，均得单独设立。教学内容采取一贯制的精神，同时照顾到分段的需要。初级中学，招收小学毕业生或具有同等学力者，入学年龄以十二足岁为标准；毕业后，得经过考试升入高级中学或其他同等的中等专业学校。高级中学，招收初级中学毕业生或具有同等学力者，入学年龄以十五足岁为标准；毕业后，得经过考试升入各种高等学校。

恰如同年10月3日《人民日报》社论——《为什么必须改革学制》所指出的，小学实行五年修业的一贯制，“便利于广大劳动人员尤其是农民的子女能够受到完全的初等教育”，而且，“各种学校教育在整个教育系统中都能够互相衔接，从初等教育到高等教育，形成了人民教育的一条康庄大道”（佚名，1951）。不仅如此，《中央人民政府政务院关于改革学制的决定》也提出应设立特殊教育学校：“各级人民政府并应设立聋哑、盲目等特种学校，对生理上有缺陷的儿童、青年和成人，施以教育。”

在这一时期，实现学校的国家社会主义化是学制改革的应有之义。1952年9月10日，教育部发布《关于接办私立中、小学的指示》，决定自1952年下半年至1954年，全国私立中小学全部由政府接办，改为公立。针对这一政策的实施后果，杨东平（2003）[121]评论道：

> 经过50年代初对旧教育的接管、改造后，所有各级各类教育均由国家举办，中国历史上源远流长的民间办学的传统至此中断，曾经十分活跃、数量众多的民间教育机构、教育组织基本取消，民间教育空间不复存在。社会化、多样化的教育格局被大一统的、高度集权的国家教育体制所取代。

事实上，20世纪50年代初教育界的现实情况十分复杂，新学制的推行并非

① 《中央人民政府政务院关于改革学制的决定》规定中等专业学校分成三大类：(1) 技术学校（工业、农业、交通、运输等），主要包括技术学校、初级技术学校；(2) 师范学校，主要包括师范学校、初级师范学校、幼儿师范学校；(3) 医药及其他中等专业学校（贸易、银行、合作、艺术等）。

一令到底。1953 年 5 月 17 日、18 日、27 日中共中央政治局举行会议讨论教育工作，会议决定：

> 允许小学民办，不限定几年，能办几年就办几年。五年一贯制实行过早，应推迟。小学要把超龄生教好。……不可能把小学都办成一样，不可能整齐划一，不应过分强调正规化。农村小学可分为三类：中心小学，不正规的小学，速成小学。农村小学应便于农民子女上学。应允许那些私塾式、改良式、不正规的小学存在。（中央教育科学研究所，1984）[77]

同年 12 月 11 日，政务院公布《关于整顿和改进小学教育的指示》，决定小学停止推行五年一贯制。

> 关于小学五年一贯制，从执行情况看来，由于师资教材等条件准备不足，不宜继续推行。因此已从本学年起，一律暂行停止推行。小学学制仍沿用四二制，分初、高两级。初级修业期限四年，高级修业期限二年。

总体上看，中华人民共和国恢复儿童教育与重建制度的时期，主要借鉴苏联经验，照搬苏联模式，这使得中国教育迅速走上了规范化道路，但同时这也是高度僵化的道路——它是高度集权、城市化、制度化、正规化的苏联教育体制的中国化。这一教育体制有三个鲜明特点：教育事业实行有计划按比例的发展；对教育事业实行统一管理；初步建立学校思想政治教育体制（何东昌，1996）[56-63]。而确保这一体制运作的首要原则就是计划。

> 对于我们全体国家工作人员来说，“计划就是法律”。我们的一切工作，都要按计划办事；我们每一个人，都要努力做好自己的工作，完成工作任务，以保证国家整个计划的完成。……教育工作是国家计划建设的一部分。……国家计划建设中交给学校的中心任务，就是完成教育计划，做好教学工作，把学生教好。……考察一个学校的成绩好坏，主要是要看它完成教学计划的程度而定，此外没有，也不应有任何其他的标准。（佚名，1953）

（二）中华人民共和国成立初期儿童教育的发展状况

中华人民共和国成立初期的几年里，儿童教育的发展状况并不乐观：各地中小学教学时间不能保证，教学计划不能按时完成；学生各种负担较重，身体健康状况不佳；[①]中小学在校生大量流失。由于国家建设需要，学校里的教师与学生被招考借调到不同岗位，学校师资问题严重。与此同时，各机关团体随意征调师生参与各种社会活动，学校教学以外的负担过多。这些情况相当普遍，从1953年第3期《人民教育》特地刊发的社论《教学工作是学校压倒一切的中心任务》一文中，我们就可以看到当时的儿童教育面临多么严峻的局面。

> 广西省博白中学的教师和学生，经常被调到县里去布置会场、写标语，从去年十月到今年一月十五日，共被抽调三十次之多。贵州遵义四中语文教师李师定、数学教师徐兴化只被调去参加遵义会议纪念场植树和赴乡催树苗的工作，就耽误了二十五天的课。江西丰城县中被抽去学生二十多人，帮助秋征盖章子。吉安市抽调学生参加司法改革宣传，前后历时二十余日。江苏青浦县初级师范学生组织了一个业余乐队，自从成立以后，凡是县里有重要的会议都要到该校去请乐队演奏，不管学生上课或自习，不管白天黑夜，都要有请必到。在小学方面，尤其严重，例如湖南省慈利县，自一九五二年九月开学时起，全县抽调六百多名小学教师去做查田定产工作，接着又参加秋征工作，直到十一月八日止，全县三分之一以上的学校还没有开学。益阳市四维完小教师在一年工作中竟有二百六十五日做了校外工作。山西省介休县第三高小在去年秋季开学后的四十天中，被抽调四个教师去工作三十九日。福建省惠安二区严峰乡干部抽调小学教师停课去修公路，教师雇人代修，乡干部还不允许，敲锣大喊："不亲自去不行。"河南省长葛县自楼、和尚桥等乡，凡乡干部结婚，或乡干部子女结婚，或学校所在地的人家有婚嫁喜事，都要学校停课，叫学生去打腰鼓、扭秧歌、摆队迎送。
>
> 由于以上情况，教师无法全力从事教学，学生也不能专心学习，缺课和停课现象相当严重，教学质量受到很大的影响。如西安市第一中学学生职务名称竟有三十几种之多，担任团总支和学生会工作的同学，一般都有两三门课不及格，高中五三级同学五十九人中上学期各门课程都及格的仅有

---

① 1951年7月13日，中央人民政府政务院通过《关于改善各级学校学生健康状况的决定》(8月6日发布)，指出"目前全国各级学校的学生健康不良的状况，颇为严重。许多学校由于功课过重，社团活动过多，加以伙食管理不尽得法，卫生工作注意不够，致影响了学生的身体健康……"。该决定要求"调整学生日常学习及生活的时间""减轻学生课业学习与社团活动的负担""改进学校卫生工作""注意体育、娱乐活动""改善学生伙食管理办法""学校经费的支配，应适当地照顾保健工作的需要"，以切实改善各级学校学生的健康状况。

八人。甘肃兰州中学、工业学校、建国中学三校因学生参加社会工作，每人平均缺课九十六小时，平均不及格的学生占百分之四十四至六十九。这种现象在小学更多。

为什么会造成这些现象呢？其主要原因是由于有些干部把学校看成可有可无、把教师看成“机动干部”，随意把老师或学生抽调出去，长期地做其他工作。其次是多头领导，没有统一的计划，除了各级教育行政部门、青年团、教育工会等与教育工作有直接关系的机关、团体之外，还有许多根本与教育工作无直接关系的机关、团体，不经一定手续任意到学校去直接布置他们的“中心工作”，因而对学校的工作产生了很大的妨害。例如，西安市一九五二年下学期，在开学后不到几个月的时期内，直接到学校去布置工作的单位就有二十多个。四川兴文县第二区区政府强派一个小学校的教师发展合作社社员五百零四名。北京西四区邮局到学校中去布置小学教师担任报刊发行员。其他如派出所、法院、税务局、人民银行、物资交流大会甚至百货公司、电影院等，都可以直接到学校去布置工作任务。有些区、乡干部对小学教师说：“你们教好了书不算成绩，要看你做好了中心工作，才算成绩！”

当然，除校外各机关各团体向学校布置工作外，学校内部自己造成忙乱现象，也不容忽视。例如，北京郊区张郭庄第八中心小学校长，在校外有八个职务，三十天中开了四十次会。东四区中心小学一位教师除教学工作外，还担任九种职务。市立女五中教师，平均每人兼三职。师大女附中一位教师，由于兼职多，每周工作时间竟达一百〇二小时等。有的学校工作缺乏计划或计划性很差，校长没有负起责任，没有抓紧教学工作：例如北京市某校，因要派一个教员听报告，却费去几个钟头的时间酝酿讨论。有不少校长，整天在经费、预决算、修建房屋、置备家具、评助学金……等工作上打圈子，把大部分精力花到教学以外的事情上去，这就必然造成师生的忙乱现象。（佚名，1953，引用时略有改动）

这一年年底，中央人民政府政务院在总共11条的《关于整顿和改进小学教育的指示》中，特别列出一条，着重指出“教学是学校中压倒一切的中心任务，校长与教师的主要任务是教学，学生的主要任务是学习”。而且，为了“纠正教师、学生过多地参加社会活动和校内非教学活动的偏向，克服当前学校中的混乱现象，做好教学工作，提高教学效果，增强师生健康”，该文件又列述了九款具体规定。虽然如此，在接下去的数年里，“中小学教师的忙乱现象”仍“是一个长期以来没有得到彻底解决的老问题”(《人民日报》评论员,1956)。

此外,《关于整顿和改进小学教育的指示》还清楚地记录着当时全国小学教育所面临的普遍性问题:师资质量较低,校舍设备简陋,学校管理混乱,教育质量很差;“现有的学校还不能完全满足群众子女入学的要求,特别在工矿区和大城市问题更严重”。这两方面既与实际的教育发展状况、此前的教育规划直接相关,也反映了当时教育发展的迫切需求。为此,该文件对普及小学教育作出如下安排:

> 从当前教育建设的可能条件与人民群众文化要求的实际情况出发,今后几年内小学教育应在整顿巩固的基础上,有计划有重点地发展。
>
> 由于国家逐步工业化,城市人口增加较快,而过去几年内城市小学增加的比例一般地较乡村为小,因此,在工矿区、城市、特别是大城市,公立小学应作适当发展。目前师资、校舍等条件一般缺乏,各地必须根据当地具体情况,积极采取各种办法,如调整班级,充实学额,采用二部制,[①]开办夜校,协助工矿企业、机关和团体办学,协助办好私立学校,允许群众和工商业家继续兴办学校,并用其他各种可行的办法,适当地解决初小毕业生升学和学龄儿童入学的问题。
>
> 在农村,为适当解决农民子女入学的问题,应根据需要与自愿的原则,提倡民办小学(包括完全小学),充分发挥群众自己办学的积极性。各地人民政府对此必须有足够的重视,加强指导,帮助解决师资、教材等问题。对乡村公立小学,除在学校较少的少数民族地区和老革命根据地应作适当发展外,其他地区均应以整顿提高为主,一般不作发展。

然而,限于当时的社会经济条件与政治形势,儿童教育发展不平衡、教育机会与师资供给不足、教育质量低下等问题,在短期内未能得到有效解决。到1956年第一届全国人民代表大会第三次会议召开时,普通教育的突出问题表现为“中学

① “二部制”有多种教学组织形式,但大体上是指在学生人数多,师资、校舍、设备不足的情况下,在校生被分为两部分,轮流上课。1935年5月28日,民国行政院修正通过的《实施义务教育暂行办法大纲》就已将“历行二部制”作为施行义务教育的举措之一。1951年前后,中央人民政府也开始采用“二部制”来增加中小学的教育机会。1952年8月2—12日,教育部在北京召开的中小学教育行政会议上,除了议决重要的教育问题外,与会代表也交流了各地中小学实行二部制的经验。1952年第9期《人民教育》刊发了题为《必须重视二部制中学的经验》的短评,以及《东北区怎样试办二部制中学》《北京市中学实行二部制的办法》两篇文章。

学生数目不足""中小学学生大量退学""师范教育赶不上需要"(张奚若,1956)。

仅以"普及小学教育"这一问题来看,计划与现实的差距远远超出了当时国家领导人的预期。上文提及的1951年第一次全国初等教育会议和第一次全国师范教育会议提出的普及教育目标并未如期实现。结合当时教育发展的实际状况,这些目标被进一步修改与细化。1956年1月25日,最高国务会议通过的《1956—1967年全国农业发展纲要(草案)》①规定:"按照各地情况,分别在7年或者12年内普及小学义务教育。乡村小学基本上由农业生产合作社办理。"(第29段)同年9月15日,中共中央副主席刘少奇在中国共产党第八次全国代表大会上所作的《政治报告》中指出:"在财政力量许可的范围内,逐步地扩大小学教育,以求在十二年内分区分期地普及小学义务教育。"

1957年,我国学龄儿童入学率达61.7%(未达到1951年设定的80%的目标)。1958年"教育革命"期间,小学在校生人数比1957年增长34.41%,入学率上升到80.3%。但是经过调整,1959—1962年学龄儿童入学率逐年下降,1962年降到56.1%。直至1965年学龄儿童入学率才超过1958年的水平,达到84.7%(《中国教育年鉴》编辑部,1984)[125-126]。

而在师资方面,当时我国师范教育发展规模滞后,小学与幼儿园师资缺口较为严重。1956年6月30日,教育部《关于培养小学教师和幼儿园教养员的指示》对发展师范教育的问题作出深刻反思。

> 由于我部……对师范教育的发展注意不够,尤其是近年来不适当地削减了师范学校的招生名额,对初级师范学校又采取了收缩的方针,以致全国中等师范学校每年毕业学生数远远落后在客观需要后面,造成普及小学教育和发展幼儿教育的重大困难。根据普及教育的初步规划,只小学教师今后七年即需增加一百万余人,可是全国师范学校按现有规模,每年毕业生才不过几万人。因此,今后必须在又多、又快、又好、又省的方针下,及时地完成培养小学教师和幼儿园教养员的任务。(教育部,1956)

与师范教育发展迟缓相伴的是中小学师资质量普遍低下。1957年的统计数据显示,小学专任教师有188.4万人,其中,被调查的180.68万人中,学历为

① 该草案由中国共产党中央委员会政治局于1956年1月23日提出,正式纲要由中华人民共和国第二届全国人民代表大会第二次会议于1960年4月10日通过。

“中师、高中毕业及以上”的小学专任教师仅有25.96万人，占14.4%，51.4%的小学专任教师只有“初师、初中毕业及中师、高中肄业”，另有34.2%的小学专任教师是“初师、初中肄业及以下”。1963年，拥有“中师、高中毕业及以上”学历的小学专任教师占被调查教师总数的34.5%，但是仍然有47.1%的小学专任教师只有“初师、初中毕业及中师、高中肄业”，而“初师、初中肄业及以下”占18.4%(不过，这一数据到1981年为34.3%)(《中国教育年鉴》编辑部，1984)[199]。

从相关的文件来看，20世纪50年代初期我国儿童受教育权落实情况的主要特点为：初等教育入学率有所提升，但是整个社会的儿童教育需求并没有明显的增长；中等教育与高等教育的升学率不高，其主要原因是中小学生辍学、毕业生缺乏升学意愿；学校师资不足，管理失序，师生经常处于忙乱状态，教学时间不能保证，教学计划经常完成不了，教育质量较为低下。

二、儿童教育的曲折发展

通过前期的社会主义改造，我国建立起正规的学制系统，学校的教育秩序逐步恢复，招生、教学、经费等制度逐步健全。在此过程中，国家对各级各类教育的控制日益增强，按计划办教育的思维模式完全巩固。顺应这一趋势，我国儿童教育继续向正规化、现代化的方向发展。

不过，从20世纪50年代后期开始，我国儿童教育的发展历经了一番波折。这一波折的背景与动因是复杂的，大体上可以从下述两个层面来分析。

从社会层面来看，这是由于中共中央对社会主义现代化建设作出了新的探索。1958年5月5—23日，中国共产党第八届全国代表大会第二次会议在北京召开。5月5日，刘少奇代表中共中央做会议工作报告，该报告正式宣布：“在整个过渡时期，也就是说，在社会主义社会建成以前，无产阶级同资产阶级的斗争，社会主义道路同资本主义道路的斗争，始终是我国内部的主要矛盾。”5月23日，《中国共产党第八届全国代表大会第二次会议关于中央委员会的工作报告的决议》明确指出，“会议一致同意党中央根据毛泽东同志的创议而提出的鼓足干劲、力争上游、多快好省地建设社会主义的总路线，”并号召全党、全国人民，贯彻执行这条社会主义建设总路线，“在继续进行经济战线、政治战线和思想战线上的社会主义革命的同时，积极地进行技术革命和文化革命”。同年6月21日，《人民日报》刊登题为《力争高速度》的社论，着重指出，“速度是总路线的灵魂”“用最高的速度来发展我国的社会生产力，实现国家工业化和农业现代化，是总路线的基本精神”(佚名，1958)。历史表明，中国共产党第八届全国代表大会第二次会议是一次全面大跃进的动员大会，它实际追求的是“多”与“快”。这种强调路线斗争、追求建设速度的思维方式，也塑造了这一时期的儿童教育发展模式。

从教育层面来看，当时我国教育的发展状况与中央政府的设计不相契合。客观的状况是，中华人民共和国成立以来的教育多年来难以兼顾“普及与提高”，教育普及状况与教育发展水平仍不能适应社会主义现代化建设的实际需要。当时正规教育的发展主要集中在城市地区，而要从根本上改变广大农村地区知识贫乏、文化落后的困境，采取城市化、正规化的教育发展策略并不切合实际。这些问题促使中国领导人对教育发展路线与发展模式作出新的思考。在中苏关系恶化的时代背景下，20 世纪 50 年代初所推崇的苏联教育模式受到了批判，以致 1958 年的相关文件中将“苏联教育经验”界定为“资产阶级的”教育经验(陆定一，1958)。

回顾历史，我们可以看到，这一时期我国领导人对教育发展路径的探索缺乏足够的理论基础。对此，黄书光(2011)[298]作出了这样的评论：

> 一方面，借鉴外来的先进教育资源来推进本国教育现代化的外源性路径已被阻断，无论是苏联的还是西方国家业已发展的教育思想、制度和文化都不能成为我国教育现代化的外源性资源；另一方面，中国内生的、丰富的传统教育文化，也由于当时对传统教育文化的偏颇认识，被作为“四旧”批判，也不足以构成我国教育现代化的内源性资源。中国教育现代化可以选择的只有自力更生，建立中国自己的教育现代化模式，所能凭借的教育资源是中华人民共和国成立前解放区的丰富的教育经验，但这一特殊的教育经验毕竟有其自身的局限性。

(一) 中华人民共和国社会主义教育方针

1957 年，毛泽东在《关于正确处理人民内部矛盾的问题》①一文中提出了在我国人民的政治生活中判断言论与行动是非的六条政治标准，其中，“最重要的是社会主义道路和党的领导两条”。在谈及“知识分子问题”时，他提出：“我们的教育方针，应该使受教育者在德育、智育、体育几方面都得到发展，成为有社

① 《关于正确处理人民内部矛盾的问题》是毛泽东 1957 年 2 月 27 日在最高国务会议第十一次扩大会议上的一篇讲演。后来毛泽东根据当时的记录加以整理，并作了若干补充，于 1957 年 6 月 19 日在《人民日报》发表。

会主义觉悟的有文化的劳动者。”翌年，中共中央文教小组组长、宣传部部长陆定一在其署名发表的《教育必须与生产劳动相结合》①一文中，将这一方针进一步阐释为“全面发展的教育方针”，并强调“教育为政治服务，教育与生产劳动结合，教育必须由党来领导，这三者是互相联系的”。这实际上是1958年9月19日中共中央、国务院正式公布的《关于教育工作的指示》的先声。

《中国共产党中央委员会、国务院关于教育工作的指示》(节选)

(三)党的教育工作方针，是教育为无产阶级的政治服务，教育与生产劳动结合；为了实现这个方针，教育工作必须由党来领导。……教育是改造旧社会和建设新社会的强有力的工具之一。教育工作必须在党的领导之下，才能很好地为社会主义革命和社会主义建设服务，……共产主义社会的全面发展的新人，就是既有政治觉悟又有文化的、既能从事脑力劳动又能从事体力劳动的人，而不是旧社会的只专不红，脱离生产劳动的资产阶级分子。党所提出的“培养有社会主义觉悟的有文化的劳动者”的口号，正确地解释了“全面发展”的涵意。……党的教育工作方针同资产阶级教育工作方针之间的斗争，按其性质来说，是社会主义道路和资本主义道路两条道路之间的斗争。

在一切学校中，必须进行马克思列宁主义的政治教育和思想教育，培养教师和学生的工人阶级的阶级观点(同资产阶级进行斗争)，群众观点和集体观点(同个人主义观点进行斗争)，劳动观点即脑力劳动与体力劳动结合的观点(同轻视体力劳动和体力劳动者、主张劳心劳力分离的观点进行斗争)，辩证唯物主义的观点(同唯心主义和形而上学的观点进行斗争)。……

在一切学校中，必须把生产劳动列为正式课程，每个学生必须依照规定参加一定时间的劳动。……这是培养全面发展的新人的一条正确道路。今后的方向，是学校办工厂和农场，工厂和农业合作社办学校。……

---

① 1958年7月，《红旗》杂志第7期发表中共中央宣传部部长陆定一的文章：《教育必须与生产劳动相结合》，8月16日《人民日报》转载此文。据《光明日报》报道，陆定一(1980)在访问上海交通大学时，对“教育与生产劳动相结合”谈了以下看法：

> 关于教育革命，一九五八年提出教育与生产劳动相结合的口号……还是对的，我们理工科大学还是要实行这种结合。可是提的时间不恰当，办法不对，没有详细规定具体办法，先在少数学校试验，然后推广。结果是全国一轰而起，实际上形成一个时期的停课。那年秋天，……小学、中学、大学都不读书，上山去找铁、找煤、挖红薯……，实际上把教育搞乱了。在这个问题上，我有很大的责任。

> 一切教育行政机关和一切学校，应该受党委的领导；党委应该注意在学校师生中发展党和青年团的组织。……为了加强党在教育事业中的领导，各级党委要输送一批干部到教育机关和学校中去。
>
> （四）为了多快好省地发展教育事业，必须动员一切积极因素，……必须采取统一性与多样性相结合，普及与提高相结合，全面规划与地方分权相结合的原则：
>
> 甲、教育的目的，是培养有社会主义觉悟的有文化的劳动者，……在这个统一的目标下，办学的形式应该是多样性的，即国家办学与厂矿、企业、农业合作社办学并举，普通教育与职业（技术）教育并举，成人教育与儿童教育并举，全日制学校与半工半读、业余学校并举，学校教育与自学（包括函授学校、广播学校）并举，免费的教育与不免费的教育并举。这就是说，全国将有三类主要的学校：第一类是全日制的学校，第二类是半工半读的学校，第三类是各种形式的业余学习的学校。……
>
> （五）教育是人民群众的事业。人民群众是为了社会主义革命和社会主义建设而需要教育事业的……办教育应当在党委领导之下，把专业的教育工作者同群众结合起来，采取从群众中来、到群众中去的群众路线的方法，贯彻全党全民办学。……
>
> （六）全国应在三年到五年的时间内，基本上完成扫除文盲、普及小学教育、农业合作社社社有中学和使学龄前儿童大多数都能入托儿所和幼儿园的任务。应该大力发展中等教育和高等教育，争取在十五年左右的时间内，基本上做到使全国青年和成年，凡是有条件的和自愿的，都可以受到高等教育。我们将以十五年左右的时间来普及高等教育，然后再以十五年左右的时间来从事提高的工作。……

这一具有重大历史影响的教育文件，将教育目的界定为“培养有社会主义觉悟的有文化的劳动者”，并将教育领域划定为“道路”斗争的场域，进而强调教育的意识形态灌输功能——“在一切学校中，必须进行马克思列宁主义的政治教育和思想教育”。这客观上忽视了儿童身心成长的规律、儿童生存与发展的具体需要。从陆定一在《教育必须与生产劳动相结合》一文中对“全面发展”方针所作的阐释中，我们可以看到当时儿童教育被简化为德、智、体三个方面，而在这三者之中，德育所要发展的“共产主义的道德”十分宽泛，未能明确界定适应儿童认知水平的具体内容。

儿童时期需要发展身体，这种发展要是健全的。儿童时期需要发展共产主义的情操、风格和集体英雄主义的气概，就是我们时代的德育。这二者同智育是连结一道的。二者都同从事劳动有关，所以教育与劳动结合的原则是不可移易的。……我们所主张的全面发展，是要使学生得到比较完全的和比较广博的知识，发展健全的身体，发展共产主义的道德。

在此，我们有必要提及1952年3月18日教育部颁发试行的《幼儿园暂行规程(草案)》《小学暂行规程(草案)》《中学暂行规程(草案)》。这三份草案对不同学龄阶段的儿童教育的主要目标作了具体区分，并且，它们所界定的“全面发展”还包括美育——我们从中可以体会草案制订者对儿童身心发展规律的重视。

《幼儿园暂行规程(草案)》(节选)

第二条　幼儿园的任务是：根据新民主主义教育方针教养幼儿，使他们的身心在入小学前获得健全的发育；同时减轻母亲对幼儿的负担，以便母亲有时间参加政治生活、生产劳动、文化教育活动等。

第三条　幼儿园对幼儿进行初步的全面发展的教养工作。其主要目标如左①：

一、培养幼儿基本的卫生习惯，注意其营养，锻炼其体格，保证幼儿身体的正常发育和健康。

二、培养幼儿正确运用感官和语言的基本能力，增进其对于环境的认识，以发展幼儿的智力。

三、培养幼儿爱国思想，国民公德和诚实、勇敢、团结、友爱、守纪律、有礼貌等优良品质和习惯。

四、培养幼儿爱美的观念和兴趣，增进其想象力和创造力。

《小学暂行规程(草案)》(节选)

第二条　小学教育的宗旨是：根据新民主主义的教育方针和理论与实际一致的教育方法，给儿童以全面的基础教育，使他们成为新民主主义社会热爱祖国和人民的、自觉的、积极的成员。

第三条　小学实施智育、德育、体育、美育全面发展的教育。其主要目标如左：

① 原文件采用繁体竖排，故称“如左”。下同。

一、智育方面：使儿童具有读、写、算的基本能力和社会、自然的基本知识。

二、德育方面：使儿童具有爱国思想、国民公德和诚实、勇敢、团结、互助、遵守纪律等优良品质。

三、体育方面：使儿童具有强健的身体，活泼、愉快的心情以及卫生的基本知识和习惯。

四、美育方面：使儿童具有爱美的观念和欣赏艺术的初步能力。

《中学暂行规程(草案)》(节选)

第二条　中学教育的任务，是用马克思列宁主义的理论与中国革命实践相结合的毛泽东思想和普通文化知识教育青年一代，使他们的身心获得全面的发展，以便为升入高等学校或参加建设工作打好基础。

第三条　中学应对学生实施智育、德育、体育、美育等全面发展的教育，其主要目标如左：

一、使学生能正确运用本国语文，得到现代科学的基础知识和技能，养成科学的世界观。

二、发展学生为祖国效忠、为人民服务的思想，养成其爱祖国、爱人民、爱劳动、爱科学、爱护公共财物的国民公德和刚毅勇敢、自觉遵守纪律的优良品质。

三、培养学生体育卫生的智能和习惯，以养成其强健的体格。

四、陶冶学生的审美观念，并启发其艺术的创造能力。

(二) 儿童教育的“大跃进”

在全国掀起“大跃进”高潮时，“教育革命”也轰轰烈烈地展开。1958 年的“教育革命”是 1949 年后的中国教育迈上内源性自主发展道路的一种探索形式。而引发这种探索的主要原因是国家领导人对当时教育发展状况的不满意、对教育发展模式的不信任。① 的确，在当时，这种针对教育领域的不满意与不信任具有一定的合理性。

1957 年 3 月 18—28 日，教育部在北京召开第三次全国教育行政会议，并认

① 关于毛泽东在 20 世纪 50 年代后期关注教育问题的原因，杨东平(2003)[159] 作了如下评论：

毛泽东毫不掩饰他对科层化、专门化、制度化的管理，造就一个“技术官僚”阶层，具有“专家治国”色彩的苏联模式的反感。他对在学习苏联过程中出现的高度集中统一、国家垄断的教育管理体制、忽视农村和农民的城市中心价值、繁文缛节和条条框框，以及学生学习负担过重等问题感到担忧。

为当时的教育发展状况既与人力、物力、财力相脱节，又不能满足社会经济发展的实际需求(中央教育科学研究所，1984)[192-193]。

《人民日报》社论："关于中小学毕业生参加农业生产问题"(节选)

今年(1957)高中毕业生大部分升学、小部分不升学，初中和高小毕业生小部分升学、大部分不升学的情况，是正常现象。……今年新出现的这种情况，今后还会有所发展，这种情况将是长期现象，而不是暂时现象。我们今后的任务，是首先逐步普及小学教育，使学龄儿童全部入学。如果达到了这个目的，全国约有一亿小学生，每年就将有一千多万小学毕业生。……就全国说来，最能够容纳人的地方是农村，容纳人最多的方面是农业。① 所以，从事农业是今后安排中小学毕业生的主要方向，也是他们今后就业的主要途径。(佚名，1957)

从以上引文中，我们可以看出，1957 年教育发展面临的实际问题是：中等教育的发展规模不能满足小学与初中毕业生的升学需求；与全体国民受教育程度普遍低下相伴的是，城市的发展水平不足以向中小学毕业生提供足够的工作岗位。在推行公有制并以计划指导各行各业发展的时期，大中小城市增加就业岗位的举措不足，让无法升学的儿童到农村去从事不需要多少科学文化知识的农业生产无疑成了首选方案。然而，农村同样缺少就业岗位，而且这些无法继续升学的儿童缺乏农业生产的必需知识与技能。这一时期的解决办法是大力发展面向农村生产生活、传授实用技能的农业中学。

农业合作化的发展，使农村对农业技术人才的需求十分迫切；与此同时，全国特别是广大农村却有大批高小、初中毕业生升不了学。这些年轻学子回乡后，由于没有技术和技能，不能适应农村对人才的需求……农业中学坚持的群众自办、半耕半读、勤俭办学和为生产服务的原则与当时全国提倡的"勤工俭学、勤俭办学"的做法合拍，得到广大农民和学生的欢迎。

---

① 1957 年 6 月 5 日中共中央发出的《关于安排不能升学的中小学毕业生的指示》提出，除华侨子女由国家负责适当安置，工农速成中学的学生原则上应该由原单位或人事部门安置之外，对于不能升学的学生，基本的方法是动员说服(绝不能强制)他们到农村从事农业生产，和在家自学等待就业或升学。这是今后相当长时期内所必须采取的方针(中央教育科学研究所，1984)[198]。

（李庆刚，2004）

1958年，农业中学首先在江苏省诞生，随后受"大跃进"影响，迅速在全国推广①（李庆刚，2004）。当时，江苏省的农业中学以惊人的速度发展，"在创办农业中学的第一年，小学在校学生数增长了百分之三十六，第二年又增长百分之五，学龄儿童入学率从一九五七年的百分之六十点七，激增长到一九五九年的百分之八十八点四"（欧阳惠林，1960）。显然，在没有大量增加教育投入的情况下，以这种"大跃进"式的速度办学，其结果必然是办学水准不高，师资层次较低，教育教学条件恶劣。

> 现在我省的农业中学，学制，有的定为三年，有的定为二年。招生对象，以25岁以下的高小毕业生为主，同时，招收一些同等程度的青壮年，25岁以上的一般不收，以免影响生产。课程，一般开设四门课，即政治、语文、数学、农业基础知识，到二年级准备开设生理卫生课，到三年级准备开设理化常识课。教材要求结合生产、结合实际，譬如对于数学教材各地都增加了珠算、簿记、测量等内容。教学时间总的规定是半耕半读，具体安排，则根据当地群众意见，有的是半日制，有的是隔日制。经费来源，以谁上学、谁出钱为原则；校舍有的借用小学，有的借用公房，有的利用祠堂、庙宇；设备大部自带桌凳，也有的由公立学校支援一部分。教师就地选聘，政治课由乡党委书记或乡党委委员兼任，农业基础知识课一般由农业技术推广站干部和农校下放参加实际锻炼的学生兼任，语文、数学等课专职教师则就高中毕业生或下放干部中选聘。学校领导，一般由乡党委书记兼任校长，教育行政部门和农业部门，在业务上予以指导；校内成立校务管理委员会，商量并解决学校一切问题。（吴天石，1958）

1958年8月4日，中共中央、国务院发布《关于教育事业管理权力下放问题的规定》，指出：小学、普通中学、职业中学、一般的中等专业学校和各级业余学校的设置和发展，无论公办或民办，由地方自行决定。同年8月，在各地实现人民公社化的高潮中，全部农村中小学管理权下放，由公社领导管理。在支援农

① 1958年3月17—19日，中共江苏省委在南京召开民办农业中学座谈会，推广本省海安县双楼乡和邗江县施桥乡创办农业中学的经验。4月21日，《人民日报》发表社论，号召大量发展民办农业中学。继江苏、浙江、河南、福建、辽宁等省举办大量农业中学之后，其他省市也开始兴办农业中学（中央教育科学研究所，1984）[218]。

业生产大跃进的口号下，各级学校师生经常停课下乡参加农田水利建设、深翻土地、“双抢”“三秋”①等农业劳动（中央教育科学研究所，1984）[230]。

当年9月，各地开始进行缩短中小学学制、改革教学方法的试验，同时修改通用教材，个别地区还自编了部分教材。随着农村人民公社化运动的发展，河南、河北、广东、山东等一些地区出现学校合并集中，学生同学习、同劳动、同食宿的做法。这一时期响应中共中央的号召，全国大、中、小学校教职工和高小以上学生投入大炼钢铁运动，各地师生夜以继日地劳动，教学工作基本停顿（中央教育科学研究所，1984）[233]。同年9—12月，各地学习、贯彻《中国共产党中央委员会、国务院关于教育工作的指示》，进行缩短中小学学制的改革试验，各级各类学校从开展勤工俭学运动发展为学校大办工厂、农场，工厂、农村人民公社大办学校（中央教育科学研究所，1984）[234]。12月10日中国共产党第八届中央委员会第六次全体会议通过的《关于人民公社若干问题的决议》指出：“无论哪一种学校，都必须贯彻执行教育同生产劳动相结合的原则。”该决议强调，人民公社要办好托儿所和幼儿园，必须大量培养合格的保育员和教师；必须负责办好小学、中学和成人教育；要在全国农村中普及小学教育，办好全日制的中学和半日制的农业中学，或者其他中等职业学校，逐步做到普及中等教育。

虽然1958年10月1日的《光明日报》报道我国教育事业以空前速度获得巨大发展，全国的文化面貌正在飞跃变化，②但是在这一时期的整风③、半工半读、勤工俭学④（下厂下乡）等运动中，教师的人格尊严被贬低，儿童的教育时间

① “双抢”：抢收、抢种；“三秋”：秋收、秋耕、秋种。

② 这篇报道列举了一些数字：1958年1—8月，全国扫除了9 000万文盲，比八年来扫盲总数多两倍；全国学龄儿童入学率已达93.9%，全国87%的县、市基本普及小学教育；本年新建中学26 000余所，全国中学生已达924万，比1957年增长47%；全国中等专业学校已达千余所，在校学生数比1957年增长220%；很多省份决定在十五年内普及大学教育，等等（中央教育科学研究所，1984）[234]。

③ 依据1957年10月15日中共中央发出的《关于在中等学校和小学的教职员中开展整风和反右派斗争的通知》，中等学校和小学的教职员在寒假中集中进行了整风和反右派斗争。

④ 1957年5月5日，《中国青年报》发表《提倡勤工俭学，开展课余劳动》的社论；同年6月5日，《人民日报》发表《一面劳动、一面读书》的社论。在此前后，全国各地许多高等学校、中等学校开展了多种形式的勤工俭学活动。（中央教育科学研究所，1984）[196] 1958年1月27日共青团中央发布的《关于在学生中提倡勤工俭学的决定》指出，勤工俭学是“广大学生响应党中央勤俭建国、勤俭办校的号召的体现”，“是具体实现知识分子和工农相结合、脑力劳动和体力劳动相结合的一个重要途径”。这一年春天，“在党的号召和领导下，广大学生把劳动和学习结合起来，广泛地开展了参加生产劳动的活动，很快地就发展成为规模宏大的下厂下乡运动。中等以上学校的师生，分批到工厂、到矿山、到农村，与工人农民同吃、同住、同劳动，向工农学习，在劳动中锻炼自己。小学师生也广泛地参加了力所能及的社会公益劳动”（中央教育科学研究所，1984）[212]。

与教育质量得不到保证。从“教育革命”亲历者的回忆中，我们可以看到，“教育革命”时期，儿童仍面临中华人民共和国成立初期就已存在的教育问题，比如大量社会活动扰乱正常教育教学秩序，教育投入不足，教学条件薄弱，教育质量低下，入学机会不足，升学率不高，等等。而且，由于生产、生活条件发生了剧烈的变化，学龄儿童在求学期间还面临严峻的生存危机。① 在亲历者的追忆中，我们可以看到，当时的教育教学活动被融入了大量的政治元素，儿童被卷入成人世界的政治活动，与此同时，正规的系统的知识学习客观上被弱化、被忽视、被置于顺从政治安排的次要地位。换句话说，这一时期的儿童基本上接受的是以生产、生活活动为主要内容的“非正式教育”，而且，其中还夹杂着不少关于阶级斗争与生存危机的内容。②

（三）“教育革命”膨胀与儿童教育的破坏

历经 1958—1960 年的“大跃进”后，1961 年 1 月 14—18 日召开的中国共产党第八届中央委员会第九次全体会议通过了“调整、巩固、充实、提高”的八字方针。这一方针也在教育领域中执行。1962 年 3 月 2 日，周恩来在广州发表《论知识分子问题》的讲话；同月 27—28 日，他在第二届全国人民代表大会第三次会议上做政府工作报告，明确肯定了知识分子的绝大多数是“属于劳动人民的知识分子”（周恩来，1984）[353]。这为教育事业和教育工作者提供了重要的政治支持。

不过，1962 年 4 月 16 日第二届全国人民代表大会第三次会议通过的《关于政府工作报告的决议》依然强调“更高地举起总路线、大跃进、人民公社三面红旗”。同年 9 月 24—27 日召开的中国共产党第八届中央委员会第十次全体会议接受了毛泽东关于阶级、形势和矛盾的基本观点，并将“无产阶级和资产阶级之间的阶级斗争……是不可避免的”的观点写入全会公报。

---

① 1960 年 5 月 15 日，中共中央、国务院发出《关于保证学生、教师身体健康和劳逸结合问题的指示》。7 月 20 日，中共中央批转共青团中央书记处《关于学校师生劳逸结合问题的报告》。根据中央批示，教育部于 9 月 19 日发出通知，要求各地检查学校师生劳逸结合和生活安排情况。12 月 21 日，中共中央、国务院发出的《关于保证学生、教师身体健康的紧急通知》指出，不少城市的大中学校师生，由于劳逸结合不好、营养较差、生活安排不好，有不少人发生了水肿病和其他疾病，并且这种情况仍在继续发展（中央教育科学研究所，1984）[286]。1964 年 8 月 19 日，国务院批转教育部、国家体委、卫生部《关于中小学学生的健康状况和改进学校体育卫生工作的报告》。这一报告指出，学生的健康状况仍未恢复到一九五九年以前的水平。学生患常见病的还不少（中央教育科学研究所，1984）[366]。

② 关于“大跃进”时期儿童教育的实况，可以参见相关的回忆性文章，例如周庆元的《我经历过的“大跃进”片段》[载《春秋》2006 (1)：34 - 35]、刘武权的《我所经历的大跃进》[载《钟山风雨》2009(4)：31 - 34]对此都有较为详细的描述。

在阶级斗争观念的指导下，资产阶级教育思想再次成为批判的靶子。1963年10月号《人民教育》刊载三篇文章①，猛烈抨击缺乏“高度的阶级责任感和深挚的革命思想感情”的“母爱”精神和“爱的教育”，强调要对儿童进行无产阶级思想政治教育，使之成为无产阶级革命的接班人（敢峰，1963）。

> 一九六三年五月，本刊（《江苏教育》小学版）发表了徐文、古平两同志所写的《育苗人》一文。以后，作者又将这篇文章改写成《斯霞和孩子》，发表在五月三十日的《人民日报》上。这两篇文章都强调了儿童有一颗“纯洁、稚嫩的心”，“像水晶一般的明净”；强调了教师要以“童心”爱“童心”，儿童“不但需要老师的爱，还需要母爱”，强调了教师“像一个辛勤的园丁”，“给我们的幼苗带来了温暖的阳光，甘甜的雨露”……。这些思想内容都是错误的，缺乏阶级和阶级斗争的观点，混淆了资产阶级教育思想和无产阶级教育思想的界限，反映了资产阶级教育家所倡导的“爱的教育”的思想。这是与马克思列宁主义关于阶级和阶级斗争的学说相对立的，是同党的教育方针和毛主席的教育思想不相容的，是跟我们培养无产阶级的坚强的革命后代的任务完全相违背的。（《江苏教育》编辑部，1964）
>
> 资产阶级教育家之所以提出教育要以儿童为中心，要以儿童的兴趣为根据，无非是虚伪地宣称教育与政治无关，来掩盖他们利用教育欺骗麻醉劳动人民的实质。马克思主义者认为在阶级社会里，人有阶级性，教育的目的就是为统治阶级的政治经济服务的。学校是阶级斗争的工具而不是像园丁在苗圃里随意地培育着幼苗、花朵。……作为新中国的教育工作者，他是执行无产阶级教育任务的园丁，他的一切技能技巧必须为无产阶级的政治经济服务，为贯彻党的教育方针服务。（许宗实，1963）
>
> 阶级教育是思想教育的核心。我认为，②从孩子懂得要区分好人和坏人开始，就要适应他们的理解能力对他们进行阶级教育。离开了阶级教育这个核心，什么教育学生守纪律、有礼貌、团结友爱、不骄傲，等等，都可以变成资产阶级的教育，和资产阶级教育没有区别。孩子从他们的生活中是经常

① 这三篇文章是许宗实的《我们必须和资产阶级教育思想划清界线》，王泰然的《从用“童心”爱“童心”说起》，以及敢峰的《谁说教育战线无战事?》。

② 资料显示，“敢峰”是方玄初的笔名。1950年7月至1960年，他在中共中央中南局宣传部和中央宣传部教育处工作；1960年至1973年7月，在北京景山学校工作，任首任校长。

> 接触到阶级斗争的问题的，……我们的孩子将来是要参加阶级斗争的……从小对孩子进行阶级教育……。(敢峰，1963)

与这一批判相呼应的是1964年1月3日《人民日报》发表的社论《对子女进行阶级教育是父母的革命责任》强调儿童的家庭教育也应具有阶级斗争意识。

> 我们社会主义革命在思想领域中的任务就是“兴无灭资”，这个“兴无灭资”的工作，就应该从儿童和青年时期做起。……要培养儿童和青年的无产阶级的道德品质，要防止儿童和青年沾染上资产阶级的思想意识，就要给儿童和青年造成“兴无灭资”的环境，不仅要有这种社会环境，学校环境，也必须要有这种家庭环境。(佚名，1964)

从上述几条引文中，我们可以看到，当时对儿童教育的认识是与整个社会的阶级教育相一致的，并不因为要尊重儿童成长的特殊性与个性化而有所保留或加以修正。既然儿童被视为社会主义事业的接班人，那他们理所应当必须接受无产阶级教育，树立无产阶级的革命意识。

需要说明的是，中华人民共和国成立以后，历次知识分子改造运动在批判知识权威的过程中，同时贬低教师的人格与工作价值，对师生关系造成了严重破坏，师生间情感断裂，思想交流难以维系，这对儿童教育事业的正常发展产生了深远的危害。1963—1964年的“母爱教育”批判不仅仅是对教育工作者的思想改造活动，更使日常教育教学活动受到了进一步的严重干预。

1964年2月13日，毛泽东在教育工作座谈会上说：“教育的方针路线是正确的，但是办法不对。”(中央教育科学研究所，1984)[353]此后，他又作了数次关于课程、考试、教学、学制等问题的批示。然而，教育部门在学习与传达这些批示时，有所选择，着重强调的是，改进普通教育中存在的片面追求升学率的错误做法(中央教育科学研究所，1984)[352,359]。毛泽东在随后的讲话中，将批评教育问题的矛头指向了广大教育工作者。同年7月5日，毛泽东在同其侄子(中国人民解放军军事工程学院学生)毛远新的谈话中批评教员，称“教改的问题，主要是教员问题”。1966年5月7日，毛泽东在“五七指示”中提出了彻底改造教育的要求。

> 学生也是这样，以学为主，兼学别样，即不但学文，也要学工、学农、学

军，也要批判资产阶级。学制要缩短，教育要革命，资产阶级知识分子统治我们学校的现象，再也不能继续下去了。

这一指示也写入了当年8月8日中国共产党第八届中央委员会第十一次全体会议通过的《中国共产党中央委员会关于无产阶级文化大革命的决定》中。

《中国共产党中央委员会关于无产阶级文化大革命的决定》
第十条　教学改革

改革旧的教育制度，改革旧的教学方针和方法，是这场无产阶级“文化大革命”的一个极其重要的任务。

在这场“文化大革命”中，必须彻底改变资产阶级知识分子统治我们学校的现象。

在各类学校中，必须贯彻执行毛泽东同志提出的教育为无产阶级政治服务、教育与生产劳动相结合的方针，使受教育者在德育、智育、体育几方面都得到发展，成为有社会主义觉悟的有文化的劳动者。

学制要缩短。课程设置要精简。教材要彻底改革，有的首先删繁就简。学生以学为主，兼学别样。也就是不但要学文，也要学工，学农，学军，也要随时参加批判资产阶级的文化革命的斗争。

《中国共产党中央委员会关于无产阶级文化大革命的决定》指出：“这次运动的重点，是整党内那些走资本主义道路的当权派。”在其后事态的发展中，我们可以看到，学校被视为重要的“革命”阵地，许多教育工作者被视为“资产阶级知识分子”“走资本主义道路的当权派”，遭受了人格侮辱与人身攻击。1967年7月18日，《人民日报》刊登《打倒修正主义教育路线的总后台》一文，全面否定中华人民共和国成立后十七年的教育工作。在这样的社会政治环境中，学校功能异化，校舍被大量侵占，正常的教育教学活动受到各种干扰，师生关系畸形，儿童教育遭受了巨大的破坏，教育质量十分低劣。

这一时期以“毛主席语录”指导编写教材，课程设计与教学内容极端意识形态化。1966年3月5日，中华人民共和国教育部、中国教育工会全国委员会联合发布的《关于在教育战线上掀起一个活学活用毛主席著作新高潮的通知》指出：“教育部门要进行教育革命，必须高举毛泽东思想的伟大红旗，突出政治，以政治统帅业务，把毛主席的书当作各项工作的最高指示，把学习毛主席著作摆在一切工作的首位。"此后，"毛主席语录"成为必修的课程。同年8月1日，《人民日报》发表社论《全国都应该成为毛泽东思想的大学校》。与此同时，中华人民共和国成立后编写的教材被彻底否定，重新编写的教材增加了大量"阶级斗争"和"毛主席语录"的内容，学生们的精神世界几乎完全被政治运动和阶级斗争思想所占据。

> "文化大革命"正式开始，大中①青年学生停课闹革命，全国停课、停产串联的人数以千万计，教育陷入瘫痪状态。这样的情形持续了一年多，随着工宣队、军宣队相继进入学校，特别是1968年开始"知识青年上山下乡运动"，②红卫兵运动逐渐平息，全国大、中、小学校开始"复课闹革命"。
>
> 然而，教育领域的实际状况是，建国后十七年的教材被彻底否定，不许再印，复课后的学生面临着无教材可用的局面。因此，编写新的、适应革命形势需要的全新教材，成为当务之急。
>
> 这时期没有统一的教学大纲，也没有统一的教学计划。当时中央提出的是由师生自订方案，自定课程，自选教学内容，自编教材。北京市响应中央号召，编写出了当时最早的一套中学语文试用教材。1968年2月编写完成，1968年4月出版发行。
>
> 作为目前可考的"文革"期间的第一套中学语文教材，1968年《北京市中学试用教材　语文》具有鲜明的时代特点，无论是内容还是外在形式都留下了那个时代深深的烙印，极大地影响了此后十年"文革"中学语文教材的编排体系和内容追求……。
>
> ……在十七年的教材被批倒之后，《北京市中学试用教材 语文》的出版

---

① 原文如此，应是意为"大学、中学"。

② 关于"知识青年上山下乡运动"，《中华人民共和国教育大事记（1949—1982）》记载如下：

> 1968年12月22日《人民日报》报道甘肃省会宁县城镇居民到农村安家落户，并在编者按语中引述了毛主席的指示："知识青年到农村去，接受贫下中农的再教育，很有必要。要说服城里干部和其他人，把自己初中、高中、大学毕业的子女，送到乡下去，来一个动员。各地农村的同志应当欢迎他们去。"从此，全国各地城镇出现知识青年上山下乡的高潮。"文化大革命"开始以来的初高中毕业生，除已回乡、下乡和分配工作的以外，纷纷去农村、边疆落户。有的地区因初中毕业生全部上山下乡，停办了高中。一些地方，大批在校的初高中一二年级学生，也随毕业生到农村去劳动锻炼。（中央教育科学研究所，1984）[423-424]

为复课闹革命的学生提供了基本的学习材料，使他们不至于无书可读，无教材可用，为把学生拉回课堂，恢复正常的教学秩序做出了一定的贡献。同时，这套教材的出版也为各省编写适应“文革”需要的教材提供了基本的范本。但它的流毒也是非常深远的。从内容到形式，它都颠覆了以往教材的基本范式，开了语文教材泛政治化的先河，埋下了“文革”期间语文教材政治化的种子。选文政治化、成人化，“假、大、空”，语言与行文夸张、虚浮，感情与故事以虚假、夸张为美，极易养成学生不正确、不健康的人生观、价值观和审美观。另外，这套教材缺少最基本的语文要素。教材中只有干巴巴的选文，没有写作，也没有练习，缺乏基础知识与基本能力的训练。也没有配备教学参考书，教学处于摸着石头过河的阶段。课文导读中除了思想政治方面的要求，完全没有语文能力的指导。可以说，这时期的语文教材只注重思想教育功能，不顾学生母语学习的规律和认知水平，将语文教材等同于政治教材，完全抹杀了语文作为一个学科的独特性。（王润，2015）

从中华人民共和国成立以后教育发展改革的总体历程来看，“文化大革命”时期的教育也是对我国基本教育问题、教育发展模式的探索与实践，这其中的某些问题（如办学的形式、教育的实用性、片面追求升学率、学生负担等）至今仍是我国发展教育需要应对和解决的（杨东平，等，2003）[220]。在杨东平等人看来，“文化大革命”与1958年的“教育革命”是有内在联系的，“‘文革’期间再次全面下放教育管理权限，强调教育面向基层、面向农村，发挥地方的积极性，多种形式发展教育……也提出了普及教育的高指标”（杨东平，等，2003）[220]，但是，“如同‘大跃进’时期、‘文革’期间的中小学教育，数量的发展是以降低质量为代价的”（杨东平，等，2003）[223]。不仅如此，由于社会生活的整体失序，“读书无用论”“白卷英雄”“造反派”“批斗会”等直接冲击了教育，儿童的世界观、价值观、人生观混乱。这一时期儿童教育的普及程度①虽然提高了，但教育质量仍然十分低下，儿童的受教育权并未得到真正的尊重、保护和落实。

① 1976年，全国小学生数比1965年增加29.1%；中学生数增加6.25倍，其中，初中生增加5.4倍，高中生增加11.3倍。初中生中农村学生的比例，从1965年的33.7%提高为75.2%；高中生中农村学生的比例，从1965年的9.0%提高为62.3%（杨东平，等，2003）[221]。

第二节 “四有”新人的受教育权：普及提高(1977—1989)

20世纪70年代的最后几年，教育界开展了拨乱反正的工作。① 1977年11月起，教育界开始批判1971年4月15日至7月31日全国教育工作会议上提出的关于中华人民共和国成立以来教育工作的“两个估计”，②但受到严重破坏的教育系统需要大量的工作才能恢复。1977年12月27日，中共中央政治局委员、中国科学院副院长方毅(1977)在中国人民政治协商会议第四届全国委员会常务委员会第七次扩大会议上所作的《关于科学和教育事业情况的报告》中指出，“文革”破坏教育，“贻误了一代青年的成长”，“各条战线普遍感到科技人员青黄不接，后继乏人”。1978年11月6日，国务院发布的《关于扫除文盲的指示》指出，根据调查，一些地区的少年、青年、壮年中，文盲、半文盲占百分之三十至四十，边远地区和少数民族地区达百分之五十以上(中央教育科学研究所，1984)[533]。而且，当时各地还有大量校舍被占用，“文革”期间有些省市的中专学校一半以上的校舍面积被占(佚名，1979)。尽管国家为此发出了“退还”文件，但从1978年8月到1980年9月，全国多数省市退还被占用校舍的进展迟缓，退还面积仅占16%(中央教育科学研究所，1984)[527,592]。

这一时期，教育事业的发展得到了国家领导人邓小平的关注与支持。1977年5月24日，在同中央两位同志谈话时，邓小平指出，“靠空讲不能实现现代化，必须有知识，有人才”，要“尊重知识，尊重人才”，各行各业都要抓科技和教育。翌年3月18日，在全国科学大会开幕式上，邓小平进一步强调：“科学技术人才的培养，基础在教育”，“各行各业都要来支持教育事业，大力兴办教育事业”。1980年5月26日，邓小平为《中国少年报》和《辅导员》杂志题词：“希望全国的小朋友，立志做有理想、有道德、有知识、有体力的人，立志为人民作贡献，

---

① 教育领域的拨乱反正工作，除了平反受迫害的知识分子，纠正以往政策的错误，恢复高考，恢复和增建高校与中专，重新编写教材等工作之外，还有一个重要工作是恢复学校里的正常教育教学秩序，这包括从大中小学撤出“工宣队”，在中小学撤销红卫兵、红小兵组织，恢复中国少年先锋队，收回“文革”期间被占用的校舍等。

② “两个估计”：

十七年来毛主席的无产阶级教育路线“基本上没有得到贯彻执行”，教育战线是“资产阶级专了无产阶级的政”，“黑线专政”；教师队伍中的大多数和十七年培养的学生的大多数“世界观基本上是资产阶级的”，是“资产阶级知识分子”，是“臭老九”。(教育部大批判组，1977)

为祖国作贡献，为人类作贡献。”（中央教育科学研究所，1984）[582]随后，这一“四有”新人的提法成为我国儿童培养规格的重要导向，被写入1986年颁布（2006年修订）的《中华人民共和国义务教育法》。① 1983年国庆节，邓小平又为北京市景山学校题词：“教育要面向现代化，面向世界，面向未来。”这一“三个面向”则被写入《中共中央关于教育体制改革的决定》，成为新时期教育体制改革和教育发展的重要方针。② 邓小平的这些讲话和题词为我国教育的改革与发展创造了良好的政治环境，有力地推动了20世纪80年代的教育改革。

一、儿童教育的改革振兴

1978年5月11日，《光明日报》发表特约评论员文章《实践是检验真理的唯一标准》。此后，全国陆续开展关于真理标准的讨论。1978年12月18—22日，中国共产党第十一届中央委员会第三次全体会议在北京举行。这一会议果断停止“以阶级斗争为纲”，作出了把全党工作重点转移到社会主义现代化建设上来的战略决策。这一决定为1982年《中华人民共和国宪法》的制定奠定了政治基础。1982年宪法在新的历史时期重新确认了中国公民普遍享有“受教育权”——“中华人民共和国公民有受教育的权利和义务”③（相关教育条款见表4－1）。

---

① 1986年《中华人民共和国义务教育法》第3条：“义务教育必须贯彻国家的教育方针，努力提高教育质量，使儿童、少年在品德、智力、体质等方面全面发展，为提高全民族的素质，培养有理想、有道德、有文化、有纪律的社会主义建设人才奠定基础。”2006年修订的《中华人民共和国义务教育法》仍将该条款列为第3条：“义务教育必须贯彻国家的教育方针，实施素质教育，提高教育质量，使适龄儿童、少年在品德、智力、体质等方面全面发展，为培养有理想、有道德、有文化、有纪律的社会主义建设者和接班人奠定基础。”

② 1985年发布的《中共中央关于教育体制改革的决定》指出：“社会主义现代化建设的宏伟任务，要求我们不但必须放手使用和努力提高现有的人才，而且必须极大地提高全党对教育工作的认识，面向现代化、面向世界、面向未来，为九十年代以至下世纪初叶我国经济和社会的发展，大规模地准备新的能够坚持社会主义方向的各级各类合格人才。”1999年发布的《中共中央、国务院关于深化教育改革全面推进素质教育的决定》强调：“全面推进素质教育，要面向现代化、面向世界、面向未来，使受教育者坚持学习科学文化与加强思想修养的统一，坚持学习书本知识与投身社会实践的统一，坚持实现自身价值与服务祖国人民的统一，坚持树立远大理想与进行艰苦奋斗的统一。”

③ 虽然有不少学者质疑1982年宪法将“受教育权”界定为权利与义务共同体的问题，但是关于“受教育权”的相关条款，历经此后数次（1988年、1993年、1999年、2004年）的宪法修正，措辞未发生变化。然而，此前，1975年1月17日在第四届全国人民代表大会第一次会议通过的《中华人民共和国宪法》第27条第2款规定公民有受教育的“权利”（没提“义务”）；1978年的《中华人民共和国宪法》第51条第1款也作出了类似的规定（具体表述见后文）。

表 4-1 《中华人民共和国宪法》相关教育条款

1978 年宪法(已废止)	1982 年宪法(现行,已经修订 5 次)
1978 年 3 月 5 日第五届全国人民代表大会第一次会议通过	1982 年 12 月 4 日第五届全国人民代表大会第五次会议通过并公布施行,经过 1988 年 4 月、1993 年 3 月、1999 年 3 月、2004 年 3 月和 2018 年 3 月五次修订
第十三条　国家大力发展教育事业,提高全国人民的文化科学水平。教育必须为无产阶级政治服务,同生产劳动相结合,使受教育者在德育、智育、体育几方面都得到发展,成为有社会主义觉悟的有文化的劳动者。 第五十一条　公民有受教育的权利。国家逐步增加各种类型的学校和其他文化教育设施,普及教育,以保证公民享受这种权利。 国家特别关怀青少年的健康成长。 第五十二条　公民有进行科学研究、文学艺术创作和其他文化活动的自由。国家对于从事科学、教育、文学、艺术、新闻、出版、卫生、体育等文化事业的公民的创造性工作,给以鼓励和帮助。	第十九条　国家发展社会主义的教育事业,提高全国人民的科学文化水平。 国家举办各种学校,普及初等义务教育,发展中等教育、职业教育和高等教育,并且发展学前教育。 国家发展各种教育设施,扫除文盲,对工人、农民、国家工作人员和其他劳动者进行政治、文化、科学、技术、业务的教育,鼓励自学成才。 国家鼓励集体经济组织、国家企业事业组织和其他社会力量依照法律规定举办各种教育事业。 国家推广全国通用的普通话。 第二十四条　国家通过普及理想教育、道德教育、文化教育、纪律和法制教育,通过在城乡不同范围的群众中制定和执行各种守则、公约,加强社会主义精神文明的建设。 国家倡导社会主义核心价值观,提倡爱祖国、爱人民、爱劳动、爱科学、爱社会主义的公德,在人民中进行爱国主义、集体主义和国际主义、共产主义的教育,进行辩证唯物主义和历史唯物主义的教育,反对资本主义的、封建主义的和其他的腐朽思想。 第三十三条　凡具有中华人民共和国国籍的人都是中华人民共和国公民。 中华人民共和国公民在法律面前一律平等。 任何公民享有宪法和法律规定的权利,同时必须履行宪法和法律规定的义务。 第四十五条第三款　国家和社会帮助安排盲、聋、哑和其他有残疾的公民的劳动、生活和教育。 第四十六条　中华人民共和国公民有受教育的权利和义务。 国家培养青年、少年、儿童在品德、智力、体质等方面全面发展。 第四十七条　中华人民共和国公民有进行科学研究、文学艺术创作和其他文化活动的自由。国家对于从事教育、科学、技术、文学、艺术和其他文化事业的公民的有益于人民的创造性工作,给以鼓励和帮助。 第四十九条第一款　婚姻、家庭、母亲和儿童受国家的保护。 第四十九条第三款　父母有抚养教育未成年子女的义务,成年子女有赡养扶助父母的义务。

（一）20 世纪 80 年代儿童教育的发展方向

20 世纪 70 年代末,与社会政治生活正常化一致,我国教育工作也努力回归正常化、正规化、现代化的道路。1978 年 1 月 7 日,国务院批转教育部《关于加强中小学教师队伍管理工作的意见》,此后各地开始进行中小学教师队伍的整顿工作，回调大批被借调到其他工作岗位上的教师。“随着教师队伍管理体制的变更，还改变了一些大中城市实行的由街道管理小学的体制；在农村则重建了学区、中心小学；城乡中小学校先后恢复由教育行政部门直接领导和管理。”（中央教育科学研究所，1984）[507] 1979 年 6 月 2 日，教育部邀请北京市部分教育工作者座谈中小学学制改革问题，京津沪等地不少教育工作者建议将中小学学制由十年恢复到十二年。不久后，在教育部的推动下，各地热议中小学学制改革问题（中央教育科学研究所，1984）[550]。

随着教育系统恢复重建工作的展开，教育体制改革问题逐渐凸显为我国教育事业的重大关注点。1982 年 9 月 1—11 日，中国共产党第十二次全国代表大会在北京举行。邓小平在致开幕词时提出：“走自己的道路，建设有中国特色的社会主义。”这届大会的胜利召开标志着中国进入了“全面开创社会主义现代化建设新局面”的发展时期。随后，1984 年 10 月 20 日，中国共产党第十二届中央委员会第三次全体会议一致通过《中共中央关于经济体制改革的决定》。在邓小平的关注下，10 月 29 日，中央书记处开会讨论，决定将科技、教育改革提上日程，并成立领导小组，下设两个工作组，分别负责制订科技、教育体制改革的初步方案。

为起草教育体制改革文件，胡启立（时任中央书记处书记）等人到地方省市学校做了一次大规模的调研。在他的回忆中，这次调研发现了诸多与社会主义经济改革和现代化建设不相适应的教育问题。

在调研中，我们痛切地感受到……就整个教育而言，最大的弊端，乃是在于长期计划经济体制下所形成的僵化模式。一个拥有几十个民族、十多亿人口的大国，各地情况迥异，基础各不相同，发展很不平衡，但统统实行同一种办学模式：清一色的全日制，正规化，统一招生，统一考试，统一教材，统一标准，统一学制……大学无论是部办、省办、国办，一概统招统分统配，其结果是，学校吃政府的大锅饭，学生吃学校的大锅饭，学生只要考进大学，就像进了保险箱。在教育结构上，高等教育、基础教育、职业教育，设置比例严重不合理；片面强调高等教育，轻视基础教育，职业技术教育十分薄弱（据统计，当时职业学校在高中教育阶段中的比例不到 10%）。在教育思想上，从文革中“知识越多越反动”“白卷英雄”，又正在走向另一个极端，即“万般皆下品，唯有大学高”，唯学历、唯文凭，盛极一时，形成“千军万马过独木桥”的局面。在高校里，较普遍存在着重理工、轻人文，重智育、轻德育，重学历、轻能力，重理论、轻实践的倾向。基础教育严重滞后，师范教育不受重视，在广大农村，特别在一些老少边穷地区，学校数量少，条件差，师资缺乏。在学校管理体制上，由于政府权力过于集中，学校无法成为一个独立自主的办学主体，外无压力，内无动力，整个学校缺乏活力。学校的教材几十年一贯制，从课程设置、教材内容到教学方法，在相当程度上是为了一纸大学文凭，严重脱离了现代化建设和社会发展的需要。于是就形成了这么一种局面：一方面，我们财力窘困，穷国办大教育，投入不足，经费奇缺；另一方面，投入的经费效益很差，造成事实上的极大浪费。一方面，各条战线都痛感人才匮乏（当时，全国 4 000 万技术工人中，高级工只占 2.3%，三级工以下的占 70%）；另一方面，学校培养出来的不少人才又因不合实际需要而形成大量积压。一方面，教育行政部门把人、财、物统得很死；另一方面，真正需要协调、需要统筹的事情却又因条块分割，无人问津……

另外，就全社会而言，特别是各级党委和政府，抓经济建设的劲头都很大，真正把教育事业提到现代化建设战略地位高度，从认识上到行动还远未到位，轻视教育、轻视知识、轻视知识分子的问题依然不同程度地存在着；教师地位低、待遇差的问题也没解决，这就造成教师队伍不稳定，优秀教师留不住，等等。（胡启立，2008，引用时略有改动）

1985 年 5 月 5—20 日，改革开放后的第一次全国教育工作会议在北京召开，会议讨论修改教育体制改革决定的草案。邓小平于 5 月 19 日到会作了《把教育工作认真抓起来》的重要讲话。在讲话中，他再次强调科技和教育的重要性：“我们国家，国力的强弱，经济发展后劲的大小，越来越取决于劳动者的素质，取决于知识分子的数量和质量。”1985 年 5 月 27 日《中共中央关于教育体制改革的决定》的出台标志着教育领域的拨乱反正、恢复重建工作告一段落，中国教育开始迈进改革发展的新阶段。

《中共中央关于教育体制改革的决定》从现代化建设需要培养人才的角度来阐释教育体制改革的必要性，旗帜鲜明地提出：“教育必须为社会主义建设服务，社会主义建设必须依靠教育”；“在整个教育体制改革的过程中，必须牢牢记住改革的根本目的是提高民族素质，多出人才、出好人才”；“衡量任何学校工作的根本标准不是经济收益的多少，而是培养人才的数量和质量。”它将义务教育提升到国家兴盛的高度来加以阐释，提出要有步骤地实行九年制义务教育,[①]实行基础教育由地方负责、分级管理的原则。

> 义务教育,即依法律规定适龄儿童和青少年都必须接受,国家、社会、家庭必须予以保证的国民教育,为现代化生产发展和现代化社会生活所必需,是现代文明的一个标志。……现在,我们完全有必要也有可能把实行九年制义务教育当作关系民族素质提高和国家兴旺发达的一件大事,突出地提出来,动员全党,全社会和全国各族人民,用最大的努力,积极地、有步骤地予以实施。为此,需要制订义务教育法,经全国人民代表大会审议通过后颁行。

《中共中央关于教育体制改革的决定》的颁布为我国儿童教育的改革与发展设立了基本框架,规划了蓝图。它提出既要普及小学教育,也要调整中等教育结构,大力发展职业技术教育,改革中等教育体制;并且要求提高教育投入:"在今后一定时期内,中央政府的教育拨款的增长要高于财政经常性收入的增长,并使按在校学生人数平均的教育费用逐步增长。"

1986 年 4 月 12 日,依照《中共中央关于教育体制改革的决定》制定义务教育法的要求,第六届全国人民代表大会第四次会议通过《中华人民共和国义务教育法》,于 1986 年 7 月 1 日起实施。

> 第二条　国家实行九年制义务教育。省、自治区、直辖市根据本地区的经济、文化发展状况,确定推行义务教育的步骤。
>
> 第四条　国家、社会、学校和家庭依法保障适龄儿童、少年接受义务教育的权利。
>
> 第五条　凡年满六周岁的儿童,不分性别、民族、种族,应当入学接受规定年限的义务教育。条件不具备的地区,可以推迟到七周岁入学。
>
> 第九条　地方各级人民政府应当合理设置小学、初级中等学校,使儿

---

① 在此之前我国没有明确地提出要设立义务教育制度,义务教育的实践更多的是以"普及小学教育"的措辞出现。例如,1978 年 2 月 26 日,在第五届全国人民代表大会第一次会议上,国务院总理华国锋作《政府工作报告》,提出"到一九八五年在农村基本普及八年教育,在城市基本普及十年教育"。1980 年 12 月 3 日,《中共中央、国务院关于普及小学教育若干问题的决定》指出:"我国目前五年制小学教育尚未普及,新文盲继续大量产生","在 80 年代,全国应基本实现普及小学教育的历史任务,有条件的地区还可以进而普及初中教育。"1982 年制定的第六个"五年计划"(1981—1985)提出"到 1985 年,争取全国绝大部分县普及或基本普及小学教育"。

童、少年就近入学。

地方各级人民政府为盲、聋哑和弱智的儿童、少年举办特殊教育学校(班)。

……

第十条　国家对接受义务教育的学生免收学费。

国家设立助学金,帮助贫困学生就学。

(二) 20世纪80年代儿童教育的实际状况

以《中共中央关于教育体制改革的决定》与《中华人民共和国义务教育法》的出台为分界线,大体上我们可以将20世纪80年代的儿童教育分成前后两期,前期主要是建立新教育秩序的调整时期,后期则是教育改革启动期。不过由于受当时经济体制改革、发展商品经济的影响,社会的文教风气出现了转变,20世纪80年代中后期儿童教育危机重重。

总体上看,20世纪80年代儿童教育的各个方面都走上了正轨:全日制中小学全国通用新教材全部编完,中等教育结构改革目标明确,民族中小学、工读学校、中等专业学校都得到了发展,城市小学开始推行六年制,儿童的校外教育条件得到改善,幼儿园教育受到重视,教育教学方式得到改进等。

这一时期,儿童教育领域最重要的主题仍是普及小学教育。1979年8月12日,《人民日报》发表的题为《抓好普及小学教育这项大政》的社论指出,由于"文革"的破坏,不少地区将入学率当作普及率,以及将小学教师调任中学等其他岗位等原因,"我国不少地方适龄儿童入学率在下降,在校生流动人数增加,读满五年的学生减少,在青少年中文盲和半文盲不断产生。这是一个严重的问题"。面对当时流行的"保生产、挤教育"的思想与教育经费不足、被挪用挤占的问题,1980年10月23日,中共中央书记处在教育部党组关于小学教育问题的汇报讨论中强调,实现四化,最根本的一条是提高我们民族的文明程度和科学文化程度,而提高科学文化程度的基础是办好小学教育(中央教育科学研究所,1984)[595]。同年12月1—13日,教育部在天津召开全国教育工作座谈会,明确提出要使教育事业与国民经济协调发展,使教育质量得到提高。12月1日,《人民日报》发表社论《全党全国人民都要重视教育》。该文指出:"教育是人民的事业,人民的事业人民办。"(中央教育科学研究所,1984)[598]然而,20世纪80年代初,各地有限的教育经费并没有明显增长,而且经常被随意挤占挪用,以至于《人民日报》在1980年10月9日发表《为什么这样大量挤占教育经费?——河北省邢台等地区的调查》,并在同时刊发的评论员文章《多挤点钱办教育》中呼吁:

多年来，教育已经被一挤再挤，教育的投资已经很少，教育的欠账太多，决不能旧账未还，再欠新账。当前，不仅不应该再挤教育，还应该尽可能挤出一些钱来办教育，使教育的投资与其他方面的投资有一个比较合理的比例。

事实上，长期以来的教育投入不足，以及将有限的经费优先运用于发展高等教育的教育投入格局，使得中小学可利用的教育资源相对贫瘠。1980 年 12 月 3 日，《中共中央、国务院关于普及小学教育若干问题的决定》提出："中央希望，经过集体与国家共同努力，切实改善农村办学条件。用两三年或稍长一些的时间，做到'校校无危房，班班有教室，学生人人有课桌凳'，以保证教学工作的正常进行。"1981 年 3 月 31 日，国务院批转教育部《关于抓紧解决中小学危房倒塌不断发生重大伤亡事故问题的请示报告》。这一报告从一个侧面反映了当时儿童教育条件的低劣。

长期以来，中小学校舍维修、改造、更新所需资金、材料没有保证，加以日常维护、管理工作跟不上，现有校舍中失修的危险房屋数量很大，而且经常发生伤亡事故。……中小学校舍中的危险房屋，有些是建国初期使用至今的旧祠堂、庙宇、书院、会馆等古旧建筑，许多还是前清时代的，年久失修；有些是 60 年代以后，因校舍不够用，改造的仓库、牛棚，或是因基建投资不足，因陋就简建设的土房、茅屋；还有一些是"文化大革命"中遭到"打、砸、抢"浩劫破坏造成的危房。其中尤以古旧建筑对师生的安全威胁最大。……尽快解决好中小学这项人命关天的大事，做到从一九八一年起不再砸死人，使学生安心、家长放心、教师和学校领导不担心……

由于教育经费、办学条件、师资等问题，20 世纪 80 年代初，儿童教育的质量并没有多大的改善。1981 年 11 月 12 日，《人民日报》发表评论员文章指出：初中学生学业成绩差是中等教育中一个值得注意的普遍性问题。该文章举北京市为例，1981 年上学期北京市初三应届毕业生十三万九千多人，实际达到初中毕业水平的不到十分之三，有十分之一的毕业生六门课平均分数低于三十五分（中央教育科学研究所，1984）[633]。而当时农村儿童教育的质量也十分低下：10 个儿童中虽有 9 个上学，但只有 6 个能读完小学，最终仅有 3 个能达到小学毕业标准①（杨东平，

① 原载：世界银行 1984 年经济考察团.中国：长期发展的问题和方案 附件一 教育问题和前景[M].北京：中国财政经济出版社，1987：10.

等，2003）[259]。

《中共中央关于教育体制改革的决定》的颁布为切实解决制约我国儿童教育健康发展的诸多基本问题提供了政策指导，但是，此后的一段时期，我国儿童教育的实际状况仍不理想。教育公用经费不足、教育设施落后、师资短缺、学生学习负担过重、片面追求升学率，以及农村教育投入不足、学生流失等问题，在20世纪80年代中后期并没有得到根本性的解决；教师社会、政治、经济地位低下的情况没有好转；"读书无用论"盛行，教育事业的发展面临各种困境。1989年2月，民盟中央主席费孝通致函中共中央总书记，称"我国教育今天实际上已陷入危机"①（杨东平，等，2003）[263]。

八十年代末的"教育危机"（选编）

1986年，我国终于公布了《义务教育法》，建立了国家的义务教育制度。但由于种种原因，农村教育出现令人担忧的滑坡，中小学学生辍学流失现象严重。据甘肃省统计，1987年度小学在校生流失率为4.92%；浙江省初中在校生流失率1985年为6.8%，1987年为7.3%；黑龙江省初中生流失率1987年为7.8%。全国范围的统计，1987—1988学年，全国城乡小学生平均流失率为3.3%，1988—1989学年为3.2%。1988—1989学年，全国初中生流失率为7.3%，比上一年增加0.4%，共流失初中生294.9万人。

中小学教育经费不足，办学条件差，成为制约基础教育发展的主要原因。至1988年底，全国中小学尚缺校舍7 200万平方米，还有3 900万平方米的危房（约占校舍总面积的7%），教室倒塌致使学生死伤的事件不断发生。此外，按教学大纲要求基本配齐教学仪器的中小学不到10%。

据对历年来公共教育经费的研究调查，1949年以来我国教育经费占国民生产总值的比例始终在2%左右徘徊，平均约为2.5%。值得注意的是1977年以来教育投资的情况。具体分析后就发现，在1977—1983年，教育投资年均增长17.3%，高于同期国民收入增长（11.6%）和财政支出增长（6.4%），但在1984—1987年，教育投资年均增长16.9%，低于同期国民收入增长（18.33%）和财政支出增长（17.6%）。1987年教育投资占国民收入和财政支出的比例分别为3.29%和12.40%，甚至低于1983年（分别为

---

① 原载：费孝通.赵紫阳与费孝通关于教育问题的通信 民盟中央主席费孝通致函中共中央总书记赵紫阳提出关于教育工作的十条建议[J].瞭望周刊，1989(15)：8－10.

3.44%和12.44%)。在80年代,教育投资被称为"剩余财政",有剩余才投给教育。1986年,全国教育经费总计214亿元,但宝钢二期工程的单项投资即为128亿元。

正像五六十年代一样,有限的教育投资较多地用于发展高等教育。大学教育由国家统包,免交学费;而义务教育名为免费,实际还要交付各种费用,难以承受经济负担一直是导致农村儿童大量流失辍学的主要原因。1987年,我国小学生人均教育经费59.9元,中学生为141.15元,大学生则为2 314.7元,一个大学生的费用相当于38个小学生或16个中学生。三级教育经费的比重如此失调,是世界各国少有的。冗员增加、教育效益低下以及通货膨胀等因素导致有限的教育经费未能重复利用,人头费显著增加,而教育公用费不断降低。1987年,大中小学经费中人员经费分别占41.8%、72.2%和83.2%,1987年与1980年相比,中学公用费所占比例由33.1%下降为27.8%,小学公用费比例由22.1%下降为16.7%。而公用经费中有50%～60%用于房屋修缮,真正用于教学活动的所剩无几。典型调查表明,中学生年生均公用费为5元,小学生仅为1元,许多学校处于难以维持的状态。国家垄断教育的体制妨碍了社会资源向教育领域的流入。1986年,我国城市居民教育经费支出仅占消费支出的1.1%,同样是全世界最低的。

20世纪80年代,教师及知识分子收入持续处于主要行业的末位,这一现实与长期以来对于知识分子的贬抑政策所造成的诸多后果结合,引发了知识贬值、读书无用论的泛滥,造成教师队伍的流失和学校教育行为的畸变。中小学教师队伍的质量本来就不高,1983年,小学、初中、高中达不到规定学历要求的教师分别占44%、79%、60%。教师社会和经济地位的低下,造成教师职业角色的危机。在当时,优秀的学生不愿报考师范学校,师范学校的优秀毕业生也不愿分配到中小学校任职,而分配到中小学任教的能胜任的青年教师也选择流向其他职业。据有关部门测算,1988年全国共缺220万名合格的中小学教师。(杨东平,等,2003)[259-263]

二、重点中小学制度对儿童受教育权的影响

中华人民共和国成立以来,教育的"普及"与"提高"就是一对矛盾。虽然在相当长的一段时期内,教育决策者对它们"对立统一"的辩证关系加以解读,但面对国家建设人才紧缺的现实,更多的时候,"提高"的问题被优先考虑,效率被

摆在了首位——重点学校制度在20世纪50年代初期就已经出现，①此后长期存在。而与之相对的“普及”问题，尽管一直在强调，甚至在“教育革命”期间还推行全党全民全社会办学，但是，那一时期飞速发展的农村学校的办学条件与教育质量多数是十分低劣的；而且，农业中学在其后的教育政策决策中也未能得到正规化与体制化。“文化大革命”结束后，面对社会主义现代化建设的需要，如何在尽可能短的时间内为国家各项事业的发展造就出一大批优秀的人才就成了一个迫在眉睫的问题。考虑到当时的教育发展状况，将生源、师资、教育资源集中于某些学校，采取重点培养的方式来大力提高教育质量，加快人才培养速度，仍然是一个有可能达成预期效果的合理选择。

1977年5月24日，邓小平从科技与教育的关系入手，提出了当时发展教育的指导性策略。而就这一策略的表述来看，“重点”提高才是关键。

> 办教育要两条腿走路，既注意普及，又注意提高。要办重点小学、重点中学、重点大学。要经过严格考试，把最优秀的人集中在重点中学和大学。

1978年1月11日，教育部颁发《关于办好一批重点中小学的试行方案》的通知指出：“切实办好一批重点中小学，以提高中小学的教育质量，总结经验，推动整个中小学教育革命的深入发展，具有重大意义。”该方案确定了由教育部主办的20所重点中小学校：北京景山学校、天津南开中学、上海实验小学等（中央教育科学研究所，1984）[507]。同年4月22日，邓小平在教育部召开的全国教育工作会议上再次强调：“为了加速造就人才和带动整个教育水平的提高，必须考虑集中力量加强重点大学和重点中小学的建设，尽快提高它们的教学水平和教学质量。”

---

① 1953年5月，中共中央政治局举行会议讨论教育工作。毛泽东提出、会议决定“要办重点中学”。同年5月26日，教育部发出通知，要求在全国积极充实和重点办好高级中学和完全中学，并要求各省、市、自治区于此类学校中再选择一两所领导干部、教师质量及设备条件更好的中学作为重点，以取得经验，推动一般。6月，教育部在北京召开第二次全国教育工作会议，讨论《关于有重点地办好一些中学与师范的意见》。7月，教育部决定，各地应办好的中学校数为，北京20所，江苏14所，天津、上海、四川、安徽、福建各10所……总计全国重点中学194所，占全国中学总数的4.4%（《中国教育年鉴》编辑部，1984）[167]。中华人民共和国成立后的教育历史上，还存在另一种形式的“重点学校”，即干部子弟学校。这种学校在解放前的延安时期就已出现。1952年6月14日，毛泽东曾指示：“干部子弟，第一步应划一待遇，不得再分等级；第二步废除这种贵族学校，与人民子弟合一。”1953年5月24日，周总理视察北京市一零一中学时指出，干部子弟学校的性质以后要改变（中央教育科学研究所，1984）[78]。

1980年10月14日，教育部发布的《关于分期分批办好重点中学的决定》提出，要把当时约七百所首批重点中学办成全国、全省、全地区第一流的，高质量的，有特色的，有良好校风的学校（中央教育科学研究所，1984）[594]。同年12月3日，《中共中央、国务院关于普及小学教育若干问题的决定》重申：

> 在我们这样一个人口众多、经济不发达的大国，普及小学教育，不可能完全由国家包下来，必须坚持"两条腿走路"的方针，以国家办学为主体，充分调动社队集体、厂矿企业等各方面办学的积极性。还要鼓励群众自筹经费办学。
>
> 坚持"两条腿走路"的方针，还要解决好一个重要问题，就是必须正确处理普及与提高的关系，各地应当首先集中力量办好一批重点学校，创造经验，典型示范；并应切实办好公社中心小学，使之成为农村学校的骨干，起到以点带面的作用。

在推行重点中小学制度的过程中，学校内部出现了"重点班"的教学组织模式。1978年4月23日，《人民日报》发表《按程度编班有利于提高教学质量》一文，介绍北京市第一中学按照学生实际文化程度调整班次的经验。该文章认为，按文化程度编班是迅速扭转不利局面，努力提高教学质量的好办法。"按学生文化程度分为快班（提高班）、中班（普通班）、慢班（基础班）的做法，后来写进了本年颁发的《全日制中学工作条例（试行草案）》中。① 一个时期内，全国各地比较普遍地在中学以至一些小学仿效了这一做法。"（中央教育科学研究所，1984）[517-518]

重点中小学制度的恢复与发展是由当时的教育现实决定的，它既是为了早出人才出好人才，也是为了以点带面、发挥典型示范作用，从而拉动中国教育的整体提升。然而，这后一个初衷只在一定程度上达成。重点中小学制度的发展加剧了原本就存在的教育不公平。随着教育资源往重点中小学倾斜，重点与非重点学校的差距日愈增大，教育质量相对较差的普通学校被贴上了各种贬义标

---

① 1978年9月22日，教育部发出通知：试行《全日制中学暂行工作条例（试行草案）》和《全日制小学暂行工作条例（试行草案）》。其中，"中学工作条例"提出："要认真办好一批重点学校。非重点学校也可以办重点班"（第七条）；"可以按学生程度实行分班教学，使他们各自在原有的基础上都得到不同程度的提高"（第十四条）。而"小学工作条例"同样提出："要认真办好一批重点学校。"（第七条）

签，非重点学校生存与发展的外部环境日益恶化。与此同时，两种类型学校中的儿童受教育权的不平等问题凸显。在国家教育投入未能顾及全体学校正常发展的情况下，由于教育资源分配的不平衡，相对来说，大多数儿童的受教育权实际上受到了损害。不同学校间的师资、生源、教育条件、教育质量等方面存在明显差距，这就使得追求优质教育机会的升学竞争日益激烈。为了在升学考试中胜出，中小学校的教育价值观日益狭隘，“片面追求升学率”“学生学业负担过重”等痼疾日趋严重，久病难医。

1980 年 7 月 23 日至 8 月 4 日，教育部在哈尔滨召开重点中学工作会议。教育部副部长张承先在会上提出了改变单纯追求升学率的五条措施。从这五条措施中，我们可以解读出当时全国范围内存在的一些侵害儿童平等受教育权、扭曲儿童教育价值观的做法：搞高考分数排队，给学校下达高考指标，以升学率高低作为评定学校工作成绩唯一标准；频繁考试，推行统考统测给当地学校排名；加快教学进度，提早结束课程，大量重复复习；重视毕业班以及毕业班内少数尖子学生，忽视大部分学生的学习；挤压学生的课余活动与休息时间（中央教育科学研究所，1984）[586-587]。类似问题也在小学阶段的学校中出现，此处仅需引述 1982 年 4 月 9 日教育部办公厅转发北京市教育局《解决小学生课业负担过重问题的几项决定》就可说明。

> 一、不搞升学率排队，不以此评定学校工作好坏；二、学校只进行期中期末考试及平时考查，教育行政部门不得统考；三、学校必须面向全体学生，对全体学生负责；四、严格按教学大纲、教学计划教学，保证课外活动时间；五、编印教学参考资料要保证质量，严格按出版部门的规定办理；六、保证学生的睡眠和每天一小时体育活动时间，留适量的家庭作业，假期内不搞补习班。（中央教育科学研究所，1984）[651-652]

显然，重点学校制度推行之初，就出现了校际之间、校内教学班之间儿童教育机会与教育质量不平等问题加剧的现象；这一制度也使教育系统内部问题逐步转变为社会各界广泛关注的“升学率”“学业负担”“择校/班”等热点问题。依据该刊记者对九所中学的部分学生所做的调查，1981 年第 20 期《中国青年》刊登了题为《羊肠小道上的竞争叫人透不过气来——来自中学生的呼声》的调查摘要，并开辟了“我们应该怎样成长？”的专栏，呼吁社会各界重视和反省中学生学业负担过重的问题。叶圣陶（1981）在阅读了上述一文后，在《中国青年》杂志

1981 年第 22 期发表《我呼吁》一文，引起了强烈的社会反响。[①] 在这篇文章中，叶圣陶指出，“升学率大小不是教育办得好不好的唯一标准”，解救被高考压得喘不过气来的中学生“已经是当前急不容缓的事”。

> 《中国青年》杂志社在调查中提了 8 个问题，请中学生回答。这 8 个问题是：你的一天是怎样度过的？你一天中什么时候最愉快？你觉得生活中最缺乏的是什么？你感到精神上最大的负担是什么？学校对你们有什么要求？家长对你们有什么希望？你对自己的前途有什么考虑？你愿意怎样度过自己的中学时代？学生们在回答“你的一天是怎样度过的”时，说：我的一天，除了吃饭睡觉，就是四个字：紧张学习。我们简直像个机器人，整天就在这繁忙的、枯燥无味的、劳累不堪的、十分厌烦而又不得不为之奋斗的学习中度过。
>
> 对于“你感到精神上最大的负担是什么”这个问题，许多同学说：最怕的是过不了高考这一关。我们就像在羊肠小道上赛跑，谁都想跑到终点，但随时又都有被挤掉的危险。从小学到中学到大学，我们整天挤在这条竞争的小道上，同学之间在竞争，学校之间在竞争，家长、老师也在竞争。上上下下都让高考这根“指挥棒”指挥得团团转，叫人透不过气来。为了过好高考这一关，学校把有经验的教师集中到少数几个快班，一摞一摞的复习资料，纯粹是“填鸭”“催肥”。死记硬背的东西太多，缺乏独立思考和丰富的想象。同学之间成了竞争的对手，互相嫉妒，互相保密。
>
> ……现在，少数重点学校门庭若市，多数普通学校冷冷清清，有些学校过早地给学生分科，教学上重视升学指导，忽视基础训练，题海战术，加班加点，结果既偏离了党的教育方针，也违反了教学规律。“羊肠小道上的竞争叫人透不过气来”，这发自肺腑的呼喊，应该引起全社会的重视和反省。（佚名，1982）

---

① 1981 年 11 月 26 日，《人民日报》转载了《中国青年》杂志上刊登过的这两篇文章；30 日，《人民日报》又登载了参加中国人民政治协商会议第五届全国委员会第四次会议的委员们赞成叶圣陶呼吁的报道。当时的国务院总理赵紫阳在第五届全国人民代表大会第四次会议上所作的政府工作报告《当前的经济形势和今后经济建设的方针》中特地指出：“最近，叶圣陶代表发表了题为《我呼吁》的文章，批评了当前中学和一部分小学片面追求升学率的错误做法，词意恳切，表达了学生、教师、家长和广大人民群众的心声。希望有关各方面认真注意这个问题，切实加以改正。小学教育也要切实解决学生负担过重的问题，使学生在身体、知识和品德方面得到全面的健康的成长。”（中央教育科学研究所，1984）[634]

这一事件推动了重点学校制度的调整，但国家对重点中小学仍给予政策上的倾斜。教育部于1982年1月21日向各省、市、自治区教育厅(局)发出《关于当前中小学教育几个问题的通知》。这份通知要求继续贯彻1980年《关于分期分批办好重点中学的决定》，继续办好重点中小学，要以“保证重点，兼顾一般”的原则处理重点学校与非重点学校的关系。“重点学校应发挥示范作用，主动帮助非重点学校；非重点学校应积极支持办重点学校，双方互相学习、互相促进、共同提高。”同时，这份文件也明确提出：“小学教育属于普及性质，今后重点小学招收新生一律实行就近入学，不进行入学考试。”1983年8月10日，《教育部关于进一步提高普通中学教育质量的几点意见》要求“继续办好重点中学，同时努力把占绝大多数的一般中学分期分批办好，大面积提高教育质量”。要使重点中学“成为模范地贯彻党的教育方针，教育质量较高，具有示范性、实验性的学校”，“逐步成为本地区中学开展教育、教学研究活动的中心”。

虽然当时教育政策与教育资源都向重点中学倾斜，但是，重点中学的发展取向很难摆脱“片面追求升学率”的思路，其主要原因很可能是当时的“教育质量标准”并不明确，而“坚持党的教育方针办学”是一个难以量化考核的指标。1986年3月，上海市教育局对全市26所重点中学进行集中性全面检查。检查结论是“多数学校办学思想逐步端正，教改、科研颇有特色”，但是，“少数学校办学思想尚有问题，师生升学包袱重，教改迈不开步”。

> (一) 有的学校仍以提高三个率(大学的升学率、重点大学的录取率、各项竞赛的优胜率)作为办学的唯一目标。
>
> (二) 不同程度地存在着轻视德、体，忽视学习成绩较差的学生的问题。
>
> (三) 教育教学不甚得法，灌的量大，方法死，时有粗暴对待学生的现象发生，作业、考试频繁……随意加课现象经常出现……班级、年级排名次的现象十分普遍。(郭涵业，1987)

总之，在20世纪80年代，重点中小学制度表明当时我国基础教育的发展策略指向的是尽快提升教育质量与教育效率。重点中小学校在教育发展与改革方面的先试先行示范作用有其历史意义，但这也客观上使得大部分非重点普通中小学的发展环境恶化，与重点学校的差距日益拉大。国家在调整重点学校政策时，要求加强与充实一般学校。然而，重点学校制度的设定客观上必然会使教育资源的分配出现倾斜，非重点学校处于相对弱势地位。1982年起，我国推行重点小学就近入学政策。这种“公平”取决于居住地，对广大儿童来说，这是另一种形式的歧视。总之，整个 20 世纪 80 年代，儿童受教育权的不公平问题并未得到妥善解决。

本章概要

中华人民共和国成立之后，中国政府采取措施恢复教育秩序，重建教育制度，大力推行普及小学教育，取得了重大成就，儿童受教育权得到了一定程度的保障。但是，由于国家政治现代化的进程屡有波折，儿童教育的发展遭遇到了各种问题，教育的质量也比较低下，更为重要的一点是，在改革开放之前的相当长一段时间内，政府并未从教育促进人类发展的角度对儿童教育进行规划，也未从教育是一项基本人权的角度切实保障不歧视的、机会均等的儿童受教育权。

在 20 世纪 80 年代，我国儿童受教育权状况得到了很大程度的改善，但为了适应国家经济发展的现代化，应时而昌的重点中小学制度客观上加剧了儿童受教育权的不平等问题。

第五章

革故鼎新：中国落实儿童受教育权的漫长征程（下）

女童是国家未来的建设者，是民族未来的母亲。女童孕育着一个国家和民族未来的希望。

——《女童教育国际研讨会倡议书》，青海西宁，1994年8月27日与改革开放的步伐近乎一致，中华人民共和国与联合国教科文组织、联合国儿童基金会、世界银行等国际组织开展教育业务合作的时间大概可以溯源到20世纪80年代前后。①

以与联合国教科文组织的合作为例，双方在教育业务领域的合作，其实质性进展始于1978年签订的合作备忘录。1978年7月12日，时任国务院副总理、主持中央科技文教工作的邓小平会见了再次访华②的联合国教科文组织总干事阿马杜—马赫塔尔·姆博(Amadou-Mahtar M'Bow)。在会谈中，邓小平表示我国乐意与联合国教科文组织开展积极、广泛的合作。同年9月，双方签署了在教育、科学、文化等领域的第一个合作备忘录。10月11日，国务院批准成立中华人民共和国联合国教科文组织全国委员会，③以负责协调双方的合作

---

① 1971年，联合国教科文组织恢复中国合法席位。翌年，以驻法大使黄镇为团长、清华大学革命委员会副主任张维为副团长的中国代表团出席联合国教科文组织第十七届大会，黄镇团长在会议上发言，并宣布我国开始参加联合国教科文组织的工作。然而，“从1971年10月恢复合法席位到1978年上半年，由于历史条件的限制，我国基本未参加教科文组织的国际和地区专业会议，也未在华举办任何合作活动，只出席了少数重要政治性会议。当时，我们更多地把教科文组织看成是一个开展政治斗争的场所，把反对‘两霸’作为对教科文组织的首要任务”(教科文组织全国委员会秘书处，1998)[333]。1978年，国务院批准的《教育部、国家科委、中国科学院、外交部关于在科技领域加强对联合国教科文组织的利用问题的请示》(1978年3月30日)对20世纪70年代中国与联合国教科文组织的合作作了如下描述：

> 联合国教科文组织于1971年驱蒋，我国从1972年秋季起，出席了历届大会和执行局会议，1974年起派出了常驻代表团。5年多来，我们主要还是把它作为一个政治斗争的场合，同时我国也有选择地参加了教科文组织的一些业务活动，但尚未有计划地加以利用。为了配合我国加速四个现代化的需要，我们今后拟首先在科技领域加强对教科文组织的利用。(何东昌，1998)[1602]

② 中华人民共和国合法席位恢复后，联合国教科文组织前后两任总干事勒内·马厄(René Maheu)和姆博分别于1972年和1975年访华，但时值“文革”，中国与联合国教科文组织的合作未有实质性进展。

③ 经中央批准、1978年10月4日发布的《教育部、外交部关于成立中国联合国教科文组织全国委员会的请示》指出，在全国委员会成立之前我国仅在教育部内设一个对内工作的教科文工作组；1975年4月，国务院原则上批准成立教科文组织全国委员会，但由于(转下页)

事务(朱小玉,2001)[312-314]。由此开始,中国的教育事业得到了来自国际组织源源不绝的实质性支持,中国教育逐步融入全球教育发展议程。

20 世纪 70 年代末以至几乎整个 80 年代,中国参与联合国教科文组织的基本角色定位是作为最大的发展中国家接受国际援助。这一时期,以联合国教科文组织为首的国际组织从物力、财力、人力、智力等方面支持了中国教育的发展。以 1978 年、1983 年中国与联合国教科文组织签订的两份合作备忘录的相关教育条款的内容来看,联合国教科文组织要求中国参与区域性的教育会议和计划,提供与中国教育有关的情报(1983 年的"备忘录"附增中国政府提供奖学金名额的要求);而中国通过联合国教科文组织获得了奖学金、专家、业务培训,以及享用联合国教科文组织提供的其他国际公共资源(比如教育情报、准则性文件、研究服务等)的机会(沈俊强,2009b)[65]。换句话说,这一时期中国作为受援国,只需承担少量义务,就可获得大量援助。① 中国联合国教科文组织全国委员会秘书处先后两任教育处处长(杜越、董建红)认为,双方在教育领域的合作,20 世纪 80 年代为学习阶段,主要是参加会议、争取项目,弥补知识与经验的不足;②20 世纪 90 年代则是稳步发展与深化合作阶段,注重将国际先进理念融入中国教育改革实践中(谢喆平,2010)[64]。1990 年,中国政府积极参与世界全民教育大会,作出了落实全民教育的庄严承诺,这一承诺与中国现代化所要实现的"两基"目标高度契合。在 2000 年达喀尔教育论坛召开前,中国政府宣布实现"两基"目标,中国成为全球全民教育的典范,为人类文明的整体进步作出重大贡献。进入 21 世纪,中国"深度参与"联合国教科文组织的合作,将其融入中国外交战略之中(谢喆平,2010)[77]。中国承担起更多的国际责任,并开始作为新兴的发展援助国家,从各方面推动着全球教育进程。

从全球教育发展的角度来看,与国际组织的全面深入合作开启了中国儿童

(接上页)各种原因,未能设立;1978 年 7 月,联合国教科文组织总干事姆博访华时,再次建议我国尽快成立全国委员会;为积极参与该组织的工作,教育部与相关部门协商一致,提出要在当年 10 月下旬联合国教科文组织第二十届大会召开之前正式成立全国委员会(何东昌,1998)[1647]。

① 同样的情况也出现在中国与世界银行(闫温乐,2013)、联合国儿童基金会(联合国儿童基金会驻中国办事处,2009)的合作中。

② 就今日来看,国际组织提供的这些资金、项目、交流与合作的机会,对中国教育所产生的效果是深远的、难以估量的。如在理解世界银行的援助作用方面,闫温乐(2013)[153]的研究发现,"世界银行给予中国的资金数量和带来的直观成果的数量不是中国最看重的东西……从关心结构改革和宏观经济问题的研究人员及政策制定者,到地方层(面)项目官员,他们评论的一个共同主题就是世界银行的主要贡献是在思想和理念方面——把新的观念、方法和技术引入中国"。

教育的新时代。通过与相关国际(教育)机构的合作，中国儿童教育的理念与实践迅速与国际接轨；儿童受教育权国际共识逐渐融入我国儿童教育的政策规划之中；在儿童教育的改革与发展中，儿童受教育权状况得到全面改善，呈现出新时代的新气象。

第一节 "四有"新人的受教育权：全面推进(1990—1999)

20 世纪 90 年代是中国教育大力改革、全面进步的时代。1992 年 10 月12—19 日，中国共产党第十四次全国代表大会在北京召开，江泽民在题为《加快改革开放和现代化建设步伐，夺取有中国特色社会主义事业的更大胜利》的大会报告中指出："我们必须把教育摆在优先发展的战略地位，努力提高全民族的思想道德和科学文化水平，这是实现我国现代化的根本大计。"翌年出台的描绘了我国"90 年代乃至下世纪初教育改革和发展的蓝图"①的《中国教育改革和发展纲要》指出，"教育是社会主义现代化建设的基础，必须坚持把教育摆在优先发展的战略地位"是居于首位的、建设有中国特色社会主义教育体系的主要原则之一。这一原则被写入 1995 年制定的《中华人民共和国教育法》："教育是社会主义现代化建设的基础，国家保障教育事业优先发展。"(第 4 条第 1 款)1995 年 5 月 6 日，中共中央、国务院发布《关于加速科学技术进步的决定》，提出"坚定不移地实施科教兴国的战略"，教育事业的地位进一步提高。② 在贯彻落实《中华人民共和国教育法》及《中国教育改革和发展纲要》的基础上，1999 年发布的《面向 21 世纪教育振兴行动计划》提出了跨世纪教育改革和发展的施工蓝图。同年 6 月，《中共中央、国务院关于深化教育改革全面推进素质教育的决定》提出要"深化教育改革，全面推进素质教育，构建一个充满生机的有中国特色社会主义教育体系，为实施科技兴国战略奠定坚实的人才和知识基础"。

20 世纪 90 年代，作为教育的根本大法的《中华人民共和国教育法》对"受教

---

① 参见《国务院关于〈中国教育改革和发展纲要〉的实施意见》(1994 年 7 月 3 日发布)。

② 《关于加速科学技术进步的决定》指出："科教兴国，是指全面落实科学技术是第一生产力的思想，坚持教育为本，把科技和教育摆在经济、社会发展的重要位置，增强国家的科技实力及向现实生产力转化的能力，提高全民族的科技文化素质，把经济建设转移到依靠科技进步和提高劳动者素质的轨道上来，加速实现国家的繁荣强盛。"1995 年 5 月 26 日，中共中央、国务院在北京召开全国科学技术大会，江泽民同志在大会讲话中指出："党中央、国务院决定在全国实施科教兴国战略，是总结历史经验和根据我国现实情况所作出的重大部署。"

育权”作出了明确规定：①

第九条　中华人民共和国公民有受教育的权利和义务。

公民不分民族、种族、性别、职业、财产状况、宗教信仰等，依法享有平等的受教育机会。

第十八条　国家实行九年制义务教育制度。

各级人民政府采取各种措施保障适龄儿童、少年就学。

适龄儿童、少年的父母或者其他监护人以及有关社会组织和个人有义务使适龄儿童、少年接受并完成规定年限的义务教育。

第三十六条　受教育者在入学、升学、就业等方面依法享有平等权利。

学校和有关行政部门应当按照国家有关规定，保障女子在入学、升学、就业、授予学位、派出留学等方面享有同男子平等的权利。

同样是在20世纪90年代，中国积极追赶全球教育发展潮流，全面吸收儿童受教育权国际共识。中国参与起草、签署、批准了《儿童权利公约》；②1990年，中国派代表团先后参加了世界全民教育大会（3月5—9日）、世界儿童问题首脑会议（9月30日）。翌年3月，中国政府签署了世界儿童问题首脑会议通过的《儿童的生存、保护和发展世界宣言》和《九十年代贯彻儿童生存、保护和发展世界宣言的行动计划》。为确保这两个文件的执行，1992年2月16日，国务院发布《九十年代中国儿童发展规划纲要》，并在这一文件的结尾段郑重提出：

继续扩大儿童发展方面的国际交流与合作，积极参与全球性、区域性的交流和研究活动。加强与有关国际组织和各国关于儿童发展方面的联系与合作。

其后，中国政府响应联合国教科文组织和联合国儿童基金会的倡议，于

① 此外，可以将《中华人民共和国教育法》的大多数条款理解为都是涉及“受教育权”的规定，尤其是该法中包含第三十六条在内的“第五章”，以及第五十六条（“国务院及县级以上地方各级人民政府应当设立教育专项资金，重点扶持边远贫困地区、少数民族地区实施义务教育”）等条款。

② 详见本书第六章第二节的相关内容。

1993年3月1—4日在北京和河南召开中国全民教育国家级大会。该大会通过的《中国全民教育行动纲领》写道，《世界全民教育宣言》和《满足基本学习需要的行动纲领》提出的全民教育目标——“每一个人(无论是儿童、青年还是成人)都应能受益于旨在满足(其)基本学习需要的受教育机会”，“也是中国当前和今后一个时期所追求的目标”。同年12月13—16日，中国政府代表团参加了在印度新德里召开的九个人口大国全民教育首脑会议，并于16日签署了《德里宣言》及其《行动纲领》。各国领导人承诺，保证到2000年或尽可能早的时间内，“确保每一位儿童都能入学或依其能力接受适当的教育，以便为了不让任何儿童因缺乏师资、教材或足够的校舍而被剥夺受教育的机会；我们保证履行我们在已批准的《儿童权利公约》中所作的承诺”(《德里宣言》第3.1段)。

总之，这一时期国内外一系列重要会议及其文件构建了20世纪90年代我国尊重、保护并落实儿童受教育权的目标、制度及实施策略；对它们的理解与贯彻执行，推动了我国教育领域诸多问题的妥善解决，为“普及九年义务教育”的实现奠定了政治基础，创造了社会环境。不过，在20世纪90年代，伴随着社会改革的全面深化，教育利益格局日益多元化，儿童教育问题日益复杂化，我国落实儿童受教育权面临着诸多挑战。

一、基本普及九年义务教育

(一) 20世纪90年代落实儿童受教育权的政策

20世纪的最后十年，普及九年义务教育仍是落实儿童受教育权的首要工作。1994年9月1日，《国家教委关于在九十年代基本普及九年义务教育和基本扫除青壮年文盲的实施意见》着重指出，“两基”是“提高整个民族素质的奠基工程，是今后一个时期教育发展的‘重中之重’”。在为纪念《中华人民共和国义务教育法》颁布10周年撰写的《基础教育是提高国民素质和培养跨世纪人才的奠基工程》一文中，李岚清(1996)[6]简明扼要地指出了20世纪90年代基础教育发展的三个方面的工作：一是在全国基本普及九年义务教育，基本扫除青壮年文盲；二是认真实施向素质教育的转轨，全面贯彻教育方针，全面提高教育质量；三是保证基础教育的投入，保障基础教育事业的发展。

20世纪90年代与“普九”相关的政策文件(见表5-1)中，我国为不同地区设定不同的“普九”进度，大体可以说明当时中国落实儿童受教育权面临的现实挑战。以《国务院关于〈中国教育改革和发展纲要〉的实施意见》为例，它按各地经济发展水平将全国划为四类地区，设定了不同的“普九”目标。

表 5-1　20 世纪 90 年代普及九年义务教育的重要政策文件

文　件	"普 九"目 标
1992 年 3 月 14 日，国家教育委员会《中华人民共和国义务教育法实施细则》	第七条　实施九年制义务教育，可以分为两个阶段。第一阶段，实施初等义务教育；第二阶段，在实施初等义务教育的基础上实施初级中等义务教育。初等教育达到义务教育法规定要求的，可直接实施初级中等义务教育。 第十条　各级人民政府应当努力在本世纪末普及初等义务教育。在全国大部分地区应当基本普及九年义务教育或者初级中等义务教育。
1992 年 10 月 12 日，中国共产党第十四次全国代表大会江泽民《加快改革开放和现代化建设步伐，夺取有中国特色社会主义事业的更大胜利》	到本世纪末，基本扫除青壮年文盲，基本实现九年制义务教育。
1993 年 2 月 13 日，中共中央、国务院《中国教育改革和发展纲要》	全国基本普及九年义务教育（包括初中阶段的职业技术教育）；大城市市区和沿海经济发达地区积极普及高中阶段教育。大中城市基本满足幼儿接受教育的要求，广大农村积极发展学前一年教育。
1993 年 3 月 4 日，中国全民教育国家级大会《中国全民教育行动纲领》	到 2000 年，全国基本普及九年义务教育。 ——初等教育阶段适龄儿童都能按时入学接受初等教育； ——在全国 90%的人口地区和 90%的适龄人口中普及初级中等教育； ——15 周岁人口中文盲率控制在 1%左右； ——大中城市基本满足幼儿接受教育要求，农村学前一年教育的幼儿入园率达 60%； ——城市和发达农村地区大多数残疾儿童、少年都能入学，农村地区多数残疾儿童、少年都能入学接受教育； ——全国人均受教育年限达到 7—8 年。
1994 年 7 月 3 日，《国务院关于〈中国教育改革和发展纲要〉的实施意见》	到 2000 年全国基本普及九年义务教育（包括初中阶段的职业教育），即占全国总人口 85%的地区普及九年义务教育。初中阶段的入学率达到 85%左右，全国小学入学率达到 99%以上。
1994 年 9 月 1 日，国家教委《关于在九十年代基本普及九年义务教育和基本扫除青壮年文盲的实施意见》	到 2000 年，普及义务教育地区人口覆盖率为 85%，适龄儿童小学入学率为 99%；初中阶段（毛）入学率争取达到 85%左右。
1995 年 3 月 18 日，第八届全国人民代表大会第三次会议通过《中华人民共和国教育法》	第十八条　国家实行九年制义务教育制度。 各级人民政府采取各种措施保障适龄儿童、少年就学。 适龄儿童、少年的父母或者其他监护人以及有关社会组织和个人有义务使适龄儿童、少年接受并完成规定年限的义务教育。

续 表

文 件	“普 九”目 标
1999年1月13日，国务院批转教育部《面向21世纪教育振兴行动计划》	2000年如期实现基本普及九年义务教育、基本扫除青壮年文盲的目标，是全国教育工作的“重中之重”。“两基”已进入攻坚阶段，要确保全国目标的实现。普及义务教育工作的重点和难点在中西部地区，在“十五”计划期间继续实施“国家贫困地区义务教育工程”，重点放在山区、牧区和边境地区。
1999年6月13日，《中共中央、国务院关于深化教育改革全面推进素质教育的决定》	基本普及九年义务教育和基本扫除青壮年文盲（简称“两基”），是全面推进素质教育的基础。地方各级人民政府要继续将“两基”作为教育工作的“重中之重”，确保2000年“两基”目标的实现和达标后的巩固与提高。各地要从实际出发，改造薄弱学校，提高义务教育阶段的整体办学水平。2000年后要继续实施“国家贫困地区义务教育工程”，加大对贫困地区和少数民族地区的扶持力度，继续加强发达地区对少数民族贫困地区的教育对口支援工作，切实解决农村初中辍学率偏高的问题，同时大力提高义务教育阶段残疾儿童少年的入学率。

根据分区规划、分类指导、分步实施的原则，全国不同地区的发展目标和速度可有差异。占总人口40%左右的城市及经济发展程度较高的农村，目前初中普及率较高。这类地区1997年前基本普及九年义务教育。占总人口40%左右的中等发展程度的农村，目前小学已普及。这类地区2000年前基本普及九年义务教育。占总人口15%左右的经济发展程度较低的农村，其中占总人口5%左右的地区，小学教育基础较好，到2000年基本普及九年义务教育；其余占总人口10%的地区重点普及五—六年小学教育。占总人口5%左右的特别贫困地区，要普及三—四年小学教育。

1994年6月，时任国家教委主任朱开轩在“两基”督导会议上指出：“‘普九’的难点在贫困地区、民族地区。这些地区应因地制宜区别对待，不能‘一刀切’，其中部分有条件的贫困地区、民族地区可在实现了‘一无两有’①和保证必要的师资和设备条件下，分步实施九年义务教育，逐步改善办学条件，还可实行正规教育与非正规教育相结合。”

显然，按照各地社会经济文化发展水平，因地制宜发展教育、实现“普九”，

① “一无两有”是20世纪80年代推行普及基础教育提出的办学条件最基本要求：校校无危房，班班有教室，学生人人有课桌凳。

是合理、可行的政策选择。但是此类政策不可避免地存在着扩大各地原已存在的教育发展差距的风险。为此，通过配套性的、补偿性的政策来克服“区别对待”政策的恶果，加大对弱势儿童教育的关注力度，成为20世纪90年代中国儿童教育政策决策的另一个取向。

1996年“我国义务教育已进入最艰苦也最有希望的攻坚阶段”，“普九”的薄弱环节正引起全社会的关心和重视(柳斌，1996)。在纪念《中华人民共和国义务教育法》颁布10周年时，李岚清(1996)[6]撰文重申：“‘两基’的难点在农村，特别是在‘老、少、山、边、穷’地区。”而在此之前，这一判断已经转化为具体的政策举措。1995年6月8日，财政部、国家教委联合印发《中央义务教育专款(增量部分)使用管理办法》，明确指出该专款重点用于实施“贫困地区义务教育工程”；同年9月14日，国家教委、财政部发出《关于进行〈国家贫困地区义务教育工程〉项目规划和可行性研究的通知》，启动“国家贫困地区义务教育工程”。不过，限于贫困地区落后的教育基础，1998年教育部印发《关于贫困地区普及初等义务教育评估验收工作的意见》时，着重强调的是相对低要求的“普初”工作。

就残疾儿童的受教育权保障来说，20世纪90年代是个重要的转折点。虽然1986年《中华人民共和国义务教育法》第9条第2款规定“地方各级人民政府为盲、聋哑和弱智的儿童、少年举办特殊教育学校(班)”，但是在全国范围内，特殊教育的发展还是较为缓慢。1988年9月2日，国务院批转国家计委等部门《中国残疾人事业五年工作纲要(一九八八年——九九二年)》。该纲要指出：“盲、聋和弱智儿童特殊教育，是我国普及初等教育最薄弱的环节。今后五年，要采取多种措施，使盲童、聋童入学率从现在的不足6%，分别提高到10%和15%，弱智儿童入学率要有大幅度提高；发达地区的残疾儿童入学率应有更大的提高。”而1989年5月4日，国务院办公厅转发国家教委等八部门《关于发展特殊教育的若干意见》，进一步要求：“到2000年，力争全国多数盲、聋和弱智学龄儿童能够入学。”1990年2月22—24日，国家教委、民政部、中国残疾人联合会在北京联合召开全国特殊教育工作会议，会后(1990年5月3日)发布的《1990年全国特殊教育工作会议纪要》指出：“到今年1月止，……大多数地方开始把残疾儿童少年的教育纳入义务教育的轨道。制定了特殊教育的发展规划，并有11个省、自治区设立了地方特殊教育专项补助费。”1990年12月28日，第七届全国人民代表大会常务委员会第十七次会议通过《中华人民共和国残疾人保障法》，自1991年5月15日起施行；该法第三章“教育”(第十八条至第二十六条)全面规定了残疾人的受教育权。

> 第十八条　国家保障残疾人受教育的权利。
>
> 各级人民政府应当将残疾人教育作为国家教育事业的组成部分，统一规划，加强领导。
>
> 国家、社会、学校和家庭对残疾儿童、少年实施义务教育。
>
> 国家对接受义务教育的残疾学生免收学费，并根据实际情况减免杂费。国家设立助学金，帮助贫困残疾学生就学。
>
> 第二十条　残疾人教育，实行普及与提高相结合、以普及为重点的方针，着重发展义务教育和职业技术教育，积极开展学前教育，逐步发展高级中等以上教育。

1994年5月22—26日，全国残疾儿童随班就读工作会议在江苏省盐城市举行；7月16日，国家教委印发《关于开展残疾儿童少年随班就读工作的试行办法》；8月23日，国务院发布《残疾人教育条例》，明确要求"残疾人教育应当根据残疾人的残疾类别和接受能力，采取普通教育方式或者特殊教育方式，充分发挥普通教育机构在实施残疾人教育中的作用"（第3条第3款）。1996年5月9日，国家教委、中国残疾人联合会联合印发《残疾儿童少年义务教育"九五"实施方案》，提出了发展特殊教育、落实残疾儿童受教育权的主要思路："普遍开展随班就读，乡（镇）设特教班，30万以上人口，残疾儿童少年较多的县设立特殊教育中心学校，基本形成以随班就读和特教班为主体，以特殊教育学校为骨干的残疾儿童少年义务教育格局。"1998年12月2日，发布施行《特殊教育学校暂行规程》，明确规定"特殊教育学校的学制一般为九年一贯制"（第3条）。

需要提及的是，1993年3月8日，国家教委发出《普及九年义务教育评估验收办法（试行）》，规定对普及九年义务教育的评估验收工作从1993年开始，每年进行一次。① 翌年9月24日，教育部颁布了《普及义务教育评估验收暂行办法》，②通过入学率、辍学率、完成率、文盲率四个指标对普及程度提出要求。相比《普及九年义务教育评估验收办法（试行）》，该暂行办法针对残疾儿童的入学

---

① 1993年10月18—30日，国家教委"两基"评估验收工作抽查组对北京市基本普及九年义务教育、基本扫除青壮年文盲工作进行了评估验收抽查，宣布北京市成为我国率先提前实现"两基"的直辖市。翌年10月10—13日，全国部分省市"普九"工作汇报会在长春市举行。国家教委主任朱开轩在会上宣布，北京、上海、天津3个直辖市率先实现普及九年义务教育。

② 该暂行办法第三条规定："九年义务教育包括初等和初级中等义务教育。在现阶段初等义务教育包括实行五年、六年制的教育；初级中等义务教育包括实行三年、四年制的普通初中和职业初中教育。"

率问题给出了具体指标:“各类适龄残疾儿童、少年,在城市和经济文化发达的县达到 80%左右,其他县达到 60%左右(含在普通学校随班就读的学生)。”此外,该暂行办法中还出现了“适龄女童入学率”“小学、初中毕业班学生的毕业率”等提法。这足以表明在 20 世纪 90 年代,中国的“普九”不仅仅关注普及,也进一步注重性别平等(不歧视)与质量问题。

在 21 世纪开始之前的十年里,中国政府对女童教育问题也给予了切实的关注。1990 年国际社会作出全球“普及入学机会并促进平等”的承诺,并强调“最为紧迫之事就是要确保女童和妇女的入学机会,改善其教育质量,并消除阻碍她们积极参与的一切障碍……摒弃教育中任何有关性别的陈规陋习”(《世界全民教育宣言》第 3 条)。这些观念在中国女童教育政策中逐步得到体现。

1991 年 5 月 18 日,国家教委办公厅发布的《关于继续做好制止中小学生流失工作的通知》指出,在全国尚未入学的 200 多万适龄儿童中,女童占八成以上,而且辍学小学生中女生多于男生,“女童教育问题已经成为当前影响我国初等教育普及的一个关键”,“应重视研究解决女童教育的问题”。翌年 2 月 16 日,国务院印发《九十年代中国儿童发展规划纲要》,对女童教育问题作了系统规划。

> 今后十年,我国普及初等义务教育和扫除文盲的任务主要集中在经济不发达地区和少数民族地区,突出问题是解决女童就学困难。要采取特殊措施,在这些地域辽阔、居住分散、交通不便的省份,扩建和新建一部分完小或教学点,在有需要的地方,办好寄宿制小学和民族小学。注重培养少数民族女教师,在贫困地区建立女童奖学金制度,促进女童入学工作。继续办好女童班。

1994 年 2 月,《中华人民共和国执行〈提高妇女地位内罗毕前瞻性战略〉① 国家报告》强调,中国妇女享有同男子一样的受教育的权利,但是,“女性受教育的平等权利尚未完全实现,农村中女童入学率低于男童,而女童辍学率高于男童,女性的总体文化素质偏低”;今后的行动目标之一是,“切实普及九年义务制

---

① 1985 年 7 月 15—26 日,“审查和评价联合国妇女十年成就世界会议”(World Conference to Review and Appraise the Achievements of the United Nations Decade for Women: Equality, Development and Peace),即第三次世界妇女大会(Third World Conference on Women)在肯尼亚首都内罗毕召开。会议通过的《提高妇女地位内罗毕前瞻性战略》(Nairobi Forward-looking Strategies for the Advancement of Women)是国际社会公认的提高妇女地位的纲领性文件。1992 年,联合国决定在“内罗毕战略”制定 10 周年之际,在北京召开第四次世界妇女大会(1995 年 9 月 4—25 日)。

教育，逐步降低、消除女童辍学现象和失学现象，使每年女童失学率不得超过2%，辍学率控制在2%以下”（中华人民共和国国务院，1994）。同年8月，我国在青海西宁召开“走向’95第四次世界妇女大会——女童教育国际研讨会”，会议的任务是“交流中国西部贫困地区女童教育实验的成果及经验，进行发展中国家处境不利地区女童教育的比较研究，进一步探索中国贫困地区及少数民族聚居地女童教育发展之路，探索如何通过女童教育，提高农村妇女参与社会的能力，促进《内罗毕前瞩性战略》目标的实现”（臧健，1994）。全体与会代表于27日发出《倡议书》，呼吁“全社会都来向贫困地区女童伸出援助之手”。该倡议书指出，当时中国1.8亿文盲中，三分之二以上是妇女，未入学的260万学龄儿童中70%是女童；在中国的贫困落后地区，尤其是广大西部少数民族聚居的农村，落后的经济、贫困的生活、不便的交通，以及传统的习俗，阻碍着那里的女童获得受教育的机会（佚名，1994）。

1996年7月15日，国家教委办公厅发布《关于进一步加强贫困地区、民族地区女童教育工作的十条意见》，要求“各级政府和教育部门在实施‘两基’过程中，必须把搞好女童教育，提高女童入学率和巩固率作为一项特殊任务，采取有力措施，保障女童接受义务教育的权利”；并把女童教育纳入西部地区“普九”验收的指标体系——“在义务教育评估验收时，要坚持有关女童教育的标准①，凡未达到标准要求的，各级督导部门不得通过评估验收”。该意见也提出要重视女童教育研究工作；认真做好与联合国儿童基金会的合作项目，“积极参加国际有关女童教育的交流活动，争取国际组织对发展女童教育的资助”，等等。

值得注意的是，1992年出台的《九十年代中国儿童发展规划纲要》在其“前言”第一段中，提及了1991年3月李鹏总理代表中国政府签署了1990年世界儿童问题首脑会议通过的《儿童的生存、保护和发展世界宣言》和《九十年代贯彻儿童的生存、保护和发展世界宣言的行动计划》。这是《九十年代中国儿童发展规划纲要》出台的重要背景。结合上文所述的儿童教育会议及政策，我们可以判定，20世纪90年代中国儿童教育的观念已经受到儿童受教育权国际共识的深刻影响；我国儿童的受教育权问题，尤其是弱势儿童群体（特别是女童）的入学问题成为当代中国教育政策的重要议题。

然而，在整个20世纪90年代，儿童受教育权的国际共识还未被全面吸纳

---

① 不过，1993年教育部颁布的《普及义务教育评估验收暂行办法》中，对2000年前只能普及初等义务教育的县的适龄女童入学率、辍学率的规定是“达到省级规定的要求”。也就是说，当时并无全国统一的、具体的女童教育普及标准。

入中国儿童教育政策决策中。例如，“全纳教育”的理念在中国被转化为“随班就读”的实践，这种选择虽然契合实际，但实质上是一种针对残疾儿童的教育形式，而非教育理念的彻底更新。而就女童教育来说，1996 年的《关于进一步加强贫困地区、民族地区女童教育工作的十条意见》关注的是落后地区的女童教育，全国普适性的女童教育政策尚未出台——1993 年的《中国教育改革和发展纲要》及 1994 年的《国务院关于〈中国教育改革和发展纲要〉的实施意见》并无只言片语提及女童教育。从相关政策文件与中国期刊网的文献检索情况来看，20 世纪 90 年代中国“女童教育”的研究及政策转化才正式起步（万明钢、王舟，2006）。虽然从 1989 年开始，中华全国妇女联合会、中国儿童少年基金会设立了帮助女童入学的专项基金[①]，对贫困地区的女童实施免费初等义务教育，但是，它被视为国家教育经费体制之外的“教育扶助工程”，是选择性与排他性的，并不具有面向所有女童的普惠性。1996 年 10 月在广西启动的中国—联合国开发计划署“以女童为重点，促进贫困地区九年义务教育”的合作项目，1997 年西部七省区[②]开展的“提高西部贫困地区少数民族女童教育质量和效益”的课题研究等，都就落实女童的平等受教育权、提升女童教育质量得出了有益的结论，推动了 20 世纪 90 年代后半期以来女童教育政策的发展。

席春玲（2002）认为：“从世界范围来看，女童教育研究通常经历‘均等性教育——有效性教育——特殊性教育’三个交叉发展的阶段。”依据此观点，我们大体上可以说，整个 20 世纪 90 年代，我国政府落实女童受教育权的努力聚焦的是落后地区的女童入学问题，未超越“均等性教育”阶段。

（二）20 世纪 90 年代儿童受教育权的现实状况

1989 年至 1990 年，受国务院委托，国家教委牵头有关部委，对中小学教育工作进行五项督导、检查（简称“五查”）及以德育工作为重点的“五查”复查。[③]

---

① 1992 年，该基金更名为“春蕾计划”。中国儿童少年基金会网站介绍“春蕾计划”的目的是“资助贫困地区失辍学女童继续学业，改善贫困地区办学条件，辅助国家发展儿童少年教育福利事业”（参见 http://www.cctf.org.cn/zt/cljh/）。

② 甘肃、宁夏、青海、贵州、云南、新疆、内蒙古七省、自治区。

③ 1989 年 2 月间，“五查”被列为国家教委 1989 年教育工作的重点之一，全国各省、自治区、直辖市都进行了自查。1989 年 9 月至 1990 年 5 月，国家教委完成了对 29 个省、自治区、直辖市“五查”的抽查（1990 年 6 月 11 日国家教委转发的《关于中小学教育工作五项督导检查的报告》中提及的是，1989 年下半年对 26 个省、自治区、直辖市的中小学教育工作进行了督导、检查——作者注）；1990 年 3 月，国家教委发出通知，要求全国各省、自治区、直辖市及计划单列市，以“自查”为主，对“五查”进行复查；1990 年 9 月—11 月，国家教委对黑龙江、天津、浙江、湖北、四川、陕西等六省、市的复查情况进行了抽查（中华人民共和国国家教育委员会督导司，1992）。

这“五查”包括：各地初步贯彻《中共中央关于改革和加强中小学德育工作的通知》的情况；教育经费增长政策和教师经济待遇的落实情况；校舍中危房的改造情况；中小学学生流失的制止情况；乱收费的纠正情况。[①] 1991 年 5 月 15 日国家教委印发的《对六省、市中小学教育工作“五查”复查的情况报告》指出，“五查”及“复查”有力地改善了基础教育的发展状况，但仍需进一步加强基础教育。

> 去年的“五查”和今年的“五查”复查对基础教育的健康发展起了很大的推动作用，中小学的面貌确实有不小的变化，但根据“五查”和“五查”复查所获悉情况的分析，我们感到基础教育的薄弱状况远没有从根本上改变，仍有待进一步加强。……目前，相当多的农村实施义务教育所需经费没有稳定可靠的来源，财政体制改革后，县一级在教育经费方面的统筹权很少，也难以解决。……各类学校……计划外招生、收议价生、办全日制复读班、班学生额失控、对普通高级中学压升学指标、按高考成绩搞排队，以及乱编乱印复习材料，加重学生负担等现象严重存在，且屡禁不止。

事实上，“五查”关注的五个相对严重的教育发展问题，其背后是我国长期以来教育投入不足与教育发展愿景的深刻矛盾。1985 年，《中共中央关于教育体制改革的决定》对教育经费问题提出要求：“在今后一定时期内，中央和地方政府的教育拨款的增长要高于财政经常性收入的增长，并使按在校学生人数平均的教育费用逐步增长。”1989—1990 年间“五查”的情况表明，这一教育经费“两增长”的政策在各地基本落实，“但是教育经费紧缺问题仍很突出。预算内教育拨款占地方财政支出的比重普遍偏低；中小学公用经费占教育事业费的比重普遍呈现下降趋势”。虽经 1990 年的“复查”，但是“中小学公用经费紧缺的现象仍很严重……由于公用经费紧缺，一些学校仍无法摆脱难以为继的困境，不得不把必不可少的开支分摊到学生头上，收费偏高，成为部分学生流失的原

① 此处关于“五查”各项的排序，依照的是 1990 年 6 月 11 日国家教委通知转发的《关于中小学教育工作五项督导检查的报告》。而在国家教育委员会 1989 年 4 月 8 日发布的《关于对中小学教育工作开展五项督导、检查的通知》及其附件——《关于对中小学教育工作开展五项督导、检查的提纲》中，“贯彻德育工作的通知”本是排序第五的工作（中华人民共和国国家教育委员会督导司，1992）。

因”(《对六省、市中小学教育工作“五查”复查的情况报告》)。

1993年,《中国教育改革和发展纲要》提出,要“逐步提高国家财政性教育经费支出(包括各级财政对教育的拨款,城乡教育费附加,企业用于举办中小学的经费,校办产业减免税部分)占国民生产总值的比例,本世纪末达到百分之四,达到发展中国家八十年代的平均水平”,并规定“省(自治区、直辖市)本级财政、县(市)级财政支出中教育经费所占比例,由各省、自治区、直辖市政府确定”。然而,由于区域经济发展不平衡,各地教育经费投入情况不一,这不可避免地扩大了各地教育的发展差距。这一时期为了解决教育经费的问题,农村地区征收教育附加费,①中小学开办校办工厂,企事业单位参与办学,以及从国际组织获取教育援助和贷款,这些举措虽有成效,但义务教育阶段教师工资待遇低并时有拖欠、中小学校舍危房比重高、中小学教育收费不合理等问题仍然存在。

1995年1月11—14日,全国政协第八届常委会第九次会议讨论教育问题,中共中央政治局常委、全国政协主席李瑞环主持会议,并作了题为《全社会都要关心和支持基础教育》的讲话。在这个讲话中,李瑞环全面谈及基础教育发展的重大意义与各种现实问题。

> 基础教育的经费十分困难。近些年来,我国基础教育经费有较大幅度的增长,但与基础教育发展的要求相比,仍然显得非常不够。我国教育经费在国民生产总值中所占比重,1993年为2.66%,人均只有12.92美元。这不仅比世界发达国家低得多,而且与发展中国家的平均4.1%、人均42美元相比,也存在不小的差距。按照中央的要求,省级教育经费应占到财政支出的20%以上,目前全国实际上达到这一标准的省仅有四个。问题还在于,这些本来不足的投入,绝大部分用于人员开支。据统计,1993年我国预算内教育事业费普通中学用于人员部分达82.81%,小学将近90%,教学经费所剩无几。

① 1993年10月16日,国家教委转发《国务院办公厅关于纠正一些地方取消农村教育费附加的通知》写道:“近来,一些地方把农村教育费附加的征收作为减轻农民负担的一项内容予以取消或暂停执行,这是不妥的,应立即予以纠正。农村教育费附加是国家法定征收的、主要用于农村实施义务教育的费用,各地都要依法足额征收。在乡财政特别困难的地方,可实行乡征县管,但要保证专款专用,不得平调。”

1995年颁布的《中华人民共和国教育法》规定了教育经费的“两提高”“三增长”原则，并要求为贫困地区设立义务教育专项基金。但在20世纪90年代，从国家层面来看，经费问题是儿童教育发展的主要障碍。

> 第五十四条　国家财政性教育经费支出占国民生产总值的比例应当随着国民经济的发展和财政收入的增长逐步提高。具体比例和实施步骤由国务院规定。全国各级财政支出总额中教育经费所占比例应当随着国民经济的发展逐步提高。（两提高）
>
> 第五十五条　各级人民政府的教育经费支出，按照事权和财权相统一的原则，在财政预算中单独列项。各级人民政府教育财政拨款的增长应当高于财政经常性收入的增长，并使按在校学生人数平均的教育费用逐步增长，保证教师工资和学生人均公用经费逐步增长。（三增长）
>
> 第五十六条　国务院及县级以上地方各级人民政府应当设立教育专项资金，重点扶持边远贫困地区、少数民族地区实施义务教育。

《中华人民共和国义务教育法》颁布后，由于国家义务教育经费存在缺口，我国政府并未立即实行彻底的免费义务教育，而是选择从政策上给义务教育阶段学校收取杂费留了“口子”；[①]这就为某些教育管理部门或教育机构创造了随意收取各种名目的教育相关费用的政策操作空间。教育收费的不合理与混乱局面，加重了学生的家庭负担，扰乱了正常的教育管理秩序，加剧了全社会对教育问题的焦虑。虽然整个20世纪90年代国家几乎年年都发布关于中小学收费问题的文件，召开各种治理收费的会议，采取限定收费项目、加强督导检查、健全举报渠道等措施，但教育“乱收费”[②]问题仍屡禁不止，持续存在，迁延至21世纪。

---

① 例如，1989年5月19日，《国家教委、国家物价局、财政部关于清理整顿中小学收费项目有关问题的通知》规定：“根据《中华人民共和国义务教育法》的规定，实施义务教育的地方，小学和初级中学免收学费，但各地根据实际情况，经过批准可适当收取杂费。非义务教育的高级中学应收学费和杂费。”

② 在我国教育政策文件中，“乱收费”的提法从20世纪90年代起集中出现。仅举几例：1990年9月16日，《中共中央、国务院关于坚决制止乱收费、乱罚款和各种摊派的决定》发布；1991年5月3日，国家教委印发《关于坚决制止中小学乱收费的规定》；1993年8月25日，国家教委发布《关于坚决纠正中小学乱收费的通知》；1993年11月26日，国家教委发布《关于取消中小学乱收费项目的通知》，等等。

在治理中小学乱收费①问题的过程中，义务教育阶段的"择校生"问题浮现。1995 年，国家教委相关负责人开始表示要严格控制择校生，稍后即要求义务教育阶段不准招收择校生。② 翌年 1 月 11 日，首都教育界部分专家学者应《人民日报》社邀请，在北京举行中小学择校问题座谈会。与会专家呼吁，中小学择校收费问题愈演愈烈，必须认真加以引导和解决。此后，这个问题长期成为社会关注的教育热点问题(沈俊强，2006)[13-14]。

而深入到学校教育教学层面，这一时期学生的课业负担过重问题仍然没有得到切实有效的解决。20 世纪 90 年代对奥数、竞赛与课外辅导材料的规范对减轻学生的课业负担起了一定的作用。③ 但从长远来看，这一问题必须诉诸教

---

① 恰如 1993 年 9 月 24 日国务院办公厅发布的《关于加强中小学收费管理工作的通知》的行文所呈现的，当时关于"乱收费"的界定是"中小学乱收费主要表现在：擅自增加收费项目，随意提高收费标准"。这份文件强调，义务教育阶段免收学费，只收杂费。"实施义务教育的各类公办学校要按照招生计划和规定班额录取学生，即使对个别超计划招收的学生，也不得收取额外的费用。不允许招收'高价生'，不允许以任何借口向申请转学的学生收取费用。……对在非义务教育阶段超计划招收的个别学生，要以学习成绩为主要标准进行录取，不得以交钱多少为录取标准。"这些规定在 1994 年 9 月 20 日国家教委发出的《关于进一步做好学校收费工作的通知》中被重申："不得把捐资助学同录取学生挂钩，坚决杜绝以钱买分、以钱买学籍、以钱选择公办学校和重点学校的错误做法。"

② 1995 年初，朱开轩在谈及教育"乱收费"问题时，说"义务教育阶段乱收费，主要表现在一部分学校以各种名目收取较高杂费，一些办学条件好的学校对择校者收取高额费用，少数民办学校高额集资办学等"(毕全忠，1995)。同年 4 月 25 日，国家教委发布《关于治理中小学乱收费工作的实施意见》，提出了治理义务教育阶段乱收费问题的"五不准"规定，首要的要求是"九年义务教育阶段初中和小学必须坚持就近入学的原则，不准招收'择校生'，严禁把捐资助学同录取学生挂钩"。这些规定表明，在 20 世纪 90 年代前半期，学生缴纳择校费被界定为教育"乱收费"。

1996 年前后我国学者在关于治理择校乱收费问题的讨论中，建议区分义务教育阶段与非义务教育阶段的择校收费，将前者视为乱收费，后者视为高收费。针对后者，学者建议增加收费监督、提高收费透明度；采取限制校数、限制人数、限制分数、限制钱数等措施(沈俊强，2006)[15]。这些看法在 2001 年 4 月 6 日发布的《国务院办公厅转发国务院纠正行业不正之风办公室关于 2001 年纠风工作实施意见的通知》中得到了体现。

③ 1988 年 5 月 11 日发布的《国家教委关于减轻小学生课业负担过重问题的若干规定》认为："解决的关键在于引导小学教育工作者端正教育思想，坚持全面育人，在提高教育质量上下功夫。"这一思路在 20 世纪 90 年代仍被沿用。例如，1990 年 2 月 15 日，国家教委发出《关于重申贯彻〈减轻小学生课业负担过重问题的若干规定〉的通知》；1993 年 3 月 24 日，国家教委发出《关于减轻义务教育阶段学生过重课业负担、全面提高教育质量的指示》。1994 年 11 月 10 日，国家教委发出《关于全面贯彻教育方针，减轻中小学生课业负担过重的意见》，强调"解决中小学生课业负担过重问题的关键，在于转变教育思想，更新教育观念"；"解决中小学生课业负担过重问题的根本出路在于改革"。这份文件指出："中小学生课业负担过重突出表现在，有的学校随意增加课时，超纲授课，作业量大，考试频繁，资料泛滥；社会上各种竞赛、奥校、奥班、读书、评奖等活动名目繁多；一些领导部门向教育部门和学校下达升学指标等。"翌日，国家教委举行新闻发布会，要求学校改变应试教育模式，严格执行课时标准，控制考试，整顿奥校。1995 年 2 月 27 日，国家教委发出《关于加强中小学生复习辅导资料管理的意见》。

育系统的健康发展才能解决。然而，教育系统又是社会系统的有机组成部分，如果没有整个社会价值系统的根本转变，只是在教育领域里做各种调整，例如课程、教学计划、教学内容、活动、考试方案的改变，那么就难以动摇片面追求升学率背后的“功利主义”教育价值观，也就难以真正解决中小学课业负担过重的问题。

事实上，在20世纪90年代中后期，教育发展不均衡、择校问题、片面追求升学率、中小学生课业负担过重等问题交织在一起。

虽然有上述种种问题，但20世纪90年代，中国儿童教育还是取得了令人瞩目的持续进步。到2000年底，中国共产党第十四次全国代表大会提出的“到本世纪末基本普及九年义务教育”的目标如期实现，①全国普及九年义务教育的地区人口覆盖率达到85%（教育部，2001）。在全国普及九年义务教育的过程中，女童受教育状况得到了极大改善。“1998年，全国小学女童的入学率已达99%，男女性别差下降到0.1个百分点，与男童相比大体持平。”（教育部，2005）

相比20世纪80年代，国家对儿童教育的改革与发展给予了更多的关切与支持。儿童教育的相关法律法规日益健全，中小学校舍得到了修缮与扩建，师资培养、任用、选拔及考核制度进一步完善，课程教材教法得到改进，儿童的教育机会与教育质量得到有力保障。具体来说，在20世纪90年代，我国落实儿童受教育权有如下三项新进展：

1. 大力发展普通高中

普通高中是连接义务教育与高等教育的重要教育阶段。1993年颁布的《中国教育改革和发展纲要》提出了发展高中教育的目标：“大城市市区和沿海经济发达地区积极普及高中阶段教育。”翌年发布的《国务院关于〈中国教育改革和发展纲要〉的实施意见》将这一目标细化为：

> 大城市市区和有条件的沿海经济发展程度较高地区要在普及九年义务教育的基础上，积极普及高中阶段教育（包括普通高中和高中阶段的职业教育）。普通高中可根据各地的需要和可能适量发展。到2000年普通高中在校生要达到850万人左右。每个县要面向全县重点办好一两所中学。全国重点建设1 000所左右实验性、示范性的高中。

① 2001年1月1日，江泽民（2001）在全国政协举行的新年茶话会上发表讲话，宣布我国如期实现了基本普及九年义务教育和基本扫除青壮年文盲的战略目标。

这一政策延续了20世纪80年代“重点学校”的发展思路。不过，20世纪90年代的高中发展政策相对完善，在提出建设示范性高中的同时，也强调要加强薄弱高中的建设。1995年6月22日，国家教委印发的《加强薄弱普通高级中学建设的十项措施(试行)》明确提出：“要建立示范性高中与薄弱高中挂钩的制度，示范性高中的教育资源应尽可能与挂钩的薄弱高中共享，双方在教育、教学、管理工作等方面相互促进，共同提高。”

2. 加强薄弱学校建设

20世纪90年代，在普及义务教育、推行素质教育、治理教育乱收费以及择校问题的过程中，中小学薄弱学校的发展问题被提上了议事日程。1996年9月11—15日，全国政协科教文卫体委员会在哈尔滨市召开加强薄弱学校建设问题研讨会，与会者分析薄弱学校成因，交流治理经验，研究解决方案。1998年11月2日，教育部发出《关于加强大中城市薄弱学校建设，办好义务教育阶段每一所学校的若干意见》。在这个意见中，对加强薄弱学校的意义作了这样的说明：

> 加强大中城市义务教育阶段薄弱学校(以下简称“薄弱学校”)建设，办好义务教育阶段每一所学校，缩小学校之间办学水平上的差距，是全面贯彻《教育法》《义务教育法》，依法维护我国义务教育的普及性，促进适龄儿童少年接受良好的义务教育，巩固“普九”成果，提高“普九”水平的有效措施；是推进小学毕业生免试就近升入初中，缓解“择校”矛盾，治理“高收费”“乱收费”的治本之策；是全面贯彻教育方针，实施素质教育，全面提高教育质量的重要举措。

然而，这只是针对大中城市义务教育阶段薄弱学校的意见，在其他地区，城乡之间、校际之间的教育差距仍在持续拉大。

3. 解决流动儿童入学问题

20世纪90年代大中城市日愈严重的择校问题、乱收费问题也逐步蔓延到全国其他地区。在这个过程中，大量农村务工人员进城，他们的随迁子女的上学问题进一步凸显了城乡、校际教育发展的不平衡。

1996年4月2日，国家教委基础教育司印发《城镇流动人口中适龄儿童、少年就学办法(试行)》；1998年3月2日，国家教委、公安部印发《流动儿童少年就学暂行办法》。在前一个文件中，城镇流动适龄儿童入学，“以在流入地全日制中小学借读为主。没有条件进入全日制中小学的，可以入各种形式的教学班、组，接受非正规教育”。入学流程为：“由其父母或其他监护人，持流入地暂住证，向流入地住所附近中小学提出申请，经学校同意后即可入学”（实际操作是交纳流入地教育行政部门设立的“借读费”）；如流入地中小学不接受，可向当地教育行政部门或其指定的单位申请协调解决就学。而后一个文件增加条文，明确要求“流动儿童少年常住户籍所在地人民政府应严格控制义务教育阶段适龄儿童少年外流”。流动儿童入学“以在流入地全日制公办中小学借读为主，也可入民办学校、全日制公办中小学附属教学班（组）以及专门招收流动儿童少年的简易学校接受义务教育”。该文件进一步规范了“借读费”，各地教育部门设立的“借读费”要由省级人民政府审核批准。并且，要求流入地中小学为在校流动儿童建立临时学籍。事实上，20 世纪 90 年代，流动儿童在流入地接受教育的权利受到了限制。城镇流动人口子女的入学机会得不到保障，也未能享受当地户籍儿童同等的教育待遇；与此同时，未能与父母随迁入城的儿童成为留守儿童，他们缺少监护人的亲密照料，身心的发展与学业成就也面临不少危机。

二、儿童教育向素质教育转轨

“素质教育”在 20 世纪 90 年代成为指导我国中小学教育改革的政策方向。不过，“素质教育”这一提法大约于 1985 年前后才在民间的教育研究中出现并传播（杨东平，等，2003）[284]。1993 年出台的《中国教育改革和发展纲要》从教育提升民族素质的角度来谈论我国从“应试教育”转轨的问题，但尚未明确地将“素质教育”写入其中。

> 基础教育是提高民族素质的奠基工程……中小学要由“应试教育”转向全面提高国民素质的轨道，面向全体学生，全面提高学生的思想道德、文化科学、劳动技能和身体心理素质，促进学生生动活泼地发展。

短短数年后，1996 年 3 月 17 日，第八届全国人民代表大会第四次会议批准的《中华人民共和国国民经济和社会发展“九五”计划和 2010 年远景目标纲要》就旗帜鲜明地提出，要“改革人才培养模式，由‘应试教育’向全面素质教育转变”。不过，同年 4 月 10 日国家教委印发的《全国教育事业“九五”计划和 2010 年发展规划》并未采用“应试教育”与“素质教育”这两个措辞，也未将“素质教育”作为一个重要的政策术语提出。然而，尽管教育界还未有热烈响应，但“素质教育”已经是一项铁板钉钉的决策了。4 月 12 日，李岚清（1996b）在题为《基础教育是提高国民素质和培养跨世纪人才的奠基工程》的文章中指出，各级教育部门和教育工作者对实现向“素质教育”转轨的重视和研究还不够，尤其缺乏紧迫感——中小学由“应试教育”转向“素质教育”，是“党中央、国务院向基础教育战线提出的一项紧迫任务”，“广大中小学校要把实现向素质教育转轨列为学校的中心工作，抓紧抓好”。这一文章对“素质教育”与“应试教育”作出如下界定：

> 素质教育和应试教育反映了两种不同的教育思想。“应试教育”以升学考试为目的，围绕应考开展教育教学活动，是一种片面的淘汰式的教育。它的危害：一是教育对象主要面向少数学生；二是教育内容偏重智育，轻视德、体、美、劳诸方面，忽视实践和动手能力，影响青少年的健康成长；三是违背教育教学规律和青少年成长发育规律。素质教育体现了基础教育的本质，它从“培养有理想、有道德、有文化、有纪律的社会主义公民”出发，以全面培养受教育者高尚的思想道德情操、丰富的科学文化知识、良好的身体和心理素质、较强的实践和动手能力以及健康的个性为宗旨。素质教育要彻底摒弃应试教育的片面教育观，面向全体学生，为学生学会做人、学会求知、学会劳动、学会生活、学会健体、学会审美打下扎实基础，使学生在德智体等方面得到全面协调的发展。

同年5月10—16日，李岚清在湖南视察时发表讲话，强调要在全国逐步推广湖南省汨罗市素质教育的经验；要加强薄弱学校建设，加强师资培训（李岚清，1996a）。对“汨罗经验”的全国性推广，立即使“素质教育”成为一个重要国家教育政策，也使其成了一个涉及基础教育改革各个方面的统摄性概念。

1999年1月13日，国务院批转教育部《面向21世纪教育振兴行动计划》，提出“实施‘跨世纪素质教育工程’，整体推进素质教育，全面提高国民素质和民族创新能力”。随后，3月1日，《中国教育报》在头版发表署名“教育部”的文章，题目是《振兴教育事业，实施科教兴国战略》。

> 下世纪初开始，我国基础教育将在实现普及教育目标的基础上，进一步提高教育质量。《行动计划》中提出实施“跨世纪素质教育工程”和“跨世纪园丁工程”，是提高教育质量的重要举措。90年代以来，逐步实施的素质教育，是以提高全体学生的全面素质为宗旨的改革实践。《行动计划》要求素质教育从典型示范为主转向整体推进和制度创新为主，即主要通过面向

21 世纪的课程教材革新，评价制度改革和师资队伍建设，全面推进面向全体学生，以培养学生的创造精神和实践能力为核心，使学生在德、智、体、美等方面全面发展的素质教育。加强和改革师范教育，重视对现有教师的在职培训和继续教育，提高教师队伍的素质，为素质教育的整体推进提供制度和师资保证。

1999 年 6 月 13 日，《中共中央、国务院关于深化教育改革全面推进素质教育的决定》指出，“全面推进素质教育，是党中央和国务院为加快实施科教兴国战略作出的又一重大决策”。该决定要求“全面推进素质教育，培养适应二十一世纪现代化建设需要的社会主义新人”。这一表述将“素质教育”提升到了国家教育方针的高度。

> 实施素质教育，就是全面贯彻党的教育方针，以提高国民素质为根本宗旨，以培养学生的创新精神和实践能力为重点，造就“有理想、有道德、有文化、有纪律”的、德智体美等全面发展的社会主义事业建设者和接班人。……实施素质教育应当贯穿于幼儿教育、中小学教育、职业教育、成人教育、高等教育等各级各类教育，应当贯穿于学校教育、家庭教育和社会教育等各个方面。……基本普及九年义务教育和基本扫除青壮年文盲，是全面推进素质教育的基础。

从时间节点来看，“素质教育”的提出与推广，是对 21 世纪中国教育改革与发展形势的预判和构想，也是对 20 世纪 90 年代各种教育问题的回应和解答，更是对中华人民共和国五十年教育发展经验与教训的总结和反思。它力图对 20 世纪 90 年代引发社会民众普遍焦虑的片面追求升学率、学生课业负担严重、中小学乱收费等问题给出一个总体的解决方案。它要给应试教育一次彻底性的摧毁，并努力建立一种新的教育发展模式。这些探索都是具有时代意义的。但是，20 世纪 90 年代开始推行的素质教育政策的主体内容更多的是对已有教育政策的归纳、整合与提炼，这使其更像是对此前推行的教育政策的系统修订；而它以抨击（未经规范性定义的）应试教育的诸多弊端的方式来对照、界定素质教育，其教育理论的基础相对薄弱——它难以区别于此前的“全面发展教育”理论，也未能构建出某种要素清楚、内在结构清晰的素质教育体系。

虽然如此，不管是此前的“全面发展”，还是 20 世纪 90 年代提出的“素质教育”，都契合了儿童受教育权国际共识所天然内蕴的平等与不歧视思想。

> 全面推进素质教育，要坚持面向全体学生，为学生的全面发展创造相应的条件，依法保障适龄儿童和青少年学习的基本权利，尊重学生身心发展特点和教育规律，使学生生动活泼、积极主动地得到发展。（《中共中央国务院、关于深化教育改革全面推进素质教育的决定》）

20 世纪 90 年代，《中国教育改革和发展纲要》《中共中央、国务院关于深化教育改革全面推进素质教育的决定》等重要教育文件所构思的 21 世纪教育发展蓝图，充分表明中国政府理解和认同尊重、保护并落实儿童受教育权对于个体、国家的发展具有重要意义。从提升全民族素质、培养 21 世纪人才的角度出发，我国政府在 20 世纪 90 年代全面普及九年义务教育，大力推进素质教育，确保了我国儿童的受教育机会与教育质量。

第二节　“四有”新人的受教育权：全民均衡优质(2000—　)

进入 21 世纪，我国相继出台了一系列重大教育发展规划，始终将教育置于现代化建设优先发展的战略地位。① 2001 年 5 月 29 日国务院发布的《关于基础教育改革与发展的决定》则深刻阐明了基础教育的重要性。

> 基础教育是科教兴国的奠基工程，对提高中华民族素质、培养各级各类人才，促进社会主义现代化建设具有全局性、基础性和先导性作用。保持教育适度超前发展，必须把基础教育摆在优先地位并作为基础设施建设

① 2001 年 3 月 5 日，第九届全国人民代表大会第四次会议批准的《中华人民共和国国民经济和社会发展第十个五年计划纲要》首次将“人才战略”确立为国家战略。2003 年 12 月 19—20 日，中共中央、国务院在北京召开了全国人才工作会议，全面部署实施人才强国战略。2004 年 3 月 3 日，国务院批转教育部《2003—2007 年教育振兴行动计划》重申：“要实现全面建设小康社会和中华民族伟大复兴的宏伟目标，必须坚持实施科教兴国战略和人才强国战略，把教育摆在现代化建设优先发展的战略地位。”2007 年 10 月 15—22 日召开的中国共产党第十七次全国代表大会把“优先发展教育，建设人力资源强国”作为以改善民生为重点的社会建设的六大任务之首。2010 年 7 月 29 日正式发布的《国家中长期教育改革和发展规划纲要(2010—2020 年)》再次重申了“十七大”对教育的定位：“在党和国家工作全局中，必须始终坚持把教育摆在优先发展的位置。”

和教育事业发展的重点领域，切实予以保障。

最近十余年里，我国教育投入持续增加，相关制度逐步健全，配套政策进一步完善，我国政府尊重、保护并落实儿童受教育权的工作取得长足进步。儿童教育领域的一系列重大历史性任务取得了进展，如全面普及九年义务教育，大力普及学前教育，全面免除义务教育阶段城乡中小学生学杂费等；而此前迁延已久的诸多儿童教育难题正在逐步化解，比如西部贫困地区的“普九”问题、农村的教育发展与中小学布局调整问题、进城务工人员随迁子女的入学与升学问题、学前教育入学难问题、义务教育阶段择校问题、教育乱收费问题、中小学生学业负担问题、区域城乡校际教育发展不均衡问题、留守儿童教育问题、中等职业教育发展问题、升学考试评价问题、中小学危房以及校舍建设与维护的问题，等等。但是，一些引发社会广泛关切的教育安全问题也涌现出来了，比如校园（尤其是小学与幼儿园）的安全问题、校车安全问题、同伴之间的欺凌问题、儿童遭性侵问题等。在解决这些问题的过程中，不少以前被忽视的教育管理问题浮现出来，与之相关的规章制度得到逐步完善；落实儿童受教育权的政策环境与社会环境有了极大改善。

与20世纪90年代相比，从整体的发展来看，我国儿童教育日益制度化、规范化、标准化，均衡发展与质量提升得以兼顾，而且普及教育向两端延伸，发展高中与普及学前教育成了新的目标。此外，中等职业教育迎来了又一个“春天”，免费中等职业教育政策和相关的奖助学金政策的推行，为城乡儿童接受职业教育提供了经费保障；贫困、偏远、少数民族等落后地区的儿童获得了更多的教育支持，学业水平进一步提高；中小学体育卫生与健康监测制度的建立促进了我国儿童身心的健康发展。

2011年底，我国实现全面普及九年免费义务教育，“普九”人口覆盖率达到100%，我国儿童的平等受教育权得到了充分保障。截至2014年，我国义务教育普及率已达发达国家水平，小学学龄儿童净入学率达到99.81%，初中阶段毛入学率达到103.5%①，九年义务教育巩固率达到92.6%。“所有适龄儿童少年不但‘有学上’，而且越来越多的孩子能够‘上好学’，义务教育进入了巩固普及成果、全面提高质量、促进均衡发展的新阶段。”（王定华、荣雷，2016）

以国际视角来看，在六项全民教育目标和两项联合国“千年发展目标”指引

---

① 毛入学率会统计部分超龄或留级儿童，故这里的百分比会超过100%。

下，我国全民教育事业与全球教育发展潮流全面接轨，不断取得辉煌成就。一方面，国际社会对中国在“两基”工作上的努力与成就给予了充分的肯定；另一方面，中国正从国际教育援助接受国积极转变为教育援助国，并努力寻求输出教育领域的成功经验，以推动全球教育的发展。

一、儿童教育的均衡发展①

1985年《中共中央关于教育体制改革的决定》考虑到“我国幅员广大，经济文化发展很不平衡，义务教育的要求和内容应该因地制宜，有所不同”，将全国大致划分为三类地区，按不同进度、不同要求普及不同水平的义务教育。1993年的《中国教育改革和发展纲要》及1994年的《国务院关于〈中国教育改革和发展纲要〉的实施意见》延续了这一思路，提出了“分区规划、分类指导、分步实施”的原则。1994年6月18日，朱开轩(2007)[559-560]《在全国“两基”督导工作会议上的报告》报告了国家教委推进“普九”的“五四三”方针。② 2001年《国务院关于基础教育改革与发展的决定》继续强调，要采取“积极进取、实事求是、分区规划、分类指导”的原则，促进不同地区基础教育事业的发展。

这一发展思路，既是在我国不同经济社会发展水平、不同教育基础的地区普及义务教育的现实选择，也是集中有限的国家财政、教育资源确保普及义务教育，尽可能提升全国儿童教育发展水平的合理规划。但与这一发展思路相配套的教育管理体制是“实行在国务院领导下，由地方政府负责、分级管理、以县为主的体制”，这就是说，地方政府承担着教育投入的主要责任。由于我国各地

---

① 此部分的写作主要参考王定华、荣雷(2016)的《全国义务教育均衡发展进展报告》，阮成武(2013)的《我国义务教育均衡发展政策的演进逻辑与未来走向》等论文提供的政策线索。

② 根据1994年10月朱开轩(1995)在全国部分省市“普九”工作汇报会上的讲话摘要，经修订后的“五四三方针”阐述如下：

> “五”就是五条实施的原则：一是坚持积极进取，实事求是，分区规划，分类指导；二是分步骤推进，坚持在普及小学教育的基础上，再普及初中阶段的教育；三是坚持标准，重视质量。特别是普及程度，师资队伍的水平不能降低标准，而必需的教学设施、图书、仪器、体育器材等，应该有基本的要求。……；四是“普九”的重点在初中。我们应该适当扩展现有初中(包括少部分初级职业学校在内)的规模，加大农村教育改革的力度，以改革促发展。农村的普及九年义务教育如果与城市一样要求的话，工作的难度会很大。因此农科教结合，三教统筹，分流教育等改革要加快；五是“普九”的难点在贫困地区、民族地区。对这些地区要因地制宜，区别对待，不能“一刀切”。我们的发展规划里面力争这些地区中有5%人口“普九”，10%人口“普六”，再有5%人口“普四”。这是一个初步的、本世纪内的目标，下个世纪初还应该再提高。“四”是按全国的经济发展程度分成四类地区。“三”是分三个阶段实施我们的奋斗目标。……从总体上我们提出了三个阶段所要实施的目标，即1996年在40%—45%的人口地区“普九”；1998年达到60%—65%的人口地区实现“普九”；本世纪末85%的人口地区实现“普九”。

经济发展水平不同，地方政府的财政收入状况不同，教育投入与教育公用经费的地区差异不可避免，这客观上促使各地教育发展不平衡问题日益加剧。

随着综合国力的整体提升，特别是“两基”目标的达成，我国政府逐步调整了20世纪“普九”过程中运用的“非均衡”发展思路，教育均衡发展被写入我国政府出台的各项重大教育政策法规中，尤其是先后写入2006年修订的《中华人民共和国义务教育法》、2015年修订的《中华人民共和国教育法》中。相比20世纪的“普九”来说，“义务教育均衡发展”被纳入法制轨道，成为21世纪初叶我国儿童受教育权政策的主题词。因此，可以说，进入21世纪，我国落实儿童受教育权的首要政策方针，就是均衡发展。

(一) 21世纪的儿童受教育权政策

2006年修订通过的《中华人民共和国义务教育法》[①]的第一、四、五条共计3处提及儿童、少年“接受义务教育的权利”，其第四条规定：“凡具有中华人民共和国国籍的适龄儿童、少年，不分性别、民族、种族、家庭财产状况、宗教信仰等，依法享有平等接受义务教育的权利，并履行接受义务教育的义务。”相比1986年的《中华人民共和国义务教育法》对应条款的表述来说，这一修订后的条款充分确认了儿童受教育权的“平等”与“不歧视”原则。而且，新修订的《中华人民共和国义务教育法》改变了此前的由“省、自治区、直辖市根据本地区的经济、文化发展状况，确定推行义务教育的步骤”的表述，转而以立法的形式，承认免费义务教育是“国家必须予以保障的公益性事业”。

> 第二条　国家实行九年义务教育制度。
>
> 义务教育是国家统一实施的所有适龄儿童、少年必须接受的教育，是国家必须予以保障的公益性事业。
>
> 实施义务教育，不收学费、杂费。
>
> 国家建立义务教育经费保障机制，保证义务教育制度实施。

在基本普及九年义务教育的目标达成后，全面普及义务教育，全面提升教

---

① 2006年6月29日，《中华人民共和国义务教育法》由第十届全国人民代表大会常务委员会第二十二次会议修订通过，自2006年9月1日起施行。2015年4月24日，第十二届全国人民代表大会常务委员会第十四次会议通过对《中华人民共和国义务教育法》的修改，将第四十条修改为：“教科书价格由省、自治区、直辖市人民政府价格行政部门会同同级出版行政部门按照微利原则确定。”

育质量成为21世纪我国儿童教育发展的主要任务。2010年《国家中长期教育改革和发展规划纲要(2010—2020年)》提出要实现更高水平的普及教育,形成惠及全民的公平教育,提供更加丰富的优质教育。

> 实现更高水平的普及教育。基本普及学前教育;巩固提高九年义务教育水平;普及高中阶段教育,毛入学率达到90%。……形成惠及全民的公平教育。坚持教育的公益性和普惠性,保障公民依法享有接受良好教育的机会。建成覆盖城乡的基本公共教育服务体系,逐步实现基本公共教育服务均等化,缩小区域差距。努力办好每一所学校,教好每一个学生,不让一个学生因家庭经济困难而失学。切实解决进城务工人员子女平等接受义务教育问题。保障残疾人受教育权利。……提供更加丰富的优质教育。教育质量整体提升,教育现代化水平明显提高。优质教育资源总量不断扩大,更好满足人民群众接受高质量教育的需求。学生思想道德素质、科学文化素质和健康素质明显提高。各类人才服务国家、服务人民和参与国际竞争能力显著增强。

1. 关注西部,实施“两基”攻坚,巩固“普九”成果

21世纪初,在全国基本实现“两基”的情况下,农村地区,尤其是西部地区的“两基”形势仍然十分严峻。① 对此,国家采取了一系列得力措施,巩固“两基”成果,攻坚克难,大力发展农村教育、西部教育,缩小教育发展差距。2005年5月25日,教育部印发《关于进一步推进义务教育均衡发展的若干意见》,对这些举措作出如下概述:

> 上世纪末,我国实现了基本普及九年义务教育的宏伟目标,从根本上保障了广大儿童少年接受义务教育的权益。近年来,党中央、国务院把农村教育作为教育工作的重中之重,明确提出新增教育经费主要用于

① 2007年11月28日,教育部在北京召开“国家西部地区‘两基’攻坚总结表彰大会”,陈小娅在代表国家“两基”攻坚办(2007)所作的汇报中,对“攻坚计划”开始前西部地区实现“两基”目标所面临的诸多艰苦条件和特殊困难作了概述:西部地区的教育水平远低于全国平均水平,例如,在2002年全国“两基”人口覆盖率已达91%的情况下,西部地区仅为77%;西部尚未实现“两基”的地区涉及8 300多万人,其中3 000万人尚未脱贫;西部地区特殊的地理环境和办学形式严重制约着教育发展;全国少数民族人口的75%左右生活在西部,部分少数民族地区没有文字,不懂汉语,缺乏双语教师,等等。

农村的要求，[①]组织实施国家西部地区“两基”攻坚计划、“农村中小学现代远程教育工程”[②]和实行资助贫困家庭学生就学的“两免一补”政策，[③]有力地促进着我国区域之间、城乡之间义务教育的均衡发展。各地也积极采取措施，努力缩小义务教育发展中的差距。

恰如2004年《国家西部地区“两基”攻坚计划（2004—2007年）》所指出的：“西部地区‘两基’攻坚关系到我国全面普及九年义务教育、全面扫除青壮年文盲目标的实现。”在实施“两基”攻坚计划期间，我国政府作出一系列重大决策，实施一系列国家重大政策和工程。这些政策、工程及其配套措施，极大地改善了西部落后地区的办学条件，提升了当地的教育教学质量，有力地促进儿童受教育权的实现。

---

① 2003年2月14日，《国务院关于全面推进农村税费改革试点工作的意见》提出：“改革后农村义务教育的投入，要确保不低于改革前乡统筹费中的农村教育附加、经国家批准的农村教育集资以及正常财政投入的总体水平，并逐步有所增长，实现‘保工资、保运转、保安全’的基本目标。”同年9月17日，《国务院关于进一步加强农村教育工作的决定》指出：“我国农村教育整体薄弱的状况还没有得到根本扭转，城乡教育差距还有扩大的趋势，教育为农村经济社会发展服务的能力亟待加强。在新的形势下，要增强责任感和紧迫感，将农村教育作为教育工作的重中之重……各级政府要认真落实中央关于新增教育经费主要用于农村的要求。在税费改革中，确保改革后农村义务教育的投入不低于改革前的水平并力争有所提高。”2004年2月6日，国务院办公厅转发教育部等部门《国家西部地区“两基”攻坚计划（2004—2007年）》，要求“地方各级人民政府新增教育经费主要用于农村。中央财政将加大支持力度，并视各地贯彻落实《国务院关于进一步加强农村教育工作的决定》和实施本计划的情况，实行‘奖补结合’的方式，在经费分配上给予支持”。

② 2003年9月19日，《国务院关于进一步加强农村教育工作的决定》明确提出：“实施农村中小学现代远程教育工程，促进城乡优质教育资源共享，提高农村教育质量和效益。”同年12月25日，教育部、国家发展改革委、财政部发布《关于实施〈农村中小学现代远程教育工程试点工作方案〉的通知》；2004年9月23日，教育部办公厅、国家发展改革委办公厅、财政部办公厅印发《农村中小学现代远程教育工程试点工作验收管理办法》。2004年2月6日，国务院办公厅转发教育部、国家发改委、财政部、国务院西部开发办制定的《国家西部地区“两基”攻坚计划（2004—2007年）》，要求：“在2003年试点工作的基础上，争取用5年左右的时间，逐步实施‘农村中小学现代远程教育工程’，在农村小学教学点基本配备教学光盘播放系统，在农村小学基本建设卫星教学收视点，在农村初中建设计算机教室，不断推进义务教育的均衡发展，缓解农村地区教育资源短缺和师资不足的矛盾。”

③ 2001年6月7日，教育部、财政部印发《关于对全国部分贫困地区农村中小学生试行免费提供教科书的意见》，明确免费提供教科书的对象为“国家扶贫开发工作重点县中，到2000年底未普及初等教育县的全部农村小学生和未通过国家基本普及九年义务教育和基本扫除青壮年文盲验收县农村初中学生中家庭经济困难的学生，以及特殊教育学校（特教班）的学生”。2003年9月19日，《国务院关于进一步加强农村教育工作的决定》提出：“到2007年，争取全国农村义务教育阶段家庭经济困难学生都能享受到‘两免一补’（免杂费、免书本费、补助寄宿生生活费），努力做到不让学生因家庭经济困难而失学。”

《国家西部地区“两基”攻坚计划(2004—2007年)》完成情况的汇报(选编)

2004—2007年中央投入100亿,用于实施“农村寄宿制学校建设工程”,新建、改扩建一批以农村初中为主的寄宿制学校,用于解决西部地区新增150万学生的就学需求。

2004年起,中央财政即投入专项资金为西部家庭经济困难学生免除学杂费、免费提供教科书(“两免”),各级政府补助家庭经济困难寄宿生生活费(“一补”)。享受免费教科书的学生逐年递增,到2007年受益学生达1 955万人,占西部农村义务教育阶段学生总数的42%;享受“一补”学生比例大幅提高,到2007年达到604万人,占全部寄宿生比例已接近50%。从2006年起,国家建立农村义务教育保障机制,决定对西部农村孩子全部免除学杂费,享受此项政策的学生达4 880万,比例达100%。2007年春季,此项政策覆盖到全国农村所有义务教育阶段学生,近1.5亿学生受益。2007年秋季,中央安排专项资金为全国所有农村义务教育学生免费提供教科书,提高寄宿生生活补助标准。

从2003年开始教育部、国家发改委、财政部共同实施了农村中小学远程教育工程,中央和地方共投入110亿元。到2007年,工程覆盖了所有农村中小学校,初步形成农村教育信息化的环境,实现优质教育资源共享;初步构建了惠及全国农村中小学的远程教育网络。

2006年,经国务院同意,教育部、财政部、人事部、中编办启动了“农村义务教育阶段学校教师特设岗位计划”。中央财政设立专项资金,招募高校毕业生到西部“两基”攻坚县农村学校任教。两年内共招聘特岗教师3.3万名,覆盖13个省区、395个县、4 074所农村中小学,缓解了两基攻坚地区教师不足、素质不高的问题。(国家“两基”攻坚办,2007)

2. 城乡统筹,改造薄弱学校,促进义务教育均衡发展

对落后地区义务教育普及工作的扶持与援助,促进了我国区域之间、城乡之间义务教育的均衡发展,缩小了我国义务教育发展的地区差距。但是,2005年《关于进一步推进义务教育均衡发展的若干意见》中描述的如下状况,是进入新世纪以来我国基础教育需要予以持续应对和解决的挑战。

各地经济社会发展不平衡,城乡二元结构矛盾突出,尽管近年来各地

义务教育都有了新的发展，但城乡之间、地区之间、学校之间的差距依然存在，在一些地方和有些方面还有扩大的趋势，成为义务教育发展中需要高度关注的问题。

为了促进义务教育均衡发展，我国政府相继出台了一系列重要文件（详见表5-2）。2006年重新修订的《中华人民共和国义务教育法》将义务教育均衡发展纳入法制轨道；2010年1月4日，教育部《关于贯彻落实科学发展观进一步推进义务教育均衡发展的意见》着重指出，要“把义务教育作为教育改革与发展的重中之重，把均衡发展作为义务教育的重中之重”；最近几年，“义务教育均衡发展”又先后被写入《国家中长期教育改革和发展规划纲要（2010—2020年）》、党的十八大报告；最终，“国家采取措施促进教育公平，推动教育均衡发展”被写入了“教育根本大法”——《中华人民共和国教育法》之中。

表5-2　21世纪初我国义务教育均衡发展的重要政策

文件名	重要表述
2002年2月26日《教育部关于加强基础教育办学管理若干问题的通知》	积极推进义务教育阶段学校均衡发展。
2005年5月25日《教育部关于进一步推进义务教育均衡发展的若干意见》	要切实贯彻落实“巩固、深化、提高、发展”的工作方针，把义务教育工作重心进一步落实到办好每一所学校和关注每一个孩子健康成长上来，有效遏制城乡之间、地区之间和学校之间教育差距扩大的势头，积极改善农村学校和城镇薄弱学校的办学条件，逐步实现义务教育的均衡发展。
2006年6月29日第十届全国人民代表大会常务委员会第二十二次会议修订通过《中华人民共和国义务教育法》	第六条　国务院和县级以上地方人民政府应当合理配置教育资源，促进义务教育均衡发展，改善薄弱学校的办学条件，并采取措施，保障农村地区、民族地区实施义务教育，保障家庭经济困难的和残疾的适龄儿童、少年接受义务教育。 第二十二条　县级以上人民政府及其教育行政部门应当促进学校均衡发展，缩小学校之间办学条件的差距，不得将学校分为重点学校和非重点学校。学校不得分设重点班和非重点班。
2010年1月4日《教育部关于贯彻落实科学发展观进一步推进义务教育均衡发展的意见》	地方各级教育行政部门要在同级政府的领导下，从贯彻落实科学发展观，建设社会主义和谐社会、促进教育公平的高度，把义务教育作为教育改革与发展的重中之重，把均衡发展作为义务教育的重中之重，按照促进义务教育均衡发展的法律要求，以适龄儿童少年接受更加公平更高质量的义务教育为目标，合理配置教育资源，不断提高保障水平，大力推进素质教育。

续 表

文件名	重要表述
2010年7月8日中共中央、国务院印发《国家中长期教育改革和发展规划纲要(2010—2020年)》	到2020年，全面提高普及水平，全面提高教育质量，基本实现区域内均衡发展，确保适龄儿童少年接受良好义务教育。
2012年9月5日《国务院关于深入推进义务教育均衡发展的意见》	推进义务教育均衡发展的基本目标是：每一所学校符合国家办学标准，办学经费得到保障。教育资源满足学校教育教学需要，开齐国家规定课程。教师配置更加合理，提高教师整体素质。学校班额符合国家规定标准，消除"大班额"现象。率先在县域内实现义务教育基本均衡发展，县域内学校之间差距明显缩小。到2015年，全国义务教育巩固率达到93%，实现基本均衡的县(市、区)比例达到65%；到2020年，全国义务教育巩固率达到95%，实现基本均衡的县(市、区)比例达到95%。
2012年11月8日胡锦涛《坚定不移沿着中国特色社会主义道路前进 为全面建成小康社会而奋斗——在中国共产党第十八次全国代表大会上的报告》	努力办好人民满意的教育。……办好学前教育，均衡发展九年义务教育，基本普及高中阶段教育，加快发展现代职业教育，推动高等教育内涵式发展，积极发展继续教育，完善终身教育体系，建设学习型社会。大力促进教育公平，合理配置教育资源，重点向农村、边远、贫困、民族地区倾斜，支持特殊教育，提高家庭经济困难学生资助水平，积极推动农民工子女平等接受教育，让每个孩子都能成为有用之才。
2015年12月27日第十二届全国人民代表大会常务委员会第十八次会议第二次修正，2016年6月1日生效实施《中华人民共和国教育法》	国家采取措施促进教育公平，推动教育均衡发展。(新增第十一条第二款)
2016年7月2日《国务院关于统筹推进县域内城乡义务教育一体化改革发展的若干意见》	到2020年，城乡二元结构壁垒基本消除，县域义务教育均衡发展和城乡基本公共教育服务均等化基本实现。

为消除城乡教育差距，实现城乡教育均衡发展，必须大力改善与发展农村教育，其中，首要的紧迫任务就是切实增加农村教育投入。2002年4月14日，国务院办公厅发出《关于完善农村义务教育管理体制的通知》，明确规定："农村义务教育实行'在国务院领导下，由地方政府负责、分级管理、以县为主'的体制。县级人民政府对农村义务教育负有主要责任，省、地(市)、乡等地方各级人民政府承担相应责任，中央政府给予必要的支持。"2003年9月19日，中华人民共和国成立以来首次全国农村教育工作会议召开。会前(2003年9月17日)印发的《国务院关于进一步加强农村教育工作的决定》明确了农村教育在教育工

作中“重中之重”的战略地位，作出了新增教育经费主要用于农村的重大决策。2005年12月24日，《国务院关于深化农村义务教育经费保障机制改革的通知》决定：“逐步将农村义务教育全面纳入公共财政保障范围，建立中央和地方分项目、按比例分担的农村义务教育经费保障新机制。”这一文件规定的深化农村义务教育经费保障机制改革的主要内容包括：“全部免除农村义务教育阶段学生学杂费，对贫困家庭学生免费提供教科书并补助寄宿生生活费”；[①]“提高农村义务教育阶段中小学公用经费保障水平……由中央适时制定全国农村义务教育阶段中小学公用经费基准定额”；“建立农村义务教育阶段中小学校舍维修改造长效机制”；“巩固和完善农村中小学教师工资保障机制”。2006年修订的《中华人民共和国义务教育法》以立法形式，明确规定国家义务教育经费保障机制。[②]

而近年来，随着我国新型城镇化建设和户籍制度改革不断推进，各地学龄儿童流动性增强，亟待统一城乡义务教育经费保障机制，实现义务教育经费自由流动与教育资源均衡合理配置。2015年11月25日，《国务院关于进一步完善城乡义务教育经费保障机制的通知》决定，“在整合农村义务教育经费保障机制和城市义务教育奖补政策的基础上，建立城乡统一、重在农村的义务教育经费保障机制”；从2016年春季学期开始，统一城乡义务教育学校生均公用经费基准定额；从2017年春季学期开始，统一城乡义务教育学生“两免一补”政策。

在完善义务教育经费保障机制的同时，我国采取并推行一系列旨在缩小义务教育城乡、区域、校际之间的差距，促进义务教育均衡发展的举措：义务教育均衡发展备忘录、县域义务教育均衡发展督导评估制度、农村义务教育薄弱学校改造

---

① 《国务院关于深化农村义务教育经费保障机制改革的通知》规定，从2006年农村中小学春季学期开学起，西部地区农村义务教育阶段中小学生全部免除学杂费；2007年，中部地区和东部地区农村义务教育阶段中小学生全部免除学杂费。2008年8月12日，国务院发布《关于做好免除城市义务教育阶段学生学杂费工作的通知》决定，在全面实施农村义务教育经费保障机制改革的基础上，从2008年秋季学期开始，全部免除城市义务教育阶段公办学校学生学杂费；以流入地为主、公办学校为主，切实解决好进城务工人员随迁子女接受义务教育的就学问题；同时进一步强化政府对义务教育的保障责任。

② 《中华人民共和国义务教育法》第四十二条：

国家将义务教育全面纳入财政保障范围，义务教育经费由国务院和地方各级人民政府依照本法规定予以保障。

国务院和地方各级人民政府将义务教育经费纳入财政预算，按照教职工编制标准、工资标准和学校建设标准、学生人均公用经费标准等，及时足额拨付义务教育经费，确保学校的正常运转和校舍安全，确保教职工工资按照规定发放。

国务院和地方各级人民政府用于实施义务教育财政拨款的增长比例应当高于财政经常性收入的增长比例，保证按照在校学生人数平均的义务教育费用逐步增长，保证教职工工资和学生人均公用经费逐步增长。

计划、义务教育阶段学校标准化建设工程、中小学教师特岗计划、教师国培计划、农村中小学危房改造工程、中小学校舍安全工程、农村中小学布局调整、县(区)域内义务教育学校校长教师交流轮岗,等等。事实上,“普九”攻坚、农村教育经费保障机制改革、农村中小学布局调整、改造薄弱学校、学校标准化建设,这些都是义务教育均衡发展的应有内容;它们协调、配合,共同构成了涉及经费、规划、管理、监测、评估等诸多方面的义务教育均衡发展政策系统。

在此前诸多义务教育均衡发展政策的基础上,2016 年 7 月 2 日发布的《国务院关于统筹推进县域内城乡义务教育一体化改革发展的若干意见》明确了我国到 2020 年县域内城乡义务教育一体化改革发展的工作目标:

> 加快推进县域内城乡义务教育学校建设标准统一、教师编制标准统一、生均公用经费基准定额统一、基本装备配置标准统一和“两免一补”政策城乡全覆盖,到 2020 年,城乡二元结构壁垒基本消除,义务教育与城镇化发展基本协调;城乡学校布局更加合理,大班额基本消除,乡村完全小学、初中或九年一贯制学校、寄宿制学校标准化建设取得显著进展,乡村小规模学校(含教学点)达到相应要求;城乡师资配置基本均衡,乡村教师待遇稳步提高、岗位吸引力大幅增强,乡村教育质量明显提升,教育脱贫任务全面完成。义务教育普及水平进一步巩固提高,九年义务教育巩固率达到 95%。县域义务教育均衡发展和城乡基本公共教育服务均等化基本实现。

3. 优化师资,推行课程改革,切实提升教育质量

提升儿童教育质量,必须依靠高水平的中小学师资来实现。进入 20 世纪 80 年代,我国政府强调尊师重教的传统,对于教师的作用与地位给予高度评价,为此设立了教师节,并在此后的重大教育政策中不断予以申明。例如,1985 年《中共中央关于教育体制改革的决定》指出:“建立一支有足够数量的、合格而稳定的师资队伍,是实行义务教育、提高基础教育水平的根本大计。”1999 年 6 月,《中共中央、国务院关于深化教育改革全面推进素质教育的决定》强调:“建设高质量的教师队伍,是全面推进素质教育的基本保证。”而 2012 年 8 月 20 日印发的《国务院关于加强教师队伍建设的意见》进一步明确:“教师是教育事业发展的基础,是提高教育质量、办好人民满意教育的关键。”事实上,在过去的三十余年里,我国政府始终重视加强教师队伍建设,并采取各种政策措施以确保中小学教师队伍稳步发展、整体素质持续提升。1993 年《中华人民共和国教师法》第

10条第1款规定“国家实行教师资格制度”；1995年《中华人民共和国教育法》第34条进一步规定“国家实行教师资格、职务、聘任制度，通过考核、奖励、培养和培训，提高教师素质，加强教师队伍建设”。随着这些制度的落实与完善，我国中小学教师队伍的整体面貌得到了极大的改观。

但是，与农村基础教育的薄弱处境一致，我国农村教师队伍的建设也存在总量不足、结构不合理、专业化水平不高等问题。因此，《国家中长期教育改革和发展规划纲要（2010—2020年）》明确提出要“以农村教师为重点，提高中小学教师队伍整体素质”。在21世纪初叶，为解决农村教师匮乏和整体素质偏低的问题，加快农村教育发展、全面提高农村教育质量，我国政府先后实施了“农村高中教育硕士师资培养计划”①、“农村义务教育阶段学校教师特设岗位计划”②、“师范生免费教育”③、“中小学教师国家级培训计划”④、“支持中西部农村偏远地区学前教育巡回支教试点工作”⑤、“县（区）域内义务教育学校校长教师交流轮岗”⑥等

① 2004年4月7日，《教育部关于做好为农村高中培养教育硕士师资工作的通知》决定：“从2004年开始实施‘农村高中教育硕士师资培养计划’，鼓励大学应届本科毕业生到中西部地区‘国家扶贫开发工作重点县’高中任教。”

② 2006年5月15日，《教育部、财政部、人事部、中央编办关于实施农村义务教育阶段学校教师特设岗位计划的通知》决定实施农村义务教育阶段学校教师特设岗位计划。“通过公开招募高校毕业生到西部‘两基’攻坚县县以下农村义务教育阶段学校任教，引导和鼓励高校毕业生从事农村教育工作，逐步解决农村师资总量不足和结构不合理等问题，提高农村教师队伍的整体素质。”

③ 2007年5月9日，《国务院办公厅转发教育部等部门关于教育部直属师范大学师范生免费教育实施办法（试行）的通知》决定：“从2007年秋季入学的新生起，在北京师范大学、华东师范大学、东北师范大学、华中师范大学、陕西师范大学和西南大学六所部属师范大学实行师范生免费教育。”并规定，“免费师范生入学前与学校和生源所在地省级教育行政部门签订协议，承诺毕业后从事中小学教育十年以上。到城镇学校工作的免费师范毕业生，应先到农村义务教育学校任教服务二年”。

④ 2010年6月11日，《教育部、财政部关于实施“中小学教师国家级培训计划”的通知》决定，从2010年起实施“中小学教师国家级培训计划”，以“培训一批‘种子’教师，使他们在推进素质教育和教师培训方面发挥骨干示范作用”。该计划包括“中小学教师示范性培训项目”和“中西部农村骨干教师培训项目”两项内容。

⑤ 2011年9月5日，《教育部、财政部关于印发〈支持中西部农村偏远地区开展学前教育巡回支教试点工作方案〉的通知》决定从2011年起，支持中西部农村偏远地区开展学前教育巡回支教试点工作；试点目标是“探索适合农村偏远地区，特别是边远山区、牧区等农村地区，有效增加幼儿接受基本学前教育机会的新模式，提高农村学前教育普及程度”。2012年5月12日，《教育部办公厅、财政部办公厅关于启动实施支持中西部农村偏远地区开展学前教育巡回支教试点工作的通知》决定2012年在辽宁、河南、湖南、贵州、陕西五省启动实施“支持中西部农村偏远地区学前教育巡回支教试点工作”。

⑥ 2014年8月13日，《教育部、财政部、人力资源和社会保障部关于推进县（区）域内义务教育学校校长教师交流轮岗的意见》提出：“力争用3至5年时间实现县（区）域内校长教师交流轮岗的制度化、常态化，率先实现县（区）域内校长教师资源均衡配置，支持鼓励有条件的地区在更大范围内推进，为义务教育均衡发展提供坚强的师资保障。”

农村师资供给与优化项目(柴葳,2014)。而 2015 年 6 月 1 日国务院办公厅印发的《乡村教师支持计划(2015—2020 年)》更是我国加强老少边穷岛等边远贫困地区乡村教师队伍建设,缩小城乡师资水平差距的又一重大举措。

> 到 2020 年全面建成小康社会、基本实现教育现代化,薄弱环节和短板在乡村,在中西部老少边穷岛等边远贫困地区。发展乡村教育,帮助乡村孩子学习成才,阻止贫困现象代际传递,是功在当代、利在千秋的大事。发展乡村教育,教师是关键,必须把乡村教师队伍建设摆在优先发展的战略地位。

在全面推进素质教育,大力加强师资建设的同时,我国政府对中小学教育教学的"传统形态"进行了改革。1999 年,《中共中央、国务院关于深化教育改革全面推进素质教育的决定》要求:"智育工作要转变教育观念,改革人才培养模式,积极实行启发式和讨论式教学,激发学生独立思考和创新的意识,切实提高教学质量。"而 2001 年 5 月 29 日,《国务院关于基础教育改革与发展的决定》提出,要"形成适应时代发展要求的新的基础教育课程体系及国家基本要求指导下的教材多样化格局,建立并进一步完善适应素质教育要求的考试评价制度和招生选拔制度"。同年 6 月 8 日教育部印发的《基础教育课程改革纲要(试行)》决定:"大力推进基础教育课程改革,调整和改革基础教育的课程体系、结构、内容,构建符合素质教育要求的新的基础教育课程体系。"由此开始的新一轮课程改革延续至今,虽然它存在诸多的问题,但是,从教育改革必须与社会发展相适应的角度来看,它正是直面教育危机、势在必行的选择(沈俊强,2009c);而且从这一轮课程改革所设定的(如下)"具体目标"来看,它确实针砭了基础教育的时弊,指明了教育教学改革的广阔空间。

> **基础教育课程改革的具体目标**
>
> 改变课程过于注重知识传授的倾向,强调形成积极主动的学习态度,使获得基础知识与基本技能的过程同时成为学会学习和形成正确价值观的过程。
>
> 改变课程结构过于强调学科本位、科目过多和缺乏整合的现状,整体设置九年一贯的课程门类和课时比例,并设置综合课程,以适应不同地区和学生发展的需求,体现课程结构的均衡性、综合性和选择性。

改变课程内容"难、繁、偏、旧"和过于注重书本知识的现状，加强课程内容与学生生活以及现代社会和科技发展的联系，关注学生的学习兴趣和经验，精选终身学习必备的基础知识和技能。

改变课程实施过于强调接受学习、死记硬背、机械训练的现状，倡导学生主动参与、乐于探究、勤于动手，培养学生搜集和处理信息的能力、获取新知识的能力、分析和解决问题的能力以及交流与合作的能力。

改变课程评价过分强调甄别与选拔的功能，发挥评价促进学生发展、教师提高和改进教学实践的功能。

改变课程管理过于集中的状况，实行国家、地方、学校三级课程管理，增强课程对地方、学校及学生的适应性。

虽然我国还未对这一轮课程改革的成效作出全面评价，但是从2001年起，我国东部发达地区的中小学课堂教学的状况确实发生了较大的改观，也取得明显的成效。例如，2009年、2012年上海中学生参与经济合作与发展组织主持的国际学生评估项目，其成绩都位列第一；而2015年由北京、上海、江苏、广东4个省(市)组成联合体参与该评估项目的学生取得了位列第十的成绩。[①] 经济合作与发展组织在其网站的"PISA 2015 Results"页面中列出"三个高水平国家的简介"(Profiles of 3 High Performs)，[②]其中介绍了中国2001年开始的新一轮基础课程改革的要点，并指出参与2015年国际学生评估项目的省市已经采取了下述改革：

指定在校学习时间和学术要求，学生达成所有要求方能获得文凭。

学校努力为学生提供各种各样的选修课程，不要求所有学生必修相同课程。

鼓励开展研究性学习，以促进学生的创造性、批判性思考以及社会实践。在教师的帮助下，学生能够确定自己的研究主题。

鼓励学生在课堂教学中扮演更积极的角色。(OECD，2016)

---

① 张民选等人(2011)指出，国际学生评估项目是以改善教育政策为导向的跨国研究，可以帮助各国教育政策制定者了解本国教育发展状况及其成因，为他们的教育政策决策提供国际参照数据和成功经验。具体来说，它可以考查学生素养及素养结构，探寻学生素养形成的个人因素，发现社会公平与教育卓越的关系。

② 另外两个国家是爱沙尼亚和新加坡。

(二) 21世纪初我国儿童受教育权的实现状况

进入21世纪后，我国政府巩固了20世纪80年代以来普及九年义务教育的成果，持续提高全国义务教育的普及水平，与此同时，着力改善各地基础教育发展不平衡状况，推进义务教育均衡发展。这些努力使得我国儿童受教育权得到了切实的保障，儿童教育的质量逐步提升。可以说，在21世纪，让我国儿童"有学上""上好学""学得好"，已经成了各界人士的共同追求，我国已经迈入全面落实儿童受教育权的新阶段。

2013年由中国联合国教科文组织全国委员会、联合国儿童基金会驻中国办事处、联合国教科文组织北京办事处合作编撰的《实现全民教育及前景：中国全民教育报告(2000—2010)》展现了21世纪前十年中国全民教育的重大政策与总体进展状况。从这份报告中，可以看出我国政府落实儿童受教育权的巨大成就。

> 中国在《中华人民共和国国民经济和社会发展第十一个五年规划纲要》中呼吁，通过重构教育体系、广泛实施优质教育，以实现教育普及、发展和质量提升三大任务，在构建学习型社会的过程中实现均衡增长。① 中国尤其重视在农村地区以及弱势儿童和青年群体(包括女童、少数民族和贫困家庭儿童)中进一步普及九年义务教育。通过加快教育管理体系的改革、增强地方政府和学校的自主权、明确各级政府的责任，学校和社区能够在地方层面为教育的发展和为教育提供多样化的支持，做出贡献。在推进课程改革的同时，教师队伍得到了加强，教育教学水平得到了提升，监测评估体系也通过对教育督导系统的加强而得到进一步的强化。(朱小蔓，2013)[16-17]
>
> 到2010年，中国义务教育所包括的小学和初中教育已经基本普及。小学净入学率和初中毛入学率在2010年分别达到99.7%和100.1%。……2011年，……中国政府宣布所有的省、市、县均实现了"两基"的目标。……普及基础教育和扫盲教育为中国实施包括扩大高中和高等教育、普及学前教育、大力发展职业技术教育等更加全面的人类发展战略奠定了坚实的基础。2002—2010年，中国高中阶段毛入学率从42.8%提高到82.5%；2010年，全国有超过四分之一(26.5%)的年轻人在高等学校中学习，比2002年

① 2006年3月14日第十届全国人民代表大会第四次会议批准的《中华人民共和国国民经济和社会发展第十一个五年规划纲要》提出："全面实施素质教育，着力完成'普及、发展、提高'三大任务，加快教育结构调整，促进教育全面协调发展，建设学习型社会。"

的15%增长了几乎一倍，这些足以表明上述两基战略的重大影响。政府普及学前教育的政策，使学前教育的毛入学率从2005年的41.4%增至2010年的56.6%。这些量化增长表明，中国教育体系呈现整体扩张，并与国家旨在构建学习型社会，提高生产力和人民福祉的战略相一致。(朱小奇，2013)[18-19]

的确，从全国范围来看，在过去的十余年里，中国的儿童教育事业成就卓著，但也还有一些现实的问题需要应对。就目前来看，长久以来城乡二元对立所造成的城乡教育发展差距问题仍持续存在，我国政府制定的义务教育均衡发展政策要在动态发展中应对各种可能加剧教育发展水平差距的现实挑战。例如，中西部地区虽然基本普及了义务教育，但是仍处于滞后发展的阶段，如果不持续性地加以干预，它与东部地区的教育差距存在进一步拉大的风险。① 又如，2014年12月25日，国务院办公厅印发《国家贫困地区儿童发展规划(2014—2020年)》指出，农村义务教育中仍然存在"寄宿条件不足、大班额、上下学交通困难、基本教学仪器和图书不达标等突出问题"，而"贫困地区合格教师缺乏问题"也亟待解决。还有，在关注农村义务教育发展问题的同时，也应妥善解决进城务工人员子女(既包括进城儿童，也包括留守儿童)的教育问题。此外，儿童教育内部各种违背教育规律的教育教学行为、儿童教育环境中各种危害儿童健康成长的不良因素，也需要进一步消除。

1. 农村中小学布局调整的诸多后遗症亟待治理

目前我国基础教育整体上逐步走向均衡，但是，"区域之间教育均衡还呈现出起伏不定的变化态势，不同群体之间接受基础教育特别是义务教育还不均衡"(翟博、孙百才，2012)。尤其是在我国西部，县域内县城学校与乡村学校之间、平原学校与山区学校之间、经济发达乡镇学校与经济落后乡镇学校之间在

① 在2016年4月29日国务院新闻办举行的国务院政策例行吹风会上，教育部部长助理陈舜介绍《国务院办公厅关于加快中西部教育发展的指导意见》的起草背景，对中西部地区的教育发展状况作了如下评论：

由于自然、历史、经济、社会等多方面的原因，我国东中西部教育差距比较大。为了缩小这个差距，国家采取了一系列重大措施……这一系列倾斜政策的实施，大大提高了中西部的办学能力，但总的看来，缩小教育差距的任务还远没有完成。中西部一些特殊地区，特别是边疆地区、民族地区、贫困地区、革命老区教育发展仍然存在特殊的困难，如果不采取特殊的措施，加大支持力度，加快提升的速度，这些地区教育发展相对滞后的局面在短期内难以改变。……实现国家教育现代化，关键在中西部，重点在中西部，难点也在中西部。(佚名，2016a)

办学水平和教育质量等方面仍存在着显著差距(杨令平、司晓宏,2012)。并且,这种不均衡与农村中小学布局调整政策相互影响,产生了诸多问题。

2012 年 11 月 17 日,在主题为“一切为了农村学生”的 21 世纪农村教育高峰论坛上,杨东平发布 21 世纪教育研究院撰写的《农村教育布局调整十年评价报告》。该报告指出,自 2001 年全国范围启动农村学校布局调整政策①以来,大量农村中小学与教学点被撤并。已有数据显示,学校撤并幅度远远大于学生自然减幅。“在全国小学在校生人数减少基本停滞后,学校撤并仍然以巨大的力量和惯性在快速推进,严重背离了农村学校撤并的实际需要和初衷。”“过度的学校撤并导致学生上学远、上学贵、上学难”,“造成流失辍学与隐性流失辍学率提高”。而且农村地区集中办学后发展寄宿制学校的结果,带来了“大班额”、学生生活条件较差、家庭教育负担增加、学生课余活动不足、营养状况不良、乡村人口结构失衡、乡村文化生态凋敝等问题(刘金松,2012)。实际情况是,边远贫困山区撤并教学点、普遍实行寄宿制,已成为教育不公平行为,因为这在一定程度上剥夺了学生的选择权:经济条件好的农民家庭让孩子到城镇更好的寄宿制学校上学,而经济条件差的家庭只能让孩子被动入学(谢治洋、刘洋,2012)。2012 年 9 月 6 日,国务院办公厅发布《关于规范农村义务教育学校布局调整的意见》,提出“坚决制止盲目撤并农村义务教育学校”,“在完成农村义务教育学校布局专项规划备案之前,暂停农村义务教育学校撤并”。虽然“撤并”政策被暂时叫停,但是地方政府“撤并”的动力并没有消除,而且“撤并”的实际后果短期内也难以克服,其中之一就是农村地区不同类型学校面临着不同的生存境遇:农村小规模学校生源不足、生存状况恶化;城镇学校规模日趋膨胀,班级容量持续扩大;民办学校学生数量迅速增长(汪明,2012)。换句话说,原本旨在全面保障农村儿童接受有质量的义务教育的政策,客观上却造成了农村义务教育的失衡发展,使得一部分原本可以接受到教育的处境不利的弱势儿童被动辍学。

---

① 2001 年 5 月 29 日,《国务院关于基础教育改革与发展的决定》对“农村中小学布局调整”作出如下规定:

> 因地制宜调整农村义务教育学校布局。按照小学就近入学、初中相对集中、优化教育资源配置的原则,合理规划和调整学校布局。农村小学和教学点要在方便学生就近入学的前提下适当合并,在交通不便的地区仍需保留必要的教学点,防止因布局调整造成学生辍学。学校布局调整要与危房改造、规范学制、城镇化发展、移民搬迁等统筹规划。调整后的校舍等资产要保证用于发展教育事业。在有需要又有条件的地方,可举办寄宿制学校。

2. 城市化进程中的学校差异需要逐步消除

在农村城镇化进程中，农村教育的发展得到了各级财政的支持，一定程度上缩小了与城市教育的差距，但是城乡教育投入之间的显著差距并未消除，大中城市的教育资源与教育质量仍然处于绝对的优势地位。另外，随着城镇化的深入，城乡接合部学校处于尴尬地位，其生存与发展陷入困境，存在办学定位不明、办学条件改善缓慢、生源流失严重、优质师资外流等问题。还有，由于此前大量进城务工人员随迁子女离开农村，不少农村学校因生源减少被撤并。近年来出现的农民工返乡现象使得不少随迁子女回归当地学校就学；但是，有些地区的农村学校面临设施、教材、师资不足的情况，农村学校的课程、教学内容、教学方法难以及时做出适合回迁儿童的调整，回迁儿童重新融入农村教育与社会生活面临诸多适应问题（张宝歌，2012）。与此同时，缩小城市中小学校际间的差距，也有赖于持续性地进行制度建设与政策干预。

3. 农村教育的定位有待进一步明确，农村教育文化生态系统需要尽快修复

改革开放以来，我国农村中小学的教育定位日益与城市趋同，农村学校的发展方向长期处于摇摆之中。从文化传承的角度看，农村地区的学校往往是当地居民的文化活动中心，起着维系情感、增进团结、传承民俗、化育风气的作用。而农村中小学布局调整政策的推行，直接导致大量村小被撤并，其间接产生的后果则是由村小所维系的农村文化生态系统遭到极大摧毁；而破坏农村教育文化生态系统的直接后果是农村中小学学生的辍学或失学。近二三十年来的农村城镇化进程逐渐掏空了农村社会赖以维系的各种文化的、心理的根基。农村社会在物质、精神生活上的贫困与农村教育的“离土无根”状态共同作用，使得农村适龄儿童看不到教育对改善生存处境的可能性，他们对农村生活的未来充满茫然，进城求学、进城务工成了他们不得不做出的选择。

4. 非户籍人口子女（尤其是进城务工人员随迁子女）的教育制度有待进一步完善

2003 年 9 月 17 日，国务院办公厅转发教育部等部门《关于进一步做好农民工子女义务教育工作的意见》，提出“以流入地政府为主，以全日制公办中小学为主”政策，支持随迁子女在当地接受义务教育，但随迁子女的教育投入主要由流入地政府统筹解决。2008 年，《关于做好免除城市义务教育阶段学生学杂费工作的通知》提出了“以奖代补”的方案，由中央财政对进城务工农民工随迁子女接受义务教育问题解决较好的省份给予适当奖励。2012 年 8 月 30 日，国务院转发教育部、发展改革委、公安部、人力资源和社会保障部《关于做好进城务

工人员随迁子女接受义务教育后在当地参加升学考试工作的意见》，回应进城务工人员及其他非本地户籍就业人员随迁子女接受义务教育后在当地参加中考和高考的诉求，其具体措施就是倡导当地政府明确具体条件、制定具体办法，以“符合在当地参加升学考试条件”为标准，对随迁子女进行区分。各地随后出台的政策都对“符合条件”提出了比较苛刻的要求，政策实施的客观结果仍是划定身份、限制机会，“防止高考移民”。2014 年 7 月 24 日，国务院发布《关于进一步推进户籍制度改革的意见》，要求扩大基本公共服务覆盖面：“保障农业转移人口及其他常住人口随迁子女平等享有受教育权利；将随迁子女义务教育纳入各级政府教育发展规划和财政保障范畴；逐步完善并落实随迁子女在流入地接受中等职业教育免学费和普惠性学前教育的政策以及接受义务教育后参加升学考试的实施办法。”2015 年 11 月 25 日，国务院印发《关于进一步完善城乡义务教育经费保障机制的通知》，通过“三个统一、两个巩固”①，“建立城乡统一、重在农村的义务教育经费保障机制”，实现相关教育经费随学生流动可携带。

在统一城乡义务教育学生“两免一补”和生均公用经费基准定额政策的基础上，依据全国中小学生学籍信息管理系统的学籍信息，将非户籍儿童的教育经费划拨到居住地城市的教育财政部门，理论上可以调动当地政府接受非户籍儿童入学的积极性，但是，非户籍人口子女带来的生均公用经费只占义务教育经费的很小比例。恰如有学者所指出的，在学校硬件投入与教师工资支出仍缺少中央财政支持，教育支出没有明显扩张的情况下，接受非户籍人口子女入学必然降低当地政府对户籍人口子女的生均教育投入，城市“大班额”的问题难以得到有效解决。而且，中西部地区的义务教育生均公用经费低于东部地区，从中西部地区流入东部地区的非户籍人口子女所带来的生均公用经费对东部经济发达地区的政府来说，并无多大的激励意义。因而，“教育经费可携带应该是转移支付改革的起点，应该迅速延伸到义务教育经费的其他部分、社保等领域”（聂日明，2015）。

5. 儿童教育应促进儿童身心健康快乐成长

2010 年《国家中长期教育改革和发展规划纲要（2010—2020 年）》指出：“要以学生为主体，以教师为主导，充分发挥学生的主动性，把促进学生健康成长作为学校一切工作的出发点和落脚点。关心每个学生，促进每个学生主动地、生

① “三个统一”：统一城乡义务教育“两免一补”政策，统一城乡义务教育学校生均公用经费基准定额，统一中央与地方经费分担机制。“两个巩固”：巩固完善农村地区校舍安全保障长效机制，巩固落实城乡义务教育教师工资政策。

动活泼地发展，尊重教育规律和学生身心发展规律，为每个学生提供适合的教育。”这一指导性原则即是对实现所有儿童优质教育的追求，它指明了新时期我国儿童教育的主旨之一，即促进儿童健康成长。

但是，长期以来，中小学的教育教学质量标准“唯分数”论，儿童的课业负担较重，“过度教育”现象突出，超前教育、超量教育、重复教育和重智力轻德育的片面教育盛行，国家所倡导的全面发展、素质教育、基础教育课程改革等理念未能切切实实地落实。由于诸多综合性因素的影响，目前我国大多数家长都对儿童健康成长问题缺乏全面的了解，他们关心儿童学业成绩，却常忽视儿童人格的成长，大多数家庭对儿童的成长问题比较焦虑，功利化取向严重。另外，在过去的十五年里，因为一系列恶性事件的出现，校舍安全、校车安全、在校儿童的人身安全引起了广泛的关注，国家为此出台了一些“紧急通知”“管理意见”“条例”，与这些规定相关的执行、督导、管理与培训工作的开展需要持之以恒的努力。

2016 年，《国务院关于统筹推进县域内城乡义务教育一体化改革发展的若干意见》决定采取“同步建设城镇学校”“努力办好乡村教育”“科学推进学校标准化建设”“实施消除大班额计划”“统筹城乡师资配置”“改革乡村教师待遇保障机制”“改革教育治理体系”“改革控辍保学机制”“改革随迁子女就学机制”“加强留守儿童关爱保护”等措施，综合统筹促进我国义务教育的改革与发展，使之更好地服务于新型城镇化建设和全面建成小康社会的奋斗目标。上述措施都是针对我国当前城乡义务教育发展的现实问题而提出的，它们主要是从学校“标准化”建设的角度来考虑解决方案。随着城镇化建设与义务教育均衡发展目标的逐步实现，或许在不远的将来，我国政府可以从满足儿童个性化、多样化的学习需求的角度来认识我国城乡儿童教育存在的差异问题，采取新的思路来尊重、保护并落实儿童受教育权。笔者以为，就当前我国儿童教育的发展思路来说，可以作出如下归纳：

> 城乡教育一体化进程中，要转变乡村教育发展思路，培养具有乡村认同感的儿童。城镇化进程中，要促进各种不同身份儿童的教育融合，实现不歧视的儿童教育。教育改革进程中，既要保证公平，更要追求质量，实现多样化的儿童教育。社会变迁进程中，要努力形成尊重儿童、尊重科学的教育风气。中国崛起进程中，要动员全社会的资源，解决中国式的儿童教育问题。（沈俊强，2013）

二、迈向"2030 年教育"

2015 年通过的《仁川宣言》提醒我们，新的全球教育发展议程旨在"通过教育改变生活"，应"从终身学习的角度，将工作重心放在入学、公平和包容、质量和学习成果上"。在全球迈向"2030 年教育"的进程中，我国的教育发展规划也吸纳了《仁川宣言》的相关理念。例如，2017 年 1 月 10 日国务院印发的《国家教育事业发展"十三五"规划》就着重指出，当今世界教育正在发生革命性变化，"确保包容、公平和有质量的教育，促进全民享有终身学习机会，成为世界教育发展新目标"。

在确保教育公平方面，我国新一轮的教育发展规划构思科学，布局周密。2016 年 3 月 16 日第十二届全国人民代表大会第四次会议批准的《中华人民共和国国民经济和社会发展第十三个五年规划纲要》提出要"加快基本公共教育均衡发展"。同年 4 月 27 日，国务院审议通过了（5 月 11 日发布）《关于加快中西部教育发展的指导意见》，要求"兜住底线"："坚持教育的公益性和普惠性，着力从中西部最困难的地方和最薄弱的环节做起，把提升最贫困地区教育供给能力、提高最困难人群受教育水平作为优先任务，促进基本公共服务均等化，保障每个孩子受教育的权利。"该意见也设定了中西部基础教育发展的指标：

> 到 2018 年，中西部地区 75%的县实现义务教育均衡发展；到 2020 年，中西部地区 95%的县实现义务教育均衡发展。
>
> 到 2020 年，中西部地区农村学前三年毛入园率达到 70%。
>
> 到 2020 年，集中连片特困地区高中阶段教育毛入学率超过 85%，中西部地区达到 90%。

而《国家教育事业发展"十三五"规划》提出，在"十三五"时期，我国将继续大力促进教育公平。教育部对这一规划在促进教育公平方面所采取的举措作出如下解读：①

> 促进教育公平是社会非常关注的，也是党中央、国务院高度重视的。"十二五"期间，我国在促进教育公平方面做了很大努力，也很有成就，在

① 2016 年 12 月 28 日，国务院审议通过《国家教育事业发展"十三五"规划》。12 月 30 日，国务院新闻办公室举行国务院政策例行吹风会，教育部副部长李晓红出席并介绍了该规划的相关情况。

"十三五"时期，我国还要继续大力促进教育公平。该规划围绕几个关键词推进教育公平，一是保基本，二是补短板，三是促公平。

第一个是保基本。保基本主要是保证基本公共服务教育全覆盖，重点是义务教育。该规划(的)一个约束性目标是义务教育巩固率，2015 年是 93%，2020 年要到 95%，这一定要靠各种政策来保障。

第二个是补短板。补短板包括几个方面，一是补区域不平衡的短板，比如说要新增资源，重点是补中西部、贫困地区、革命老区、民族和边远地区这些短板，一定要缩小中西部边远地区包括民族地区与东部发达地区的差距，包括还要建设一些标准化的学校。二是补齐农村地区的教育短板，加大对农村地区的投入，实施乡村教师支持计划，解决乡村教师留不住等问题。三是补教育体系当中的短板，特别是针对高中阶段教育尚未普及，学前教育入学率偏低的问题，采取措施加快发展。

第三个是精准扶助困难群体。一是保障贫困的困难群体的孩子们有受教育的权利。二是面向残疾儿童、办好特殊教育。前不久政协主席俞正声专门主持政协有关会议，研究特殊教育问题，该规划也对发展特殊教育做了部署。三是要解决好社会关心的进城务工人员随迁子女和留守儿童教育问题，要把这些精准扶贫落实到位。(佚名，2016b)

在此，有必要着重指出，在"十三五"期间，我国政府对特殊儿童的教育给予了力度空前的关切。2016 年，《国务院办公厅关于加快中西部教育发展的指导意见》提出要"保障残疾人受教育权利"，"以普及残疾儿童少年义务教育为重点，扩大特殊教育资源总量，提高残疾人接受教育的比例，提高特教教师职业吸引力，推进全纳教育"。而 2017 年国务院印发的《国家教育事业发展"十三五"规划》强调，要"继续实施好特殊教育提升计划，完善特殊教育学校布局。完善随班就读支持保障政策体系，重点支持贫困地区和农村地区普通中小学开展随班就读，推行融合教育。以区县为单位，精准施策，全面普及残疾儿童少年义务教育。推动特殊教育学校和残疾儿童康复机构积极创造条件，开展残疾儿童学前教育。加快发展以职业教育为主的残疾人高中阶段教育。为家庭经济困难的残疾儿童和残疾青少年提供包括义务教育、高中阶段教育在内的 12 年免费教育"。同年 1 月 11 日，国务院第 161 次常务会议修订通过的《残疾人教育条例》①从残

① 2017 年 2 月 1 日，李克强签署国务院第 674 号令公布该条例，同年 5 月 1 日起施行。

疾人教育的发展目标和理念、入学安排、教学规范、教师队伍建设，以及保障和支持等方面对原有的条例进行了修改、完善（新华社，2017）。其中较为重大的修订体现在承认残疾人的受教育权（第2条第1款、第12条第1款）、推进融合教育[①]（第3条第3款、第17条）、确保入学（第7条）以及参加国家教育考试（第52条）等方面。

第二条　国家保障残疾人享有平等接受教育的权利，禁止任何基于残疾的教育歧视。

残疾人教育应当贯彻国家的教育方针，并根据残疾人的身心特性和需要，全面提高其素质，为残疾人平等地参与社会生活创造条件。

第三条　残疾人教育是国家教育事业的组成部分。

发展残疾人教育事业，实行普及与提高相结合、以普及为重点的方针，保障义务教育，着重发展职业教育，积极开展学前教育，逐步发展高级中等以上教育。

残疾人教育应当提高教育质量，积极推进融合教育，根据残疾人的残疾类别和接受能力，采取普通教育方式或者特殊教育方式，优先采取普通教育方式。

第七条　学前教育机构、各级各类学校及其他教育机构应当依照本条例以及国家有关法律、法规的规定，实施残疾人教育；对符合法律、法规规定条件的残疾人申请入学，不得拒绝招收。

第十二条　各级人民政府应当依法履行职责，保障适龄残疾儿童、少年接受义务教育的权利。

县级以上人民政府对实施义务教育的工作进行监督、指导、检查，应当包括对残疾儿童、少年实施义务教育工作的监督、指导、检查。

第十七条　适龄残疾儿童、少年能够适应普通学校学习生活、接受普通教育的，依照《中华人民共和国义务教育法》的规定就近到普通学校入学接受义务教育。

适龄残疾儿童、少年能够接受普通教育，但是学习生活需要特别支持的，根据身体状况就近到县级人民政府教育行政部门在一定区域内指定的

① 新修订的《残疾人教育条例》第58条对“融合教育”作出界定：“融合教育是指将对残疾学生的教育最大程度地融入普通教育。”

具备相应资源、条件的普通学校入学接受义务教育。

适龄残疾儿童、少年不能接受普通教育的，由县级人民政府教育行政部门统筹安排进入特殊教育学校接受义务教育。

适龄残疾儿童、少年需要专人护理，不能到学校就读的，由县级人民政府教育行政部门统筹安排，通过提供送教上门或者远程教育等方式实施义务教育，并纳入学籍管理。

第五十二条 残疾人参加国家教育考试，需要提供必要支持条件和合理便利的，可以提出申请。教育考试机构、学校应当按照国家有关规定予以提供。

从上述文件、法规的表述中可以看出，“十三五”期间我国儿童教育延续了近年来的发展策略，其重点仍在于“普及”（但“普及”的层次、范围和要求有了更大的提升）；同时，通过改善办学条件、调配教育资源、提升师资水平，逐步提高“质量”。例如，2017 年 3 月 24 日教育部、国家发展改革委、财政部、人力资源和社会保障部联合印发的《高中阶段教育普及攻坚计划（2017—2020 年）》提出：“到 2020 年，全国普及高中阶段教育，适应初中毕业生接受良好高中阶段教育的需求。全国、各省（区、市）毛入学率均达到 90%以上，中西部贫困地区毛入学率显著提升；……教育质量明显提升，办学特色更加鲜明，吸引力进一步增强。”

当前的政策走向表明，我国政府尊重、保护并落实儿童受教育权的思路，充分兼顾儿童教育发展的长度、广度与深度。我国政府在“普九”的基础上，推进高中教育与学前教育的普及，延伸了儿童受教育权保障的长度；从广度来看，东部发达地区发展基础教育的成功经验向落后地区推广辐射，优质教育资源逐步惠及弱势儿童；就深度来说，采取改善办学环境、提高师资素质、推进学校信息化建设等措施都促进了儿童教育质量的提高。

促进公平、提高质量，这是儿童教育发展不可偏废的两方面。让儿童获得入学机会，是落实儿童受教育权的第一步，也是最基础的一步。但是，落实儿童受教育权的努力不能止步于平等与不歧视，它还应确保儿童获得优质教育、取得良好的学习成果，并促进儿童的终身学习。恰如《世界全民教育宣言》所强调的：“基础教育本身不仅仅是目的，它是终身学习和人类发展的基础。”

对个人或对社会来说，扩大了的教育机会是否会表现为有意义的发展，最终取决于作为这些教育机会的结果，人们是否实际地学到了什么，即

> 他们是否学到了有用的知识、推理能力、各种技能以及价值观念。因此，基础教育必须把重点放在知识的实际获得和结果(actual learning acquisition and outcome)上，而不单纯注重入学(enrolment)、不断修学组织化的计划以及完成证书的要求。……(《世界全民教育宣言》第4条)

从本章所引述的诸多政策文件来看，我国政府在推行普及教育、关注教育公平问题的同时，也与时俱进地(尤其是进入21世纪以来)对儿童教育的质量维度给予了极大关注。近年来，促进儿童的终身学习成为评价儿童教育质量的取向之一。为此，我国采取了新的工作思路——开展核心素养教育。2014年3月30日，《教育部关于全面深化课程改革落实立德树人根本任务的意见》提出要"研究制订学生发展核心素养体系和学业质量标准"。这是国家文件中首次出现"核心素养"概念。该意见指出："教育部将组织研究提出各学段学生发展核心素养体系，明确学生应具备的适应终身发展和社会发展需要的必备品格和关键能力，突出强调个人修养、社会关爱、家国情怀，更加注重自主发展、合作参与、创新实践。"这一文件的出台，使得"核心素养"与"核心素养教育"的研究成了"显学"。2016年6月3日，世界教育创新峰会(World Innovation Summit for Education, WISE)与北京师范大学中国教育创新研究院联合发布的《面向未来：21世纪核心素养教育的全球经验》研究报告总结提炼了全球范围内最受重视的七大素养：沟通与合作、创造性与问题解决、信息素养、自我认识与自我调控、批判性思维、学会学习与终身学习以及公民责任与社会参与。同年9月13日在北京师范大学发布的《中国学生发展核心素养》以培养"全面发展的人"为核心，将"核心素养"界定为文化基础(人文底蕴、科学精神)、自主发展(学会学习、健康生活)、社会参与(责任担当、实践创新)三个方面六大素养(核心素养研究课题组，2016)。

的确，如果能够确定儿童终身发展所不可或缺的核心素养，并且设计出配套的教育方案，那么儿童的终身学习是有可能达成的。但这首先是一个需要对人类社会的发展做出预见、对儿童成长的基本原理做出研究的复杂问题，而且核心素养的研究成果转化为可以落实的教育教学方案也需要长期的实践检验。就目前的研究来看，确定核心素养的具体表述，选择哪些核心素养写入政策中，仍处于探讨阶段。这使人不免担心，这一思路有可能与此前的"全面发展""素质教育"一样，可以迅速转变为主流的教育政策话语，但在中小学教育教学实践中却难以把握。同样亟待积极研究探讨的还有"中小学教育质量综合评价指标”。2013年6月3日《教育部关于推进中小学教育质量综合评价改革的意见》所推出的《中小学教育质量综合评价指标框架》中，“身体形态机能”“学习时间”是可以进行量化、短期时效性评估的指标，而其他大多数指标都需要考虑学生的主观感受。

而且，更富有挑战性的时代问题是，我们在“知识社会”里构想未来的教育，首先就是在“概念化”一个尚未出现的、即将到来的社会。例如，我们是否相信，人类正在进入“数码基因”时代，正在构建数码社会？

> 考虑2030年的教育首先离不开我们说的“人工智能、智慧生产、智能机器人，以及生物技术和基因工程将成为未来生产力的主体”这个大背景。我们只能在这个大背景下想清楚，我们到底要让全国城乡的孩子“学什么、怎么学、为什么而学”。……数码思维方式将取代传统的文论思维方式和产业思维方式，成为新时代人力资源的核心思维方式。为一代新人培育“数码基因”是教育的重要使命和目标。（陈宇，2016）

然而，不管社会如何变化，教育目标如何丰富，教育形式如何多样，教育质量指标如何科学，人类社会已经总结出来的最重要的教育信念之一仍是：“一个构造得宜的头脑胜过一个充满知识的头脑”；“与其累积知识，更重要得多的是同时具有……提出和处理问题的一般能力，一些能够连接知识和给予它们以意义的组织原则”（莫兰，2004）[109]。

总之，在全球迈向2030年教育的时代潮流中，我国政府落实儿童受教育权已不仅仅关注儿童教育的“长度”与“广度”，也正在进一步发掘儿童教育的“深度”——通过提升教育教学质量，让儿童学会终身学习。

本章概要

改革开放以来，中国积极主动参与国际教育交流与合作，逐步深化了与联合国教科文组织、联合国儿童基金会等国际多边教育合作机构的业务合作，通过参与全球发展议程与全民教育全球行动，不断更新落实儿童受教育权的理念和政策，采取各项措施大力普及教育。经过努力，2000年我国境内基本实现普及九年义务教育。

21世纪，我国已经迈入全面落实儿童受教育权的新阶段，儿童教育的法规政策系统日益完善，在义务教育均衡发展策略的指引下，我国儿童（尤其是中西部地区、贫困地区、农村地区的儿童，以及其他各种处境不利的弱势儿童）的受教育权得到了全方位的尊重、保护并落实。不过，我国儿童教育仍然存在地域、城乡、校际发展不平衡的状况，儿童受教育权的全面实现还面临着诸多挑战。在全球迈向“2030 年教育”的时代，我国政府正在关注儿童受教育权的“深度”问题——提升儿童教育质量，促进儿童终生发展。

第六章

全球瞩目：中国落实儿童受教育权的国际形象

中国政府大力支持女童和妇女教育，在保证全民平等接受教育方面取得了巨大进步。

——联合国教科文组织执行局第一九七届会议设立教科文组织女童和妇女教育奖，2015年10月14日改革开放以来，中国儿童教育事业的发展与改革得到了联合国教科文组织、联合国儿童基金会等国际组织的支持，儿童教育的理念与实践得到了更新。这种变化的典型例证之一就是在1995年的《中华人民共和国教育法》中写入了“终身教育”这一由联合国教科文组织倡议的教育概念/政策。① 而另一个例证就是联合国儿童基金会与中国政府合作推行的“爱生学校”项目，旨在使中国的学校具有全纳的(inclusive)、友善的教育环境——在联合国儿童基金会与联合国教科文组织等国际机构的推动下，“全纳”成为一个评价教育系统的重要指标。可以说，今日中国的儿童教育政策决策已经融合了“全民教育”“终身教育”“全纳教育”等教育理念，以至于我们很难逐一追溯每一个具有国际影响力的教育观念是如何与中国儿童教育的本土实践相结合的。

当1972年联合国教科文组织的《富尔报告》出版时，中国教育界并不清楚国际社会已经创造出未来教育的全新构想。尽管这份报告迅速得到各国广泛赞赏并被以多种文字翻译出版，但是当时参加联合国教科文组织大会的中国代表们对这一报告没有专业认知(顾明远，2007)[62-63]。直至1979年，这份报告的中文版才正式出版。② 事实上，身处联合国、联合国教科文组织恢复中华人民共和国合法席位的时代氛围，这份报告的撰写者对中国教育状况表现出了浓厚兴趣，以至于在报告中多次提及缺乏中华人民共和国的数据；不仅如此，即便国际教育发展委员会对中国的了解十分贫乏，报告还是提及了中国的教育情况。该委员会(1996)[233]提出，发展学前教育应成为20世纪70年代的教育革新策略之一，并要采用自由、灵活的组织方式，寻求使家庭与社区合作、共同分担费用的

① 《中华人民共和国教育法》第11条：国家适应社会主义市场经济发展和社会进步的需要，推进教育改革，促进各级各类教育协调发展，建立和完善终身教育体系。

② 该报告由上海师范大学外国教育研究室翻译，上海译文出版社出版。这一译本的最初全稿完成于1977年初。

方法；而在这一方面，中国的经验可作为例证(illustrations)。

> 在中华人民共和国，有广泛的学前教育。幼儿园办得很理想(imaginatively)，有全日制的，有周日制的，照管3岁到7岁的儿童。在有些地区，幼儿园是附属于小学的；在有些地方，幼儿园可能是由工厂或村庄或地方设立的，或者由街道委员会、地方基层单位和福利团体举办和提供工作人员。此外，还得到许多非专业人员，特别是一些老大爷老大娘的帮助。

此外，这份报告以脚注的方式提及、引用了关于当时中国“教育革命”的“三结合”的材料①(国际教育发展委员会，1996)[44]。显然，20世纪70年代初，中国还是一个“神秘的”东方大国，国际社会对中国教育的了解也只是浮光掠影。但是，国际社会了解中国教育的热情是始终存在的，这也表现在当年联合国教科文组织总干事对中国的访问。②

相比来说，在此后几份有广泛影响的联合国教科文组织报告中，关于中国教育(尤其是儿童教育)情况的介绍仍是稀缺的。比如，《德洛尔报告》(1996)中鲜有关于中国的内容，此报告的“结束语”包括了一篇由国际21世纪教育委员会委员周南照撰写的题为《教育与文化的互动及其在经济发展和人的发展中的作用：亚洲的一种观点》的文章，该文介绍了中国古代的教育文化，但几乎未直接提及当代中国的教育状况。③ 而联合国教科文组织的《世界教育报告2000》中，关于中国教育的介绍也比较少，它提及中国开展的长期性的、全国性的扫盲运动“似乎”(appears to)对减少文盲人口起了决定性作用(2001)[35]；20世纪最

① 《学会生存》报告中提及的是无产阶级的革命代表、政治和军事领袖、教师与学生的“三结合”。

② 1972年，当时的国务院科教组组长刘西尧邀请在任的联合国教科文组织总干事勒内·马厄(René Maheu)访华。勒内·马厄于当年8月29日到9月5日访问北京，他强调联合国教科文组织是联合国系统下属专业机构中第一个恢复中华人民共和国合法席位的组织，并表达了希望中国派代表团参加联合国教科文组织于当年10月在法国巴黎召开的第十七届大会的愿望。1972年10月17日至11月8日，我国代表团参加了联合国教科文组织第十七届大会，代表团团长黄镇(时任驻法大使)在大会上发言时正式宣布我国开始参加教科文组织的活动(朱小玉，2001)[309]。

③ 科林·鲍尔对这篇文章作了这样的转述：周南照的文章谈及“亚洲文化传统与西方文化传统对于教育与发展的积极效果和消极效果。一个根植于道德人道主义，另一个根植于科学人道主义。传统中国文化，基于儒家和道家，以伦理为本。它强调人格的道德培养，强调精神而非物质，强调集体而非个人，强调教育、学习与努力工作的意义，强调权威的合法化(legitimisation of authority)”(Power，2015)[101]。

后三十年余里，全球新增的11.08亿识字人口，将近一半生活在中国(2001)[36]；以及20世纪90年代中国高等教育在校生人数规模巨大(2001)[64]和地方政府教育管理职责增加(2001)[82]等零星信息。又如，2005年的联合国教科文组织“世界报告”(UNESCO World Report)中，对中国教育的介绍几近于无。①

事实上，我们很难从具有影响力的全球教育报告中看到多少关于中国教育情况的详细介绍。就20世纪来说，即便是联合国教科文组织的教育官员在谈论中国教育情况时，也只能给出一些笼统的概括。例如，科林·鲍尔在1996年联合国教科文组织成立五十周年之际，为我国教育科学出版社推出的“联合国教科文组织教育丛书”撰写“总序”时，对我国教育状况，作出了如下评论：

> 多年来，全民教育一直是联合国教科文组织的优先任务。……中国始终走在这场全民教育运动的前列，其整个教育体系在过去的几十年中也经历了彻底的变革。到21世纪初，中国的教育水平将达到世界发达国家发展水平。在中国，有三方面的因素将促成这一重大进步：政策上对教育的有力而持久的重视，从中央到地方的组织保证和用革新方法解决问题。(赵中建，1996)

总之，在这些“世界报告”中，关于中国儿童教育的内容主要是政策与成就的报道。我们很难借助这些单视角的、零散的陈述形成关于中国落实儿童受教育权状况的国际形象。但目前存在的三个机制/平台弥补了这一方面的不足。一是国际人权公约的(缔约国)履约报告与(公约委员会)审议制度。二是联合国人权理事会的“普遍定期审议”(Universal Periodic Review)与“特别程序”(Special Procedures)机制。三是联合国教科文组织任命的独立报告小组编撰的《全球教育监测报告》。

第一节　国际组织关于中国儿童受教育权状况的论述

2015年7月中华人民共和国外交部与联合国驻华系统(2015)[7]联合发布的《中国实施千年发展目标报告(2000—2015年)》指出，中国已经实现了与教育相

① 该报告提及了中国为解决农村地区教师缺口问题，提高了农村教师的工资：农村教师的工资高于某些地方官员的工资(联合国教科文组织，2005)[87]。然而，该报告没有列出相关的参考文献，也就是说，这个说法的依据是什么，无从获知。

关的两项“千年发展目标”。

中国全面实行了免费九年义务教育，小学学龄儿童净入学率由2000年的99.1%上升至2014年的99.8%，文盲率由2000年的6.7%下降至2014年的4.1%。农村地区的办学条件得到了显著改善，面向特殊群体的教育体系日臻完善(2015)[21]。2008年以来，中国男、女童小学净入学率均保持在99%以上，基本消除了中小学教育中的性别差异(2015)[25]。

这一成就得到了国际社会的承认，中国为此付出的努力得到了高度的赞赏。但是这一中国落实儿童受教育权事业的“代表性”形象，需要有更丰满、更充实的内容的支持。我们可以从《全民教育全球监测报告》这份具有国际影响力的报告中发现中国儿童教育被描绘成何种图景，以及是以何种视角描绘的。

一、历年《全民教育全球监测报告》①关于中国教育的报道

曾于2002—2005年间参与《全民教育全球监测报告》起草工作的史蒂夫·帕克(Steve Packer，2011)[9]指出，《全民教育全球监测报告》促进了联合国教科文组织与会员国在教育信息方面的交流与对话。

尽管《全民教育全球监测报告》广泛传播，并由联合国教科文组织通过其地区办事处和(会员国)国家委员会积极推动，但评估这份全球监测报告对各国政府的影响要困难得多。有一些迹象表明，各国政府越来越重视收集和共享数据，在国际报告中，每年(year on year)缺失(本国)数据的情况可能被理解为缺乏对教育的关注和优先考虑。一些国家的政府——尤其是中国和印度——对《全民教育全球监测报告》中出现的数据感到不安(exercised)，这最终导致它们与联合国教科文组织统计研究所(UNESCO Institute for Statistics, UIS)就传输到蒙特利尔(UIS总部所在地)的数据进行了大量富有成效的对话……《全民教育全球监测报告》中提出的教育发展指数(Education Development Index, EDI)的进展，也引起了各国政府的注意，如排名和地位的问题就很受公众的关注(publicity)。而且，在有新闻自由

① 在本节中，关于《全民教育全球监测报告》相关内容的引用，因上下文已经有明确交代，不再具体写明报告的编撰者：“全民教育全球监测报告小组”。引文中的部分文字，经与报告英文本对照，进行了校译、调整。

> 的国家，全国性的报纸和媒体一直积极宣传本国政府在达成（或未达成）全民教育目标方面的表现。……这些一般性的判断并未基于任何实质性的正式调查，而且要评估……《全民教育全球监测报告》是否正在证明其有效地突出了与各国相关的国家政策和实践，尤其是在这份报告特别关注的那些主题方面，更为困难。……然而，值得赞扬的是，《全民教育全球监测报告》可能是唯一一份一直具有开放性、形成性评论的全球监测报告。

在达喀尔教育论坛设立的行动目标周期内，联合国教科文组织总共出版了12份《全民教育全球监测报告》。纵观这些报告，大体上可以看出2008年（“中期评估”）与2015年（“总结评估”）两份报告中，关于中国的报道数量和主题丰富性相对其他几份报告有明显区别；但事实上，每一份监测报告都有关于中国教育的报道，甚至每一份报告的“摘要”都提及中国的情况。这大概可以说明，中国的教育发展状况对全球教育的整体水平是具有重要影响和重大意义的。例如，历年《全民教育全球监测报告》中多次提及中国为全球扫盲事业作出了巨大贡献。自1990年以来，世界扫盲的进展（成人识字率提高，文盲绝对数下降）主要归功于中国的成就（2005）[63]。在大多数国家扫盲进展不如人意的形势下，中国成人扫盲成效显著，20余年间，中国减少了一亿三千万成人文盲（2014）[71]，是坚持扫盲的典范（2008a）[122]。不过，中国仍然是文盲人口最多的国家之一。

在此简要介绍一下这些报告对中国教育状况的陈述。

关注主题：中国扫盲成就；中国各项教育发展指标；中国农村远程教育；流动人口（主要是农村向城市流动）子女的入学问题；失学儿童人数的统计问题；中国学前教育的普及问题；弱势群体的教育问题；部分指标的统计数据缺失与数据质量问题，等等。

中国的成就：中国扫盲工作的成效全球第一，性别均等指数高；中国儿童营养状况改善，5岁以下儿童死亡率、5岁以下儿童中度与重度发育不全比例下降；中国初等教育毛入学率性别均等指数超过1.0；初中、高中、高等教育毛入学率大幅提升。

中国的经验：农村地区学费减免与转移支付；流动儿童教育政策改进；为农村地区培养师资；上海教师专业发展①；农村扫盲与实用技能培训结合；通过远程教育培训教师②；扫盲工作的持续性；中国幼儿园的教育与师资培训经验；中

① 上海所有小学教师要在5年内完成240小时的职业发展学习（2014）[242]。

② 2001—2006年，甘肃省的基础教育项目使用多媒体技术培训教师。中国已经建立多层级的农村教师职业发展网络，利用远程教育为农村教师提供有效的学习支持（2014）[247-248]。

国推行素质教育；中国通过消除教育不平等，促进减贫和经济增长①。

> 在人口规模的另一端，中国对其教育的基本描述是“基本素质导向的教育”(Essential Quality Oriented Education，EQOE)；这种教育将普及九年义务教育和根除青年文盲作为首要任务。现在，人们对帮助国内大多数弱势群体给予了越来越多的关注，并采取了一些计划以加大对西部和少数民族地区的转移支付，因为低水平的地方教育投入严重限制了少数民族人群获得更好教育。此外，使用地方语言、聘用当地的教师以及提高家长的教育水平的计划，将会是可接受的策略。针对残疾人员特别是落后地区的残疾人员，提供多渠道的教育机会，并且确立了到2005年城市流动人口子女的小学入学率达95%的目标。一些应对艾滋病传播的校本项目也被设立。如果中国经济继续保持近几年来的强劲增长势头，尤其是在东部沿海地区，那么这些目标应该不难实现。(EFA Global Monitoring Report Team，2003)[203]

中国的问题：“双轨”学前教育系统，学前教育毛入学率低；教育的城乡差距(入学机会、教育条件、生师比、生机比、升学率、教育质量等)；撤点并校影响女童就学；教科书中的性别偏见没有实质性改观②；中国曾是法定初等教育免费但又收取学费的国家。

中国的教训：20世纪90年代的财政权下放加剧了地域性教育不平衡。

提醒中国：注意私人补习、课程改革的教师负担、教育分权加剧地域性教育发展不平衡、中国援外的优先事项(援非资金流向)、失学儿童人数③、识字标准④、

---

① “仅仅增加平均受教育时间并不能使贫困国家摆脱低收入的境地。新的分析显示，只有投资于发展平等的教育，确保最贫困者和最富裕者延长在校学习时间，才能实现增长，消除贫困。经历了最快速的经济发展的国家，包括中国和韩国，都靠的是消除教育的不平等。”(2014)[153]

② 在中国的学前与小学教材中，男性占绝对比例，女性通常仅在给低龄儿童的读物中出现。在4岁儿童与6岁儿童的书籍中，男性角色的比例从48%上升到61%。……在中国的“社会研究”教科书中，百分之百的科学家与军人是男性，而百分之百的教师与四分之三的服务人员是女性(2008)[88]。

③ 中国适龄儿童总数多，根据初等教育净入学率97%来估算，中国大约有100万以上的失学儿童(2014)[54]。

④ 我国现行的《扫除文盲工作条例》(1993年8月1日修正版)第7条第1款规定：“个人脱盲的标准是：农民识一千五百个汉字，企业和事业单位职工、城镇居民识二千个汉字；能够看懂浅显通俗的报刊、文章，能够记简单的账目，能够书写简单的应用文。”这沿用了该条例1988年出台时的脱盲标准。

中国缺乏相关的数据①、教师薪资水平较低等问题。

赞赏中国：中国新一轮的课程改革采用了以学习者为中心的教育；中国努力解决处境不利儿童的教育问题；中国识字环境有巨大改变。

寄予期望：作为新兴的教育援助国作出更大贡献；审查人口数据；中国提供国际认可的初等教育净入学率。

报告关于中国的其他认知：中国是主要的教育援助流入国，也是最大受益国之一；受过教育的中国公民政治参与度提高；青年失业者众多，城市地区青年妇女与男子就业志向相近；教育改进农民的生活，提高他们的收入；中国人口增长率放缓对教育发展规划有影响；中国艾滋病传染率升高，但艾滋病教育项目仅限于中学，只强调生物因素；相比女童，中国男童易遭受（身体或语言）暴力侵害；中国语言及学校使用语言的方式多种多样。

在这12份监测报告中，对中国教育更多的是“提及”，而非深入报道。但是2015年的报告让我们看到了中国问题的重要性和对中国政策改进的关注。该报告对中国促进幼儿教师发展的举措作了较全面的介绍，而且，用一页半的篇幅阐述“农村—城市人口流动：学校教育政策面临的挑战与中国的应对”的专题，并辅以“中国流动人口政策与流动儿童教育政策的演进表”。② 2014年的报告则介绍了中国政府正在执行的免费师范教育政策，但考虑到英美等国家在落后地区推行的类似项目中优秀教师保持率较低的情况，“报告小组”并不认为这是一个教育落后地区“提高所有学生学习成绩的解决之道”(2014)[252-253]。

就儿童受教育权的落实状况来说，系列报告主要关注：中国幼儿入园问题，关于初等教育净入学率、失学儿童的确切数据，女童、农村流入城市的儿童、少数民族儿童以及其他弱势儿童的教育问题，义务教育收费问题，教育中的性别均等问题，财政分权制度对教育公平的影响，基础教育条件改善与师资培养的问题，课程改革，教育（质量）评估，等等。其中，需引起特别关注的是，对“达喀尔全民教育目标”达成情况进行回顾总结的2015年报告指出，中国的学前教育实行“双轨制”(2015b)[67]。

> 有些地方出现了平行运行的学前教育体系：私立学前教育机构和公立学前教育机构并行发展。……在中国，城市儿童上的是设施相对比较好的政府办幼儿园，教师都经过培训，而许多农村地区主要依靠的是私立幼儿

① “中国以及南亚和西亚国家的小学适龄儿童占全世界总数的41%，这些国家没有参加任何一次国际或地区初等教育评估。”(2008)[126]

② 此前，2010年的报告关于相关主题报道持批评态度：“中国的户口制度限制了移民儿童受教育的机会。”(2010)[177]

园，教师多是未经培训的当地妇女。

在2012年的报告中，全民教育全球监测报告小组对这一问题也有论述。该报告指出了城乡儿童学前教育的差别，提及农村地区的学前教育质量低，班级更拥挤、合格教师更少、学习资源更少，私立幼儿园的费用使不少贫困家庭望而却步(2012)[2,52-53]。它也指出，甘肃、陕西、河南、贵州等地接受过学前教育的农村儿童在小学准备上表现更好(2012)[49]。而且，中国通过毡房幼儿园给游牧儿童提供入小学前的教育准备，也通过联合国儿童基金会的"准备上学"项目让在校小学生帮助学前儿童做好入学准备(2012)[55]。此外，香港通过私立机构提供学前教育的经验对教育行政管理提出了较高的要求。

> 中国香港的幼儿园都是私立的，但儿童几乎普遍入学。2007年，政府推出了一项代金券(voucher)计划，用于支付半日制幼儿园约一半的学费，其余学费仍由家庭支付。代金券可在家长选择的非营利幼儿园(约80%的香港幼儿园)使用。该计划旨在扩大入学机会，提高承付能力，并改进办学质量。四分之三的家长报告说，代金券有助于减轻其经济负担。……幼儿园必须通过各种检查并公布有关信息，从而帮助家长挑选(幼儿园)。但校长和教师们认为该计划难以管理。(2012)[54]

二、2015年《全民教育全球监测报告》中的中国儿童教育

2015年4月9日，联合国教科文组织发布了第12份《全民教育全球监测报告》，这份报告要对2000年以来达喀尔教育论坛所设立的六个全民教育目标的全球进展情况进行全面回顾总结(2015b)[xii]。相比此前的11份报告，与中国相关的报道的数量与内容，在这份报告中更多。

经粗略统计，该报告的"摘要"有4处提及中国的情况，而且全是正面报道：自1999年以来，中国初中毛入学率增加了至少25个百分点(2015a)[6]；中国以现金转移支付的方式增加了(尤其是脆弱及条件最差的)幼儿的受教育机会(2015a)[14]；在中国农村，享受学费减免和现金转移(以上学为条件)的家庭的子女接受学前教育的可能性增加了20%(2015a)[16]；巴西、中国、印度、俄罗斯和南非建立的新开发银行为全球教育援助提供了又一个新的全球发展合作机制(2015a)[47]。

而该报告"全文"中提供的"计量全民教育目标的基本或代表指标趋势"(trends in basic or proxy indicators to measure EFA goals 1，2，3，4，5 and 6)

(2015b)[388-389]中，中国的各项数据都超过全球、发展中国家、东亚和太平洋国家、中等收入国家的平均水平。但是，学前教育的毛入学率低于中高收入国家；缺失经调整的初等教育净入学率(primary education adjusted net enrolment ratio，ANER)、最高年级续读率(survival rate to last grade)、初等教育完成率等数据。还有 2 个框注(box)、1 个表①(table)介绍中国教育的情况。另有 13 张图②(figure)以及多于 20 处③行文提及中国教育状况。

大体上，可以将其中涉及中国儿童教育状况的相关报道分为五类：成就、经验、问题/教训、挑战、典型政策。

（一）中国儿童教育的成就

1. 中国基础教育毛入学率提高④

自 1999 年以来，中国是少数几个学前教育毛入学率有提升的国家，2012 年中国学前儿童毛入学率达到 70%，学前儿童在校时间从 1999 年的 1 年有余，增长到 2012 年的略多于 2 年(2015b)[60]；中国小学教育完成率从 2000 年的接近 93%提升到 98%，最贫困的五分之一人口(poorest quintile)的小学教育完成率则从 2000 年的接近 90%提升到 95%以上(2015b)[82-83]；中国初中毛入学率至少增长了 27 个百分点(2015b)[112]，初中毛入学率从 1999 年的 105%升至 2012 年的 128%，高中毛入学率从 1999 年的 37%升至 2012 年的 77%⑤(2015b)[114]。

---

① 这两个框注的标题分别是“中国有计划地促进幼儿教师发展”“农村向城市流动：学校教育面临的政策挑战和中国的响应”；一个表的标题是“中国流动人口政策与流动儿童教育政策的演进”。它们的具体内容详见后文。此外，还有其他表涉及中国的内容，此处列出仅是完全介绍中国情况的表。

② 图中的中国数据，笔者已经根据原报告附录所提供的中国相关数据进行了校对修正，但仍有部分数据限于资料不足，只能通过读图估算的方式列出，数值可能存在 1—2 个百分点的偏差。其中有一图是关于 2000 年、2012 年来自不同经济与社会文化地位的家庭的学生的 PISA 测试阅读成绩的差别，但中国内地 2000 年并未参加 PISA 测试，所以，该图反映的应是当年中国香港参加 PISA 测试的数据(2015b)[195]。

③ 这份报告存在个别话题多次提及中国的情况，因此，只能是粗略统计。

④ 早前有几份报告在行文与统计报表中提及中国缺失“初等教育净入学率”。2015 年报告中的全民教育目标 2 达成情况统计表(到 2015 年，各国普及小学入学的可能性)里，未将中国纳入分析，其原因是中国与其他 60 个国家“2012 年经调整的净入学率已经达到或高于 97%，可以认为它们实现了这个目标”(2015b)[223]。

⑤ 此处依据该报告(2015)[114]提供的“自达喀尔世界教育论坛以来各国扩充初中和高中入学”图做的估算，并根据该报告附录的统计表(初等教育入学情况、中等教育入学情况)的中国数据(初中教育毛入学率 1999 年为 105%、2000 年为 128%，高中教育毛入学率 2012 年为 77%)作了调整。而在中国教育部(2014)网站提供的《2013 年教育统计数据》中，全国“各级教育毛入学率”显示：初中阶段毛入学率 1999 年为 88.6%，2012 年为 102.1%；高中阶段(全口径)毛入学率 1999 年为 41%，2012 年为 85%。另外，本段和接下来一段中的其他数据也是根据该报告提供的相应图、表进行了估算与调整。

2. 中国基础教育学校生师比降低

中国初等教育每位教师对应的学生数量从 1999 年的 22 人下减为 2012 年的 18 人(2015b)[196]，初中教育每位教师对应的学生数量从 1999 年的 18 人降低到 2012 年的 14 人(2015b)[197]。

（二）中国儿童教育的经验

1. 中国采取多样化的学前教育发展策略，有计划地促进幼儿教师专业发展

在中国，有幼儿项目的成功得益于国家的坚定承诺、省与地方层面相互合作推动(2015b)[57]；中国农村采取了一项依据幼儿出勤率给予学费减免的试验性项目，该项目表明用经济奖励的方式能引导更多家庭送幼儿上学(2015b)[63]；中国开发与改进儿童发展评估的工具，幼儿父母得到了保育与教育专家的专业帮助(2015b)[58]；为了培养幼儿保育和教育教师，尤其是为了农村和边远地区，中国采取了有计划的策略(2015b)[72]，这包括为幼儿保育和教育教师提供特别奖励，以鼓励他们去贫困落后的艰苦农村地区任职(2015b)[70-71]。

中国有计划地促进幼儿教师发展

通过将幼儿教育纳入国家教育发展规划，中国已经努力从国家和地区层面提高(尤其是农村地区)学前教育的质量和入学机会。中国特别关注教师的专业发展，这包括教师的重新调配与再培训。2008 年，在农村地区，每一名合格的幼儿保育和教育教师(ECCE teacher)照顾的学生数，是城镇和城市教师的两倍多。由于职业地位低、收入低等诸多原因，农村和偏远地区的职位要招到经过培训的幼儿教师极其困难。

要解决这一问题，应对方法之一就是对小学和中学教师进行有关幼儿教育的再培训(由于人口出生率下降的长期影响，对这些教师原先所受培训的需求已经下降了)。自 2011 年以来，为以前任职于中小学的(包括私立机构的)校长与教师提供在职培训的资金已经到位。为应对日益增长的需求，大多数地区已经规划设立更多的师资培训机构。不同的培训方式也被设计出来，这包括短期集中培训、专业再培训，以及为期三个月的高强度脱产培训。

中国还采取措施鼓励教师去偏远农村地区工作，比如为他们的教师培训课程买单，提供经济奖励。此外，中国通过立法提高幼儿保育与教育教师的工资。这些工作将有助于提升(幼儿)教师的专业地位，并吸引更多新教师。(EFA Global Monitoring Report Team,2015)[72]

2. 中国尊师重教

2013年全球教师地位指标(global teacher status index)显示，中国、埃及、韩国、新加坡和土耳其等国教师的地位高于北美和西欧国家(希腊除外)，而且50%的中国人会鼓励他们的孩子成为一名教师(2015b)[201]。

3. 中国的课程改革与世界接轨

《达喀尔行动纲领》影响了中国于2001年发起(2005年实施)的新一轮课程改革①(2015b)[206]。中国的教育教学实践方式与时俱进，中国采用以学习者为中心的教育方法②(2015b)[208]。

(三) 中国全民教育的问题/教训

1. 中国学前教育系统的问题

中国城市儿童和农村儿童的学前教育条件存在显著差异。“在中国，城市儿童上的是设施相对比较好的政府办幼儿园，教师都经过培训，而许多农村地区主要依靠的是私立幼儿园，教师多是未经培训的当地妇女。”(2015b)[67]

2. 中国儿童初中完成率(lower secondary attainment rate)的城乡差距正在缩小，但差距仍较明显

2000年中国儿童的初中完成率，城乡相差15个百分点左右；2009年相差12个百分点左右(2015b)[117]。

3. 中国农村小学合并政策影响女童上学

学龄人口减少会促使政府关闭部分学校，但是中国推行的农村小学合并政策有可能对当地女童接受初、中等教育产生不良影响。

> 面对不断减少的学龄人口，政府已经做出决策减少偏远地区学校的数量。此类决策需要考虑到对性别不均等问题造成的潜在影响。在中国，接受中等教育的女童比男童少得多，一个合并农村小学的政策将农村学校数量从2000年的44万所减少到2008年的25.3万所。可是，一项对7省102个农村社区的研究发现，本地小学的存在将女童的初中教育完成率提高了17个百分点。(2015b)[171]

---

① “中国的科学教育过去一直注重传授知识，2001年课程要求学生大胆质询，发展创造力、问题解决能力、批判性思维能力和运用所学知识解决实际生活问题的能力。”(2015b)[207]

② 但该报告也同时指出：“种种问题使得以学生为中心的教学在课堂实施过程中面临困难和挑战。……在中国，中学教师认为他们的首要任务就是备考，几乎没人愿意尝试新方法。”(2015b)[208-209]

4. 中国教科书存在性别偏见

2000 年,中国的《社会》(*Social Studies*)教科书中,所有的科学家都是男性。① 福特基金会(Ford Foundation)资助中国教科书的性别偏见研究②并支持教育领域相关的促进性别平等的活动,但这些工作的成果还未产生令人满意的实际影响(2015b)[178]。

> 政治意愿和支持在全社会范围的缺位,限制了消除教育资源性别偏差的政策的制定。在一些案例中,全球层面的政策建议已经无法获得充足的国家支持,导致进展缓慢。尽管福特基金会的研究发现已经在中国广泛传播,利益相关者仍然怀疑提倡变革的重要性。(2015b)[178]

5. 中国课程改革存在问题

有些国家的课程改革"把技能或能力与知识对立起来"——中国以前的课程知识量太大,但人们批评修订后的课程太过简单,某些重要信息被省略了。因此,教师只好利用其他渠道的信息加以补充,这反而加重了他们的工作负担(2015b)[207]。

6. 中国私人补习问题

从全球范围来看,由于教师薪酬过低,教师需要通过从事私人补习等其他工作来增加收入,这可能影响教师的正常教学工作。"一旦私人补习成为普遍现象,这就很难用惩罚措施来扭转局面。不过有些国家还是采取了措施,……中国出台了对教师进行有偿补习的惩罚措施。"(2015b)[202]

7. 中国教育分权管理问题

"在中国,由于对每个学生的投入因地域和收入存在差距,教育分权加剧了不平等。"(2015b)[214]

(四) 中国全民教育面临的挑战

1. 中国必须处理流动人口的教育问题

20 世纪 90 年代开始的中国史无前例的国内人口流动对教育系统产生了巨

---

① 该报告引用了易进的研究成果:Yi, J. 2002. A Discussion on the Reform of Elementary School Social Teaching Materials from the Angle of Gender Analysis [J]. *Chinese Education and Society*, 35(5): 63-76.这一论文翻译自易进的论文《从性别视角看小学〈社会〉教材的改革》,该文发表于史静寰主编的《走进教材与教学的性别世界》(教育科学出版社 2004 年版)一书。

② 该项目是史静寰教授(2001)主持的"对幼儿园,中、小学及成人扫盲教材的性别分析研究"(A Gender Analysis and Study of Teaching Materials for Kindergartens, Primary Schools and Secondary Schools and Anti-Illiteracy Teaching Matericals for Adults),2000 年 8 月立项。

大的压力(2015b)[120]；目前正在持续的大规模城镇化是教育系统需要应对的主要挑战之一(2015b)[22]。

2. 中国农村地区教育的现代化水平亟待提高

在中国，农村地区小学生机比(ratio of students to computers)为 29∶1，而城市地区是 14∶1，两者相差两倍多①(2015b)[211]。

3. 中国学前教育的普及水平与发展规模亟待提高

自 1999 年以来，中国在发展学前教育机构方面有了长足的进步，但目前仍处于达成全民教育目标 1(到 2015 年，各国幼儿教育毛入学率达到 80%的可能性)的低水平(毛入学率 30%—69%)小组(2015b)[222]。

(五) 典型政策

2015 年报告用了一页半的篇幅，以图文并茂的方式(详见下面引文及图 6-1)，来讨论中国国内人口流动对教育的挑战，以及政府所实施的相关政策和措施②

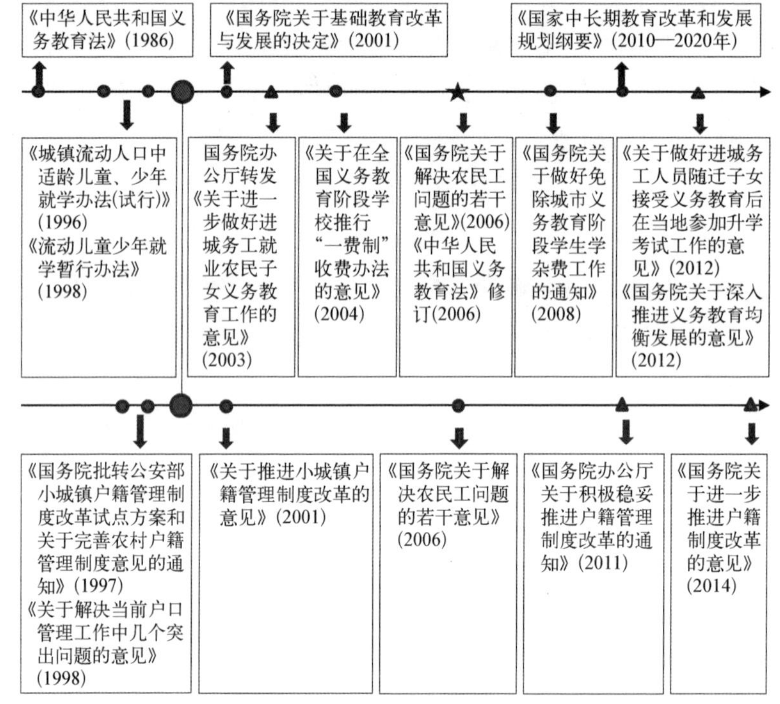

图 6-1 中国流动人口政策与流动儿童教育政策的演进

① 该报告采用的是中国学者 2012 年的论文所提供的数据。由于未找到该论文，笔者不能确定这些数据的准确采样来源和时间。

② 该报告引用了约翰霍普金斯大学社会学系两位学者郝令昕、于潇(Lingxin Hao & Xiao Yu，2015)为其撰写的背景文件。

(EFA Global Monitoring Report Team,2015)[121-122]。

农村向城市流动：学校教育面临的政策挑战和中国的响应

自达喀尔世界教育论坛举办以来，人类历史上最大规模的移民已经发生，这涉及中国从内地农村流向城市的亿万人口。这一流动对于寻求公平机会的农村儿童来说有重大意义。在达喀尔世界教育论坛召开的时候，由于中国户籍制度(户口)的限制，农村流动人口面临着严峻的挑战，但是，近年来，中国已经采取措施改进他们的学校教育。因为涉及大量的流动青年，这些政策改革促进了全民教育目标3的全球进展。20世纪50年代建立的户籍制度将中国公民的权利与其户口所在地捆绑。直至20世纪80年代中期，农村居民的国内流动仍不被允许，并且这对那些非法流动人员的子女造成了严重的教育后果。然而，伴随着农村人口向城市流动的浪潮，中国政府逐步放松了迁徙限制。这对流动人口和教育政策产生非常大的历史性影响。

在达喀尔教育论坛召开时，没有城市户籍的儿童接受公共教育受到很多限制，这催生了一个为城市里那些来自农村的流动儿童提供教育的市场，它由众多不合规格的私立学校构成。在2000年，这些学校是营利性质的，缺少教育设施，提供非常低质的教育，这更加加剧了城乡教育差距。被父母留在农村的儿童进入较差的农村学校，而随父母迁入城市的儿童要么向城市公立学校交纳高额借读费，要么进入不合格的专为流动儿童开设的私立学校接受低质教育。

2001年中央政府出台的一项服务农村进城人口子女的国家政策是个转折点。这一政策将流动儿童教育的资助职责从出生地政府转至流入地政府。

2006年修订的《中华人民共和国义务教育法》规定，地方政府为非本地户口的流动儿童提供同等条件的义务教育。① 这一修订促成了2008年中央政府出台政策，明确免除农村流动儿童在公立学校就读的费用。②

随着公共融资的责任转至(流动儿童)接收地，一些新的政策措施被采用

---

① 《中华人民共和国义务教育法》第12条第2款规定："父母或者其他法定监护人在非户籍所在地工作或者居住的适龄儿童、少年，在其父母或者其他法定监护人工作或者居住地接受义务教育的，当地人民政府应当为其提供平等接受义务教育的条件。具体办法由省、自治区、直辖市规定。"

② 2008年8月12日的《国务院关于做好免除城市义务教育阶段学生学杂费工作的通知》规定，从2008年秋季学期开始，"对符合当地政府规定接收条件的进城务工人员随迁子女，要按照相对就近入学的原则统筹安排在公办学校就读，免除学杂费，不收借读费"。

以帮助容量有限的城市学校吸纳日益增加的流动儿童。近年来，中央政府为流动儿童上学提供资助，以支持地方政府承担接受流动儿童入学的责任。另外，2006 年与 2008 年的政策规定，地方政府应依据学生实际人数（包括流动学生）为公共教育拨款，而不是依据过去的标准即本地户籍学生数来拨款。

现在，与城市出生的学生一样，绝大多数的农村流动儿童进入设施完善、课堂规模易于管理的城市公立学校就读。这一改革似乎使在城市上学的流动儿童相比在农村上学的同龄人获得了相对的成功。中国也因此更加致力于在城市中提供公平的机会。一个全国范围的代表性样本（112 所学校的 2.2 万余名学生）显示，城市学校中，流动儿童的表现不如他们的非流动同伴。虽然如此，他们的成绩还是比他们的农村同伴（尤其是那些父母进城务工而被留在乡村的儿童）高三分之一。

人们更为关切的是那些表现远远落后于城市学生的农村学生，甚至包括那些来自农村地区的城市儿童和类似社会背景的儿童。农村学校与城市学校的教育质量仍有很大的差别，但是如今，农村进城流动儿童正在从公平的财政法规中获益，这使他们能够进入好学校。

三、《全民教育全球监测报告》对中国儿童受教育权状况改善的影响

自 2002 年来的 12 份《全民教育全球监测报告》广泛覆盖了教育公平、性别平等、教育质量、扫盲、幼儿保育与教育、冲突中的学习、边缘化人口的教育等主题，它们在全球教育监测与教育政策分析领域积累了丰富的经验，赢得了卓越的声望（UNESCO，2016b）。这些具有广泛影响的专业报告是否促进了中国儿童受教育权状况的改善？为了回答这一问题，我们需要了解一些相关的问题：我国政府是如何理解这些报告的？这些报告对中国儿童受教育权状况的论述是否有变化，这些变化说明了什么？中国儿童教育政策吸纳了这些报告的哪些观念？报告编撰者如何认识这些报告对监测与改善中国儿童受教育权状况的作用？等等。

全民教育全球监测小组（2015b）[299]在第 12 份报告中指出，“全民教育和千年发展目标进程缺乏一个问责机制”，新的监测报告要“将报告与问责相联系”。

数据改进本身并不会带来教育的进步。更好的数据只有在其触发了增加最脆弱群体受教育机会的行动时才有所帮助。为了使其发生，需要高水平专家用决策者最易懂的方式来监测趋势和总结关键证据，以及通过明

断的机制，利用报告对政府和捐助方的行动进行问责，并且帮助他们从错误中学习。

这从一个侧面说明，报告只有经由当事国相关决策者的理解，才可能发挥效力。曾任国际教育规划研究所（International Institute for Education Planning，IIEP）所长的马克·贝磊（Mark Bray）（2009）指出，自联合国教科文组织成立以来，教育领域一直是其工作的重心所在，“几乎联合国教科文组织开展的所有关于教育的工作都以比较的方式进行”。这一系列《全民教育全球监测报告》正完美地体现了这一点，它们为中国政府的政策决策提供了具有全球视野的建议。例如，这些报告将中国免费师范生项目与其他国家开展的类似项目一并提及，以此提醒中国该项目可能会遇到困难。①

在谈及《全民教育全球监测报告》的作用时，我国教育部教育发展研究中心副主任韩民也认同联合教科文组织的监测评估促进了全球全民教育目标实现的观点——报告采取了国际比较的方式，有助于激励各国提高本国的全民教育水平；它也“促进了会员国教育管理水平的提高，使其在完善教育统计、提高教育监测评估技术方面有所改进”（秦悦、许方舟，2015）。在谈及中国全民教育的成就与问题时，韩民以报告的数据为依据，作出了如下解读：

> 虽然中国在实现6个（全民教育）目标方面整体表现比较好，目标基本上都实现了，但这是相对的，比较的对象不同，结论也不同。总体而言，我国多数指标赶上了中等发达国家的水平。从全民教育目标的进展幅度来看，我国进步幅度最大的是学前教育，15年间入园率提高了一倍，目前3—5岁儿童的入园率超过了70%。跟自己以前比可以说进展很大，特别是最近几年提高幅度很快。但如果与联合国教科文组织提出的到2015年3到5岁儿童的毛入园率达到80%的目标相比，我国仍然有较大差距。我国不仅低于巴西、墨西哥等人口大国，而且比亚洲的泰国、越南等国也低。而且，从实际情况看，超过半数的幼儿是在民办幼儿园里，民办幼儿园质量参

① 在简要介绍2007年中国政府创办的“免费师范生”项目后，2014年报告（2014）[252-253]指出澳大利亚、智利、中国、印度、秘鲁、英国和美国等国家也有类似招聘毕业生去主要招收处境不利学生的学校任教的项目；然而，“它们并不被看作是提高所有学生学习成绩的解决之道”。这是因为这些教师的流失率非常高，而且他们在全体教师中只占很小的比例。就这一话题来说，2015年报告（2015b）[200]的措辞更加严厉：这类项目“不能被当成长期的或可持续的解决方案”；虽然它在智利、印度、尼泊尔、中国和秘鲁等发展中国家已经得到了推广。

差不齐，城市的民办幼儿园收费较高，农村的民办幼儿园质量较差。我国普及学前教育的重点难点在农村，特别是地处偏远、人口稀疏、交通不便的山区、海岛，在这些地方普及学前教育非常困难，成本很高，需要付出艰苦努力。我国进展幅度第二大的领域是初等教育。我国的初等教育入学率虽然已经很高，也实现了免费，但相对于教科文组织提出的有质量的初等教育，我国还有差距。另外，义务教育中还有一些弱势群体比如农民工子女的教育，无论是就学机会还是质量都有很大的提升空间。留守儿童的教育问题也不容乐观。随迁子女虽然80%进入了城市的学校，但如何使他们更好地融入城市学校生活，消除他们在文化层面的弱势地位，仍然有很长的路要走。总之，我们不能满足于数据的比较。

再者，我们需要清醒地认识到，有些数据并非十分准确。例如，九年义务教育的完成率实际上是靠数据推算出来的，不是严密统计出来的，实际上我们并没有掌握准确的学生辍学情况，不知道是否每个学生都真正完成了义务教育。明确问题所在首先要靠准确的统计。推进全民教育需要更加精细、更加准确、更加有效的统计数据。我国目前正在推进学籍卡，据说从学籍卡上获得的数据与学校统计的数据有较大出入。这说明在统计方面我们还有很多需改进之处。我们有些统计覆盖面有限，只能反映局部情况。比如，关于职业技能培训的统计，统计数据不仅非常少，即便有也只是部分行业的统计，不能反映全貌。……另外，我国扫盲标准有待提高，测试办法有待改进。一些外国专家质疑中国的扫盲成效，是因为我国的脱盲标准较低，而且没有统一的官方测试工具。脱盲测试由扫盲单位自己实施，不严谨，随意性大。再有，我们需用功能性文盲的观念来看待扫盲，判断一个人是不是文盲，不仅要看他认识多少字，会不会计算，更重要的是他能否把读写算技能应用于生活和生产，比如能否看懂应用文，能否理解各种符号，能否记账，等等。……

总的来说，与发展中国家相比，我国领先较多，但与发达国家相比，我们差距也不小。对此我们需要有清醒的认识。比如，辍学率从百分比看并不大，但由于我国学生人口基数大，百分之一可能就意味着几十万人。过去我们关注的弱势人群往往是上千万上百万的规模，现在，我们需要将注意力转向几十万甚至几万人、占比较小的弱势群体。不让一个孩子失学和掉队，这是全民教育的要求。（秦悦、许方舟，2015，引用时略有改动）

从韩民的这些解读中，我们可以看出：（1）报告提供了各国的全民教育数据，中国既可以与同类发展中国家比较，也可以与发达国家进行横向比较；同时，中国也可以通过历年报告的数据来对本国全民教育的发展状况进行纵向分析；这有助于我国政府及民众认识中国全民教育的发展状况及其在全球教育发展图景中的定位。(2) 报告指出了各国发展全民教育所需应对的共同问题(如上文所提及的弱势儿童辍学、普及学前教育、初等教育质量、功能性文盲等)，提供了教育发展的新观念、新标准、新策略、新建议，这促使中国政府关注这些问题，检查、反思与改进相关的教育政策。(3) 报告通过公布中国全民教育指标数据，引导中国政府改进并提升教育统计水平，追求更为科学、准确的教育统计数据。

在这些报告出版的13年间，中国儿童教育与儿童教育政策的面貌发生了重大变化。新一轮课程改革不断持续深入，城乡儿童教育均衡发展的理念被逐步落实，女童、流动儿童、留守儿童、残疾儿童、少数民族儿童、偏远地区儿童等边缘儿童群体的受教育权逐渐得到尊重、保护并落实；为实现这些转变而出台的法规政策构成了一个复杂的体系。我们难以逐一审查哪些决策吸纳或转化了报告的建议，哪些决策者关注并理解了报告所涉的问题及理论观点，哪些决策者真正决定了相关政策文本的最后表述。进一步说，即便参与政策决策的人认真阅读了这些报告，他们对于儿童受教育权的认知的变化过程也是一个“黑箱”——他们或许可以明确地指出报告里的某些观点让他/她印象深刻，以至于他/她特地在决策的过程中加以引用和论述，但是，这与最终出台的政策文本还有相当的距离。

我们需要记住的是，这是一份开放性、形成性的报告，它是为了促进交流与合作而存在的。因此，它所报告的主题与内容具有选择性——为了避免在枝节性问题上陷入各种似是而非的论断，那些被选定的主题必然是具有典型性的，少有非议的。而且，这种选择性能够反映报告编撰团队对于当事国教育状况的理解与价值判断，也能够反映编撰团队获取的相关数据的丰富程度与准确程度；为了使这份报告具有客观性并被当事国接受，其合理选择是确保数据来源的可靠性——当事国提供的数据、其他国际机构的研究数据与报告、基于事实的专业研究成果。

2002年报告里关于中国教育的报道相对较少，它在图、表中提及中国初等教育的毛入学率、净入学率、五年级升学率、初等教育性别均等指数、成人扫盲等数据。它也预测，到2015年中国文盲人口占全球文盲总数的比例有望从2000年的16%降低到10%(EFA Global Monitoring Report Team，2002)[65]；但作为达喀尔三个可量化统计的目标之一的“成人扫盲”目标，在中国，有可能难以如期达成(EFA Global Monitoring Report Team,2002)[93]。然而,紧随其后的数份报告却大力赞赏中国的扫盲成就,并屡次指出自达喀尔世界教育论坛以来,东亚—太平洋地区、全球范围内的文盲人数下降主要归功于中国的扫盲成就。事实上,从第二份报告开始,关于中国全民教育的内容就较为充实了,既有统计数据,又有热点问题;既有现状分析,又有政策介绍。首份报告提到的中国学前教育普及率低、初等教育学杂费、流动儿童失学、边缘化群体入学难等问题,在其后的11份报告中都有所提及。而从上文对报告涉及中国的内容的简要回顾中,我们可以看到它们也是中国教育政策的重要议题,是中国政府在21世纪着力解决的问题。在初等教育学杂费、流动儿童入学、偏远地区师资不足等问题上,多份报告提及了中国政府所采取的解决策略与政策进展。这或许可以表明,在初期中国数据不充足的情况下,报告采用了以指标来衡量中国全民教育进展的视角,而此后,中国的数据则为报告的充实与深度提供了有力的支持。

在最近的这份新报告——《全球教育监测报告2016》中,涉及"中国教育"的内容,既有"旧"话题,也有新关注;大而化之地说,最集中的话题是城市化进程对中国教育的影响。① 而这主要包括流动儿童教育问题与农村学校布局调整问题。就流动儿童教育问题来说,这份报告所采用的观点和报道立场(GEMR Team,2016)[271],仍与2015年《全民教育全球监测报告》一致②——它们都引述了同一份文献(Hao, L. & Yu, X.,2015)。显然,这是具有典范性、可推广的"中国经验"。而就农村学校布局调整问题来说,该报告以"框注"的形式,回顾中国与美国所采用的合并农村学校的政策。此前,2015年报告只是描述了农村学校数量的急剧下降,认为这会影响农村女童上学;新报告则将中美的经验当成了具有普适性的"教训",提醒各国城市人口的无序增长既会对城市教育系统产生重大挑战,也会影响农村教育系统(GEMR Team,2016)[116]。

应对人口下降,合并农村学校

人口从农村向城市迁移,增加了城市人口,相反地减少了农村与边

① 这份报告也提及产业转型和城市化对教育与就业人群的影响,中国农村与城市学校"生机比"(pupil/computer ratio)的差异,高学历与生活方式和政治参与的关系,儿童发展评估,信息通信技术在教育中的应用,中国作为国际教育援助资金的受益国,以及中国通过中非合作论坛(Forum on China-Africa Cooperation)提供大量奖学金等问题。

② 主要谈及中国政府松绑户籍制度,为流动儿童在城市公立学校入学提供政策与经费支持;流动儿童在城市公立学校上学的比例提高;虽然不如城市本地儿童,但相比那些留在农村上学的儿童,在城市学校上学的流动儿童成绩更好。

远地区的人口，这对农村教育规划产生了影响。中国与美国采取了合并农村学校的政策，以处理农村学校生源减少的问题。然而，这样的政策需要精心地策划和制定。近来的评论认为中国的农村并校政策很大程度上已失败，它导致了辍学增加，城镇学校过分拥挤，教师负担加重，以及农村穷人更大的经济负担。2012年中国教育部暂停了这一政策。在美国，人们长期抵制农村学校合并，它在历史上曾是进步主义运动的一部分，以使学区更高效。然而，研究表明，社区参与程度不够的学校合并，会增加学生缺席，导致社区分裂和家庭困难，并且没有提高财政效率。（GEMR Team，2016）[117]

2015年、2016年的两份报告都向我们展示，中国与美国在应对落后地区师资不足、农村学校生源不足问题时，采取了类似的政策。这提醒我们，当代中国的社会转型及其出现的诸多教育问题，既与具体的社会发展环境有关，也蕴含教育发展的一般性法则。中国有必要向其他国家借鉴经验，吸取它们的教训，在面对类似问题时，考虑先行者们遭遇到的困境，了解这些国家/地区所采取的举措产生了怎样的成效与后果。这就是说，增进对其他国家教育发展与改革政策的了解，可以使我国的儿童教育政策决策更加审慎、更加富于预见性，由此也可能更为切合实际。同时，中国政府为落实儿童受教育权所制定的政策、做出的努力、采取的行动，既是对中国式问题的解决，也是为全球教育发展提供的案例。中国政策与中国实践的成功与失败，都蕴含全球教育政策调整的普适性知识。因而，进一步说，从中国教育与全球教育紧密相联、共同发展的角度看，中国政府为国际社会提供关于中国教育现实状况的详细数据，对于传播中国的经验、塑造与提升中国教育的整体形象是事半功倍、顺势而为的明智之举。

总之，国际社会通过持续十余年的全球教育监测，逐步加深了对中国教育政策与教育实践的了解；在这一过程中，中国政府相继出台的政策，也呼应了这些报告所提及的问题，并吸纳了相关的政策建议。在落实儿童受教育权方面，中国与国际社会有许多同声相应、同气相求之处。在这一前提下，我们可以说，监测及有关报告对中国儿童受教育权状况的改善是有影响力的；但是，关于这一影响力的作用机制、广度与深度，还有待得到中国与相关国际教育机构合作关系研究的支持。

第二节　联合国人权机构审议中国儿童受教育权状况

2013 年 8 月 5 日公布的《根据人权理事会第 16/21 号决议附件第 5 段提交的国家报告 中国》指出，中国已参加 26 项国际人权公约。① 其中，我国已经加入的《经济、社会及文化权利国际公约》《儿童权利公约》《残疾人权利公约》《消除对妇女一切形式歧视国际公约》《消除一切形式种族歧视国际公约》②都设立了相应的人权委员会，③规定了缔约国定期提交履约报告和人权委员会审议履约报告的制度。近十余年来，我国政府相继向不同公约的人权委员会分别提交了履约报告；这些人权委员会也已对这些报告进行审议并发布了审议意见。中国的履约报告与相关的审议意见④都有涉及教育的内容。不过，消除对妇女歧视委员会与消除种族歧视委员会在审议“中国报告”的“结论性意见”中仅有较少的内容涉及教育领域，它们并未有超出经济、社会和文化权利委员会及儿童权利委员会等人权机构的审议意见的内容，因此，我们着重概述经济、社会和文化权利委员会及儿童权利委员会，以及（考虑到“特殊儿童”的受教育权保护的重要性）残疾人权利委员会的结论性意见。此外，基于《联合国宪章》设立的“普遍定期审议”机制提供了一个联合国会员国与其他各国平等交流本国人权状况的平台。在这一平台上，中国政府对国内的人权现状、采取行动与履行义务的情况作出公开说明，这其中也包括中国儿童的受教育权状况。

一、国际人权公约的履约报告与审议制度

国际人权公约制定了国际通行的人权准则，但各公约缔约国应结合本国的实际情况，寻求实施条约的适用方法——这些方法应依据国际人权公约的基本原则以及相应的人权公约委员会解读公约条款的“一般性意见”。而为了促进

---

①　参见附录中的“中国加入的国际人权公约一览表”。

②　1965 年 12 月 21 日联合国大会第 2106A(XX)号决议通过，1969 年 1 月 4 日生效。

③　与提及的这些公约依次对应的人权委员会名称为：经济、社会和文化权利委员会，儿童权利委员会，残疾人权利委员会，消除对妇女歧视委员会，消除种族歧视委员会。后文会着重介绍前三个人权委员会。

④　本节中，各人权公约的中国履约报告、人权委员会作出的结论性意见，以及与审议过程相关的其他材料，皆引自联合国人权事务高级专员办事处网站的相关页面。在该网站“人权条约机构的报告状态(reporting status to human rights treaty bodies)”页面中，可以查询并获取各人权公约的中国履约报告及相关材料。

与监督国际人权公约在缔约国国内的落实，国际人权公约都设立相应条款，以规定缔约国有义务定期提交履约报告。①

以《儿童权利公约》为例。依据该公约第 43 条②第 1 款的规定——“为审查缔约国在履行根据本公约所承担的义务方面取得的进展，应设立儿童权利委员会”，1991 年初儿童权利委员会(Committee on the Rights of the Child)成立。该公约第 44 条③则全面规定了缔约国提交履约报告的义务。在接收到缔约国

---

① 1989 年，经济、社会和文化权利委员会第三届会议发布的《第 1 号一般性意见：缔约国的报告》(General Comment No.1：Reporting by States Parties)指出，《经济、社会及文化权利国际公约》设定缔约国报告义务的主要目的“是帮助每个缔约国履行该公约规定的义务，此外，还为联合国经济及社会理事会提供依据，以便使它能在经济、社会和文化权利委员会的协助下完成其职责——监督各缔约国履行公约义务，促进各缔约国实现公约条款所载的经济、社会和文化权利”。具体来说，缔约国编写与提交报告的过程，能够(也应该)达成一系列目标：(1)“第一个目标与要求有关缔约国在公约生效后两年之中提交的初步报告特别相关，即确保缔约国全面审查本国立法、行政规定和程序，以及惯例，以确保它们尽可能与公约相符”(《经济、社会及文化权利国际公约》第 17 条第 1 款规定，缔约国应在公约对本国生效后的一年内提交履约报告——笔者注)；(2)“第二个目标是确保缔约国定期监督每项权利落实的实际状况，从而意识到在其领土内或在其管辖范围内的所有个人享有或不享有各种权利的程度”；(3) 第三个目标在于使缔约国政府能够表明实际上已经拟定了明确的、有针对性的政策，而且这些政策也设定了反映该公约条款的优先事项；(4) 第四个目标是“促进公众对政府在经济、社会和文化方面的政策进行监督，并鼓励各国的经济、社会和文化部门参与制定、执行和审查有关政策”；(5)“第五个目标是提供一个依据，以使缔约国本身与经济、社会和文化权利委员会能够有效地评价实现公约所载义务的进度”；(6)“第六个目标是使缔约国本身能够更好地理解在逐渐实现充分的经济、社会和文化权利方面所遇到的问题和不足”；(7)“第七个目标是使经济、社会和文化权利委员会与全体缔约国能够促进各国间的情报交流，以及更好地理解各国面临的共同问题，更充分地认识到可以采取哪种措施来促进《公约》所载的每项权利的有效实现。”

② 《儿童权利公约》第 43 条共有 12 款，其第 2 款规定儿童权利委员会“应由十八名品德高尚并在本公约所涉领域具有公认能力的专家组成。委员会成员应由缔约国从其国民中选出，并应以个人身份任职，但须考虑到公平地域分配原则及主要法系”。需要说明的是，联合国大会 1995 年 12 月 21 日第 50/155 号决议批准了对第 43 条第 2 款的一项修改，即将“10”改为“十八”(A/RES/50/155)。经三分之二多数，即 128 个缔约国同意，该项修改于 2002 年 11 月 18 日生效(联合国人权事务高级专员办事处，2006)[119]。

③ 《儿童权利公约》第 44 条：

1. 缔约国承担按下述办法，通过联合国秘书长，向委员会提交关于它们为实现本公约确认的权利所采取的措施以及关于这些权利的享有方面的进展情况的报告：

(a) 在本公约对有关缔约国生效后两年内；

(b) 此后每五年一次。

2. 根据本条提交的报告应指明可能影响本公约规定的义务履行程度的任何因素和困难。报告还应载有充分的资料，以使委员会全面了解本公约在该国的实施情况。

3. 缔约国若已向委员会提交全面的初次报告，就无须在其以后按照本条款第 1 款(b)项提交的报告中重复原先已提供的基本资料。

4. 委员会可要求缔约国进一步提供与本公约实施情况有关的资料。

5. 委员会应通过经济及社会理事会每两年向大会提交一次关于其活动的报告。

6. 缔约国应向其本国的公众广泛供应其报告。

提交的履约报告后，儿童权利委员就启动审议流程，最终形成对缔约国履约报告的“结论性意见”。缔约国报告制度的一般流程，参见图 6 - 2。

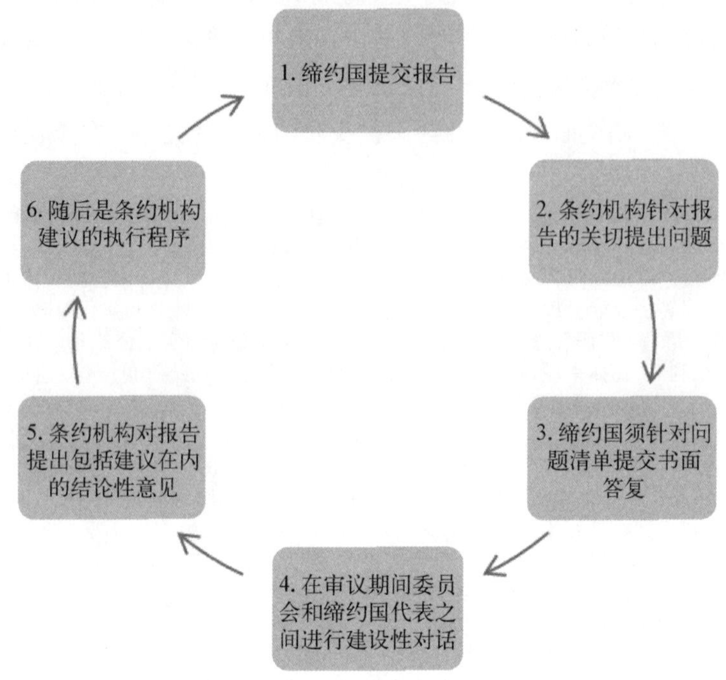

图 6 - 2　人权公约中的缔约国报告制度流程

说明：(1) 流程 2 可获得来自联合国系统、国家人权机构和非政府组织的意见；流程 4 可获得来自联合国系统、国家人权机构和非政府组织的建议；流程 6 可获得来自联合国系统、国家人权机构和非政府组织的支持。(2) 此流程自所缔结公约生效一年后始(其中《儿童权利公约》及《经济、社会及文化权利国际公约》为两年)。此后根据公约规定周期定期提交报告。《消除一切形式种族歧视国际公约》周期为 2 年。《公民权利和政治权利国际公约》《消除对妇女一切形式歧视公约》和《残疾人权利公约》周期为 4 年。《经济、社会及文化权利国际公约》《儿童权利公约》和《保护所有移徙工人及其家庭成员权利国际公约》周期为 5 年。(北京大学法学院人权与人道法研究中心，2012b)[224]

儿童权利委员会建议各国政府将其报告专注于实施该公约条款和为加速进展而设立目标时遇到的“影响因素和困难”。委员会也欢迎各国国内的非政府组织提交的替代性报告；这些报告通常(虽然并不必要)遵循国家主报告的格式，并试图解决相同的问题。此外，主要的联合国机构，包括联合国儿童基金会，也可就报告提交国的儿童状况发表看法。

儿童权利委员会任命的两个报告员负责全面审查每份报告和相关文件，并在随后起草一份关键议题与问题的清单，以便与缔约国代表进行讨论。这一讨论强调的是“建设性对话”。在对话结束时，委员会举行闭门会议以最终确定其结论性意见。这些意见通常包括认可缔约国已经采取的各项积极措施，指明需投入更多努力的问题领域，以及提供为改进儿童权利状况可以采用的实用措施的建议。结论性意见也可涉及委员会认为对保护和促进儿童权利至关重要的任何观点。例如，这可能涉及(entail)政策调整的要求或者认可非政府组织提出的观点。(联合国儿童基金会，2009)[8]

二、国际人权公约委员会关于中国儿童受教育权状况的审议意见①

(一) 儿童权利委员会关于中国儿童教育的结论性意见

1989年第四十四届联合国大会审议并通过《儿童权利公约》时，中国是决议草案的共同发起国之一。1990年8月29日，中国常驻联合国大使代表中华人民共和国政府签署了《儿童权利公约》，中国成为第105个签约国。1991年12月29日，第七届全国人民代表大会常务委员会第二十三次会议决定批准中国加入《儿童权利公约》。1992年3月2日，中国常驻联合国大使向联合国递交批准书，中国由此成为该公约的第110个批准国；同年4月2日，该公约对中国正式生效。

截至2017年12月，依据《儿童权利公约》第43、第44条的相关规定，中国先后向儿童权利委员会提交了三份履约情况报告；儿童权利委员会审议这些报告，并向中国政府送达了结论性意见。② 这三份"结论性意见"中涉及教育的内容(主题

① 在本节的写作中，由于涉及的文件较多，正文引用内容未逐一标明出处，仅在上下文加以说明；读者可以通过本书参考文献中的"本书引用的国际文件一览表"查阅相关文件。

② 根据联合国人权事务高级专员办事处网站提供的相关文件，报告及审议情况下：

(1) 1994年3月31日截止提交的缔约国首次报告。中国政府于1995年3月27日递交报告(1995年8月21日发布)；儿童权利委员会在1996年5月28—29日举行的第298—300次会议上审议了该报告，并于1996年6月7日举行的第314次会议上通过了"结论性意见"(1996年6月7日发布)。

(2) 1999年3月31日截止提交的缔约国第二次定期报告。中国政府于2003年6月27日递交了《中国关于〈儿童权利公约〉执行情况的第二次报告(1996年至2001年)》(2005年7月15日发布)；儿童权利委员会在2005年9月19—20日举行的第1062—1065次会议上审议了该报告，并于2005年9月30日举行的第1080次会议上通过了"结论性意见"(2005年11月24日发布)。

(3) 2009年3月31日截止提交的缔约国第三次和第四次定期报告。中国政府于2010年7月16日递交了《中国关于〈儿童权利公约〉执行情况的第三、四次合并报告》(2012年6月6日发布)；儿童权利委员会在2013年9月26—27日举行的第1833—1835次会议上审议了中国的第三、四次合并定期报告，包括香港特别行政区和澳门特别行政区的报告，并于2013年10月4日举行的第1845次会议上通过了"结论性意见"(2013年10月29日发布)；在该"结论性意见"中，儿童权利委员会要求中国于2019年3月31日前提交第五、第六次合并定期报告。2013年11月，中国政府召开专题会议，向国内30余家儿童工作部门通报委员会结论；2014年1月17日，中国政府递交了"就结论性意见提出的意见"(《中国政府对儿童权利委员会第六十四届会议通过的"关于中国第三、四次合并定期报告的结论性意见"的评论》)。

及其措辞)，大体表明儿童权利委员会对中国儿童教育的整体印象(详见表 6－1)。

表 6－1　儿童权利委员会关于中国儿童教育的结论性意见①

意见	1996 年	2005 年	2013 年
肯定	中国采取各项旨在提高入学率的活动；将教育视为社会与经济发展的手段；实施希望工程②、春蕾计划；制订《义务教育法》《未成年人保护法》《残疾人保障法》等	中国减贫成就卓著，提前实现某些重要的“千年发展目标”；批准《经济、社会及文化权利国际公约》；拟订《中国儿童发展纲要(2001—2010 年)》；增加义务教育、母婴保健方面的投入；改善数据分类收集与统计工作；通过《民族区域自治法》	中国修订《未成年人保护法》；加入《残疾人权利公约》；出台《中国儿童发展纲要(2011—2020 年)》；制订以儿童为重点的《国民经济和社会发展第十二个五年(2011—2015 年)规划纲要》；努力减少地区与城乡差别；取得了重大的教育成就，包括扩充了幼儿保育与教育
关注	影响儿童生命与健康成长的有害观念；③监督《儿童权利公约》执行的举措不足；农村与城乡社会服务(包括教育)的差距；女童与残疾儿童权利	在建立独立的国家人权机构与不歧视问题上进展有限；未撤销保留意见④；并非所有适用儿童的法律都完全符合《儿童权利公约》原则和规定；教育资金不足，为贫困地区发展调拨的	未撤销保留意见；《中国儿童发展纲要(2011—2020 年)》缺乏国家、省和县级的具体指标、时间表和进展情况监测制度，独立专家与非政府组织的参与不够；地区与城乡差别持续存在，特别是农村与西部地区，地方政

---

① 笔者依据原文件，对相关表述进行了引用，对个别表述进行了概括；表中罗列主题只是概述，并不是完全复述。

② 1995 年中国履约报告第 181—186 段介绍“希望工程”(节选)：

一九八九年十月，中国青少年发展基金会在北京宣布实施“希望工程”，建立中国第一个“救助贫困地区失学少年基金”，向贫困地区失学少年提供助学金，使他们获得受教育的基本权利。

“希望工程”的资助方式是：(1) 设立助学金，长期资助贫困地区品学兼优而又因家庭困难失学的孩子重返校园；(2) 为一些贫困乡村新盖、修缮小学校舍；(3) 为一些贫困乡村小学购置教具、文具和书籍。

《九十年代中国儿童发展规划纲要》把“希望工程”作为保证儿童生存和发展的重要措施；“希望工程”的目标，是协助中国政府完成到本世纪末基本普及九年义务教育的任务。

③ 1995 年中国履约报告第 284 段介绍事关教育的“有害观念”：

某些落后的传统观念和习俗有时也制约着现代教育的发展。在一些农村地区，特别是贫困农村地区“三从四德”“男尊女卑”等封建礼教束缚着人们的思想，剥夺了一部分女童受教育的机会。在有的少数民族习俗中，妇女抛头露面会受到责难，这就使得一部分女童的上学受到影响。

④ 《儿童权利公约》第 51 条规定，缔约国在批准或加入公约时可以提出“保留”(reservations)，但“保留”的内容不得与该公约的目标和宗旨相抵触。1991 年第七届全国人民代表大会常务委员会批准《儿童权利公约》，同时声明：中华人民共和国将在符合其宪法第 25 条关于计划生育的规定(“国家推行计划生育，使人口的增长同经济和社会发展计划相适应。”)的前提下，并根据《中华人民共和国未成年人保护法》第 2 条的规定(“本法所称未成年人是指未满十八周岁的公民。”)，履行《儿童权利公约》第 6 条(“1. 缔约国确认每个儿童均有固有的生命权。2. 缔约国应最大限度地确保儿童的存活与发展。”)所规定的义务。

续 表

意见	1996 年	2005 年	2013 年
关注	的保护和促进；失学儿童；少数民族教育	资源未能充分优先用于最弱势群体；从事儿童事务的专业人员与家长对该公约了解与认识不足；对女童、残疾、少数民族、感染艾滋病病毒儿童等群体的歧视问题；凡涉及儿童的活动首先考虑儿童最大利益原则的信息不详；禁止学校体罚的规定落实不力，未禁止家庭体罚；儿童受教育的机会与条件的差距问题；义务教育杂费、师生比、辍学、教学质量等问题；街头流浪儿童；女童及农村儿童的出生登记；儿童宗教教育；青春期保健与心理保健教育	府分配的资源不足；教育资源地区分配不平等；在义务教育、扩大向贫困儿童和弱势家庭提供的福利和其他服务（包括残疾儿童服务计划）等领域资金不足；落实和监测《儿童权利公约》的关键数据较难获得；未建立监测儿童权利的独立的国家人权机构；歧视女童与残疾儿童；法规政策未完全体现儿童最大利益；导致儿童脱离家庭环境的制度与政策；残疾儿童获得包容性教育和专业师资的机会有限；农村儿童、进城务工人员子女等弱势儿童群体的教育；儿童教育质量、教育条件以及在校时的人身安全；双语教育政策不够完善；工读学校的弊端①
建议	撤销保留意见；以《儿童权利公约》的规定和原则为指导，全面审查国内法律和行政措施；设置独立的儿童权利监督机构；拟定并执行世界儿童首脑会议后续行动纲要；系统收集儿童状况数据；广泛宣传该公约，将该公约各项原则和规定纳入专业人员培训方案；审查消除城乡之间落实儿童权利差距的措施；	建立国家人权机构；撤销保留意见；协调各级落实《中国儿童发展纲要（2001—2010 年）》；确保用于儿童关键领域（尤其是保健和教育）的预算拨款与政府收入保持同步增长；建立监测系统，确保预算拨款用于最弱势群体，有效缩小地区差距；取消小学教育的各种杂费和“隐费”，真正实现免费教育；修改户口制度；进一步收集可靠、全面的《儿童权利公约》所涉领域的统计	撤销保留意见；改进《中国儿童发展纲要（2011—2020 年）》的执行、监测、评价机制，并在监测与评价过程中，与儿童和民间社会进行定期磋商；采取特别措施，减少地区和城乡差别，从儿童权利角度编制预算；设立战略预算项目，扶持处境不利或弱势儿童；建立监测与评价资源分配效率、充足度和公平性的机制；建立全面可靠的数据收集系统；设立独立的国家人权机构；制定国家战略，预防和处理一切形式的暴力侵害儿童行为（禁止学校体罚）；为

① 在中国政府“就结论性意见提出的意见”中，对儿童权利委员会在“劳教”与“工读学校”问题上“严重夸大其词”的表述，中国政府提出了以下意见：

中国政府已废止劳动教养制度，近年来已停止对 16 岁至 18 岁的未成年人作出劳动教养的决定。专门学校（即“工读学校”）是中国政府对有严重不良行为的未成年人进行矫正并对其开展义务教育的场所，旨在为他们提供司法保护和学校教育，预防和减少青少年违法犯罪，不存在强迫未成年人劳动的情况。

续 表

意见	1996 年	2005 年	2013 年
建议	采取行动防止和消除针对女童与残疾儿童的歧视；确保少数民族儿童有充分机会学习和了解本民族语言和文化	数据，及时向全国公众提供这些数据，探讨建立儿童统计资料中央数据库的可行性；对家庭、学校和机构中各种形式的儿童侵害问题进行深入研究，制定法规与保护方案	务工父母提供养育儿女的支持，改革学校合并政策；采取措施消除对女童与残疾儿童的偏见，改革计划生育政策；增加儿童工作专业人员，对其进行培训；废除导致事实上歧视残疾儿童的政策，促进残疾儿童进入普通学校的包容性教育；加强确保儿童（特别是进城务工人员子女、少数民族儿童等）获得优质教育的政策与措施；停止劳动改造与工读学校
备注	履约报告偏重对国内法律和管理规定的叙述，对法规实施情况的介绍相对较少	下一次报告进一步提供介绍教育质量以及减少校园暴力方案的情况的资料	

通过对上述“结论性意见”的整理，并结合儿童权利委员会在审议中国履约报告前提出的“问题清单”，①我们可以看出儿童权利委员会所采取的监测思路

① 除要求中国政府补充提供最新的法规政策、机构、项目，以及预算等相关的分类统计数据之外，儿童权利委员会列出的涉及中国儿童教育的“问题清单”大体如下：

a. 第一次审议的“问题清单”（1996 年 2 月 23 日发布）：提供关于不同水平的儿童教育费用数据，澄清履约报告中提及的“学费”问题；提供中国贫困地区失学女童的数据，说明政府为减少失学女童人数将采取的措施；说明到 20 世纪末西藏每个村建立公立小学的目标的实现情况；说明学校里是否存在体罚。

b. 第二次审议的“问题清单”（2005 年 6 月 15 日发布）：提供资料说明第一次审议的“结论性意见”所载建议的落实情况，包括建立国家人权机构，加强数据收集机制，通过预算拨款消除城乡差别，确保西藏儿童有充分机会掌握本民族的语言和文化知识等；提供最新资料，说明《中国儿童发展纲要（2001—2010 年）》的落实状况；以及要求中国指出其认为落实《儿童权利公约》需要重点关注的最紧迫问题。

c. 第三次审议的“问题清单”（2013 年 5 月 10 日发布）：（提供详细/最新资料）澄清《儿童权利公约》在中国法律制度中的地位，是否援引《儿童权利公约》所载权利作为判案理由或有关法律准则的解释指南；说明中国采取措施通过一部全面的儿童保护法；说明《中国儿童发展纲要（2011—2020 年）》的执行、预算等情况；说明采取哪些步骤保证公共资源拨付公平，特别是确保偏远和贫困地区的地方政府有充足的资源落实儿童权利；说明采取哪些措施确定并改革歧视女童以及少数民族和宗教少数群体的政策与方案，包括确保他们获得平等的教育；说明采取哪些措施确保农民工子女获得免费平等的教育；说明针对移徙儿童的私立学校的数目、登记状况及条件；说明是否改革户口制度，以确保所有儿童（包括女童和残疾儿童）在出生时得到登记，并获得包括教育在内的社会服务；说明是否禁止家庭、学校等场所的体罚；说明采取哪些步骤消除对残疾儿童的歧视和社会污名，包括改革相关的法律和政策；说明采取哪些措施为残疾儿童提供包容性教育的机会；解释建立“以残疾儿童康复训练机构为骨干”的中国残疾儿童康复工作体系的理由；说明中国采取了哪些措施，确保公立学校系统免（转下页）

是：将《儿童权利公约》视为一个落实儿童权利的指南，并将该公约的原则与规定转化为具体的监测指标体系。

一方面，儿童权利委员关注儿童受教育权内蕴的两个基本原则（平等与不歧视）的落实情况，其监测的聚焦点在于处境不利或弱势儿童的教育状况。这些儿童包括家庭贫困（尤其是西部地区）儿童、农村留守流动儿童、女童、残疾儿童、少数民族儿童、被遗弃儿童、流浪儿童、难民儿童，等等。不管是在“问题清单”中还是在“结论性意见”中，儿童权利委员会都明确建议中国采取政策、措施、步骤，以消除针对不同群体儿童（尤其是女童与残疾儿童）的教育歧视，消除（主要是由资源分配问题引起的①）城乡与地区的教育差别，实现面向所有儿童的免费平等的义务教育。

而且，随着中国与儿童权利委员会建设性对话的深化，我们可以看到，儿童权利委员会在“结论性意见”中强化了对中国落实儿童受教育权的深层次问题的关注力度。它关注中国政策法规与《儿童权利公约》原则和规定相符的情况，建议中国审查其政策法规是否切实体现儿童利益最大化原则，是否存在阻碍儿童受教育权落实的政策与制度；它建议中国进一步采取措施，以消除陈旧观念与习俗（以及独生子女政策所造成的）歧视女童的现象；消除学校中针对儿童的一切形式的暴力行为；为儿童教育提供充足的、经过培训的师资；改进完善少数民族儿童的双语教育政策；在主流教育系统，为残疾儿童提供包容性的教育；确保儿童不要脱离家庭环境，促进学校与社区的融合；等等。

“结论性意见”关于中国儿童受教育权问题的历年表述

1996 年：委员会和该缔约国一样，也对该国目前仍有大量儿童失学表

（接上页）费，没有隐性费用并面向所有儿童，包括女童，并说明为消除城乡教育差异、降低初中辍学率而做出的努力；说明采取了哪些步骤，落实 0 至 3 岁儿童的早期儿童教育方案；说明中国双语教育政策，以及如何促进使用和学习少数民族语文；说明被“劳动教养”的儿童的情况；等等。

① 1996 年的“结论性意见”建议：对落实《儿童权利公约》第 4 条而已经执行的政策进行审查，审查的重点是“为缩小地区以及城市和农村之间在落实儿童权利所需的资源，尤其是保健和教育资源的分配方面存在的差距而在目前采取的措施”（第 31 段）。2005 年的“结论性意见”强调，委员会注意到中国“为贫困地区发展调拨了大量资源，但是，这类资源没有充分优先用于最弱势群体”（第 18 段）。2013 年的“结论性意见”指出，委员会对中国不同地区以及城乡的不平等和差别“严重关切”，“特别是在中国的农村和西部地区，而且在落实儿童权利方面为地方政府分配的资源不足”（第 12 段）。针对落实儿童权利需要国家调拨资源的问题，儿童权利委员会在 2013 年的“结论性意见”中建议中国“采取特别措施，减少中国的地区和城乡差别，并建立从儿童权利角度编制预算的程序，以适当考虑儿童的权利及其需求和关注领域”；中央政府增加“对省和地方政府、尤其是农村地区和西部省份的预算拨款”，并在“各省、地、县建立监测和评价资源分配的效率、充足度和公平性的机制”；“确定战略预算项目，用于可能需要社会扶持措施的处境不利或弱势儿童”（第 14 段）。

示关注。委员会还对……少数民族地区的入学率低于其他地区，教育质量低下，以及该缔约国在发展用汉语提供足够教学的双语教育系统方面所作的努力不够充分等报道表示关注。这些缺陷可能使……少数民族地区的学生在申请进入中等和高等学校学习方面处于不利地位。（第 19 段）

2005 年：委员会注意到缔约国……作出的有关努力，但委员会关注到，在受教育的机会和条件方面仍存在差距，受此消极(negatively)影响的有女童、学习有困难的儿童、少数民族儿童、生活在农村地区和西部省份的儿童以及移徙儿童(migrant children)。委员会还对中国义务教育各种杂费、学生—教师比率过高、初高中辍学率高以及教学质量等问题特别关切。（第 75 段）

2013 年：委员会注意到缔约国在教育方面取得了巨大成就，包括扩大了幼儿保育和教育，但委员会感到关切的是，在农村地区儿童以及（尤其）是少数民族儿童、寻求庇护的儿童和难民儿童……和外来务工人员子女获得教育和为之提供的教育方面，差距日益悬殊。在这点上，委员会严重关切有报道称，在流动儿童鲜有机会或没有机会进入公立学校系统的地区，为这些儿童开办的私立学校……被强行关闭。令委员会关切的还有：

(a) 教育质量，这影响到学生的留级和在读率，而且初中辍学率高，尤其是几个南方省份的初中；

(b) 卫生设备不足，卫生条件差，学校基础设施和校内儿童人身安全差；

(c) 双语教育政策中缺乏促进使用和学习母语及少数民族语言的措施，中国教育系统存在对……外来务工人员子女的歧视；

(f) ……全国教育数据的质量和可靠性。（第 75 段）

另一方面，儿童权利委员会关切中国为说明《儿童权利公约》执行情况所提供的分类统计数据的全面性、科学性与准确性，并建议中国为实施《中国儿童发展纲要》设立可监测的指标体系与监测机构；它也建议中国设立独立的国家人权机构[①]，以全面协调各地落实《儿童权利公约》的工作及监测数据的收集，并不

① 关于缔约国设立独立的国家人权机构的问题，2002 年儿童权利委员会第三十二届会议发布的《第二号一般性意见（2002 年）：独立的国家人权机构对保护和增进儿童权利的作用》[General Comment No. 2 (2002): The Role of Independent National Human Rights Institutions in the Promotion and Protection of the Rights of the Child]作了如下说明：（转下页）

赞赏中国目前所采用的国务院妇女儿童工作委员会①负责全面协调各部门执行《儿童权利公约》的方式。这或许可以理解为，儿童权利委员会将"儿童"视为履约报告机制要产生促进作用的"唯一"权利主体，它预设所有的制度设计与监测机构都应以儿童为中心（而非"妇女儿童工作"合为一体）；显然，这一看法需要结合中国行政管理体制的现状与传统加以考虑。②

最后，需要提及的是，就儿童权利委员会在"结论性意见"中表达的关切和建议的主题及其措辞的变化情况，并结合我国加入《儿童权利公约》及提交履约报告以来在尊重、保护并落实儿童受教育权方面取得的重大进展，我们可以看到，通过儿童权利委员会的审议过程，我国政府有力地传播了我国儿童教育的整体情况。而儿童权利委员会在审议过程中所提出的"问题清单"以及与我国代表团的建设性对话，也提醒中国注意到了一些发展儿童教育的现实挑战。虽然难以断定儿童权利委员会的审议活动对我国发展儿童教育有多大的促进作用，但是就儿童权利委员会在三份"结论性意见"中反复提及的相关问题来看，它们是被逐步解决的。这主要体现在我国付出了大量努力逐步缩小了地区间与城乡间（尤其是在教育资源分配方面）的教育差异，实现了城乡义务教育全面免费；我国也制定政策、采取措施，消除了针对（特别是女童、残疾儿童、流动儿童等）弱势儿童的教育歧视，确保所有儿童充分享有受教育权；我国也充分重视少数民族双语教育，为少数民族儿童提供了适合其民族文化特点的教学与教材。

（接上页）《儿童权利公约》第 4 条责成缔约国"采取一切适当的立法、行政和其他措施以实现本公约所确认的权利"。独立的国家人权机构是促进和确保执行该公约的重要机制，儿童权利委员会认为建立这种机构属于缔约国在批准时所作关于确保执行公约和促进普遍实现儿童权利的承诺的范围。在这方面，委员会欢迎建立国家人权机构和儿童监察专员/儿童专员以及类似的独立机构，以促进和监督一些缔约国对该公约的执行。（第 1 段）

委员会认为，每个国家都需要有一个负责增进和保护儿童权利的独立人权机构。委员会关注的主要问题是，这种机构，不管其形式是什么，均应能够独立有效地监督、增进和保护儿童权利。对儿童权利的增进和保护必须"纳入主流"(mainstreamed)，各国现有的所有人权机构必须为此密切合作。（第 7 段）

① 国务院妇女儿童工作委员会是国务院负责妇女儿童工作的协调议事机构，其职责是协调和推动政府有关部门执行妇女儿童的各项法律法规和政策措施。它于 1993 年 8 月 4 日由国务院妇女儿童工作协调委员会（1990 年 2 月 22 日成立，取代了原来由全国妇联牵头的全国儿童少年工作协调委员会）更名成立。相关介绍参见国务院妇女儿童工作委员会网站：http://www.nwccw.gov.cn。

② 就此问题，中国政府在 2013 年的中国履约报告中作出如下表态：

关于委员会审议上次报告结论第 17 段，中国尚未设立《巴黎原则》意义上的国家人权机构，但许多部门承担着类似的职责。如，全国人大常委会和各级政府部门均设有信访办公室，接受、调查和处理各种申诉；监察部门负责监督政府机构和官员的行为；等等。中国愿就此问题作进一步研究。（第 16 段）

我们还可以断言，中国发展儿童教育事业的成就得到了儿童权利委员会的认可——例证之一就是2013年的“结论性意见”主要是在教育质量与教育统计方面对中国提出建议①，这客观上可以理解为是对此前中国落实儿童受教育机会平等权的肯定，也是对今后中国进一步提升儿童教育质量监控水平的提醒。

（二）经济、社会和文化权利委员会关于中国儿童教育的结论性意见

1997年10月27日，中国签署《经济、社会及文化权利国际公约》。2001年2月28日，第九届全国人民代表大会常委会第二十次会议批准中国加入该公约。2001年3月27日，中国常驻联合国代表团向联合国秘书长递交批准书；同年6月27日，该公约对中国正式生效。截止到2017年12月，中国已经向经济、社会和文化权利委员②提交了两份履约情况报告③，并收到了委员会的“结论性意见”④。

---

① 三份儿童权利委员会的“结论性意见”提出的教育建议分别是：1996年儿童权利委员会建议，中国审查为缩小地区以及城乡教育资源分配差距而采取的措施，（第31段）确保面向少数民族儿童的双语教育及其获得高等教育的平等机会（第40段）。2005年儿童权利委员会建议，中国取消小学教育杂费，确保小学教育真正免费；增加教育拨款，确保所有儿童（尤其是弱势儿童）完成九年义务教育、获得同等的学前教育机会；确保中小学教材的内容顾及少数民族文化特点；通过师资培训与提高生师比等措施提高教育质量；寻求国际国内机构的技术援助（第77段）。2013年儿童权利委员会建议，中国确保所有儿童（尤其是弱势儿童）获得优质教育，为所有地区提供充足的教育经费，改善学校设施，增加教师人数，供应教材；有效执行双语政策；根据国际标准，改进教育数据统计工作，提供高质量数据（第76段）。

② 虽然《经济、社会及文化权利国际公约》设定了缔约国报告制度，但是与其他国际人权公约不同，它没有建立相应的委员会；作为监督缔约国落实该公约情况的独立专家机构，经济、社会和文化权利委员会不是依据该公约，而是依据1985年5月28日联合国经济及社会理事会第1985/17号决议建立的，因而，它是联合国经济及社会理事会的下设机构，接受该理事会的指示并对其负责，以发挥该公约第四部分规定的经济及社会理事会的监控职能（联合国人权事务高级专员办事处，2017a）（北京大学法学院人权与人道法研究中心，2012b）[21]。

③ 《经济、社会及文化权利国际公约》第16、17条规定了缔约国报告制度。其中，第17条第1款规定“本公约缔约各国应按照经济及社会理事会在同本公约缔约各国和有关的专门机构进行咨商后，于本公约生效后一年内，所制定的计划，分期提供报告”。1989年经济、社会和文化权利委员会发布《第1号一般性意见：缔约国的报告》明确规定缔约国提交初步报告的时间是在经济、社会及文化权利国际公约生效后的两年之中（第2段）。不过，在该公约生效之后到经济、社会和文化权利委员会建立之前的一段时期内，依据该公约第16条第2款，缔约国的报告直接提交到联合国秘书长并由其转交经济及社会理事会和有关的联合国专门机构审议（北京大学法学院人权与人道法研究中心，2012b）[21]。

④ 根据联合国人权事务高级专员办事处网站提供的相关文件，报告及审议情况如下：

a. 初次报告：根据《经济、社会及文化权利国际公约》第16、17条及经济、社会和文化权利委员会相关规定，中国应于2003年6月27日前通过联合国秘书长向经济、社会和文化权利委员会提交关于该公约执行情况的首次报告；中国政府于2003年6月27日如期提交（包括香港特别行政区与澳门特别行政区履约情况的）报告（2004年3月9日发布）；经济、社会和文化权利委员会在2005年4月27—29日举行的第六—十次会议上审议了该报告，并在2005年5月13日举行的第二十七次会议上通过了“结论性意见”（2005年5月13日发布）。（转下页）

在 2005 年的“结论性意见”中，经济、社会和文化权利委员会欢迎中国通过《中国农村扶贫开发纲要(2001—2010 年)》①(第 7 段)；并且建议中国通过一项国家人权行动计划②(第 41 段)。

它“深为关切”(deep concern)中国国内流动人口在就业、社会保障、卫生服务、住房和教育等方面受到的事实上的歧视(第 15 段)。为此，它“呼吁”中国采取必要措施，确保其管辖范围内所有人不受歧视地享有《经济、社会及文化权利国际公约》所载各项经济、社会和文化权利(第 45 段)；“实施取消国家户籍制的决定，确保任何取而代之的制度可使国内流动人口享受与城镇人口同等的工作、社会保障、住房、卫生和教育福利”(第 46 段)；确保残疾人享有平等的机会，尤其是在工作、社会保障、教育和卫生等领域(第 47 段)。它“强烈建议”中国“采取有效的公众教育措施，包括开展宣传活动，消除危害妇女和女童的性别偏见和传统习俗”，并在下次定期报告中以详细资料说明在性别歧视问题上取得的进展(第 49 段)。它“鼓励”中国“采取紧急措施，阻止艾滋病毒/艾滋病和其他性传播疾病的扩散，包括在学校进行性教育和开展宣传活动，消除对艾滋病毒抗体阳性者的歧视”(第 60 段)。

关于中国落实受教育权的情况，它主要关注身体与智力残疾人在教育方面受到的歧视(第 16 段)；关注在全面普及免费义务初级教育方面仍存在的各种问题，“特别是涉及农村社区、少数民族地区、贫困家庭和国内流动人口义务教育方面的问题”，以及一些农村初中生辍学率高的情况(第 37 段)；以及中国少数民族在教育方面受到的歧视③。此外，它还认为，“在校儿童的勤工俭学计划，

(接上页)b. 第二次定期报告：中国于 2010 年 6 月 30 日如期提交(包括香港特别行政区与澳门特别行政区履约情况的)第二次报告；经济、社会和文化权利委员会在 2014 年 5 月 8 日举行的第十七—十八次会议上审议了该报告，并在 2014 年 5 月 23 日举行的第四十次会议上通过了“结论性意见”(2014 年 6 月 13 日发布)；在该“结论性意见”中，经济、社会和文化权利委员会要求中国于 2019 年 5 月 30 日之前提交第三次定期报告。

① 该“结论性意见”还提及中国通过《2020 年教育发展纲要》(Framework for Education Development into 2020)，但是，在中国递交的履约报告及其对“问题清单”的答复中，并无关于这个文件的只言片语；而就“结论性意见”发布的时间来看，当时中国也未有与 2020 年相关的教育规划。

② 到 2017 年 12 月为止，我国政府已经先后公布三份计划：《国家人权行动计划(2009—2010 年)》《国家人权行动计划(2012—2015 年)》《国家人权行动计划(2016—2020 年)》，以及两份评估报告：《〈国家人权行动计划(2009—2010 年)〉评估报告》《〈国家人权行动计划(2012—2015 年)〉实施评估报告》。

③ 在该“结论性意见”中，经济、社会和文化权利委员会表示，它对中国未能提供充分资料以说明少数民族地区人民享受该公约规定的经济、社会和文化权利的情况感到遗憾；它注意到了缔约国以外来源提供的报告(第 38 段)。

是一种剥削儿童的劳动”(第 23 段),“鼓励缔约国考虑取消学校课程中的勤工俭学计划”(第 52 段)。

2005 年“结论性意见”关于受教育权的意见和建议

根据委员会关于初等教育行动计划的第 11(1999)号一般性意见和有关受教育权的第 13(1999)号一般性意见,委员会呼吁缔约国采取有效措施,确保所有儿童,包括移徙儿童和少数民族儿童,都能享受免费的义务初等教育。委员会还呼吁缔约国对现行教育经费政策进行有效改革,划拨足够资金用于支持在国家、省和地方各级向所有儿童提供免费的九年制义务教育;取消中小学的一切有关收费,使所有儿童都能得到真正免费的义务初等教育。委员会还敦促缔约国增加对整个教育事业的公共支出,有计划有目的地采取措施,在全国范围内逐步实现弱势群体和边缘群体的受教育权。(第 66 段)

针对经济、社会和文化权利委员会上述主要关于免费义务教育和特殊群体受教育权的意见与建议,中国在其提交的第二份定期报告中,从“国家对受教育权的法律保障以及教育改革政策规划”“各教育阶段情况”“加强师资力量”“保障特殊群体受教育权”“社会办学情况和择校自由”“困难与挑战”六个方面作出了回应。依据原报告,在此逐一概述如下:

(1) 中国形成了以《中华人民共和国教育法》为核心的教育法律体系,从立法上确保公民的受教育权;制定出台《国家中长期教育改革和发展规划纲要(2010—2020 年)》,明确提出到 2012 年将国家财政性教育经费支出占国内生产总值的比例提高到 4%。(2) 中国政府一直致力于普及九年免费义务教育,2006 年修订的《中华人民共和国义务教育法》明确义务教育是国家必须予以保障的公益性事业;在全国范围内实现了城乡免费义务教育,对农村义务教育阶段学生免费提供教科书,对城乡义务教育阶段家庭经济困难寄宿生给予生活费补助;在中等职业学校建立健全国家助学金制度,逐步实行免费中等职业教育;建立了面向家庭经济困难学生的高等教育资助政策体系。(3) 中国政府不断加强教师队伍建设,教师学历层次和教学水平有较大提升;通过“农村义务教育阶段学校教师特设岗位计划”等举措,农村尤其是中西部边远地区的师资需求基本得到满足。(4) 中国政府高度重视进城务工农民子女的教育问题,出台一系列法规政策,以“流入地政府管理为主和以公办中小学为主”的指导原则,为农民工随迁子女在城市接受义务教育提供条件，同时，中国政府发展农村义务教育，投入专项资金改善农村中小学办学条件，将农村教育全面纳入国家财政保障范围，重点推进义务教育均衡发展，努力缩小城乡之间义务教育发展差距；中国保障少数民族受教育的权利，不断加大经费投入，推进民族地区教育事业的发展；中国继续完善“以特殊教育班和随班就读为主体、以特殊教育学校为骨干的残疾儿童义务教育体系”，出台《关于进一步加快特殊教育事业发展的意见》等政策。(5) 中国鼓励并支持民办教育的发展，儿童的父母和法定监护人可为其孩子选择非公立但符合国家教育标准的学校就读。(6) 中国教育发展的困难和问题，包括教育发展水平不能适应广大公民的教育需求，城乡与区域之间教育发展不协调、公共教育投入严重不足与教育资源总量短缺。

在经济、社会和文化权利委员会会前工作组(Pre-sessional Working Group)针对中国第二次定期报告所提出的“问题清单”中，与受教育权相关的问题涉及说明已采取哪些措施：(1) 解决由户籍制度而形成的对国内移民事实上的教育歧视；(2) 防止和打击对艾滋病毒/艾滋病感染者的歧视(包括学校拒收艾滋病孤儿)；(3) 确保教育投入随着国内生产总值的增长而增加，并利用预算再分配机制向欠发达地区(特别是农村地区)提供充足资源；(4) 确保农村儿童、西部地区儿童、流动人口子女的教育，取消小学义务教育阶段所有杂费，降低农村地区(特别是少数民族群体)的文盲率和辍学率；(5) 确保残疾儿童在主流公立学校接受教育；等等。除了教育经费占国内生产总值比例的问题，前述其他问题在初次报告“问题清单”中没有明确出现，仅在第一份“结论性意见”中被提及。

在第二份“结论性意见”中，教育经费问题、免费义务教育、特殊群体的受教育权等问题仍被广泛提及。与上一份“结论性意见”一致，经济、社会和文化权利委员会强调不歧视原则，重申呼吁中国政府“取消户籍制度，确保所有农民工能够享受与城镇居民同等的工作机会以及社会保障、住房、卫生和教育福利”；但更进一步的是，它注意到中国农村地区有 5 500 万以上的留守儿童，因而“促请缔约国采取一切必要并切实有效的支持家庭的措施，避免儿童脱离家庭环境，确保儿童，尤其是来自农村地区的儿童，能够由父母抚养长大”(第15段)。

就两份“结论性意见”的相关措辞来看，经济、社会和文化权利委员会对中国儿童教育的关注与建议是有针对性和建设性的，它们指出了为落实儿童受教育权需要对教育规划与教育政策作出调整的关键性问题。但是，在第二份“结论性意见"中，该委员会关于中国义务教育不免费、中等教育费用过高的意见，与我国提交的履约报告、对"问题清单"的答复的相关内容不符，也与审议期间我国教育政策和教育进展不符。①

2014 年"结论性意见"对受教育机会(access to education)的关注与建议

委员会欢迎缔约国为达到教育支出占国内生产总值 4%的目标和建立九年免费义务教育制度作出的努力，但关切地注意到，各地经费分配不均正在加大获得和提供教育方面的城乡差距。委员会又感到关切的是，义务教育仍不免费，农村地区和城市贫困地区的儿童往往负担不起。此外，委员会还注意到，中等教育费用过高，是造成学生、特别是少数民族儿童和农民工子女辍学的主要因素之一。

委员会建议缔约国：(a) 采取适当措施，确保平等分配经费，以确保在城市和农村地区平等获得和提供教育；(b) 确保实行免费的九年义务公立教育；(c) 采取一切必要措施，普及并让所有人都能获得中等教育，包括技术和职业教育；(d) 采取一切必要措施，降低少数民族儿童和农民工子女的辍学率。（第 35 段）

（三）残疾人权利委员会关于中国儿童教育的结论性意见

2007 年 3 月 30 日，中国签署《残疾人权利公约》。2008 年 6 月 26 日，第十一届全国人大常委会第三次会议批准中国加入该公约。2008 年 8 月 1 日，中国常驻联合国代表团向联合国秘书长递交批准书；同年 8 月 31 日，该公约对中国正式生效。截止到 2017 年 12 月，中国已经向残疾人权利委员提交了一份履约

① 关于免费义务教育：《国务院关于做好免除城市义务教育阶段学生学杂费工作的通知》规定"从 2008 年秋季学期开始，全部免除城市义务教育阶段公办学校学生学杂费"，由此，全国范围内实现了城乡免费义务教育。

关于中等教育学费：2009 年 3 月 5 日，国务院总理温家宝在第十一届全国人民代表大会第二次会议上作《政府工作报告》，提出"大力发展职业教育，特别要重点支持农村中等职业教育。逐步实行中等职业教育免费，今年先从农村家庭经济困难学生和涉农专业做起"；同年 12 月 14 日，财政部、国家发展改革委、教育部、人力资源和社会保障部印发《关于中等职业学校农村家庭经济困难学生和涉农专业学生免学费工作的意见》。2012 年 3 月 5 日，国务院总理温家宝在第十一届全国人民代表大会第五次会议上作《政府工作报告》中提出，要"逐步将中等职业教育免学费政策覆盖到所有农村学生"；当年 10 月 22 日，财政部、国家发展改革委、教育部、人力资源和社会保障部印发《关于扩大中等职业教育免学费政策范围进一步完善国家助学金制度的意见》，明确"从 2012 年秋季学期起，对公办中等职业学校全日制正式学籍一、二、三年级在校生中所有农村（含县镇）学生、城市涉农专业学生和家庭经济困难学生免除学费（艺术类相关表演专业学生除外）"。

情况报告，并收到了委员会的“结论性意见”。①

《残疾人权利公约》的宗旨是“促进、保护和确保所有残疾人充分和平等地享有一切人权和基本自由，并促进对残疾人固有尊严的尊重”（第1条）。它要求“缔约国承诺确保并促进充分实现所有残疾人的一切人权和基本自由，使其不受任何基于残疾的歧视”（第4条第1款）。在加入《残疾人权利公约》之后，我国2008年修订的《中华人民共和国残疾人保障法》第一次写入了“禁止基于残疾的歧视”的内容（第3条）。

《残疾人权利公约》认为“残疾（disability）是一个演变中的概念，残疾是伤残者和阻碍他们在与其他人平等的基础上充分和切实地参与社会的各种态度和环境障碍相互作用所产生的结果”（序言第5点）；“无障碍（accessibility）的物质、社会、经济和文化环境、医疗卫生和教育以及信息和交流，对残疾人能够充分享有一切人权和基本自由至关重要”（序言第22点）。因此，在理解中国履约报告中提及的“积极发展特殊教育学校”的观点②时，残疾人权利委员会给出了如下意见：

2012年“结论性意见”对教育的关注和建议

委员会感到关切的是，特殊学校数量众多，且缔约国有积极发展这些学校的政策。委员会特别担忧的是，实际上，只有存在某些种类的障碍的学生（身体残疾或轻度视觉残疾）能够接受主流教育，而所有其他残疾儿童

---

① 根据《残疾人权利公约》第35条规定，中国应于2010年8月31日前通过联合国秘书长向残疾人权利委员会提交履约情况初次报告，以说明为履行该公约而采取的措施和取得的进展。2010年8月30日，中国提交了初次报告（2011年2月8日发布）；残疾人权利委员会在2012年9月18—19日举行的第七十七—七十八次会议上审议了该报告，并于2012年9月27日举行的第九十一次会议通过了“结论性意见”（2012年10月15日发布）；在该结论性意见中，残疾人权利委员会要求中国不晚于2014年9月1日提交第二次定期报告。截至2017年12月，没有查询到中国第二次定期报告的相关文件；依据联合国人权事务高级专员办事处网站“按国别的报告状态”查询结果显示，中国应于2018年9月1日前提交第二、三次合并定期报告。

② 残疾人权利委员会审议中国履约报告的“问题清单”（2012年5月16日发布）包括要求中国介绍“积极发展特殊教育学校”的教育思路（问题22）。中国对此问题的答复（2012年9月10日发布）是：“中国特殊教育学校是地方政府实施残疾儿童少年教育的资源中心。”

中国采取普通学校或特殊学校教育方式对残疾儿童少年实施教育。1988年，国家教育部门提出，要打破单一的特殊学校教育形式，坚持多种形式对残疾儿童实施教育。……目前中国已经基本形成“以特殊教育学校为骨干、以普通学校随班就读和附设特教班为主体、以其他教育形式（极重度的多重残疾儿童少年送教上门等）为补充”的“三位一体”特殊教育办学模式。……报告中所说的特殊教育学校与其他国家的特殊教育学校有一些差别。中国一些特殊教育学校不是单一的学校功能，除了教育在校园内的残疾儿童少年，还是协助政府促进本地区发展特殊教育事业的资源中心……

都被强制就读特殊学校或者干脆辍学。（第 35 段）

委员会希望提醒缔约国，包容性（inclusion）概念是《残疾人权利公约》的主要理念之一，应该在教育领域特别坚守这一概念。就此，委员会建议缔约国将特殊教育体系中的资源转用于促进主流学校中的包容性教育，从而确保更多的残疾儿童可以接受主流教育。（第 36 段）

三、联合国人权理事会关于中国儿童受教育权状况的审议意见

2006 年 3 月 15 日，联合国大会通过第 60/251 号决议，“重申决心加强联合国人权机制，以确保人人切实享有公民、政治、经济、社会和文化权利等所有人权，包括发展权”，为此目的，决定在日内瓦设立人权理事会（Human Rights Council），取代人权委员会[①]（United Nations Commission on Human Rights）。同时，这一决议确立了人权理事会的“普遍定期审议”[②]机制。人权理事会通过“普遍定期审议”“特别程序”等机制对联合国各成员国的人权状况与问题进行监督和建议。

（一）“普遍定期审议”关于中国儿童受教育权状况的交流情况

普遍定期审议是一个以改善每个国家的人权状况为最终追求的国际人权合作的独一无二的机制。它在由人权理事会 47 个成员组成的普遍定期审议工作组（Working Group on the Universal Periodic Review）的主持下，“一视同仁地评估每个国家的人权状况”；而这一审议机制实际上是国家主导的，每个国家都借此机会公开其为改善国内人权状况而采取的行动及其履行人权义务的情况（联合国人权事务高级专员办事处，2017c），因而，它也是分享全球最佳人权实践的平台（联合国人权事务高级专员办事处，2017b）。截至 2011 年 10 月，普遍定期审议工作组已经主持完成对所有 193 个联合国成员国人权记录的审议；

---

① 人权委员会是 1946 年联合国经济及社会理事会依据《联合国宪章》第 68 条（“经济及社会理事会应设立经济与社会部门及以提倡人权为目的之各种委员会，并得设立于行使职务所必需之其他委员会”）的规定设立的、处理联合国内一切人权事务的功能委员会；其成员是国家的代表，而不是以个人身份当选。它是联合国经济及社会理事会的职司机构，取它而代之的人权理事会则是联合国大会的附属机关。

② “Universal Periodic Review”也被译为“普遍定期审查”，就这一机制实施过程中所倡导的国家间的互动对话（interactive dialogue）来说，译为“审议”更为妥当，这也是联合国人权事务高级专员办事处网站相关中文网页的现行译法。联合国大会第 60/251 号决议对“普遍定期审议”所作的规定如下：

> （人权理事会应）根据客观和可靠的信息，以确保普遍、平等地对待并尊重所有国家的方式，定期普遍审查每个国家履行人权义务和承诺的情况；审查应是一个基于互动对话的合作机制，由相关国家充分参与，并考虑到其能力建设需要；这个机制应补充、而不是重复条约机构的工作；理事会应在举行首届会议后一年内，拟定普遍定期审查的方法并作出必要的时间分配。（A/RE/60/251，第 5(e)段）

而第二轮周期于2012年5月正式启动，每年有42个国家接受审议。① 目前，普遍定期审议工作组已经完成了两次对中国的审议。②

1. 第一轮审议的情况

中国提交的国家报告③从增加教育投入、实现两基目标、施行免费义务教育、促进城乡区域教育公平等四个方面对“受教育权”的落实情况作出说明(A/HRC/WG.6/4/CHN/1第34—37段)。

联合国人权事务高级专员办事处根据人权理事会第5/1号决议附件第15(b)段汇编的资料，就中国对履行国际人权义务之“受教育权和参加社会文化生活权”的情况④作如下概述：

> 2005年，经社文权利委员会欢迎《2020年教育发展纲要》的通过。但

---

① 在人权理事会的首次会议(2006年6月19—30日)召开一年之后，2007年6月18日的人权理事会第5/1号决议明确规定了普遍定期审议机制。其简要介绍，参见联合国人权事务高级专员办事处(2017c)的相关网页。

② 这两次审议的基本情况如下：

a. 普遍定期审议工作组于2009年2月2—13日召开第四届会议；2009年2月9日举行的第十一次会议对中国进行了审议。工作组在2009年2月11日的会议上通过了关于中国的审议报告。2009年6月11日，人权理事会第十一届会议第十七次会议讨论并通过了对中国的审议结果。

b. 普遍定期审议工作组于2013年10月21日至11月1日召开第十七届会议；2013年10月22日举行的第三次会议对中国进行了审议。工作组在2013年10月25日第十次会议上通过了关于中国的审议报告。2014年3月20日，人权理事会第二十五届会议第四十一次会议讨论并通过了对中国的审议结果。

③ 根据人权理事会第5/1号决议(A/HRC/RES/5/1)附件第15条的规定，审议工作所依据的文件包括：

> a. 所涉国家根据理事会第六届会议拟将通过的一般准则准备的资料，其形式可以是国家报告，以及所涉国家认为相关的任何其他资料，这些资料既可以口头陈述，也可以书面提交；但归纳此种资料的书面材料不超过20页，以确保所有国家同等对待，并且不给审议机制造成过大负担。鼓励各国通过在国家一级与所有相关的利益攸关方广泛磋商准备这种资料；
>
> b. 此外还有人权事务高级专员办事处汇总各条约机构、特别程序报告中所载资料(包括所涉国家的意见和评论)以及其他相关的联合国正式文件所载资料编成的一份汇编，其篇幅不得超过10页；
>
> c. 理事会在审议工作中还应考虑的其他有关利益攸关方(relevant stakeholders)另外为普遍定期审议提供的可信和可靠的资料。人权事务高级专员办事处将编制这种资料概述，篇幅不超过10页。

④ 除此之外，该文件还提及经济、社会和文化权利委员会关切少数民族受到教育歧视的报道，建议中国取消“勤工俭学”课程；儿童权利委员会建议中国审查“工读学校”制度，并加大力度“消除对女童，感染艾滋病或受其影响的儿童，残疾儿童，藏族、维吾尔族、回族儿童以及其他少数民族和宗教的儿童，农民工的子女和其他弱势群体的歧视，特别是确保这些儿童能平等地获得基本服务”(A/HRC/WG.6/4/CHN/2第15段)，等等。

是，委员会对国家普及免费义务初等教育继续存在差异表示关切，特别是在农村社区、少数民族地区、处境不利的家庭和国内流动人口方面。儿童权利委员会和消除对妇女歧视委员会还特别对女童的情况表示关切，它们提到文盲和辍学率在农村女孩中比例过高。消除对妇女歧视委员会、经社文权利委员会和儿童权利委员会呼吁中国取消小学教育的一切杂费和其他“隐性”收费。经社文权利委员会和儿童权利委员会呼吁，对教育的拨款，增幅应与国内生产总值的增幅保持一致，并将这些资源用于确保所有儿童都能完成九年制义务教育，并平等地获得幼儿教育和发展项目。此外，受教育权问题特别报告员呼吁提高教师地位，保证他们的结社自由。(A/HRC/WG.6/4/CHN/2 第 38 段)

联合国人权事务高级专员办事处根据人权理事会第 5/1 号决议附件第 15(c)段汇编的资料，就利益攸关方提及的中国落实受教育权状况的概述，涉及中国教育的成就、“工读学校”制度、西藏地区教育落后等问题（A/HRC/WG.6/4/CHN/3 第 47—49 段）。该文件也指出，国际机构“性权利倡议”（Sexual Rights Initiative）认为，中国学校中的性健康和生殖健康教育、艾滋病教育缺少合格教师、标准教学大纲以及采用少数民族语言的适当教材；存在学校拒绝艾滋病孤儿上学的现象（A/HRC/WG.6/4/CHN/3 第 43 段）。

《普遍定期审议工作组报告 中国》包括“审议情况纪要”与“结论和/或建议”两个部分，前者包括“受审议国的陈述”“互动对话与受审议国的回应”。在“互动对话”中，部分国家肯定了中国教育取得的成就，关切中国普及免费义务初等教育存在城乡地域差异、“劳教”剥削儿童、少数民族地区教育发展等方面的问题。[①] 中国在回应中指出，中国制定了保护儿童权利、禁止童工的法律法规，修订了相关

① 南非、加纳、越南、拉脱维亚、塞内加尔、莫桑比克、安哥拉等国家的代表肯定了中国在实现两项与教育相关的“千年发展目标”上所取得的成就；乌兹别克斯坦强调中国在保护儿童受教育权方面取得的积极进展；安哥拉提及中国修改义务教育法，在全国范围内实现免费义务教育，并建议中国持续改进应对城乡与区域教育发展不平衡问题的政策；不丹指出中国政府加大对少数民族地区基础教育的支持；巴勒斯坦欢迎中国通过资金补助与资助确保包括少数民族在内的所有人获得教育；新西兰建议中国采取进一步的措施确保农村、少数民族地区、贫困家庭以及国内流动人口获得保健与教育等福利；葡萄牙关切中国缺少“歧视”的法律定义，“勤工俭学”未规定劳动的种类、强度与时间周期，经济、社会和文化权利委员会 2005 年的“结论性意见”关于中国免费初等教育供给不规范等问题，建议中国持续确保普及义务初等教育，并建议中国在国内法中对“歧视”作出定义；瑞典建议中国取消或改革户籍制度，以确保所有公民基本都能获得教育；巴西指出中国在为它的人口提供教育方面取得成功；匈牙利要求中国对学校中儿童劳动的问题提供进一步的信息；等等(A/HRC/11/25)。

的法律和政策；全面落实免费义务教育，加强了对儿童入学、辍学以及退学的监管；为违法犯罪的青少年设立了提供法律与伦理教育的专门学校，并安排了适合其年龄的劳动；通过国家补贴、奖学金等方式帮助经济困难学生接受教育，并为少数民族提供特别资金援助（A/HRC/11/25 第 107、110 段）。该报告的“结论和/或建议”收录了对中国审查互动对话中所提出的建议后的表态——它支持新西兰（“采取进一步措施，确保农村社区、少数民族地区、困难家庭和国内移民人口普遍获得医疗、教育及其他福利”）和安哥拉（“继续强化促进教育的政策，继续解决城乡之间，以及地区之间的教育不平衡”）等国代表提出的建议。

《人权理事会第十一届会议报告》记载了“讨论普遍定期审议结果”的内容，概述了中国、人权理事会成员国和观察员国对审议结果发表的意见，以及其他有关利益攸关方在全体会议通过“结果”之前作出的一般性评论。其中涉及受教育权的意见是呼吁中国进一步保护随迁儿童与留守儿童的受教育权。①

2. 第二轮审议的情况

中国提交的第二份国家报告列述了中国尊重、保护并落实受教育权的成绩。它指出中国制定了《国家中长期教育改革和发展规划纲要（2010—2020年）》，增加教育投入，实现全面普及九年义务教育，高等教育极大发展；中国采取一系列政策措施促进教育资源向农村地区、中西部地区、民族地区倾斜，显著改善教育不均衡状况；中国政府高度重视保障进城务工人员随迁子女平等接受义务教育的权利，采取措施逐步解决这些儿童的入学与升学问题，此外，也进一步普及了残疾儿童的义务教育，不断完善残疾人教育体系（A/HRC/WG.6/17/CHN/1 第 36—38 段）。

联合国人权事务高级专员办事处根据人权理事会第 5/1 号决议附件第 15（b）段和理事会第 16/21 号决议附件第 5 段②汇编的资料，就中国参照适用的国际人道主义法履行国际人权义务之受教育权的情况③作如下概述：

---

① 卡塔尔赞赏中国采取措施禁止童工，促进受教育权和少数民族权利（A/HRC/11/37 第 533 段）。中国关爱协会（China Care and Compassion Society）呼吁更多地关注流动人口子女以及流动人口的留守子女，研究对这些儿童的保护政策，满足其接受教育和医疗保健等基本需要（A/HRC/11/37 第 546 段）。

② 2011 年发布的这一规定的具体内容是：“第二个周期及以后的周期的审议工作将继续以理事会第 5/1 号决议附件第 15 段所述的三份文件为依据。”（A/HRC/RES/16/21）

③ 此外，在涉及中国履行国际人权义务之“平等和不歧视”时，“消除种族歧视委员会对存在对国内移民事实上的歧视感到关切，建议中国落实决定，改革户籍制度，确保国内移民，尤其是少数民族能够与城镇常住居民享有同样的工作、社会保障、卫生和教育福利”（A/HRC/WG.6/17/CHN/2 第 17 段）。

消除种族歧视委员会注意到双语教学政策，并赞赏地注意到少数民族地区入学率的提高，但对少数民族儿童受教育方面仍然存在的差异再次表示关切，这种差异往往与只提供普通话教学相关。

人权事务委员会建议中国香港按照消除种族歧视委员会的建议，加大努力，与平等机会委员会(Equal Opportunities Commission, Hong Kong)及其他有关团体协作，提高少数民族和有移民背景的非华语学生的中文教学质量；并鼓励将少数民族学生纳入公立学校教育。

残疾人权利委员会建议中国将特殊教育体系中的资源转用于确保更多的残疾儿童可以接受主流教育。(A/HRC/WG.6/17/CHN/2 第 54—56 段)

联合国人权事务高级专员办事处根据人权理事会第 5/1 号决议附件第 15(c)段①和第 16/21 号决议附件第 5 段汇编的资料，就利益攸关方提及的中国落实受教育权状况的概述，涉及确保学龄儿童完成九年义务教育，根本解决童工问题，提高弱势群体教育质量；职业学校为学生安排岗位涉嫌剥削，建议中国在学校反腐；以及少数民族双语教育状况等方面的意见(A/HRC/WG.6/17/CHN/3 第 55—57 段)。此外，中国少数民族对外交流协会建议中国增加"双语教学"投资(A/HRC/WG.6/17/CHN/3 第 58 段)；中华全国律师协会建议政府进一步修订关于城市户口登记、儿童教育等方面的法律政策(A/HRC/WG.6/17/CHN/3 第 18 段)；结束对儿童一切形式体罚全球倡议(Global Initiative to End All Corporal Punishment of Children)建议，作为一个优先事项，中国应颁布立法，"明确禁止在家中和所有照料形式中对儿童的体罚"(A/HRC/WG.6/17/CHN/3 第 29 段)。

《普遍定期审议工作组报告 中国(包括香港和澳门特别行政区)》记录的"审议情况纪要"中，"受审国的陈述"指出，中国教育经费投入占国内生产总值的比重增加到 4.07%，免费九年义务教育已覆盖全国(A/HRC/25/5 第 10 段)。在"互动对话与受审议国的回应"中，与上一次审议相似，各国代表的关切与建议仍然围绕着中国教育发展成就、确保九年义务教育、发展落后地区与弱势群体教育等主题；但此次审议中，这些建议更为集中在残疾人、农民工随迁子女等群体的受教育权保障方面。另外，女童教育、优质教育、人权教育的问题也

① 原文件误写为"第 15(b)段"。

得到关注。[①] 在“受审国的回应”中，中国更进一步强调它在确保性别平等、落实儿童权利、发展优质教育等方面的努力。[②] “结论和/或建议”记录了中国将审议并在适当时候答复的相关建议。随后，所有与受教育权直接相关的建议[③]都被接受(A/HRC/25/5/Add.1)。

《人权理事会第二十五届会议报告》记载了“讨论普遍定期审议结果”的内容，概述了中国[④]、人权理事会成员国和观察员国对审议结果发表的意见，以及其他相关利益攸关方在全体会议通过结果之前作出的一般性评论。不过，除中国之外的各方的意见与评论中极少直接涉及教育，仅有一则记录：古巴关注中国落实受教育权、妇女儿童权利等方面的进展，欢迎中国接受它提出的在教育领域为少数民族提供特别待遇的建议(A/HRC/25/2 第 812 段)。

(二) 受教育权问题特别报告员对中国儿童受教育权状况的意见与建议(2003 年)

最初由联合国人权委员会设立(后由人权理事会继承)的“特别程序”，是联合国人权机制的重要组成部分；它是由个人(被称为“特别报告员”[⑤]或“独立专

① 智利、科摩罗等国对中国在教育领域的成就表示欢迎；希腊指出，中国可以重点对政府机构开展人权教育，特别是关于妇女、儿童和残疾人权利的教育(A/HRC/25/5 第 79 段)；新加坡注意到，中国高度重视改善教育基础设施和教学设施，包括改善农村和少数民族地区的此类设施(A/HRC/25/5 第 142 段)。

② 在互动对话中，关于“儿童受教育权”问题，中国作出如下表态(A/HRC/25/5)：

> 中国坚持男女平等政策，优先保护儿童权利，中国已经形成一整套保护妇女儿童权利的法律体系，并将妇女儿童发展纳入经济社会发展的总体规划。(第 89 段)
>
> 中国已全面普及城乡九年义务教育，致力于向所有人提供公平和优质教育。已经采取措施，加快信息技术在教育中的应用，扩大优质教育资源的覆盖面。(第 155 段)

③ 乍得、厄立特里亚、葡萄牙等国建议中国确保学龄儿童充分享有受教育权，巩固并提高义务教育水平；乍得、意大利、莱索托、大韩民国等国建议中国继续努力保障与促进农民工子女的受教育权；俄罗斯联邦建议中国提高对偏远和农村地区及少数民族地区的教育资源供给；塞内加尔、南苏丹、津巴布韦等国建议中国采取措施确保贫困人群的教育；柬埔寨建议中国保障少数民族使用本民族语言开展教学；新加坡建议中国继续完善教育制度，提高民众获得优质教育的机会；斯洛文尼亚建议中国广泛开展关于女童人权的提高认识运动，扶持女童教育；约旦建议中国提高残疾人受教育水平，确保学龄残疾儿童普遍接受义务教育。此外，巴西、乌拉圭、塞内加尔、哥斯达黎加、阿根廷、津巴布韦、文莱达鲁萨兰国、俄罗斯联邦、南非等国都建议中国继续采取行动，保障残疾人(尤其是残疾儿童)的权利(参见 A/HRC/25/5 第 186 段的相关国家建议)。它们的这些建议都被中国接受(A/HRC/25/5/Add.1)。

④ 中国的“意见”指出，中国决定接受涉及 20 多个领域，包括减贫、教育与司法改革等方面的 204 项建议，占全部 252 项建议的 81%(A/HRC/25/2 第 803 段)。为确保每个学生平等地获得教育，中国于 2013 年发起了一个通过教育减贫的项目(A/HRC/25/2 第 805 段)。

⑤ 特别报告员是由人权理事会任命，负责审查和报告某个国家的人权状况或某项特定人权主题的独立专家；特别报告员不是联合国职员，没有任何薪酬，所担任的是一个荣誉职务。

家”)或由五名成员(他们分别来自联合国五大区域集团：非洲、亚洲、拉美和加勒比海地区、东欧以及西方集团)组成的工作组担任,在联合国人权事务高级专员办事处的支持下,从专题角度或具体国别角度对涵盖公民、文化、经济、政治和社会等所有方面的人权问题提供报告和建议的独立人权专家机制。截至2017年8月1日,“特别程序”已开展44个专题任务和12个国家任务(OHCHR,2017a)。其中的专题任务之一是“受教育权问题”。人权委员会在1998年4月17日的第1998/33号决议中最早规定了受教育权问题特别报告员的任务,在2006年人权理事会成立后,这一任务在2008年6月12日人权理事会的第8/4号决议中被认可批准并进一步扩展顺延(OHCHR,2017b)。2014年6月26日,人权理事会的第26/17号决议再一次延长了这一任务(A/HRC/RES/26/17)。

2003年9月10—19日,受教育权问题特别报告员①卡特琳娜·托马舍夫斯基女士(Katarina Tomasevski)对中国进行了国别访问(country visits),并撰写了访问报告(2003年11月21日人权委员会发布)。该报告以国际法律框架为标准,从人权角度审查中国教育,着重阐述中央政府在履行受教育权国际义务时所起的作用(E/CN.4/2004/45/Add.1)。

该报告“内容提要”涉及的意见与建议择要如下:

> ……中国法律与界定受教育权的国际法律框架尚不一致。中国宪法将教育界定为一项个人义务,另加一项“接受教育的权利”。……特别报告员建议中国用国际人权义务的标准重新审查其法律,以便人权和少数人的权利可纳入教育政策、法律和实践。……
>
> 中国的国际义务包括通过消除所有经济障碍以确保所有学龄儿童获得免费教育。然而,公办教育的私人费用使人对学校望而却步,是儿童不上学和弃学的最重要原因。另外,学童在学校从事体力劳动,特别报告员建议立即禁止和即刻取消这种做法。特别报告员建议政府正式和明确地确认所有儿童有权享受免费教育并要求所有学龄儿童注册入学。② 这样做

---

① 历任受教育权问题特别报告员如下：卡特琳娜·托马舍夫斯基女士(克罗地亚),1998—2004年;弗农·穆尼奥斯·比利亚洛沃斯先生(Vernor Muñoz Villalobos,哥斯达黎加),2004—2010年;基肖尔·辛格先生(Kishore Singh,印度),2010—2016年;库姆博·博利·巴里女士(Koumbou Boly Barry,布基纳法索),2016年至今(OHCHR,2017b)。

② 2013年8月11日,教育部印发《中小学生学籍管理办法》,从当年9月1日起施行;其第4条规定:“学生初次办理入学注册手续后,学校应为其采集录入学籍信息,建立学籍档案,通过电子学籍系统申请学籍号。”

将弄清学龄儿童的确切人数，因为没有人知道他们到底有多少，特别是流动人口的儿童或计划外儿童。她建议用于教育的预算拨款应增加到国际建议的起码占国内生产总值6%的水平，即由3%翻一番到6%。

特别报告员建议指定专门政府机构负责落实和执行有关妇女和残疾人的法律并对这些机构实行问责制。要消灭性别歧视和对残疾人的歧视，就必须开展持久的公共教育。她还建议澄清未婚青年接受性教育的权利，获得与其建立家庭的权利有关的计划生育服务的权利，以及预防性传染疾病和艾滋病毒/艾滋病感染的自我保护权利。……

此外，在该报告的“正文”中，受教育权问题特别报告员还认为，“尽管《儿童权利公约》载有有关父母为其子女选择教育的自由的类似条款，但国内法对此不予承认”（第6段）。“以流动人口子女不具备所需证件为由而剥夺其受教育权是对《儿童权利公约》的公然违反”（第7段）。她还批评，在中国“正式制定法律保障措施通常被错误地理解为人权保护的目的，而不仅仅是人权保护的手段”，例如正式宣布禁止体罚，就被理解为问题已解决，实际的执行与为此需要开展的广泛的公共教育被忽视了。她也认为，《中华人民共和国民办教育促进法》①的出台，“进一步模糊了教育是人权还是可以买卖的服务之间的界线”（第12段）。进而，她对当时中国推行的儿童受教育权的法律框架感到关切。

令人混淆不清的是，“民办”一词既用于社区学校也用于《民办教育促进法》（Private Education Promotion Law）。因而同一用语既适用于除此

---

① 2002年12月28日，第九届全国人民代表大会常务委员会第三十一次会议通过《中华人民共和国民办教育促进法》，2002年12月28日中华人民共和国主席令第八十号公布，自2003年9月1日起施行。2016年11月7日，依据第十二届全国人民代表大会常务委员会第二十四次会议《关于修改〈中华人民共和国民办教育促进法〉的决定》，该法进行了第二次修正。在这一次修正中，对民办学校的营利问题做出了区分，增加了义务教育阶段不得设立营利性民办学校的条款：

民办学校的举办者可以自主选择设立非营利性或者营利性民办学校。但是，不得设立实施义务教育的营利性民办学校。

非营利性民办学校的举办者不得取得办学收益，学校的办学结余全部用于办学。

营利性民办学校的举办者可以取得办学收益，学校的办学结余依照公司法等有关法律、行政法规的规定处理。

民办学校取得办学许可证后，进行法人登记，登记机关应当依法予以办理。（第19条）

以外就无学可上的儿童的学校教育，也适用于专为富裕阶层开办的“贵族”学校。公办学校尽管不应该但仍然收费；为流动儿童开办的学校收费，因为它们根本得不到公共资金；农村学校要收费，因为公共资金不足。由此造成的混乱又因支离破碎的法律框架而加剧，残疾儿童教育和流动儿童教育由不同的法律分开管制便是一例。特别报告员建议制定一个基于每个儿童有权享受免费义务教育的统一法律框架和一个实现和落实这项权利的完整战略。（第 20 段）

第三节　反思中国落实儿童受教育权的国际形象

本章前两节概述了国际机构审议与报告中国落实儿童受教育权的观察与评论，它们并不是单方面作出的，而是经与中国政府的建设性对话形成的。随着我国儿童教育事业的进一步改革与发展，国际机构对我国儿童受教育权问题的意见与建议有了一定程度的调整：其审议的主题更为广泛，提出的看法更为切实。这客观上反映了国际社会对我国落实儿童受教育权状况的持续关切与深入理解。

与中国报告列述政策与成就的惯例不同，国际社会是以受教育权国际共识/法律框架来审视中国儿童教育存在的问题、亟待改变的政策、需要应对的挑战的。因而，国际机构的意见的背后是全球教育发展的基本原则与普遍潮流。换句话说，它们试图指引中国履行国际人权义务、落实儿童受教育权的方向与路径。同时，中国也通过国际平台展示中国儿童教育的整体面貌，推介本国教育发展的成就与经验，并引导国际社会更全面深入地理解中国儿童教育的现实与挑战。

一、中国落实儿童受教育权的国际形象

本书第二章系统阐述了受教育权国际共识的演变过程与丰富内容。但是，在概括我国儿童受教育权的国际形象时，我们需要一个更加简便的审视框架。通过国际机构的“审议意见”尤其是受教育权问题特别报告员的“报告”，我们可以将儿童受教育权国际共识浓缩为几个核心原则：(1) 所有儿童都应获得平等的、不受歧视的优质教育；(2) 国家必须尽最大努力，消除障碍、提供条件，确保所有学龄儿童获得免费的义务教育；(3) 国家推行义务教育，并不否定儿童的父母或法定监护人为其子女选择非公立的但不低于国家规定的最低教育标准的

学校的自由；(4) 国家应尊重儿童的父母或法定监护人使其孩子按照他们自己的信仰接受宗教和道德教育的自由；(5) 国家应遵循儿童利益最大化原则，落实教育的 4A 标准(可提供性、可获取性、可接受性、可调适性)，为取消人为设置的各种不便利的教育提供方案；(6) 国家落实儿童受教育权必须符合《儿童权利公约》第 28、29 条及其他相关条款的规定。

依据上述核心原则，我们可以将本章前两节的内容作一个精炼的概述：

（一）中国认真履行了其尊重、保护并落实儿童受教育权的国际义务

中国政府重视儿童教育的发展，将儿童教育视为经济社会发展的重要组成部分，将其纳入国家经济社会发展总体规划；批准了《经济、社会及文化权利国际公约》《儿童权利公约》《残疾人权利公约》等国际人权准则性文书；制定并修订了一系列教育法律法规，例如《中华人民共和国义务教育法》《残疾人保障法》等；制定并实施了《中国儿童发展纲要》《国家人权行动计划》等。经过努力，中国全面普及初等教育、实现义务教育阶段的性别均等。

中国采取措施，增加教育投入，改善教育条件，培养合格师资，促进了儿童受教育权的全面落实。特别是在普及与发展农村儿童教育方面，中国积累了诸多宝贵经验与教训，例如学费的减免补政策、采取远程教育培训农村师资的策略、免费师范生政策等。

（二）中国需要妥善解决儿童教育存在的不平等、歧视与低质的问题

目前，中国各地仍存在明显的教育发展不平衡，不同群体儿童的教育机会与教育条件不平等。主要表现为城乡差别与地域差别，农村、中西部、贫困地区的教育发展相对落后；而且中国的“双轨”学前教育亟待转变。

中国儿童教育还存在较为普遍的歧视问题，主要表现为对女童、残疾儿童、流动儿童以及少数民族儿童的歧视。虽然从数据上看，中国的中小学已经实现性别均等，但是教科书里的性别偏见仍然较多，中国政府应该采取措施尽快消除社会文化生活中广泛存在的女童歧视；面对大规模的流动人口子女(随迁儿童与留守儿童)的教育问题，中国应采取行动积极消除户籍障碍，消除教育歧视，确保儿童获得优质教育；应遵循《残疾人权利公约》的无障碍与合理便利①等原则，将残疾人纳入主流教育系统，为残疾儿童提供具有个性化学习计划的包

---

① 《残疾人权利公约》第 2 条对“合理便利”作如下定义：

“合理便利”是指根据具体需要，在不造成过度或不当负担的情况下，进行必要和适当的修改和调整，以确保残疾人在与其他人平等的基础上享有或行使一切人权和基本自由。

容性教育。

为了确保全面落实儿童受教育权，中国应以国际人权义务为标准审查其法律；还应改进与教育相关的数据统计工作，并将数据、报告与决策、问责统一起来。

（三）中国需要努力确保持续实现免费义务教育

虽然中国政府采取了各种措施，有力地改善了贫困落后地区的教育发展条件，但是，中国曾长期是法定初等教育免费却又收取学杂费的国家。由于教育费用是儿童切实享用其受教育权的现实障碍，因此，中国应进一步增加教育投入，促进教育经费增长，对农村、中西部、贫困地区的教育应给予财政上的资助、倾斜与扶持，免除学杂费及教育过程中的一切隐性费用，以持续实现免费义务教育。

（四）中国应尊重与保护父母对儿童教育的自由选择权

中国现行的教育法规将儿童受教育视为一项义务，在强调儿童父母或法定监护人必须确保儿童接受义务教育的同时，忽视了相关国际公约所强调的儿童父母或法定监护人对其子女接受教育的种类与方式的优先选择权。与此同时，它也忽略了儿童父母或法定监护人对其子女接受宗教与道德教育的自由选择权。

（五）中国采取的教育政策与发展策略应优先关注弱势儿童群体

女童、农村儿童、流动儿童、留守儿童、残疾儿童、少数民族儿童、被遗弃儿童、城市贫困儿童的教育状况不容乐观，中国应采取财政措施，建立监测系统，以确保尊重、保护并落实弱势儿童的受教育权。

到本书写作时间为止，中国在制定儿童教育的法律、法规、政策时，还不能完全贯彻《儿童权利公约》里明确的儿童最大利益原则。例如，户籍制度的存在，使得某些儿童群体（尤其是进城务工人员的子女）的受教育权只能“有条件”地实现。中国应该取消户籍管制，并确保儿童（尤其是来自农村地区的儿童）能够跟父母一起生活，由父母抚养成人。

（六）中国儿童教育应奉行儿童利益至上原则

进入21世纪，中国推行以学习者为中心的课程改革，但儿童教育教学仍存在不符合儿童身心健康发展的因素，例如，虽已立法禁止针对在校儿童的体罚，但是实际的执行与宣传这些法规的公众教育仍需要改进。中国也要确保儿童在安全的教育环境中成长，尽可能使其不脱离家庭环境而生活；应在学校进行性教育，并开发针对性传染病与艾滋病毒/艾滋病感染的教育项目；要取消学校课程中可能造成剥削儿童的勤工俭学活动，废除对儿童进行劳动改造的“工读学校”制度。

中国儿童教育还应与《儿童权利公约》第29条的“教育目的”相符合。中国应采取公众教育等有力措施，消除影响女童上学的性别偏见与传统习俗；随着学龄儿童规模的变化，慎重地合并农村小学与教学点，考虑其对性别不均等问题(女童入学与在学)与农村社会发展的潜在影响；面向少数民族地区儿童开展双语教育的同时，应尊重少数民族文化及其宗教信仰。

中国儿童受教育权的国际形象归结成一句话就是：中国履行其尊重、保护并落实本国儿童受教育权的国际人权义务，应进一步增加教育经费、免除义务教育费用，以平等、不歧视、包容性的原则实现儿童人人享有优质教育。

二、理解中国落实儿童受教育权的国际形象

国际社会提出的2015年后全球教育发展议程里有几个核心要素：人人享有、包容、公平、优质、促进终身学习机会(《仁川宣言》)。它们可以作为审视各国儿童教育发展状况的主要标准，也可以成为反思中国落实儿童受教育权的国际形象的基本视角。

从人人享有的角度来看，中国为全球普及初等教育事业作出了巨大的贡献。20世纪90年代，中国迅速扩增儿童教育机会，逐步免除学费，采取措施确保女童与少数民族儿童入学，在短短的十余年间就基本普及九年义务教育。这一成就赢得了国际社会的广泛赞赏。然而，从另一方面来说，中国落实儿童受教育权的成就也遭到质疑。例如，在处理流动儿童的受教育权问题上，中国政府推行的政策未能体现儿童利益最大化原则，它未能跳出城乡二元对立的思维方式，尚未彻底取消户籍制度造成的限制流动儿童在流入地接受免费义务初等教育的诸多“门槛”。又如，中国学前教育的“双轨制”、贫困地区儿童失学、农村地区初中生辍学等现象，与几近完美的初等、中等教育(毛/净)入学率的统计数据形成了反差——关于中国儿童受教育权落实状况的相关统计数据的真实性与可靠性受到了损害。

从包容的角度来看，中国儿童教育还存在较为普遍的歧视现象。虽然与中国还未全面参与国际教育交流合作的时代相比，当前中国儿童教育的歧视现象已经大为减少，女童获得了更多的入学机会，初等教育与中等教育实现了性别均等，但是，中国儿童教育根植其中的社会文化土壤仍有大量性别歧视的因素，中小学教材中对女性形象的刻画也存在着明显的歧视现象。对残疾儿童来说，

中国推行随班就读、融合教育的政策与全纳学校、全纳教育还有相当的距离。① 而为具有轻微违反法律或犯罪行为的未成年人开设的“工读学校”采取的是隔离性与歧视性的教育。更为迫切的是中国的法律系统虽然有各种禁止歧视的条款，但是它们仍缺乏对“歧视”的严格定义，也未明确规定救济机制。这都是需要以国际人权公约的相关准则加以思考和调整的问题。

从公平的角度来看，中国儿童教育的城乡差距、地区差距、校际差距仍有待缩小，直至消除。就目前来看，生活于不同家庭中的儿童享有的教育机会是存在区别的。虽然国家免除了城乡义务教育阶段的学费，并为贫困家庭的儿童提供了奖学金与助学金，但是上学所产生的费用对某些儿童的家庭来说，仍是一

---

① 在我国，“融合”与“全纳”经常被混淆、互换。事实上，“全纳”(包容)关注的是识别、清除学习障碍，改变学校教育实践，以适应学生们多样化、个性化的学习需要(Human Rights Watch，2013)[19]。在2013年3月联合国人权事务高级专员办事处向联合国人权理事会第二十五届会议提交的“关于残疾人受教育权的专题研究”的报告(A/HRC/25/29)中，对“融合”作了如下说明：

> 学校制度一般对残疾人采取以下三种不同方法之一：排斥、隔离和融合(exclusion，segregation and integration)。排斥是指一名学生因有某种障碍而无法上学，并且没有与其他学生平等接受教育的其他机会。这种方法以年龄、发育情况或诊断为由，阻止残疾学生进入教育体系，而将其置于社会福利或保健环境中，使之无法接受教育。隔离是指这类学生被送到专为某种障碍设计的学校，通常属于特殊教育学校系统。最后，融合是指有障碍学生被安排在主流学校就读，只要其能够加以适应，符合学校标准要求的话。融合方法则只侧重于加强学生遵守既定标准的能力。(第4段)
>
> 对于存在的某种障碍，一国内可能同时采取排斥、隔离和融合三种方法，并可能对残疾人以外的其他人造成影响。包容性教育方法的出现就是为了应对这些歧视性做法。(第5段)

而1997年，在儿童权利委员会第十六届会议召开关于残疾儿童权利的一般性讨论(general discussion on the rights of children with disabilities，10月6日)中，就对“残疾人接受包容性教育的权利”的议题给出了结论与建议。

> 结论：将残疾儿童包括进来，是一种权利，不是一种特权。在“融合”与“包容”之间有一个非常重要的区别，融合政策往往是要改变儿童，以使他们适合学校环境。而包容，是要改变学校环境，使之达到残疾儿童的需要。必须采用将残疾儿童包容进来的教育，将其作为促进全部包容在内的社会的战略的一部分。使残疾儿童边缘化并将其排除在外，这种做法的借口往往是成本效益。但是如果将这个问题反过来看，这种观点是站不住脚的：我们能不能承担将他们排除在外的代价？全世界各社会不将残疾儿童包容在内的损失是巨大的：他们潜在的生产能力全部被浪费。我们还丧失了通过他们对人类集体在社会、创造、文化和情感方面的贡献而使世界丰富起来的潜力。包容，不是一种花费昂贵的奢侈，而是使所有儿童成为社会上有生产能力的成员的一种机会。实际上，未能促进将残疾儿童包容在内，有时是由于缺乏政治意愿，而不是缺乏资源。声称最没有能力增进残疾儿童权利的政府往往将很大一部分的国内财富用于军备和其他军事开支。(CRC/C/69第335段)
>
> 建议：各国应审查和修订不符合《残疾人权利公约》原则和规定而影响到残疾儿童的法律，例如……将残疾儿童强制性分开在专门的照料、治疗或教育机构的(立法)。(CRC/C/69第338(d)段)

笔沉重的支出。处境不利或弱势儿童在校就读与升学的前景，相比他们的同龄伙伴，存在不确定性。而且近年来撤点并校、推行寄宿制学校的政策也使得边远山区的儿童在教育机会的选择上显得更为艰难；将儿童送往寄宿制学校使他们与自己的监护人和原来的成长环境分离，也给这些儿童造成了心理困扰。

从优质的角度来看，中国落实农村儿童受教育权的努力还应该加大力度。当城市学校开始推行小班化教学时，农村地区的学校的生师比仍然居高不下。相比来说，农村地区的教师缺乏专业成长的环境与条件，他们没有足够的接受教育教学新理念的机会，更容易倾向传统的教学方式，提高儿童教育质量对他们来说是个难度不小的挑战。然而，这种挑战不应只是由农村地区的教师独自去应对，国家在师资（入职/在职）培训以及校际间的、地区间的师资交流方面可以做进一步的工作。免费师范生项目与农村地区教师的远程教育项目虽然有一定的成效，但以城市教育“输血”农村教育的方式应尽快转化为农村教育质量的“造血”式提升。另外，农村、边远、少数民族地区的儿童存在辍学、失学、毕业而未掌握基本的读写技能的情况，而城市里课后“补习”教育大量存在，这是否表明学校正规课堂教育的质量低下？当前推行新课程改革减少课堂教学的知识量，是否也降低了儿童教育的质量？相比 20 世纪中国的“扫盲”的“低”标准①来说，儿童教育的质量标准如何设定，这是一个中国落实儿童受教育权亟待解决的重大问题。

从促进终身学习机会的角度来看，当前中国儿童教育界对“满足基本的学习需要”还缺少足够的共识。《世界全民教育宣言》指出，“基础教育”是“终身学习和人类发展的基础”，这一观念在中国儿童教育领域只是被理解为接受基础教育——学前教育、初等教育、中等教育。大多数情况下，落实儿童受教育权被理解为确保儿童入学，确保儿童有升学的机会；对已经入学的儿童来说，他们学习的目标更多地被定向为升入高一级学校。在一个知识爆炸、信息获取手段便捷多样的时代，课堂教学不能仅仅关注知识传授，它要努力培养儿童的终身学习的意识与能力。在这一方面的探索与发现，或许能够在不远的将来创造出一幅中国落实儿童受教育权的新图景。

总之，通过对中国的审议，国际社会已经能够较为全面、客观地审视中国儿童教育的现实状况；而中国也通过加入公约、提交报告、参与审议、接受国家访

① 2003 年受教育权问题特别报告员在其报告中甚至指出，在中国获得基本的读写能力，要求农村人掌握 1 500 个汉字，城市人口掌握 2 000 个汉字，这是一个公开强调城乡不同的歧视性标准（E/CN.4/2004/45/Add.1 第 10 段）。

问等过程,深化了对受教育权的理解,更新了对本国儿童教育发展方向与改革策略的认识。因而,我们可以说,儿童受教育权的国际共识已经渗入中国儿童教育法规政策的各个方面,中国获得了与国际社会就受教育权问题进行深入对话的能力。

本章概要

进入 21 世纪以后,随着中国全面深入参与国际教育交流与合作,尤其是与联合国人权机构建立了更为深入的合作关系后,国际社会对中国儿童受教育权的状况加大了关注的力度,中国在落实儿童受教育权方面所取得的进展令全球瞩目,其所存在的问题及需要应对的挑战也受到了全方位的审视。

由联合国教科文组织主持与出版的《全民教育全球监测报告》将中国儿童教育的成就与问题置于全球教育发展进程中,为中国进一步落实儿童受教育权提供了大量的政策建议;而通过对中国履约情况报告进行审议并发布"结论性意见",相关国际人权公约委员会也对中国儿童受教育权的状况和问题给出了意见与建议;此外,联合国人权理事会通过"普遍定期审议"与"特别程序",也提供了相应的观察与建议。

以国际人权文书规定的受教育权的缔约国义务为标准,来审阅国际社会提供的这些"报告""意见"和"建议",我们可以从中概述中国落实儿童受教育权的国际形象:中国认真履行了尊重、保护并落实本国儿童受教育权的国际人权义务,应进一步增加教育经费、免除义务教育费用,以平等、不歧视、包容性的原则实现儿童人人享有优质教育。为理解与反思这一国际形象,我们须铭记全球落实儿童受教育权的核心要素:人人享有、包容、公平、优质、促进终身学习机会。

第七章

兼济天下：中国落实儿童受教育权的国际影响

随着中国综合国力的增强，中国在联合国教科文组织的影响力越来越大，在国际舞台上也拥有了更多话语权。过去是中国从联合国教科文组织获得思想启发和资金援助，但现在已经反过来了，我们要把中国教育发展的成功经验，通过联合国教科文组织介绍给其他的发展中国家。

——联合国教科文组织教育助理总干事唐虔，2014

中国尊重、保护并落实儿童受教育权，这既是发展本国教育、满足儿童教育需求、促进儿童身心健康成长、增进儿童福利的必然要求，也是助力全球教育发展、推动人类文明进步的明智选择。中国尊重、保护并落实儿童受教育权的历史与现状清楚地表明国际教育交流合作对一国儿童教育的发展具有重大影响；反过来说，中国儿童教育作为全球教育的一个有机组成部分，它的发展也影响着全球教育发展的整体面貌。

大而化之地说，中国尊重、保护并落实儿童受教育权的意识觉醒于20世纪80年代末中国参与联合国《儿童权利公约》的起草工作。1990年，中国派代表团参加世界全民教育大会，与会代表承诺“重申所有人受教育的权利”，视其为“确保(实现)全民教育的决心的基础”。1992年4月2日，《儿童权利公约》正式对中国生效，中国作为缔约国承诺履行“在机会均等的基础上逐步实现”儿童受教育权的义务(第28条第1款)。总体上看，20世纪90年代中国履行尊重、保护并落实儿童受教育权国际义务是以“全民教育”为落足点的。

然而，一开始中国对“全民教育”的理解就几乎完全本土化。根据联合国教科文组织和联合国儿童基金会的倡议，1993年3月1—4日，中国全民教育国家级大会在北京和河南召开，会议发布的《中国全民教育行动纲领》确定的两个中国全民教育目标是，到2000年，全国基本普及九年义务教育；全国基本扫除青壮年文盲。而实施“普九”的措施是贯彻法规、增加经费、确保适龄儿童入学，加强对教育质量的督导、检查，以及设立“普九”先进县(市、区)表彰奖励制度。由此可见，当时中国发展儿童教育关注的是普及初等教育，对数量的强调胜于质量；即便是为了确保数量，中国也尚未充分利用免费手段来普及初等教育。对全民教育目标的简化，深刻地反映了当时我国教育发展的水平与层次，也表明了我国追赶国际教育潮流的相对落后状态——这客观上决定了我国参与国际教育交流合作的话语能力。

进入21世纪，我国参与国际教育交流合作的广度与深度达到了新水准，我国率先实现两项与教育相关的“千年发展目标”，中国落实儿童受教育权的成就与经验逐步转化为具有全球影响力的“中国话语”。

第一节 中国落实儿童受教育权的成功典范

1978年7月8—17日访问中国的联合国教科文组织总干事阿马杜—马赫塔尔·姆博在与中国教育部部长刘西尧的会谈中表示，中国在教育方面所取得的进步，特别是对农村教育发展和教育与生产相结合方面，给他留下了深刻印象①（何东昌，1998）[1623]。从那时起，中国农村教育的发展与改革就一直是双方教育合作的重要关注事项。

一、“龙头”故事②

《世界全民教育宣言》指出，现存的基础教育不足以承担满足全民基本学习需要的使命。在依靠现行最佳方法时，还需要有一种超越现有资源水平、制度结构、课程以及常规的教育服务供给系统的“扩大了的愿景”（第2条）。为激励各国革新教育系统、实现“扩大了的愿景”，在宗滴恩会议后，联合国教科文组织与联合国儿童基金会联合发起“全民教育：正在落实”（Education For All: Making It Work）计划，以传播并促进（包括正规与非正规）教育变革范例。为此设计的系列宣传小册选择介绍“最有前景和最有意义”（most promising and significant）的成功案例。其中之一就是中国吉林省的农村初等教育综合改革项目（Comprehensive Rural Primary Education Reform Project, CRPERP）（Ordoñez & Montana，1998）[4]。

（一）“龙头”的故事

1998年联合国教科文组织为这一案例发行的独立小册子题为《龙头》（The Head of the Dragon）——作者指出，在当代中国，“龙头”意味着重要事物的开端；当时吉林省农村初等教育综合改革项目正在成为引领中国东北地区农村学习条件提升的“龙头”（Ordoñez & Montana，1998）[8]。

① 《教育部部长、文化部副部长和中国科学院副秘书长与联合国教科文组织总干事会谈备忘录（1978年7月17日）》。

② 本节内容依据 Ordoñez & Montana（1998）、吉林省教委农村初等教育整体改革实验指导委员会（1991）、科林·鲍尔（2015）等相关著述整理。

中国吉林省的农村初等教育综合改革项目

（依据 *The Head of the Dragon* 编译）

1985 年 6 月，联合国教科文组织在坦桑尼亚的阿鲁沙，为亚洲、非洲和阿拉伯国家召开了“加强初等教育在农村的作用”的区域性研讨会。会议提出了一项“旨在把以学校为中心的教育活动与生产、健康、营养等相关的教育活动结合起来，把以学校为中心的教育活动与科学技术的实际应用和生活发展，特别是农村生活发展结合起来”的“改革初等教育，使其在农村发挥更大作用”的实验计划。这项实验计划在联合国教科文组织第二十三届大会上通过（吉林省教委农村初等教育整体改革实验指导委员会，1991）。在 1985 年的这次区域研讨会上，亚洲、非洲、阿拉伯国家的代表们强调，农村初等教育应当满足农村地区发展的需要。会议鼓励与会者致力于研究开发使教育与社会进步、经济发展相结合的学校改革项目。

当时参与会议的吉林省教委官员深受启发，这促使他们深入分析农村学校面临的问题。时任吉林省教委主任的陈谟开与副主任张茵意识到，计划经济体制下的农村教育发展目标太狭隘，农村教育为升学做准备，学生没有获得从事农业生产、适应农村生活的实用知识和技能；国家对农村教育实行的中央集权管理导致地方政府和农村教育利益攸关者的积极性没有得到发挥；国家统一课程、全国统编教材远离农村儿童的生活现实，很少提供与农村有关的信息、知识与技能，农村小学教育与校外生活没有相关性，学生学到的文化知识不能在家应用，也不能与他们的父母和村里人分享，而且他们也缺少健康、卫生、营养方面的知识；农村合格师资严重不足，半数以上在职教师缺少足够的专业训练，缺少在职培训机会，存在教学困难；农村教育长期投入不足，资金短缺，学校教育设施简陋，乡土教材与其他书籍不足；毕业留乡学生因没有掌握农业生产技能，缺少用武之地，家长与学校隔绝，他们宁愿子女辍学在家，参与家庭劳动，也不愿意自己的子女接受这种只能提供空洞未来的学校教育。

在这些问题之外，陈谟开与张茵也洞察了中国农业缺少科教支持、生产力落后的困境。他们决定设计一个改革吉林省农村小学的实验项目，力图通过改进现行教育系统，促进农村与农业的发展。为此，他们与中国联合国教科文组织全国委员会取得联系，寻求帮助。在全国委员会的支持下，1986 年 11 月，联合国教科文组织与吉林省教委签署了一个合同，联合国教科文组织提供了最初的但并不算充足的资金，用于开发课程、补充教材、培训教师、鼓励社区参与。

与联合国教科文组织资助的其他项目不同，这些有限的国际援助资金并未被投入到单一的改革要素（如教科书或教师培训）中，相反，吉林省教委设计了一个详细的方案，将这些资金分配到这一实验项目的所有组成部分。相应地，这个项目就只能在少数学校中实施。陈谟开与张茵挑选出能够体现吉林省内不同地区经济、文化与地理特征的（6个县）12所学校。随后，他们设立了一个由吉林省教委、吉林省教育学院、东北师范大学的代表组建的项目指导委员会①，为项目提供研究、实施、评估等方面的指导。

为改变农村学校没有家长与社区参与的状况，项目指导委员会要求每个试点学校设立一个管理委员会，该委员会由校长、家长、乡镇干部构成。乡镇干部的加入，使得学校的重要性与相关工作得到了地方政府的重视。学校管理委员会讨论确定教育目标与课程，以确保学校教育能够满足学生与当地经济发展的需要。他们也帮助解决教师的生活问题，为学校筹集和分配资金，用于购买教科书，改善学校设施，建设科学实验室、图书馆、卫生室等。在监督学校内部运作的同时，学校管理委员会也与校外农业、医疗机构等建立联系，并通过合作协议，聘请研究人员和医疗专家到学校任兼职教师。

另外，每个试点学校都设立了一个家长委员会，以此促进家校沟通合作。家长委员会每学期聚会三次：学期初，家长帮忙确定工作坊的活动安排，选择合适的教师；学期中，家长讨论学校与家庭教育的问题；最后，他们评价学校的教育情况。而学校也举办学习班，向家长们传授健康、营养、子女教育方面的知识。家长委员会直接参与学校管理，促进了学校、家庭与社会的联合。

在课程与教学方面，这个项目定制（tailored）与学生日常生活相关的课程——通过删减国家统编教材里与农村儿童生活不相关的内容，修订了课程。该项目增加了两种省编教科书：《农村学生语言技能》《农村学生实用数学》。前者用于小学五六年级，教孩子们那些中国向市场经济转型之前未必需要的活动（如银行开户）。后者教学生们计算技能，帮助他们解决其父母耕作时可能遇到的问题（如使用化肥）。每一所学校和（或）每一个县也为这个项目开发了反映当地真实情况（主要是经济、健康、卫生与营养等

① 即吉林省教委农村初等教育整体改革实验指导委员会。

方面)的平装小册教科书。例如,《家乡》收录了涉及当地地理、自然、农业、历史、民间传说与风俗的课文。同时,项目也开设了亲身体验课,学生在工作坊和田地里学习实用技能。

该项目要求教师成为某个学术科目的专家,并学习一种实用技能。同时,也要求他们能熟悉其他科目的教学。为此,教师参加在职培训或向专家学习,以掌握某种实用技能,并开设相关的选修课程和校外活动。学校也聘请当地的专业人士充任兼职和临时教师。通过理论联系实践,教育与生产相结合,项目学校的教学氛围更为活泼,学生的学习需要得到了关注,学生们掌握了与农村生活密切相关的实用知识和技能。

这一 1987 年正式启动的项目,到 1994 年完成了第一个实验周期。1993 年开展的该项目评估的结果让项目指导委员会意识到,不能急于将该项目在全省范围内推广。在随后开始的第二个实验周期,项目指导委员会考察了全省各地候选学校的情况,最终决定将试点学校扩展到 46 个县的 146 所学校。1998 年,项目的第二个实验周期结束。第三个实验周期包括 2 000 所学校,将在两年后开始。但项目指导委员会尚未确定何时将在全省 11 000 所小学里实施这一项目。陈谟开认为,项目正在迈向初等、职业和成人教育学校的全面改革,这些学校都会成为农科教结合的学校。

这个持续十年的实验项目取得了多样化的结果,产生了深远的意义。它有效地吸纳了学生家长、乡镇干部和其他人的参与,转变了吉林省的学校管理;开发了具有更大相关性、更好地适应农村省份生活的课程,以帮助学生们掌握与社区利益相关的关键知识,并克服与地方文化的疏离(alienation);设立了家长委员会,使家长对其子女的教育有直接的兴趣;促进了教师培训,扩大了教师范围;聘用专业人士担任临时和兼职教师,从而为学生提供专业知识,将专业机构融入学校中——结果是在学校与社会间建立起更加紧密的联系;改变了社区的态度,当地居民不再将学校视为孤立的学习机构,而是将之作为促进当地经济与社会发展的积极因素。

联合国教科文组织曾支持过的不少类似项目,在外部资助停止之后就难以为继或凋零萎缩(Ordoñez & Montana,1998)[28]。但是吉林项目令人瞩目,其原因正是它的持续性——它“是重要的,因为它不仅仅开始,而且成功,持续并扩展”。“它的长久与成功的关键之一是吉林省教育官员实施这一项目的步调和深度。”(Ordoñez & Montana,1998)[24]在第二个实验周期,吉林省官员意识到若要帮助146所入选学校延续最初的12所试点先行学校同等的创新精神与高标准是一个艰巨的任务。因此,他们修订了原先在全省全面快速推广该项目的计划。陈谟开认为,推广太快,如不能保证项目的质量,那么就可能损害项目前期的成功声誉;而推广太慢,又会使得某些地方的"精英"学校变成"抽水机",把县里的教育资源都吸引过去,造成其他学校的发展困难(Ordoñez & Montana,1998)[26]。虽然吉林项目的主要元素(增强课程相关性、设立地方选修课、开展田野活动)和实施方法(编写地方和校本教材、培训教师、吸引家长与地方当局参与等)并不是原创性的或者说特别具有新意,甚至可以说是"老生常谈",但是这个项目将目标转化为实践的方式、这些要素组合与排列的方式是创新性的。

> 在更深刻的意义上说,不像诸多失败的或者没有超过有限的初始阶段的其他试点项目,吉林项目创新性地将其目标和要素组合成一个使得整个(由11 000所学校构成的服务2 500万人口的)教育网络得到根本性提升与可转变的、可持续的、浑然一体的进程。它有条不紊的扩张、长期的可持续性、社区所有、引人注目的成功,正是其创新性之处。这值得所有有兴趣改善基础教育的人深入研究。(Ordoñez & Montana,1998)[29]

(二)"龙头"的传说

17年后,科林·鲍尔用了"赋权"(empower)一词来重新讲述这一实验。在他看来,赋权教育(empowering education)有助于我们深化对塑造我们生活的社会文化现实以及我们对改造这个现实的能力的认知与理解,它能够点燃并维持我们终身学习的激情,增强我们对行动的意识(Power,2015)[4]。

> 像大多数发展中国家一样,中国正在努力解决在贫困和边远地区提升教育质量与教育相关性的问题。它采取的集中化的教育政策与项目,往往与农村社区的需求相脱节,这导致了低学业成就与高辍学率。"龙头"①是一个关于农村社区的赋权故事。……在联合国教科文组织的帮助下,吉林省发起了一项重构小学的教育改革项目,以便这些小学可以更好地应对农村社区的需要。

---

① 科林·鲍尔将这一项目称为关于"Turning the Head of the Dragon"的故事。(Power,2015)[7]

由吉林省教委、东北师范大学、联合国教科文组织还有社区代表一起开发的这个项目，包括改革学校管理以建立有效的学校—社区伙伴关系；加强课程、教学与学习的相关性；使教育与农业生产和社区卫生相联系。吉林项目成功开发了一套农村初等教育赋权社区的工作模式。

随着学校成为当地社区生活的重要组成部分，当地人关于学校的态度发生了巨大转变，这促进了学生学习成果与上课出勤状况的显著改善。在项目团队的帮助下，农作物产量和营销得到改善；社区卫生问题得到解决；社区领袖获得了与地方和省级当局合作共事所需的知识与技能。

教育不仅仅能够赋权个人，也能赋权社区——倘若教育是高质量的，并能为社区提供一系列对增进社区团结、促进社区发展至关重要的技术、知识和共同价值观。对许多小的农村社区来说，获得优质教育可以成为决定其命运的重要因素之一：随着当地学校的关闭，许多农村社区已经凋敝。(Power，2015)[7]

二、"龙头"的启示

(一)"龙头"的启示

对《龙头》这本小册子的重述，提醒我们思考：为什么联合国教科文组织的专家选择这一案例？他们对这一案例的认识侧重点在哪里？或者说，他们选择这些经验的主要关切是什么？或许，通过"龙头"，我们可以来探讨一下联合国教科文组织或其他国际(教育)组织选择推广一个成功案例或先进经验的标准是什么。

1. 可推广的经验是能够为其他国际合作项目提供例证与启示的

"龙头"提醒我们，在吉林项目这个案例中，最重要的不是教育改革措施或教育理论有多大的创新(事实上，为采取改革措施所采用的许多教育政策与教育理论的内核和要素是相似的)，而是该项目如何综合协调诸多教育改革要素以确保项目成功运作和有效推广。

联合国教科文组织的专家将这个项目的核心归纳为四个方面：增强课程相关性，社区直接参与，在职教师培训，当地实用技能的学习。这四个要素并无多少新奇之处，但是围绕它们所展开的实践却创造出了一些超出通常预期的经验。"龙头"强调，该项目值得推广是因为它为联合国教科文组织在全球范围内开展基础教育项目提供了希望与启示——联合国教科文组织微薄的贡献(十分有限的人力和资金)却促成了如此成功、广为流传的项目。"这个实验的结果是一种对当地社区更为有益的小学教育，为那些希望在试点阶段后以可持续的方式推广的类似项目提供丰富的经验。”(Ordoñez & Montana，1998)[34]

2. 可推广的经验应以人为本，体现人的价值

《龙头》采用“新闻报道体”，在论述观点时很注重引进例证，而且也着力凸显相关个人(尤其是教育工作者)的作用与看法。它既多次列举试点学校的成功故事——孩子们能使用农具、开拖拉机、栽培人参、饲养禽畜、改良农作物品种等，也屡屡引用试点学校和相关教育工作者的言论来加以辅证。

在通篇行文中，该项目领导者陈谟开与张茵的观点被反复引述。《龙头》明确指出，这两位教育工作者持之以恒的奉献精神是吉林项目成功的关键要素之一。他们的领导确保了这个项目始终处于审慎的监督与评估之下；他们也希望这个项目最终在全省推广，从而使吉林省成为引领中国教育改革的龙头——张茵说，“我们项目的一个目标是将我们的专业知识传播到亚太地区和其他第三世界国家”(Ordoñez & Montana，1998)[27]。

> 从更根本的意义上说，“吉林经验”似乎包含了一些关于成功的小型试点项目(不管有无外部协助)如何发展(grow)以至于几乎改变整个学校系统的经验。联合国教科文组织可以说是点燃整个试验的火星。然而，吉林省的官员和民众才是项目成功、成长、持续与兴盛的功臣。改变的愿望已经存在，不管催化剂是来自吉林省内部还是外部，毫无疑问，这一项目必将成功。(Ordoñez & Montana，1998)[28]

这提醒我们，任何成功的经验都是由从事项目的人所创造的，与他们进行深入交流，呈现他们的见解与思想，有可能使这些经验更具可信度、说服力和感染力，也更能激励这些经验潜在的接受者和实践者。

3. 可推广的经验最好以国际社会能理解的术语与理念进行表述

在《龙头》中，社区(community)或者说“共同体”是一个被反复提及的概念；吉林省农村初等教育整体改革项目是基于社区，为了社区，服务社区，开发社区，促进人与社区的发展。同样，在对这一项目的诠释中，科林·鲍尔强调，教育是为了赋权个人与社区；农村社区的发展离不开学校的支持。

在对项目成果进行总结时，《龙头》不仅关注相关举措的具体实施效果，更关注教育系统与社会环境的协调互动(特别是教育对社区的作用)。《龙头》陈述该项目的实验成果如下：

该项目通过有效地吸纳学生家长、乡镇干部和其他人的参与，改变了吉林省的学校管理；为对其子女的教育有直接兴趣的家长创建了家长委员会；改善了教师培训和师资来源；通过雇佣专业人士担任临时和兼职教师，为学生提供专业知识，并使专业机构与学校合作，促成学校与社会建立了更紧密的联系；改变了公众(communities)的态度，他们不再视学校为孤立的学习机构，而视之为本地经济及其未来发展的很重要的一部分；学生掌握了与社区利益直接相关的关键知识。具体来说，这个项目的开展，使学生掌握并能运用农业生产、农村生活的知识与技能，读写算成绩明显提高，更乐意上学，辍学率降低；通过学生向家长传授在校习得的农业生产新技术，提高了农民的家庭收入，改变了农民对学校和教育的认识；教师通过培训，可以教授包括农业生产、生活内容在内的多门科目，吸纳校外专业人士担任兼职、临时教师则扩大了学校教育的视野与知识，也为学生提供了专业榜样；乡村干部对学校的运作、目标和表现有了直接兴趣，对当地学校的发展给予了更多的支持；学校成为为当地社区服务、促进地方经济发展、改善当地人民生产生活水平的基地。还有，这一项目也制订了评估学生学习农业实用技能的标准，形成了农村初等教育的工作模式，开发了一个令人注目的农村初等教育系统(Ordoñez & Montana，1998)[21-22]。

上述这些表述，集中到一点就是，该项目改变了人及其所处的发展环境。而对照来看，该项目的“国内汇报”的关注点与措辞仅仅停留于对具体措施与实践成果的罗列。在1991年吉林省教委农村初等教育整体改革实验指导委员会为“农村教育国际研讨会”撰写的《吉林省农村初等教育整体改革实验报告》中，关于当时这个已开展4年多的项目，该实验指导委员会总结的成果是：增加了教育经费，改善了办学条件；建立了相当规模的生产劳动基地；基本完成了补充教材和乡土教材的配套建设；建立起一支基本胜任改革实验的教师队伍；学生质量有了明显提高。此外，这份报告用很大的篇幅介绍“改革教学内容”的具体方案①(吉林省教委农村初等教育整体改革实验指导委员会，1991)。但在《龙

① 该报告指出，根据联合国教科文组织实验计划提出的“把基础教学内容与乡土教材内容联系起来”的提议，吉林省积极对教材进行改革，建立了统编教材、补充教材和乡土教材三结合的教材体系。省里编写语文、数学补充教材。县、校编写了各种乡土教材：县编写《家乡》《劳动》和《卫生常识》等教材；县、校编写《生产技术》教材。为保证补充教材和乡土教材的使用，教学计划作出了相应调整——“把历史、地理和自编乡土教材《家乡》合并为社会课；把农业常识和自编劳动、农业生产知识合并为劳动课；把体育和自编卫生教材合并为体育卫生课。利用统编教材的机动课时，讲授语文、数学补充教材，适当增加劳动课节数，并把课外活动纳入教学计划”(吉林省教委农村初等教育整体改革实验指导委员会，1991)。

头》中，关于课程与教材的修订，它着重强调的是其与农村生活的“相关性”及学生的亲身体验(Ordoñez & Montana，1998)[19]。这其中所蕴含的教育(举措)是为了促进人的发展的意识，在“国内汇报”的表述中体现得相对较少。

4. 可推广的经验在关注普适性的同时，也可以反映经验生长之地的文化

《龙头》虽以英文写作，但文中以中文繁体字竖排写下各章标题目录：龙头、吉祥之林、安排用武之地、初步实践、革新教育管理、教育优先、改进教学、教育生产相结合理论实践互联系、劳动与成果、持续拓展改革计划、结语、人物。其中“教育生产相结合”“理论实践互联系”在同一页中，以“对联”的方式呈现。此外，正文中还有不少具有中国特色的图案，尤以剪纸为多。而且，需要着重说明的是，以“龙头”来比喻成功经验的引领地位是典型的中国词汇。① 这些细节表明，《龙头》的作者和项目参与者进行了广泛而深入的交流(该小册子对诸多采访对象和试点学校案例的介绍，以及对相关人士言论的引述也可以证明此点)。因此，我们可以认为，《龙头》既是一份项目进展情况汇报书，也是一份极有价值的中外教育合作交流史料。

(二)“龙头经验”的启示

事实上，《龙头》所呈现的“吉林经验”只是同一时期我国农村教育改革的众多成功案例之一；为更深入地理解这一经验，我们有必要把它放到我国 20 世纪八九十年代农村发展与改革的整体背景下进行考察。

我国自 20 世纪 80 年代初开始就充分认识到农村发展对中国现代化的重要意义。为此，国家先后发起了“星火”(1985)、“丰收”(1987)、“燎原”(1988)三个密切相关的农村发展计划。1987 年初，国家教委就与河北省政府合作，在河北阳原、完县、青龙三个县建立“河北省农村教育综合改革实验区”(国家教育委员会、中国联合国教科文组织全国委员会，1993)[94]，开展农村教育改革实验，并得出了“改革和发展农村教育对促进农村经济发展具有显著作用”的结论(《国家教委关于组织实施“燎原计划”的请示》)。在此基础上，1988 年 2 月，国家教委拟订了“一个深入进行农村教育改革实验，推动农村教育为当地农业生产和农村经济发展服务的‘燎原计划’”。这一计划力图“在‘星火’‘丰收’计划开发的新技术与农村经济之间，架起教育的‘桥梁’，使科学技术大面积地得到推广应用，转化为生产力”。这就要求农村中小学“改革教育内容，适当安排针对当

① 如石伟平、郜云雁(1995)在总结中国农村教育发展的经验时写道：“在农村成人教育规划上，以县职业教育中心为‘龙头’，乡镇成人学校为‘龙身’，村农民学校为‘龙尾’，建立起上挂下连的‘一条龙’教育培训网络。”

地需要的劳动技能和技术的教育”①(《国家教委关于组织实施“燎原计划”的请示》)。这一计划受到各地热烈响应,1989年,国家教委从全国几百个实施“燎原计划”的县中选择了116个县,作为农村教育综合改革实验区(国家教育委员会、中国联合国教科文组织全国委员会,1993)[90]。

不久之后,起始于1987年的我国农村教育综合改革经验,在农村教育国际研讨会上得到了充分展示。1991年6月18—24日,在联合国教科文组织与联合国儿童基金会支持下,我国在山东省泰安市主办农村教育国际研讨会(International Symposium on Rural Education in the Developing Countries)。这是当时由国家教委组织的最大一次教育国际研讨会,其目的是落实世界全民教育大会的精神,为与会国提供交流、探讨和研究农村教育问题的机会,以推动各国农村教育的发展。该研讨会的两大议题,一是如何实现农村教育的大众普及和提高;二是如何发挥教育在农村发展中的作用(李泽鹏,1991)。时任联合国教科文组织总干事的马约尔先生到会致开幕辞;他在发言中就中国农村教育的情况作了如下说明:

> 本次研讨会在此召开是合适的,不仅因为这里是孔子的出生地,还因为多年以来这个国家将向农村人口提供教育的问题视为当务之急,并且作出很大努力寻找解决方案,以便向昔日被剥夺教育机会的地区和居民提供教育机会。中国开展扫盲运动,向农村社区推广技能培训及初级和中级技术,改编课程以符合农村优先事项及需要,编制恰当的阅读材料,并且采取革新的教育方法,这些方面的丰富经验人所共知,因此,我希望趁你们在这里的机会,你们就这些方面有更多的了解并交流看法。就这一点而言,我应该提一下:在农村教育领域,联合国教科文组织已经和中国政府合作组织了30多个短训班以培训扫盲和成人教育工作者。此外,在1987年,联合国教科文组织在四川、吉林两省设立了教育试点项目。目前,该项目已扩展到第三省,即河北省。这是一个联合国教科文组织在项目开发方面能够如何与有关政府进行合作的范例。(国家教育委员会、中国联合国教科

---

① 1988年9月30日,国务院批复通过11月18日发布的《国家教委关于组织实施“燎原计划”的请示(1988年5月4日)》,对“燎原计划”的主要任务作出如下规定:

> “燎原计划”的主要任务是,在做好普及义务教育工作的基础上,充分发挥农村各级各类学校智力、技术的相对优势,积极开展与当地建设密切结合的实用技术和管理知识的教育,培养大批新型的农村建设者;并积极配合农业与科技等部门,开展以推广当地适用技术为主的试验示范、技术培训、信息服务等多种形式的活动,促进农业的发展。

文组织全国委员会，1993)[12-13]

在农村教育国际研讨会期间，与会代表参观了山东省莱芜市的五个乡镇和市区的幼儿园、中小学、职业中专、成人农民培训中心等。莱芜市推行的"三教①统筹""燎原计划""农科教结合"的经验给代表们留下了深刻印象，他们普遍表示，"中国农村改革的经验对世界许多国家特别是发展中国家有借鉴意义"(李泽鹏，1991)。会议通过的《最后报告》高度评价中国发展农村教育的经验："农村学校作为经济生产能力与社会进步的源泉这一概念，在中国创造了最了不起的奇迹。"(张光喜，1992)

农村教育国际研讨会的成功召开，有效地传播了中国农村教育发展经验。随后，根据1993年联合国教科文组织第二十七届大会通过的第159号决议，联合国教科文组织国际农村教育研究与培训中心(UNESCO International Research and Training Center for Rural Education，INRULED)于1994年11月8日在我国河北省保定市成立；当天国家教委与联合国教科文组织签订的《国际农村教育研究与培训中心协议备忘录》指出："中国是全世界农村人口最多的国家，可以在同国际社会共享和交流发展农村教育有益的经验方面发挥重大作用。"(何东昌，1998)[3719]

维纳亚姆·契纳巴②：该中心是联合国教科文组织设立的唯一从事农村教育研究和培训的国际机构，其主要任务是研究农村教育，推进农村教育的国际合作，为联合国教科文组织成员国培训农村教育高层人才。该中心也是《教育为农村转型服务》③这一报告的发起者，在促进教育为农村转型服务议程上具有特殊责任：本着教育为农村转型服务的目标，调整自己的学术、培训和研究活动；测评其现有的能力、潜力及资源，并开展研究项目、宣传和经验共享等活动，以支持教育为农村转型服务。

我认为，该中心的基地设在中国是最适合的，因为中国的农村研究将引领世界。第一，这个机构应该容纳所有关于农村发展的新内容和新

---

① "三教"是指基础教育、职业技术教育、成人教育。

② 维纳亚姆·契纳巴(Vinayagum Chinapah)，曾担任联合国教科文组织与联合国儿童基金会联合开展的国际教育质量与学习成绩监测项目总负责人，现任瑞典斯德哥尔摩大学国际教育研究所所长。

③ 经检索联合国教科文组织数据库(UNESDOC Database)，该报告应该是 Education for Rural Transformation：Towards a Policy Framework (Baoding：INRULED，2001)。

思想，鼓励不同领域的研究人员和决策者共同参与到农村转型发展的实际行动中。第二，吸引优秀专家学者，建立稳固的关系网，积极与地方相关机构合作。第三，用不同的语言宣传。比如，国际农村教育研究与培训中心编写的《农村转型教育与培训》①这本书很有价值，如果能翻译成几种语言将其在世界上传播，就能让更多的人了解中国的农村，了解中国农村的教育。第四，以建立网站、举办论坛的方式与参与者分享经验，鼓励与支持区域内和跨区域的国家级非政府组织、学术和研究机构的合作与交流。第五，关注农村教师教育以及性别教育。这方面的研究很少，有很大的发展空间。在探索农村转型中教育的概念、政策和实践的过程中，我们还要特别关注技能开发的问题，这也是我一直强调的。（王俊烽、熊建辉，2013）

1994年，在为庆祝联合国教科文组织国际农村教育研究与培训中心成立而召开的农村教育紧迫需要地区研讨会（Regional Workshop on the Urgent Education Needs for Rural Population，11月2—11日）上，与会代表共同讨论了亚洲地区农村教育发展的紧迫需要，并对我国河北省农村教育的发展情况进行了实地考察；与会代表提交的国别报告显示，亚洲地区农村教育发展的紧迫需要是相近的，其中之一就是“迫切需要在教育管理上打破中央集权化控制”（石伟平，郜云雁，1995）。

由于历史原因，目前大多数亚洲国家在教育管理机制上都采用中央集权化统治。这种管理体制不适合农村地区发展不平衡这一现实，并阻碍着农村教育向“社区服务型”方向发展。因此，这种情况必须尽快改变。农村教育的健康发展，需要一种适度非集权化的地方管理体制与之相适应。国家的管理职能应表现在宏观控制上，通过加强对地方教育当局和学校教育的监督和评估来提高教育管理的效率。（石伟平、郜云雁，1995）

① 经检索联合国教科文组织数据库，该书应该是 *Education and Training for Rural Transformation: Skills, Jobs, Food and Green Future to Combat Poverty*（Beijing: Beijing Normal University Publishing Group, 2012; New Delhi: SAGE Publications, 2016.）；该书2016年版列出其作者为：Wang Li（王力）、Manzoor Ahmed、Qutub Khan、Meng Hongwei（孟鸿伟）。

综上所述，我们可以看到，“龙头经验”先天性地具有国际气质：它所解决的大多数农村教育发展问题，都是广大发展中国家共同面临的问题；它所创造的“中国方案”，是国际教育交流合作的产物，引领这一项目的专家对教育规律与教育规划有深刻的把握；它所生长的时代，正是中国改革开放，主动吸纳国际思潮的时代。而且，中国农村人口的巨大规模、农村发展的落后基础，以及农村社会转型的错综复杂，都决定了中国农村教育改革是世界级别的重大挑战；这同时意味着“龙头经验”虽是本土化的产物，但它必然蕴藏关于全球农村教育改革、农村经济发展、农村社会转型的普适性知识。20 世纪末期联合国教科文组织视其为可以推广的“最有前景和最有意义”的成功案例之一，21 世纪初期科林·鲍尔将其视为“教育的力量”的例证，这足以说明，“龙头经验”的确创造出了超越特定社会环境、超越具体操作流程、能为全球各地农村教育改革提供借鉴的规律性知识。

在笔者看来，“龙头经验”具有普遍性的启示在于：(1) 农村教育的发展需要教育体制改革的支持。当时吉林省教委农村初等教育整体改革实验指导委员会(1991)总结的 5 条项目经验，首要的一条是“发展农村初等教育必须进行整体改革”。而这得益于 1985 年《中共中央关于教育体制改革的决定》所提供的政策空间：“把发展基础教育的责任交给地方”，“实行基础教育由地方负责、分级管理的原则”；“基础教育管理权属于地方。除大政方针和宏观规划由中央决定外，具体政策、制度、计划的制定和实施，以及对学校的领导、管理和检查，责任和权力都交给地方”。“龙头经验”之所以能够成形，就在于该项目坚持走农村道路，让农村教育服务于农村人和农村社区的需要，努力探索和建设自己的农村教育目标、质量标准、师资团队、课程方案、教材内容、教学方式等。这说明，在推进城镇化的进程中，农村教育的转型不能简单地采取城市路径，不能只追求升学率与书面知识，而应使农村教育成为农村人的生活所需，使农村学生认识和理解他们所处的社区，掌握能够改善其生活的实用知识和技能，使其能够持续地建设农村生活、更新农村文化。(2) (农村)教育改革应与当地社区的需要紧密结合。一方面，在外部支持有限的情况下，充分利用当地民众与当地社会资源是教育改革取得成功的关键之一；另一方面，那些获得大量人力、财力、物力投入的教育改革方案如果没有得到相关利益群体的认同，其结果很可能是仅停留于表面的物质条件改善、人员与机构的增减。这就是说，成功的教育改革方案从它草拟之日起，就应倾听当地人的“声音”，并在倾听的过程中，使得当地人能够广泛参与和支持这一改革。(3) 教育改革应立足于人的发展。任何教育改革的首要成果必须是人的发展：人的生存环境要求他具备能够完善自身、参与生活、创造价值的必要素养；个体通过享用受教育权，应该获得对其生存与发展有意义的教育。如果一种教育只具有装饰作用，不足以使个体成为掌握其自身命运的人，那么这种教育就是奢侈的化妆品，只能遮掩他的愚蠢，却不能真正确保他的生存。因而，不管推行哪种教育改革方案，教育的质量（成功）标准都应以人的发展为中心来制订，而且它们应是结合了个人具体的生活环境与社会文化的标准。

此外，“龙头经验”也提醒我们，持续进行着的中国农村发展与农村教育改革所产出的“中国经验”都是世界经验；而且，或许我们也可以将中国农村（教育）改革的经验，视为21世纪“中国（教育）经验”全球输出的“龙头经验”。

第二节　中国落实儿童受教育权的经验推广

一、落实儿童受教育权的“中国经验”

在20世纪90年代，“两基”被视为中国全民教育的主要目标；1993年在印度新德里召开的九个人口大国教育部长会议上，中国宣布，实现“两基”就是对世界教育的重大贡献。进入21世纪，中国政府认为，“联合国教科文组织与国际社会倡导的全民教育发展目标与中国积极推进的社会发展及教育发展目标具有高度的一致性。中国政府把推进全民教育纳入了国家国民经济和社会发展规划纲要以及教育事业发展规划当中，始终把全民教育作为教育发展的优先领域”（全民教育中期评估中国国家报告撰写组，2009）[前言]。因此，20世纪90年代以来，落实儿童受教育权的“中国经验”可以从“全民教育”里去寻找。

（一）国际社会谈论的“中国经验”

进入21世纪，国际社会关注并赞赏中国在全民教育领域所取得的辉煌成就，也欢迎中国积极帮助发展中国家（尤其是非洲国家）发展教育，并期待分享“中国经验”。然而，国际人士在大多数情况下谈及的“中国经验”，大体上是一些笼统的印象，不够具体明晰。

例如，2005年，在联合国教科文组织第五届全民教育高层会议闭幕之际，时任联合国教科文组织总干事的松浦晃一郎在接受采访时表示，中国在世界全民教育中发挥着非常重要的作用，“中国政府总理温家宝在全民教育高层会议开幕致辞中的五项承诺,①向世界发出了一个信号:中国正在准备着帮助发展中国家,尤其是非洲国家实现全民教育的目标”(梁杰、杨桂青,2005)。2009年,时任联合国教科文组织教育助理总干事的尼古拉斯·伯内特(Nicholas Burnett)在接受采访时也表达了类似的看法。他认为:“中国是全民教育运动中的一个领先国家,无论在国内政策成效还是在国际合作方面都走在世界的前列。”他提出:“更为重要的是,我们希望中国在教育领域的成功经验可以更好地为世界其他国家所分享。”在他看来,中国在联合国教科文组织重点关注的四个领域:师资、扫盲、技术教育以及全方位教育规划方面有值得参考的经验(周一,等,2009b)。同样,2013年,联合国教科文组织专家维纳亚姆·契纳巴在接受访谈时表示,中国全民教育的巨大成就得到了国际社会的认可和广泛好评;中国的农村研究可以引领世界;中国的素质教育正是“正在全球范围内实施的有质量的全民教育而不仅仅是全民教育”(王俊烽、熊建辉,2013)。

的确,中国教育改革与发展的历史进程,尤其是在农村、落后地区普及教育,必然创造了许多富有启示意义的成功经验,但是,经验的内容需要总结,经验的条件需要分析,经验的实质需要反思。如果考虑到经验是在具体的环境中形成和累积的,那么,经验的推广/移植就是一个更为复杂的长期过程。因而,在中国教育改革与发展的土壤里持续形成和累积的“中国经验”的具体内涵,实际上还有待深入探讨。

2013年由联合国教科文组织专家朱小奇②(2013)[5]主编,联合国儿童基金会、联合国教科文组织、中国联合国教科文组织全国委员会联合发布的《实现全民教育及前景:中国全民教育报告(2000—2010年)》(Achieving EFA and Beyond: Education for All in China 2000 - 2010)所列述的“中国全民教育经

① 2005年11月28日国务院总理温家宝在联合国教科文组织第五届全民教育高层会议上的致辞中说道:

> 中国愿意为世界全民教育发展作出更多的贡献。我愿在这里表示,中国将进一步加强对发展中国家教育的援助。一是扩大发展中国家校长、教师来华培训规模,由现在的每年500名增加到1 500名。二是向联合国教科文组织非洲能力建设中心和女童妇女教育中心提供100万美元援助,共同开展有针对性的研究与培训。三是根据发展中国家的需要,在今后3年内为发展中国家援助100所农村学校,并提供配套的教学设备。四是增加接收发展中国家来华留学生数量,增加政府奖学金名额。目前,中国政府每年为6 700多名来华留学生提供政府奖学金,其中发展中国家占三分之二。从2006年起,我们将把中国政府奖学金名额增至每年1万人次,并适当提高资助标准。五是增加对遭受地震、海啸、飓风等严重自然灾害的发展中国家灾区教育的援助。(温家宝,2006)

② 朱小奇,中国人,曾任联合国教科文组织驻越南社会主义共和国代表,是教育政策分析和教育管理信息系统专家,1990年世界全民教育大会之后,他密切参与联合国教科文组织推动全球全民教育的事业。

验”可以大体区分为普适经验与具体经验。

所谓“普适经验”，是指那些由多数国家加以应用并已取得实际效果的经验；它们在中国全民教育领域得到应用，中国全民教育领域的成就证实了这些经验的普适性。例如，在谈论中国全民教育的成就时，科林·鲍尔指出，中国优先发展教育的策略是所有成功国家的必然选择：“中国今日的奇迹是一个被每个成功国家遗忘的故事，每一个国家在它历史的关键时期，都会做出必要的牺牲以确保开发它最珍贵的财富——它的人民。”(Power，2015)[59]

朱小奇(2013)[67]总结的“普适经验”包括：社会对教育的态度，及民众对教育的支持和参与起着决定性的作用；强大的政府领导和承诺是先决条件；权力下放(decentralization)对全民教育的成功至关重要；个人、社区、民间社会组织和媒体自发参与监测、监督、推广和支持全民教育的落实是必要的。他在结束这一话题的讨论时指出，“中国的经验表明，强有力的政策、因地制宜的措施以及可持续的行动，可以切实调动民众的积极参与和支持(detemined)，使优质的全民教育成为现实”(2013)[70]。这一表述进一步强调“中国全民教育经验”首要的是政府的政治决心和动员能力。

而从该报告相关的表述来看，“具体经验”则是中国在实现全民教育目标进程中那些他国可以加以参考和模仿的政策与措施。其中与中国政府落实儿童受教育权相关的经验如下：

> **学前教育：**明确的政策和有效的行动，有助于提高人民对学前教育的认识和参与度。中国政府采取鼓励民办幼儿园的策略，在迅速扩大学前教育覆盖面方面初见成效。2010 年《国务院关于当前发展学前教育的若干意见》在推出新措施方面向前又迈进了一步，通过实施学前人员资格标准，扩大幼儿园教师培训规模，向民办幼儿园分派合格的学前教育人员，提供与公立幼儿园一样的技术支持，有效地回应了民众对学前教育质量的关注。未来对学前教育政策的研究和讨论，力求在继续普及扩大三年制学前教育规模的同时，确保农村地区所有的弱势群体至少可接受一年的优质学前教育，以确保最低限度的教育公平。
>
> **普及九年义务基础教育：**政府明确的政策导向和强有力的承诺，辅以中央预算投入的增加，可激励地方政府和利益相关者积极提供配套资源，改善学校的基础设施和办学条件，以进一步扩大基础教育覆盖面，提高教育质量。目标明确且管理良好的激励措施，比如：免学费、免课本费、免寄

宿费、免费午餐、免费校车、奖学金和其他物质支持，可以有效地鼓励弱势群体儿童接受并完成基础教育。通过向家长提供更多的扫盲和技能培训机会，使他们了解学习的益处，从而使他们能更主动地支持孩子接受学校教育和期待更好的学习成果。

性别平等：长期以来，通过制定前瞻性的政策和采取强有力的实施措施，特别是在破除“女子无才便是德”这一传统误导上所作的努力（尽管这些信条至今仍在社会中流传），中国绝大部分地方已经在扫盲和接受基础教育方面缩小了性别差异。以扫盲行动为例，一旦80%以上的女童和妇女受教育，加上如果她们之中的很多人在社会中能担任领导职位，那么女童接受基础教育和妇女扫盲不仅可以提高自身发展的持续性，还可以对未来一代的男女童教育产生深刻影响。像许多其他国家一样，中国在高等教育学科和专业的选择上，性别偏见仍然存在，这种现象一方面可通过政府制定前瞻性政策和措施来解决，另一方面也可通过劳动力市场需求的变化来改善。

教育质量：在过去几十年间，中国成功的教育改革经验显示教育目标、内容和方法必须动态地适应不断变化的社会和个人需要。在课程更新、教学方法、渠道和材料方面的调整适应得越快，教育体系满足公众对教育质量日益增长的需求的成效就越明显。教师永远是影响教育质量的一个关键因素。定期评估、提升教师的教学技能，使他们掌握符合新课改要求的新的教学方法，是建设合格高效教师队伍的重要手段。强化对教师的管理，这包括合理配置、改善工作条件、教学指导及定期监督，可以进一步提高他们的工作积极性和动力。（朱小奇，2013）[67-69]

事实上，阅读这样版本的“中国经验”，我们得到的印象是：中国选择的政策方案取得了成效；这些政策方案体现了国际社会对实现全民教育目标的诸多关切；中国的全民教育证实了许多此前已经存在的“普适经验”。与此相对应的是，在全民教育的国际话语中，（如本书前面章节所展示的）落实儿童受教育权的“中国经验”，往往被等同于中国的教育成就；除此之外，更多的言论是提及中国儿童教育面临的问题与挑战。这客观上表明，落实儿童受教育权的“中国经验”尚是一个指称宽泛的概念，它还缺少明确的定义与独特的要素。

（二）“中国经验”的书写风格与典型特征

中国在刚开始推行“全民教育”时，对它进行了简化，并将中国本土已有的政策与实践等同于对“全民教育”的落实。虽然国际组织对“全民教育”的规定确实使中国注意到了“普及教育”之外的其他教育发展问题，但是，只有完成了“两基”任务之后，中国的教育政策才开始逐步强调“数量”之外的问题。

> 教科文组织的“全民教育计划”与我国90年代“重中之重”的教育发展方针（“基本普九”和“基本扫盲”）完全一致。教科文组织作为主要发起机构通过的《世界全民教育宣言》强调，儿童不只应有平等的入学机会，而且应切实学到有用的知识技能、道德准则和价值观念。宣言特别强调教育质量。所有这些原则与我国学校“全面贯彻教育方针”“面向全体学生”“全面提高教育质量”的方针十分吻合。教科文组织强调，教育为消除贫困，并且优先发展对包括女童、少数民族儿童、农村地区儿童在内的处境不利群体的教育。（周南照，1998）[12]

对全民教育的这种理解方式决定了我国政府在“书写”落实儿童受教育权的经验时，首先关注的是本国的政策话语系统；其具体表现，一是将我国出台的政策措施直接等同于“经验”；二是用国际目标的实现程度来证明“经验”的有效性；三是采用本国“工作总结”的风格来书写经验。

例如，2015年7月中华人民共和国外交部、联合国驻华系统（2015）[22-24]联合发布的《中国实施千年发展目标报告（2000—2015年）》，从现状、支持环境、趋势和挑战三个方面阐述中国实现“确保到2015年，世界各地的儿童，不论男女，都能完成全部初等教育课程”这一“千年发展目标”的情况。其中，“现状”包括：中国已经提前实现“到2015年前普及初等教育”的目标；中国全面实现了免费义务教育；农村地区的办学条件得到了显著改善；特殊教育体系日益完善，（特殊教育）教师队伍专业素质稳步提升。在对这些现状的说明中，我们能读到相关的法规、政策、举措、项目（的名称），以及最基本的统计数据（比如入学率、在校生人数等）。同样的在“支持环境”中，我们再次看到了法规、政策、举措、项目，以及最基本的统计数据（比如教育经费在国内生产总值中的比重）。而“趋势和挑战”列出的两点意见（优质教育资源配置仍不均衡；面向特殊群体的教育仍面临挑战）承认了政策、项目还未解决的“数量”之外的问题，但是对这些问题的普遍性与严重程度几乎没有任何说明①。这就是说，一个对中国

① 仅列出了适龄残疾儿童未能接受义务教育的统计人数。

的教育政策和教育管理体制缺乏了解的人，在阅读完这些情况介绍之后，很可能形成的印象是，中国提前实现了目标，采取了很多政策与措施，也存在一些问题；若是再往深处去追问“中国经验”是什么，这就十分困难，因为支撑论点的信息并不充足。

同样，由联合国儿童基金会、国务院妇女儿童工作委员会办公室、国家统计局社会科技和文化产业统计司（2014）[88]联合发布的《中国儿童发展指标图集》在介绍中国儿童教育的状况时，也是遵循目标已达成、政策举措得力、有些问题待解的思路。然而，它所能提供的，除了中国政府作出努力、取得成就、面对问题的印象之外，恐怕就是一些相关政策的线索了。

从已有的内容相似的（实施、评估）报告中，我们可以看到中国政府努力履行尊重、保护并落实儿童受教育权的义务：中国出台了许多确保儿童受教育权实现的法规政策；中国加大了儿童教育经费的投入和保障；中国推行了诸多涉及儿童受教育权的重大国家工程。不过，这些报告表明了中国落实儿童受教育权的典型思路：国家全面主导。这一思路对应的工作流程是“规划—投入—建设—检查—汇报”，这也使得我们阅读到了大量叙述风格相似、数据相似、观点与结论相似的官方报告——在这些报告中，几乎没有非政府机构的任何努力，也难以看到儿童及其监护人的意见与诉求。

因此，我们就可以理解，为何大多数时候国际社会对中国的情况只能是泛泛而谈；既然中国未能给予“中国经验”清晰的界定与详细的表达，那么国际社会也就只能期待中国更多的经验分享。

在中国政府向国际社会提交的报告中，主要强调的是政策规划与统计数据，它们从整体上证实中国落实儿童受教育权的状况是非常令人满意的，然而，我们从中也能够读出当代中国落实儿童受教育权经验的一些典型特征：(1) 中国落实儿童受教育权主要关注如何改进儿童教育的外部支持系统，其思路主要聚焦于改善儿童教育的物质条件，比如增加教育经费、免除学杂费、建设寄宿制学校、改善在校儿童营养状况，等等。(2) 儿童学校教育条件的改善并不等同于儿童教育质量的提升，因此，中国落实儿童受教育权的另一个关注点是推行“师资工程”。但是此类工程在实际操作中往往变成了对教师“提要求”的工程，即推行教师入职与在职培训方案，增加大量对教师的学历与业绩考核要求。这还是如何改进儿童教育外部支持系统的思路。换句话说，中国教师的专业发展侧重的是给儿童配置达到资格要求的教师，而不是为了让教师获得更多的专业支持和教育教学的自由空间，从而提升其教育教学的素养，并将这些素养转化为提高课堂教学质量的能力。(3) 中国落实儿童受教育权还具有典型的公立教育系统“垄断主义”。它无意在学前教育推行香港特别行政区实行的入园教育券制度，无意支持私立学校为流动儿童提供义务教育，无意通过允许择校来满足儿童的不同教育需要——它将择校视为对教育公平的损害。(4) 以上三点共同决定了中国落实儿童受教育权的另一个典型特征，即对儿童享有受教育权的状况的评价主要是各种指标的平均数据，掩盖了不同地区、不同经济社会文化环境中的儿童个体真实享有的受教育机会与教育状况的差别。

二、“中国经验”推广的可行路径

中国落实儿童受教育权的经验强调的是政府主导政策、项目与经费投入，这显示的是中国政府的社会管理水平与资源动员能力。而国际社会在观察中国儿童受教育权状况时，强调的不仅仅是政府对中国教育系统运作环境的支持，它还注意到了这一系统运行的社会政治、经济、文化发展状况，并关注儿童(尤其是处境不利的弱势儿童)的教育需要是否得到满足，儿童的入学机会是否确保了他们获得高质量的教育等问题。

然而，我们必须清楚的是，关于中国全民教育系统运作情况的数据只有中国政府才可能全面掌握；这就是说，描绘中国全民教育整体形象的正是中国政府自身。以历年出版的《全民教育全球监测报告》为例，它们为国际社会提供了一个中国作为世界人口大国扫盲成就卓著的形象(相比其他国家停滞不前的扫盲工作)。但是，由于该报告是全球综述，中国全民教育只是它分析的一个对象，因而，它并不能展现中国全民教育的真实全景，对中国典型案例的分析也只能以简要报道的方式呈现。而与此同时，由于该报告起草与发布的周期较短，数据主要由联合国教科文组织统计所负责提供，在只依靠最新的和初始的调查研究不足以支撑这份复杂的报告的情况下，“《全民教育全球监测报告》采用二手资料和委托文件来证明和强化已有的证据”(Packer，2011)[8]。从该报告的参考文献中我们可以看到，关于中国的数据实际上大多来自已有的研究文献和中国政府向相关国际机构提供的数据。虽然相关的研究文献指出中国落实全民受教育权、满足全民基本学习需要存在不足、问题与挑战，但是中国政府提供的全民教育指标数据才是这份报告可以通过国别比较来反映全民教育全球进展的主要数据。同样，在“国别报告”“进展报告”“履约报告”中，中国政府向国际社会提供指标测评数据以及相关政策法规、项目举措等的情况介绍，就是国际社会了解中国全民教育进展的基本材料；国际社会在此基础上形成的对“中国经验”的认知，也就大体不会超出中国政府对自身教育发展状况与现实问题的理解和探讨。

虽然总结与推广中国落实儿童受教育权的成功经验主要取决于我国的努力，但是不能将其简单地理解为向世界介绍中国的教育政策与教育项目。众所周知，我国政府在儿童教育资源分配、教育政策制定与执行、教育制度创新等方面的动员能力，是大多数发展中国家难以望其项背的；在我国行之有效的落实儿童受教育权的政策与举措，在他国或许就水土不服。这就要求中国总结推广的经验必须具有全球普适性；中国必须超越具体政策与项目的表面认知，深入发掘这些政策与项目之所以成功的机理。

而确保“中国经验”具有全球普适性的基本要求，一是这些经验回应了全球共有的普遍性问题，二是这些经验采用了全球共识的话语(理念与价值观)。

> 教育理念是对教育问题的回应，而教育问题的普遍性程度决定着那些回应它的教育理念的传播范围。换句话说，并不是中国宣扬的教育理念都能够获得接受，而是中国宣扬的这些教育理念回应了具有普遍性的世界教育问题[①]时，它们才能够在国际上被欣赏和阐扬。
>
> 相比三十年前，今日的中国教育更有可能向联合国教科文组织提供具有中国元素的普适性的教育理念。其原因在于，过去三十年里中国的教育改革和制度创新从联合国教科文组织那里借鉴了大量的教育理念，……这些借鉴来的教育理念在中国的社会文化土壤中生长，已经有了变异、改造和自主创新；或者说，它们与中国几千年来的文教传统正在融合并自我生成。同时，随着中国社会的开放程度的加深，很多西方社会存在过的/存在着的问题，在中国也出现了，也需要去思考和应对。再者，中国过去三十余年的制度创新，是在借鉴和探索的过程中逐步成型的。这一过程中，中西方的文化要素是如何融合的？在认识这些问题时，我们很有可能找到既是中国的又可以是世界的先进理念。(沈俊强，2009b)[139-140]

① 20世纪80年代以来，我们从联合国教科文组织那里“引进”了终身教育、全民教育、基础教育等理念，不能简单地认为它们是先进的国际教育理念就应得到推崇与追随，我们更应该清楚地认识到这些理念回应的那些教育问题正是我们国家教育发展中也要应对与解决的问题。同样，当我们希望向其他国家“输出”中国的扫盲教育、农村教育的经验时，也不能仅仅因为它们在中国的实践中取得成功，就认为它们具有普适性，在“输出”之前，我们应该对它们进行深入的理论分析(沈俊强，2009b)[139]。

（一）重新发现农村教育改革的"中国经验"

当代中国正在经历从农业社会向知识社会的转型，中国农村人口正在经历政府主导的大规模城镇化的各种"阵痛"，与此同时，网络与信息技术的运用又给农村的现代化提供了新的可能空间。对于那些正在经历转型的国家，尤其是那些致力于克服贫困实现现代化的发展中国家来说，中国的成功提供了各种可以研究、借鉴和本土化改造的经验。换句话说，中国具有全球普适性的、可以推广的落实儿童受教育权的成功经验，很可能就根植于中国发展农村儿童教育的历史进程之中。

我们已经看到，20 世纪 80—90 年代中国农村教育改革与发展的经验得到了国际社会的充分肯定，中国通过与联合国教科文组织等机构的合作，向全球各国介绍与传播了这些经验。吉林等省的农村教育发展项目通过利用联合国教科文组织等机构的专家与资源，成功地开发出了农村教育服务当地社会的工作模式与可行经验。它们充分证明了维纳亚姆·契纳巴所指出的："中国的农村研究将引领世界。"（王俊烽、熊建辉，2013）同时，它们也回应了一个值得关切的问题：中国农村教育的发展方向不应是"城市化"的教育，而应是不离土不离根的能够促进农村（经济、社会、文化）发展的农村教育。

从更大的视角来看，"中国经验"独具特色、打动人心之处首先在于它服务中国人民、解决中国的教育问题。只有这样，它才能成为一个典范，从中积累并提炼出具有全球普适性的经验。

（二）学会运用儿童受教育权的国际共识来表述"中国经验"

2014 年 3 月 27 日，习近平主席访问巴黎联合国教科文组织总部，发表主题为"人类文明交流互鉴"①的演讲。这一演讲在联合国系统中得到了积极的反响和认可。联合国教科文组织总干事博科娃对此表示高度赞赏，认为习主席的发言非常振奋。这一事件表明，中国在参与世界的过程中，已经完全融入国际主流的话语体系，理解并共享全球普适性的价值观。

当前我国正努力尝试重新阐发中国文化传统以寻找"中国话语"，不过，这一路径很难避免不过分强调中国文化的特异性与"中国经验"的独特性。事实上，为了向"地球村"的其他成员阐述中国的意见，采用共通的"语言"是更为高效的选择——话语的力度要通过共识性的要素得到发挥。例如，我们在"龙头经验"中看到的诸如教育与社区结合、教育服务社区、教育促进社区参与等观

① 英文标题为 Exchanges and Mutual Learning among Human Civilizations.

念，就是国际共识性话语；相比采用“农科教结合”这种中国式的表述，它们高效地传达了更便于国际社会理解的中国农村教育思想。

笔者以为，能够有力阐述“中国经验”的话语，就是“中国话语”。对中国这样一个地域广阔、文化多样、各地教育发展形态参差复杂的国家来说，域外专家的研究报告与看法是难以全面、完整地表述“中国经验”的；中国政府是当之无愧的“中国经验”的发明家、代言人、解说员。既然中国选择了参与世界，那么采用国际社会认同的话语，以让世界听到并能够交流“中国经验”，这是事半功倍的合理选择。

有必要重述的是，在儿童受教育权的问题上，国际社会已经形成一套全面而完整的话语系统，其最核心的内容列述如下：(1) 受教育权是一项基本人权，是实现其他人权不可或缺的手段。人们与生俱来享有免于愚昧无知的自由，因而，它是不可剥夺的“消极—不作为”的人权；同时，要确保人人都能受教育，这又是一项需要政府“积极—作为”的人权。这项人权内在地要求贯彻平等与不歧视的原则。(2) 儿童受教育权是“儿童最大利益原则”的具体体现。儿童受教育权的落实是儿童成为社会成员、满足自身学习需要、掌握生活技能、表达自身意见、全面参与社会生活的基础。(3) 儿童教育的首要目的是“最充分地发展儿童的个性、才智和身心能力”。落实儿童受教育权要尊重儿童的人格，给予儿童适合其身心发展需要的教育。(4) 受教育权相关国际公约的缔约国政府承担着尊重、保护并落实儿童受教育权的国际义务，应确保儿童教育的可提供性、可获取性、可接受性、可调适性。

以上四点原则，大体指明了在总结与提炼中国政府尊重、保护并落实儿童受教育权的“中国经验”时应关注的核心要素。而这些落实儿童受教育权的国际共识归结到一点，就是政府应保障人权，促进人的发展。这提醒我们，在整理与推广落实儿童受教育权的“中国经验”时，要始终明确两个理念：(1) 教育是使人成其为人的事业，落实儿童受教育权是为了人的发展；(2) 促进人的发展的经验，是具有全球影响力的经验，它们构成了以人的发展为中心的“中国话语”。

（三）创造以人为本、尊重教育规律的“中国经验”

总结和推广中国尊重、保护并落实儿童受教育权的成功经验，构建中国儿童教育事业的软实力，其前提就是创造“中国经验”。而这些经验应该能够回答两个方面的问题：一是如何为所有儿童提供平等的教育机会；二是如何确保儿童获得优质的教育。

20世纪90年代以后，中国政府以“全民教育”为目标，克服了巨大的困难，普及免费初等教育，为儿童提供了充足的教育机会；它也以“素质教育”为方向，对教育规划与教育政策不断作出调整，以确保儿童教育健康发展、优质高效。但是，中国也必须抵制将落实儿童受教育权的努力简化为达成“可量化的”全民教育目标的诱惑。因为，它很可能导致的后果是，把提供入学机会并确保儿童在学当成主要的(甚至唯一的)目的；相对地，满足儿童个性化的教育需求，推动儿童教育实践的改进，促进儿童教育质量的持续提升，建立良好的师生关系，创造良好的学习环境等方面的要求，都被忽视了。

曾任全民教育全球监测报告小组高级政策分析员的亚伦·贝纳沃特(Aaron Benavot)教授撰文指出，某些国家将设定全民教育目标当成了目的；这些目标扭曲、束缚了教师日常的、内涵丰富的教育实践(Benavot，2008)。

> 全民教育目标已是一种(促成)均质化和同构化(homogenization and isomorphism)的力量。核心教育概念(例如，扫盲、优质教育和幼儿保育)的意义在国家和地方(sub-national)层面的差异(理解)已被简化。曾引发大量政策辩论的关于教育的有争议的解释和微妙的理解已被忽视。此外，全民教育的目标强化了这样一种观点，即大多数教育过程和结果都是可衡量和可量化的。这样一种观点极度轻视(minimizes)文化上根深蒂固的性别刻板印象(目标5)或高度制度化的师生关系和课堂现实(目标6)的影响。随着2015年的到来，豪言壮语(rhetoric)与现实之间的差距越来越大，教育领域目标导向的政策制定(策略)的局限性将变得显而易见。(Benavot，2008)

亚伦·贝纳沃特的批评提醒我们，在实现全民教育的道路上，教育理念、教育文化、教育实践的真正革新才是更有价值的目标。国际社会将“2030年教育”的目标确立为“为所有人确保包容、公平的优质教育并促进终身学习机会”。这一目标中的“所有人”“包容”“公平”等指标，是可以用量化指标加以说明的，但是“优质教育”与“终身学习”却是需要对教育目标、教育过程、教育结果乃至整个教育系统的方方面面都不断进行反思和改进的质性指标。同理，中国政府尊重、保护并落实所有儿童的受教育权，绝不是为了让儿童接受某种简单划一的强制教育，以训练他们成为具有某种“出厂规格”的人，而是为了让他们“学会求知”，“学会做事”，“学会共处，学会与他人一起生活”，“学会成人”。如若不然，那么，中国的教育就不是为了造就未来社会的建设者，而是生产了写入某种编码的机器。这就恰如康德尔(2001)[86-87]所说："教会人民阅读而不训练他们分析所阅读的东西的批判能力，乃是把一个可怕的武器交到宣传人员之手。"

总之，我国政府向国际社会传播的中国尊重、保护并落实儿童受教育权的进展不应仅仅表现为一堆量化数据(众所周知，数据的平均值必然掩盖真实存在的各种不均质、不均衡状况)，也不能满足于介绍中国教育政策法规措施及相关项目，更应该有展现中国儿童教育实践的深度报告。这就是说，中国所要讲述的成功经验，不在于说明中国采取了哪些举措达成了哪些全球教育发展目标，而在于说明中国采用了怎样的儿童教育系统，开展了何种教育实践，培养出了怎样的儿童。

笔者以为，2010 年我国制定的《国家中长期教育改革和发展规划纲要(2010—2020 年)》把"坚持以人为本，遵循教育规律"作为当代中国教育改革与发展的指导思想的重要成分，它也应是我国在书写尊重、保护并落实儿童受教育权的成功经验时必须把握的核心原则。因为"以人为本，遵循教育规律"，正是超越各国政治意识形态、社会文教传统等方面差异，便于不同文明人群接纳与理解的、具有全球普适性的理念；以它为原则而展开的政策决策与教育实践，都自然而然地契合全球教育发展的潮流。

以"坚持以人为本，遵循教育规律"为原则，确保所有儿童获得包容、公平的优质教育和终身学习机会，这就要求改革阻碍"人"发展的各种规章制度，创造适合"人"成长的教育环境，推行以"人"为本的教育教学改革；这里的"人"是教育实践中的"人"，他们既包括儿童，也包括教育工作者、家长及其他相关的服务人员。

就当代中国儿童教育所面临的挑战来看，创造以人为本、尊重教育规律的"中国经验"，其首要任务应是采取措施，恢复并持续构建儿童与其教育者之间的平等、关爱的生命关系。(因为，教育是塑造个体灵魂的事业，教育过程是人与人之间进行心灵对话的过程，优质的教育实践成果从来都是由学生与教师构成的共同体所创造的——共同体决定了何种多样化的儿童教育需求，可以通过选择具有何种价值的学习内容，以得到何种个性化的满足。)考虑到这一首要任务可以回应人类"新"教育的呼唤——全球普及入学机会，是为了培养热爱和平、民主、平等、包容，尊重文化多样性的人类文明建设者，我们就可以明了，对这一首要任务的实践，有可能促成 21 世纪中国提出具有全球影响力的教育理念，从而建构并输出带有中国印鉴的教育话语。

（四）采取多种方式充分利用国际多边教育交流合作平台

2009年，杜越（时任中国联合国教科文组织全国委员会副秘书长）在接受采访时表示，我国几乎参与了联合国教科文组织的所有事务，将进一步深化与联合国教科文组织的合作，努力成为“游戏规则”的高端制定者。（周一，等，2009a）2015年，在联合国教科文组织没有任何鼓励与宣传女童和妇女教育良好做法的奖项计划的情况下，中国政府向联合国教科文组织总干事提议并设立了“联合国教科文组织女童和妇女教育奖”。这一事件表明，中国政府已经学会如何通过国际组织影响全球教育进程。同样，在推广中国尊重、保护并落实儿童受教育权的成功经验时，充分利用国际组织的平台作用，是深化与其他国家教育交流合作的便捷方式，也是扩大中国教育影响力的合理选择。

在21世纪，我国与联合国教科文组织已经构建了全面深入的合作伙伴关系，并形成了多种行之有效、成果显著的合作方式；而且，《国家中长期教育改革和发展规划纲要（2010—2020年）》也已经明确提出了我国扩大教育开放、加强国际教育交流合作的指导方针：

> 加强国际交流与合作。坚持以开放促改革、促发展。开展多层次、宽领域的教育交流与合作，提高我国教育国际化水平。借鉴国际上先进的教育理念和教育经验，促进我国教育改革发展，提升我国教育的国际地位、影响力和竞争力。适应国家经济社会对外开放的要求，培养大批具有国际视野、通晓国际规则、能够参与国际事务和国际竞争的国际化人才。
>
> 加强与联合国教科文组织等国际组织的合作，积极参与双边、多边和全球性、区域性教育合作。积极参与和推动国际组织教育政策、规则、标准的研究和制定。搭建高层次国际教育交流合作与政策对话平台，加强教育研究领域和教育创新实践活动的国际交流与合作。

在此基础上，针对推广中国尊重、保护并落实儿童受教育权的成功经验的具体要求，笔者建议拓展以下国际多边教育交流合作方式：（1）继续全面深化与联合国教科文组织、联合国儿童基金会等联合国专门机构的合作，依据全球教育议程与国际教育指标，撰写与发布“中国儿童受教育权监测报告”。为此，可以考虑建立联合专家小组，通过搜集数据、调研、撰写报告，培训一批精通国际教育思想与国际（教育）准则性文件的国内教育评估专家。（2）参与国际教育议程，向这些议程提供关于中国儿童教育的数据，并与这些议程设立的领导团队进行合作，建立定期交流的机制，及时了解国际教育议程的动向，共同思考如何总结提炼、传播推广中国尊重、保护并落实儿童受教育权的成功经验。(3) 由中国发起主办世界级儿童教育论坛，向国际社会展示中国儿童教育的成就与特色。这一工作的前提是对中国儿童教育发展与改革的成就进行分析，提出其中具有普适性的理念、教育模式与工作方法。这种分析应切实围绕受教育权国际共识的核心观念：一是落实受教育权，必然追求赋权和参与；二是不歧视与平等是落实受教育权的根本原则。(4) 中国在提供对外教育援助(尤其是向非洲地区)时，向这些国家派出教育规划与指导专家；特别是，可以着力推广中国农村(儿童)教育发展与农村地区脱贫工作相互结合的政策举措与动员方式。(5) 邀请国际教育专家组成调查团，来华调研中国儿童教育的状况，运用他们的学识与经验为中国儿童教育的进一步发展提供建议，尤其是取缔儿童歧视、改善学习条件、提升儿童教育质量方面的建议。(6) 中国全面参与全球教育质量监测项目(比如国际学生评估项目)，借鉴吸收国际教育质量评价的知识、方法、操作经验与管理流程，准确评估、反思儿童教育；在改进儿童教育的过程中，向世界展现中国儿童教育改革与发展的成就。此外，中国也应尽快建立起科学规范的中国儿童教育质量监测体系；在此基础上，中国可以考虑发起建立亚太地区的国际儿童教育质量评估项目。

> 参与 PISA 测评到底是为了什么？总的说来，我们希望通过这个项目，学习到世界各国的先进经验，做好我们自己的基础教育改革，使我们的基础教育能够促进学生的发展，使学生能在更幸福、更愉快的过程中得到发展，使测评能够真正帮助我们的教育决策、教育改革和教育监测。所以，我们最直接的目的之一就是通过参与 PISA 测评和研究，同时通过参加全国性的测试，建立我们自己的基础教育质量监测系统，使这个系统能够反映中国特色，能够与国际的质量要求相一致，能够同时兼顾学生的学习能力、知识学习的掌握程度、知识的应用程度、促进学生的终身学习，使所有学生真正在公平和均衡的状态下都得到发展。世界已经向我们提出了“公平而卓越”的新挑战，我们的目标是要将学生培养成为一个中国的公民，一个走向世界的公民，一个负责任大国的公民，一个建立和谐世界的公民。(张民选，2009)

最后，归结到一点，推广落实儿童受教育权的“中国经验”，其基础在于我们创造了具有普适性价值的经验。就此来说，笔者以为，将“中国经验”转化为“中国话语”，发挥中国的教育影响力，最根本的时代任务还在于我国与国际潮流一致，努力实现公平、包容、优质的儿童教育，并致力于培育能与世界对话的公民——他们能理解本国的历史文化与当代的社会发展，也了解人类文明的辉煌成就，尊重人类文化的多样性。为此，我们有必要铭记《联合国教育、科学及文化组织组织法》所指引的“教育”理想：

> 本组织法之各签约国秉人皆享有充分与平等受教育机会之信念，秉不受限制地寻求客观真理以及自由交流思想与知识之信念，特同意并决心发展及增进各国人民之间交往手段，并借此种手段之运用促成相互了解，达到对彼此之生活有一更真实、更全面认识之目的。

本章概要

中国尊重、保护并落实儿童受教育权的工作基本上是在全民教育框架内进行的。国际社会关注并赞赏中国全民教育的成就，期待中国分享其成功经验。但是，中国尊重、保护并落实儿童受教育权的成功经验还缺乏总结与提炼，国际社会对它们的了解也仅是较为笼统的印象；“中国经验”还未表现出对全球儿童教育议程的重大推动作用。

通过对20世纪八九十年代吉林省农村初等教育综合改革项目产生的“龙头经验”的分析，我们可以发现，中国农村教育改革与发展的丰富实践蕴藏着可以影响世界的成功经验；我国应着力创造以人为本、尊重教育规律的“中国经验”，并采用具有国际共识性的话语来表达这些成功经验；中国可以采取各种方式，深入开展国际多边教育交流与合作，以更高效地推广“中国经验”。

结论

儿童时代应该是欢乐、和平、游戏、学习和生长的时代。

《儿童生存、保护和发展世界宣言》，世界儿童问题首脑会议，1990 年 9 月 30 日

一、儿童受教育权国际共识是我国可以利用的儿童教育发展政策指南

20世纪那两场延续多年惨绝人寰的世界大战使人们深切地感受到，“战争起源于人之思想，故务需于人之思想中筑起保卫和平之屏障”（《联合国教育、科学及文化组织组织法》“序言”）。从那时起，人类社会就确信，人人都应受教育，并且这种教育应“充分发展人的个性并加强对人权和基本自由的尊重”，“促进各国、各种族或各宗教集团间的了解、容忍和友谊”（《世界人权宣言》）。也是从那时起，尊重、保护并落实儿童受教育权逐渐成为一种不言而喻的常识，因为儿童时期所受的教育正是个人一生发展的起点和基础。

在联合国教科文组织、联合国儿童基金会等国际机构的努力下，儿童受教育权国际共识得以形成与完善，它成功地展现了人类社会对建设一个“适合儿童生长的世界”的热切追求与坚定承诺。从普及教育机会入手，儿童受教育权国际共识逐步走向对优质教育与终身学习的倡导；这既是对持续涌现的世界教育危机的回应，也是对全球教育发展进程的确认。在国际社会的共同努力下，儿童受教育权国际共识逐渐成为各国政府和人民的基本常识、基本信仰，它构成了一种具有全球影响力的教育价值观，它也已然成为各国儿童教育发展政策指南。

以儿童受教育权国际共识所不断重申的核心原则为标准来审视我国儿童教育的发展状况，我们有可能发现我国在落实儿童受教育权方面可以思考、可以采用的政策措施——儿童受教育权国际共识所包含的平等、不歧视、包容、优质，以及儿童利益至上等核心原则，已经为当代中国所认同，并在儿童教育领域逐步被落实。

二、推进尊重、保护并落实儿童受教育权的全球行动需要得到我国政府的支持

联合国教科文组织在过去的七十余年里，作为全球教育倡议及行动的引领

者、协调者，为推动各国尊重、保护并落实儿童受教育权作出了巨大的贡献。它与其他的国际机构合作，始终鼓舞其缔约国“秉人皆享有充分与平等受教育机会之信念，秉不受限制地寻求客观真理以及自由交流思想与知识之信念”(《联合国教育、科学及文化组织组织法》)，一次次发起与推动人类战胜无知与偏见的事业，一次次地创建与革新“教育的乌托邦”——基本教育、全民教育、终身教育、全纳教育、终身学习、学习社会等一系列的国际教育思潮被烙刻上了联合国教科文组织的印迹。

然而，联合国教科文组织等国际智力机构的作用更多的是倡议、动员、激励、监督，以及提供专业建议，它们的努力需要得到各国的认同与支持才有可能取得成就。就我国来说，自恢复联合国席位以来，我国日益全面、深入地“参与世界”，支持并参与了各项重大国际倡议，在一系列重要国际机构中逐渐发挥着越来越重要的积极作用。为尊重、保护并落实儿童受教育权，我国将“普九”目标与“全民教育目标”“千年发展目标”相结合，并将儿童受教育权国际共识的基本原则吸纳进儿童教育规划与政策之中；国际社会的目标、共识与中国的实践相结合，产生了令世界赞赏的成就。换句话说，我国政府履行尊重、保护并落实儿童受教育权的国际义务，这是从我国国家利益、儿童福利出发作出的自主选择；在这一过程中，国际社会的倡议与支持起了辅助作用。

三、我国政府履行了尊重、保护并落实儿童受教育权的国际义务

在认真发展本国儿童教育事业的同时，我国先后加入了《儿童权利公约》《经济、社会及文化权利国际公约》《残疾人权利公约》等国际人权公约，并积极履行这些公约所规定的缔约国尊重、保护并落实儿童受教育权的义务——我国政府向这些公约相对应的人权委员会提交履约报告，并积极吸纳这些人权委员会的审议意见，从而调整与修订我国的教育政策和行动计划。我国政府也积极配合联合国人权理事会所设立的“普遍定期审议”，并接受其“特别程序”指定的“受教育权问题特别报告员”对中国的访问。此外，我国政府还制定了“国家人权行动计划”，并公布了这些计划的实施评估报告。所有这些努力，都证实了我国政府对落实儿童受教育权的坚定承诺。

20世纪50年代以来，我国儿童教育事业历经艰难困苦，逐步走上了兴旺繁荣的正常轨道；尤其是改革开放之后，我国儿童教育的普及水平逐年提高，儿童教育各方面的改革日益深化，儿童教育师资建设不断加强，儿童教育质量有了显著提升。在这一历程中，我国儿童教育观念有了转变与革新，儿童教育目标

得到明确，儿童教育教学的理念和实践得以逐步与国际潮流接轨。与儿童受教育权国际共识一致，我国儿童教育的发展既注重普及，也关注质量。不过，在某些特定的历史时期，由于过于强调“提高”，相对削弱了追求普及所必然要求的“平等”；但从总体上看，我国“普九”事业的成功，充分证明我国政府切实履行了尊重、保护并落实儿童受教育权的国际义务。

四、我国政府的努力持续塑造着尊重、保护并落实儿童受教育权的中国形象

随着我国加强与国际社会的交流合作，我国政府尊重、保护并落实儿童受教育权的政策、举措以及实施成果吸引了国际社会的目光，既收获了肯定与鼓励，也引发了一些质疑。国际社会对我国儿童教育历史状况与当代进展缺乏足够的了解，难免会产生一些缺乏客观性的看法；然而，以儿童受教育权国际共识所包含的基本原则来审视中国尊重、保护并落实儿童受教育权的状况，我国的确也有一些值得注意并须尽快加以改进的问题。

我国政府行使管辖权，大力发展儿童教育事业，确保我国儿童的受教育权得到切实尊重、保护并落实，其种种努力是与国际社会在儿童受教育权方面的相关倡议相一致的。在双方达成共识的基础上，我国政府为促进儿童教育发展与改革所做的各种工作及其所取得的成就，实际上都是在持续塑造着中国教育自身的形象。同时，国际社会对我国儿童教育的批评、建议，甚至误解与谬论，都有可能促使我国更全面更深入地思考我国尊重、保护并落实儿童受教育权的问题与挑战；我国政府可以将国际社会的某些意见转化为儿童教育政策议题加以研究，进而完善我国的政策，革新我国的实践。

五、我国农村基础教育改革培育出的“中国经验”有全球推广的价值

我国尊重、保护并落实儿童受教育权的实践蕴藏着丰富的、因地制宜与审时度势的本土经验。这些经验是具体的、鲜活的、独特的，同时也必然隐含着值得整理、发掘、提炼与创新，并可以在其他国家的社会经济文化“土壤”中生根发芽成长的“中国经验”。

事实上，从我国与联合国教科文组织开展正式合作以来，我国发展、改革农村教育的经验就得到了关注与肯定。我国农村人口的巨大规模、农村经济社会文化的发展水平、农村生产方式的现代化转型、农村社会错综复杂的发展问题、农村与城市的发展差距等因素，都决定了我国农村基础教育改革对推进全球农

村教育的发展必然具有深刻的启示意义。

联合国教科文组织国际农村教育研究与培训中心在中国设立，这足以证明国际社会承认中国农村基础教育改革的成就是值得借鉴与研究的，它们是蕴藏着有益于全球教育发展的先进经验的。事实上，在这一机构设立之前，我国就已经形成了一整套行之有效的农村教育发展模式。不仅如此，20 世纪 80 年代中后期，我国已通过与联合国教科文组织开展农村教育合作项目，成功地将其所取得的“中国经验”向全球推广；这些经验即便是在今天，也还有思考与应用的价值。而在 21 世纪，我国政府在实现“普九”的基础上，大力发展中西部农村贫困地区、少数民族地区的儿童教育；这一进程也必定已创造出了大量值得发展中国家、落后国家借鉴的成功经验。

六、我国可以自信地讲述尊重、保护并落实儿童受教育权的中国故事

21 世纪，我国尊重、保护并落实儿童受教育权的实践既有长度(普及教育向义务教育两端延展)，也有宽度(大力发展西部落后地区的教育)，更有深度(优质教育成为全社会的共同追求)，这自然也就书写下了许多值得谈论的故事。而这些故事最值得自豪的地方在于，我国正在为如此众多生活于不同社会经济文化处境中的儿童提供平等、不歧视、优质的教育。就此来看，作为一个“有故事”的国家，我国有底气、有信心在国际舞台上讲述好中国尊重、保护并落实儿童受教育权的故事。

但是，要自如地讲述这些故事，我国还需要对这些本土经验加以认真的研究；同时，我国也有必要了解在国际舞台上讲述这些故事的措辞与技巧。例如，用客观翔实的数据辅之以生动具体的案例，来说明我国儿童教育的发展成就；用儿童受教育权的国际共识来阐述我国尊重、保护并落实儿童教育的政策、措施的原则与价值追求；用国际化的指标系统来证实我国儿童受教育权的实现程度，等等。此外，有必要指出的是，我国应充分利用“儿童权利”相关公约提供的原则来讲述中国故事，推广“中国经验”，因为它们为我国提供了与国际社会进行平等对话的基础和平台。

七、我国应该着力研究与解决尊重、保护并落实儿童受教育权的中国问题

以我国尊重、保护并落实儿童受教育权的实践为基础，来塑造“中国形象”、推广“中国经验”、讲述“中国故事”，首先要求我们能够洞察与把握“中国问题”；

只有解决好了我国自己的问题，才有可能向他国传授我们在解决这些问题中发现的真知灼见。

在研究中国问题时，我们可以运用儿童受教育权国际共识所提供的视角，来审视我国儿童受教育权的落实状况，进而对我国的儿童教育规划、儿童教育政策措施作出反思。就此来说，我国政府尊重、保护并落实儿童受教育权的努力应关注以下几个方面的问题：在普及儿童教育的过程中，应进一步考虑如何尊重家长的教育选择权，以开拓择校问题的解决思路；制订优化师资、促进教师专业发展的政策措施时，应关注如何尊重教师的教育教学专业自主权；为边缘、弱势、处境不利儿童提供教育机会与教育资助时，应采取措施在当地进行受教育权方面的宣传，以消除某些阻碍儿童（尤其是女童）上学的社会传统观念；为残疾儿童提供教育时，应注意采取消除歧视的辅助性措施，等等。

八、我国应通过中国专家引领全球儿童教育发展进程

20世纪后期以来，我国积极参与全民教育全球教育议程，先后派代表团出席了世界全民教育大会、达喀尔教育论坛、2015年世界教育论坛等全球性的国际会议，并在这些会议上介绍了我国教育的发展情况；我国也与国际机构合作在本国多次举行大型的国际教育会议，并在本土开展了大量的国际教育合作项目。与此同时，我国也为联合国教科文组织的全球教育报告提供了相关的数据，并在合作过程中，逐步提升了我国教育统计的水平和教育数据的质量。此外，近年来，联合国教科文组织等国际机构的中国职员也日渐增多。总体上看，我国正在从全球教育议程的附议者成长为倡议者。

21世纪正应该是我国立足于丰满充实的中国儿童教育实践，通过本国专家引领全球儿童教育发展进程的世纪。为适应新的追求、新的挑战、新的角色，我国必须持续培养一大批能够开展国际教育对话的专家；这些专家需要引领一个时代性对话："中国经验"能够有效推进全球教育进程。

就尊重、保护并落实儿童受教育权这一具体领域的工作来看，为尽快培养一大批中国专家，我国有必要引进一部分国际专家作为儿童受教育权观察员，有必要设立"第三方"的儿童受教育权评估机构——通过这些专家与机构的视角来理解与评估我国儿童教育的发展状况，我国专家有可能在短期内掌握就儿童受教育权问题进行国际对话的学识与能力，进而能够整理、分析、提炼、创新"中国经验"。

九、我国落实儿童受教育权需要关注儿童的生活

20 世纪中后期以后我国落实儿童受教育权的政策史表明，我国从计划时代的“控制需求”走向改革开放时期的“调节需求”，并正在实现(21 世纪的)“满足需求”。在全面实现“两基”之后，我们政府进一步强化“兜底”“均衡”的定位，那么迈向 2030 年，我国儿童教育有可能再向前迈一大步——为了儿童的全面发展，满足儿童个性化的教育需求。相应地，这就要求我国政府的教育管理方式从强调规章制度、人才培养规格的精细化管理，向营造教育发展环境、建立教育生态系统转变，以便让学校成为师生自主学习、合作成长的园地。这也就是说，我国应更加尊重教育“生长”的“农业”属性，坚决革新 20 世纪以来的那种造就流水线工人的品控式教育。

近年来，我国政府下了很大的力气发展落后地区的教育，但是这些政策主要是从资源投入、师资配置、教育监管的角度去考虑，较少关注地方教育生态系统的建设问题。对落后地区的人民来说，教育能否改善并充实当地生活，教育能否保存并传承本土文化，才是他们真正的关切。如果教育能够得到当地社会的普遍认同，成为地方发展的优先事业，那么当地教育生态就会逐步好转，我国政府的教育投入也就能产生持续性的效益。

因此，本书最后一个结论就是，教育必须是为了生活，而生活本身就是一种无可取代的优质教育资源。

附录

《仁川宣言》

2030年教育：实现包容和公平的全民优质教育和终身学习

序　　言

1. 我们，各国部长、代表团团长和成员、各机构首脑、多边和双边组织负责人、民间社会、教师职业、青年和私营部门的代表，应联合国教科文组织总干事的邀请，于2015年5月汇聚大韩民国仁川参加2015年世界教育论坛（WEF，2015）。我们感谢大韩民国政府和人民主办本次重要活动以及本次会议的共同召集者联合国儿童基金会、世界银行、联合国人口基金、开发计划署、妇女署和难民事务高级专员办事处做出的贡献。我们真诚赞赏联合国教科文组织倡议并牵头召集了此次关于2030年教育的里程碑式的活动。

2. 借此历史性盛会，我们重申1990年在宗滴恩启动、2000年在达喀尔重申的世界范围全民教育运动的愿景，它是近几十年来最为重要的教育承诺，并且有助于推动了教育领域的重大进步。我们还重申对受教育权及其与其他人权相互关系做出规定的许多国际和地区性人权条约体现的愿景和政治意愿。我们承认付出了努力，然而，我们还极为关切地认识到我们尚远未实现全民教育。

3. 我们忆及经广泛磋商制定并于2014年全球全民教育会议所通过、对可持续发展目标开放工作组拟议的具体教育目标提供了有益启发的《马斯喀特协定》。我们还忆及地区部长级2015年后教育会议的成果，并注意到2015年《全民教育全球监测报告》和《全民教育地区综合报告》的调查结果。我们认识到“全球教育第一倡议”的重要贡献以及各国政府以及地区、政府间和非政府组织为促成教育方面的政治承诺所发挥的作用。

4. 我们总结了2000年以来在实现全民教育目标和与教育有关的“千年发展目标”方面取得的进展以及吸取的经验教训，审议了仍然存在的挑战，讨论了拟议的2030年教育议程及行动框架和为实现议程而提出的未来优先事项和战略，我们通过本宣言。

走向2030年：新的教育愿景

5. 我们认识到教育作为发展的主要驱动力以及它在实现其他拟议的可持续发展目标方面的重要作用，我们的愿景是通过教育改变生活。我们怀着紧迫意识，承诺要制定一个全面的、有雄心、有追求、不放弃任何人的单一和更新的教育议程。这一新愿景完全体现在了拟议的可持续发展目标4(**“为所有人确保包容、公平的优质教育并促进终身学习机会”** Ensure inclusive and equitable quality education and promote lifelong learning opportunities for all)①及其相关具体目标之中。新愿景既具有变革性也具有普遍性，致力于全民教育议程和与教育有关的“千年发展目标”的“未竟事业”，应对全球和国家的教育挑战。它吸取了人文主义的教育和发展观，其基础是人权和尊严，社会正义，包容，保护，文化、语言和民族多样性，共担责任和义务。我们重申教育是一项公益事业、基本人权和确保实现其他权利的基础。教育对于和平、宽容、自我实现和可持续发展至关重要。我们认识到教育是实现充分就业和消除贫穷的关键。我们将从终身学习的角度，将工作重心放在获得、公平和包容、质量和学习成果上。②

6. 过去十五年，我们在扩大**教育机会**(access)方面取得了重大进步，我们将再接再厉，确保提供十二年免费、公立、公平、优质、学有所获的中小学教育，其中至少九年为义务教育。我们还鼓励提供至少一年的免费、义务、优质的学前教育，让所有儿童接受优质的幼儿发展、保育和教育。我们还承诺为广大失学儿童和少年提供满意的教育和培训机会，我们需要立即行动起来，有的放矢，持之以恒，确保所有儿童入学读书。

7. 在教育领域并通过教育手段实现**包容和公平**(inclusion and equity)是变革性教育议程的基石。所以，我们承诺反对在获取(access)、参与和学习成果方

① 英文版文件中，有几处行文进行了加粗处理，此处标出英文原文，以便理解。

② 英文原文为：We will focus our efforts on access, equity and inclusion, quality and learning outcomes, within a lifelong learning approach.

面一切形式的排斥和边缘化、不平衡和不平等现象。除非所有人都达到目标，否则任何教育目标都不能被视为已经达到。我们承诺对教育政策进行必要改变，将工作重点放在最弱势者，尤其是残疾人方面，确保不落一人。

8. 我们认识到**性别平等**(gender equality)对于实现全民教育权利(right to education for all)的重要性。因此我们承诺支持注重性别的政策、规划和学习环境，将性别问题纳入教师培训和课程中，消除校园性别歧视和暴力。

9. 我们承诺提供**优质教育**(quality)并改善学习成果，这需要加强教育投入、教育过程和成果评估，并建立衡量进展的机制。我们将确保教师和教育者在资金充足、有效和高效管理的系统内增强能力、足额招聘、享有良好的培训和职业资格、积极进取并获得支持。优质教育培养创造力和知识，使人获得识字计算的基本技能、分析和解决问题的能力以及其他高水平的认知、人际和社交能力。通过可持续发展教育(Education for Sustainable Development, ESD)和全球公民教育(Global Citizenship Education, GCED)，优质教育还培养让公民过上健康圆满的生活、做出明智决策、应对当地和全球挑战的技能、价值观和态度。在这方面，我们强烈支持实施2014年在爱知县名古屋举办的联合国教科文组织世界可持续发展教育大会上启动的《全球可持续发展教育行动计划》。我们还强调人权教育和培训对于实现2015年后可持续发展议程的重要性。

10. 我们承诺在所有环境中以及在各级教育中促进优质的全民**终身学习机会**(lifelong learning opportunities)。它包括公平获取和扩大优质的职业技术教育与培训以及高等教育和研究，并适当注重质量保证。此外，提供灵活的学习途径，承认、验证和认证通过非正规和非正式教育获得的知识、技能和能力也很重要。我们还承诺确保所有青年和成人，特别是女童和妇女达到一定的、公认的实用识字和计算的熟练水平，获得生活技能，向他们提供成人学习、教育和培训的机会。我们还承诺加强科学、技术和创新。必须利用信息通信技术来加强教育系统、知识传播、信息获取、学习质量和效果，并提供更加有效的服务。

11. 此外，我们深为关切地注意到，今天世界上的失学儿童很大部分生活在受冲突影响的地区，而且教育机构遭受的危机、暴力和攻击以及自然灾害和流行疾病继续在全球干扰着教育和发展。我们承诺发展更加包容、更具反应力和复原力的教育系统，以满足这些局势下的儿童、青年和成人的需求，包括境内流离失所者和难民的需求。我们强调需要在安全、友好、有保障、无暴力的学习环境中施行教育。我们建议开展从紧急干预直到恢复和重建的适当的危机应对行动，更好地协调国家、地区和全球应对行动，开发全面减少和减轻风险的能力，在冲突、紧急、冲突后和恢复之初局势下确保教育的继续进行。

实施我们的共同议程

12. 我们重申，成功实施该议程的首要责任在于各国政府。我们决心制定促进问责制和透明度、参与式治理和各级各部门协调伙伴关系的法律和政策框架，维护所有有关各方的参与权利。

13. 我们呼吁在国家层面数据搜集、分析和报告基础上，在地区性机构、机制和战略框架内，在全球和地区层面开展实施教育议程的有力的协作、合作、协调和监测。

14. 我们认识到 2030 年教育议程的成功需要合理的政策和规划以及有效的执行安排。也很显然，特别是在实现各级优质全民教育方面差距最大的国家，如果不大幅度、有针对性地增加资金，拟议的可持续发展目标 4 的蓝图就无法实现。所以我们决心根据各国的具体情况，增加对教育的公共支出，敦促遵守国际和地区基准，即将国内生产总值的至少 4%—6%和/或公共总支出的至少 15%—20%用于教育。

15. 我们注意到发展合作对于补充政府投入的重要性，呼吁发达国家、传统和新兴捐助者、中等收入国家和国际筹资机制根据各国需求和优先事项增加教育供资，支持议程的实施。我们认为兑现所有官方发展援助(offical development assistance, ODA)承诺至关重要，包括许多发达国家做出的向发展中国家提供占其国民生产总值(Gross National Product, GNP)0.7%的官方发展援助的承诺。我们敦促尚未采取行动的发达国家按其承诺作出进一步具体努力，实现向发展中国家提供占其国民生产总值 0.7%的官方发展援助的目标。我们还承诺增加对最不发达国家的支持。我们还认识到释放所有潜在资源支持教育权利的重要性。我们建议通过更好地协调和统一来改善援助的效益，并优先向受忽视的分部门和低收入国家提供资金和援助。我们还建议大幅增加对长期人道主义危机下的教育的支持力度。我们欢迎奥斯陆教育促发展峰会(2015 年 7 月)的举办，呼吁亚的斯亚贝巴发展筹资会议支持拟议的可持续发展目标 4。

16. 我们呼吁 2015 年世界教育论坛的共同召集机构，特别是联合国教科文组织，以及所有合作伙伴，根据各自职责和比较优势并利用它们的互补性，通过提供技术咨询、培养国家能力以及提供财政支持，各自或共同地支持各国实施 2030 年教育议程。为此，我们委托联合国教科文组织与会员国、2015 年世界教育论坛共同召集机构和其他合作伙伴磋商，建立适当的全球协调机制。我们认为全球教育伙伴关系机制是根据各国需要和优先事项支持实施议程的教育多方筹资平台，我们建议把它纳入这一未来的全球协调机制之中。

17. 我们还委托联合国教科文组织作为联合国主管教育的专门机构继续履行其牵头和协调 2030 年教育议程的职责，尤其通过以下方式：宣传兑现政治承诺；促进政策对话、知识共享和标准制定；监测实现教育具体目标的进展；召集全球、地区和国家有关方面指导议程实施工作；在可持续发展目标的总体协调架构内发挥教育协调中心的功能。

18. 我们决定建立综合性的国家监测和评估系统，为政策制定和教育系统管理提供合理依据，并确保问责制。我们还恳请 2015 年世界教育论坛的共同召集机构和合作伙伴支持各国加强在数据搜集、分析和报告方面的能力。各国应努力改进数据的质量和分列层次，及时向联合国教科文组织统计研究所报告。我们还要求《全民教育全球监测报告》继续成为一份由联合国教科文组织主持和出版的独立的《全球教育监测报告》（GEMR），在为了监测和审查拟议的可持续发展目标的实施情况而将要建立的机制中，作为监测和报告拟议的可持续发展目标 4 和其他拟议的与教育有关的可持续发展目标的机制。

19. 我们讨论并商定了《2030 年教育行动框架》的主要内容。考虑到将要通过 2015 年后发展议程的联合国峰会（纽约，2015 年 9 月）和第三次发展筹资国际会议（亚的斯亚贝巴，2015 年 7 月）的成果，行动框架的最终版本将在与 2015 年 11 月联合国教科文组织大会第三十八届会议平行举行的特别高层会议上提交通过并启动。一旦行动框架获得通过，我们将全力付诸实施，为各国和合作伙伴提供启发和指导，以实现我们的议程。

20. 承自宗滴恩和达喀尔之基础，本《仁川宣言》是我们所有各方做出的一项历史性承诺，旨在通过新的教育愿景，采取大胆和创新行动来改变我们的生活，在 2030 年实现我们的宏伟目标。

仁川，大韩民国，2015 年 5 月 21 日

中国加入的国际人权公约一览表①

公约名称	签订日期	签订地点	生效日期	中国参加情况
改善战地武装部队伤者、病者境遇之日内瓦公约 Geneva Convention for the Amelioration of the Condition of the Wounded and Sick in Armed Forces in the Field (First Geneva Convention)	1949年8月12日	日内瓦	1950年10月21日	1956年12月28日交存批准书，1952年7月13日声明承认
改善海上武装部队伤者、病者及遇船难者境遇之日内瓦公约 Geneva Convention for the Amelioration of the Condition of the Wounded, Sick and Shipwrecked Members of Armed Forces at Sea (Second Geneva Convention)	1949年8月12日	日内瓦	1950年10月21日	1956年12月28日交存批准书，1952年7月13日声明承认

① 本表中各公约以中国"同意"(consent)的时间先后顺序排列，带 * 号的为核心国际人权公约；各公约的中、英文名，以联合国人权事务高级专员办事处编辑的《人权：国际文件汇编》(Human Rights: A Compilation of International Instruments)、联合国条约数据库(United Nations Treaty Collection)及其他相关国际机构(如国际劳工组织等)网站提供的公约文件中所列示的名称为准，其"签订日期"为相关会议决议通过(adoption)这些公约的日期；其中，有若干公约的中文译名与国内流行译名不一致(例如，《经济、社会、文化权利国际公约》等)。

关于一国"同意"某项公约的方式，1969年5月22日签订、1980年1月27日生效的《维也纳条约法公约》(Vienna Convention on the Law of Treaties)第11条规定，"一国承受条约拘束之同意得以签署(signature)、交换构成条约之文书、批准(ratification)、接受(acceptance)、赞同(approval)或加入(accession)，或任何其他同意之方式表示之"；1978年8月22日签订、1996年11月6日生效的《关于国家在条约方面的继承的维也纳公约》(Vienna Convention on Succession of States in respect of Treaties)则对其他"同意"方式的一种——继承(succession)作出规定。本表中的"交存批准书"(ratifications)的日期，指的是此项公约所属国际机构接收我国批准书的日期，不是我国全国人民代表大会批准该条约的日期。

此表依据2013年8月中国向联合国人权理事会第二轮"普遍定期审议"提交的"国家报告"(A/HRC/WG.6/17/CHN/1)的附录三"中国已参加的26个国际人权公约"，经检索中国人权网(2014)、联合国人权事务高级专员办事处(OHCHR，2017c)、联合国条约数据库(UN，2017)、国际劳工组织(ILO，2017)、国际红十字会(International Committee of the Red Cross)(ICRC，2017)的相关网页内容整理。但是，国际劳工组织网站所显示的"中国批准公约情况"(ILO，2017)还列出了《三方协商促进实施国际劳工标准公约》(Convention concerning Tripartite Consultations to Promote the Implementation of International Labour Standards，签署日期为1976年6月21日，生效日期为1978年5月16日，中国交存批准书日期为1990年11月2日)等正在对中国生效的公约。笔者尚不清楚该附录依据什么标准列出这26项国际人权文书，也不清楚它是否反映了目前我国加入国际人权公约的完整情况。

续 表

公 约 名 称	签订日期	签订地点	生效日期	中国参加情况
关于战俘待遇之日内瓦公约 Geneva Convention relative to the Treatment of Prisoners of War (Third Geneva Convention)	1949 年 8 月 12 日	日内瓦	1950 年 10 月 21 日	1956年12月28日交存批准书，1952 年 7 月13 日声明承认
关于战时保护平民之日内瓦公约 Geneva Convention relative to the Protection of Civilian Persons in Time of War (Fourth Geneva Convention)	1949 年 8 月 12 日	日内瓦	1950 年 10 月 21 日	1956年12月28日交存批准书，1952 年 7 月13 日声明承认
* 消除对妇女一切形式歧视公约 Convention on the Elimination of All Forms of Discrimination against Women	1979 年12 月 18 日	纽约	1981 年 9 月 3 日	1980 年 11 月 4 日交存批准书，1980 年 7 月17 日签署
* 消除一切形式种族歧视国际公约 International Convention on the Elimination of All Forms of Racial Discrimination	1965 年12 月 21 日	纽约	1969 年 1 月 4 日	1981 年 12 月 29 日交存加入书
关于难民地位的公约 Convention relating to the Status of Refugees	1951 年 7 月 28 日	日内瓦	1954 年 4 月 22 日	1982 年 9 月 24 日交存加入书
关于难民地位的议定书 Protocol relating to the Status of Refugees	1966 年12 月 16 日	纽约	1967 年 10 月 4 日	1982 年 9 月 24 日交存加入书
禁止并惩治种族隔离罪行国际公约 International Convention on the Suppression and Punishment of the Crime of Apartheid	1973 年11 月 30 日	纽约	1976 年 7 月 18 日	1983 年 4 月 18 日交存加入书
防止及惩治灭绝种族罪公约 Convention on the Prevention and Punishment of the Crime of Genocide	1948 年12 月 9 日	纽约	1951 年 1 月 12 日	1983 年 4 月 18 日交存批准书，1949 年 7 月 20 日当时的中国政府签署
一九四九年八月十二日日内瓦四公约关于保护国际性武装冲突受难者的附加议定书(第一议定书) Protocol Additional to the Geneva Convention of 12 August 1949, and relating to the Protection of Victims of International Armed Conflicts (Protocol I)	1977 年 6 月 8 日	日内瓦	1978 年 12 月 7 日	1983 年 9 月 14 日交存加入书

续 表

公约名称	签订日期	签订地点	生效日期	中国参加情况
一九四九年八月十二日日内瓦四公约关于保护非国际性武装冲突受难者的附加议定书(第二议定书) Protocol Additional to the Geneva Convention of 12 August 1949, and relating to the Protection of Victims of Non-International Armed Conflicts (Protocol II)	1977 年 6 月 8 日	日内瓦	1978 年 12 月 7 日	1983年9月14日交存加入书
结社权(农业)公约,1921 年(第 11 号公约) Right of Association (Agriculture) Convention, 1921 (No. 11)①	1921 年10 月 25 日	日内瓦	1923 年 5 月 11 日	1934年4月27日,当时的中国政府批准;1984年6月11日,中国予以承认
(残疾人)职业康复和就业公约,1983 年(第 159 号公约) Vocational Rehabilitation and Employment (Disabled Persons) Convention, 1983 (No. 159)②	1983 年 6 月 20 日	日内瓦	1985 年 6 月 20 日	1988 年 2 月 2 日交存批准书
*禁止酷刑和其他残忍、不人道或有辱人格的待遇或处罚公约 Convention against Torture and Other Cruel, Inhuman or Degrading Treatment or Punishment	1984 年12 月 10 日	纽约	1987 年 6 月 26 日	1986 年 12 月 12 日签署,1988年10月4日交存批准书
同酬公约,1951 年(第 100 号公约) Equal Remuneration Convention, 1951 (No. 100)③	1951 年 6 月 29 日	日内瓦	1953 年 5 月 23 日	1990年11月2日交存批准书

① 该公约全称为 Convention concerning the Rights of Association and Combination of Agricultural Workers(《农业工人的集会结社权公约》);其"序言"规定,"此公约得称为一九二一年结社权(农业)公约"。需要说明的是,在本表中,为了便于读者查阅,由国际劳工组织相关大会通过的几项公约,采用了该组织相关网页中所列示的公约英文名简称、公约编号以及通行的中文简称,并以脚注的方式标明了该组织网站提供的这些公约的英文全名及其对应中文全名;不过,《(残疾人)职业康复和就业公约》《就业政策公约》《准予就业最低年龄公约》《就业和职业歧视公约》已是该组织网站提供的对应公约的中文全名。

② 该公约全称为 Convention concerning Vocational Rehabilitation and Employment (Disabled Persons);其"序言"规定,"引用时得称之为一九八三年(残疾人)职业康复和就业公约"。

③ 该公约全称为 Convention concerning Equal Remuneration for Men and Women Workers for Work of Equal Value, 195(《对男女工人同等价值的工作付予同等报酬公约》);其"序言"规定,"引用时得称之为一九五一年同酬公约"。

续 表

公 约 名 称	签订日期	签订地点	生效日期	中国参加情况
＊儿童权利公约 Convention on the Rights of the Child	1989年11月20日	纽约	1990年9月2日	1990年8月29日签署，1992年3月2日交存批准书
就业政策公约，1964年(第122号公约) Employment Policy Convention, 1964 (No. 122)①	1964年7月9日	日内瓦	1966年7月15日	1997年12月17日交存批准书
准予就业最低年龄公约，1973年(第138号公约) Minimum Age Convention, 1973 (No. 138)②	1973年6月26日	日瓦内	1976年6月19日	1999年4月28日交存批准书
＊经济、社会、文化权利国际公约 International Covenant on Economic, Social and Cultural Rights	1966年12月16日	纽约	1976年1月3日	1997年10月27日签署，2001年3月27日交存批准书
最有害的童工形式公约，1999年(第182号公约) Worst Forms of Child Labour Convention, 1999 (No. 182)③	1999年6月17日	日内瓦	2000年11月19日	2002年8月8日交存批准书
＊儿童权利公约关于买卖儿童、儿童卖淫和儿童色情制品问题的任择议定书 Optional Protocol to the Convention on the Rights of the Child on the Sale of Children, Child Prostitution and Child Pornography	2000年5月25日	纽约	2002年1月18日	2000年9月6日签署，2002年12月3日交存批准书
就业和职业歧视公约，1958年(第111号公约) Discrimination (Employment and Occupation) Convention, 1958 (No. 111)④	1958年6月25日	日内瓦	1960年6月15日	2006年1月12日交存批准书

① 该公约英文全称为Convention concerning Employment Policy；其“序言”规定，“引用时得称之为一九六四年就业政策公约”。

② 该公约全称为Convention concerning Minimum Age for Admission to Employment；其“序言”规定，“引用时得称之为一九七三年最低年龄公约”。

③ 该公约全称为Convention concerning the Prohibition and Immediate Action for the Elimination of the Worst Forms of Child Labour (《禁止和立即行动消除最恶劣形式的童工劳动公约》)；国际劳工组织网站提供的该公约的中文本译名为《关于禁止和立即行动消除最有害的童工形式公约》，其“序言”规定，“引用时可称之为1999年最有害的童工形式公约”。

④ 该公约全称为Convention concerning Discrimination in respect of Employment and Occupation；其序言规定，“引用时得称之为一九五八年(就业和职业)歧视公约”。

续 表

公 约 名 称	签订日期	签订地点	生效日期	中国参加情况
*儿童权利公约关于儿童卷入武装冲突问题的任择议定书 Optional Protocol to the Convention on the Rights of the Child on the Involvement of Children in Armed Conflict	2000 年 5 月 25 日	纽约	2002 年 2 月 12 日	2001年3月15日签署，2008年2月20日交存批准书
*残疾人权利公约 Convention on the Rights of Persons with Disabilities	2006 年12 月 13 日	纽约	2008 年 5 月 3 日	2007年3月30日签署，2008年8月1日交存批准书
联合国打击跨国有组织犯罪公约关于预防、禁止和惩治贩运人口特别是妇女和儿童行为的补充议定书 Protocol to Prevent, Suppress and Punish Trafficking in Persons, Especially Women and Children, supplementing the United Nations Convention against Transnational Organized Crime	2000 年11 月 15 日	纽约	2003 年 12 月 25 日	2010 年 2 月 8 日交存批准书

参考文献

本书引用的国际文件一览表①

文件编号	文件名(英文)	文件名(中文)
联合国教科文组织的文件		
10 C/Resolutions	Records of the General Conference, tenth session, Paris, 1958: resolutions	—
164 EX/7	Report by the Director-General on the implementation of and follow-up to the Dakar Framework for Action	总干事关于《达喀尔行动纲领》的实施情况和后续行动的报告
166 EX/10	Proposal for the dissolution of the UNESCO/UNICEF Joint Committee on Education	关于解散教科文组织/儿童基金会教育联合委员会的建议

① 本表所列文件来自联合国、联合国教科文组织、联合国人权事务高级办事处网站的文件系统，在此列出文件编码，以便检索查询；本书正文中的相关引用，直接列出文件编码(有必要时也列出其英文本文件的页码)；本书中所引用的文件如有中文本，则在本表中列出中文本文件的原译名(不进行校对修正)，但在引用文件相关内容时，对中文本文件中有可能引起误解的内容或表述，参照其对应的英文本作了必要修订。除本表所列文件外，本书还引述了不少国际公约、宣言与建议书的相关条款(这主要是通过上下文加以说明)，未在本表列出。

需要说明的是，联合国教科文组织《大会议事规则》(Rules of Procedure of the General Conference)第 50 条、《执行局议事规则》(Rules of Procedure of the Executive Board)第 21 条，分别规定大会和执行局的工作语言(working languages)为：阿拉伯文、中文、英文、法文、俄文和西班牙文；此外，《联合国教科文组织召集的各类会议总分类规则》(Regulations for the general classification of the various categories of meetings convened by UNESCO)第 14 条乙也规定，联合国教科文组织所召集的国家间国际会议(international conferences of states)的工作语言为上述五种。但这并不表明，联合国教科文组织的所有文件都有中文本。

续 表

文件编号	文件名(英文)	文件名(中文)
167 EX/CR.2	Report by the joint expert group UNESCO (CR)/ECOSOC (CESCR) on the monitoring of the right to education	教科文组织执行局公约与建议委员会(CR)和联合国经济及社会理事会经济、社会和文化权利委员会(CESCR)检查受教育权利联合专家小组的报告
170 EX/8	Report by the Director-General on the strategic review of UNESCO's post-Dakar role in Education for All (EFA)	总干事关于达喀尔会议之后教科文组织在全民教育(EFA)领域作用的战略研究的报告
171 EX/22	Guidelines for the preparation of reports for the seventh consultation of member states on the implementation of the Convention and the Recommendation against Discrimination in Education (1960)	编制会员国就实施《反对教育歧视公约与建议》(1960年)问题进行第七次磋商的报告的指导思想
171 EX/8	Report by the Director-General on the follow-up to the EFA strategic review and UNESCO's strategy for the 2005—2015 period	总干事关于全民教育战略研究的后续行动以及教科文组织 2005—2015 年全民教育战略的报告
171 EX/Decisions	Decisions adopted by the Executive Board at its 171st Session	执行局第一七一届会议通过的决定
172 EX/25	Report on the third meeting of the joint expert group UNESCO (CR)/ ECOSOC (CESCR) on the monitoring of the right to education (2005)	联合国教科文组织(公约与建议委员会)/经社理事会(经济、社会和文化权利委员会)联合专家小组关于监测受教育权利问题的第三次会议(2005 年)的报告
174 EX/37 Rev.	Follow-up to the Jakarta Declaration adopted at the International Conference (December 2005) on the Right to Basic Education as a Fundamental Human Right and the Legal Framework for its Financing	落实关于享有基础教育权这一基本人权以及基础教育经费法律框架问题国际大会所通过的《雅加达宣言》(2005年 12 月)
175 EX/28	Report on the fourth meeting of the joint expert group UNESCO (CR) / ECOSOC (CESCR) on the monitoring of the right to education (2006)	联合国教科文组织(公约与建议委员会)/经社理事会(经济、社会和文化权利委员会)监测受教育权利联合专家小组第四次会议(2006年)的报告

续 表

文件编号	文件名(英文)	文件名(中文)
176 EX/9	Report by the Director-General on an improved version of the global action plan to achieve the Education for All (EFA) goals by 2015 and progress report on its implementation	总干事关于经修订的《实现2015年全民教育目标全球行动计划》及其落实进展情况的报告
181 EX/28	Report on the eighth and ninth meetings of the joint expert group UNESCO (CR)/ECOSOC (CESCR) on the monitoring of the right to education	联合国教科文组织(公约与建议委员会)/联合国经社理事会(经济、社会和文化权利委员会)监测受教育权利联合专家小组第八和第九次会议的报告
185 EX/8	Progress and challenges in achieving the Education for All (EFA) goals by 2015	在2015年前实现全民教育(EFA)目标方面所取得的进展和面临的挑战
190 EX/25	Reflection on the joint expert group UNESCO (CR)/ECOSOC (CESCR) on the monitoring of the right to education	关于教科文组织(公约与建议委员会)——经社理事会(经济、社会和文化权利委员会)监测受教育权利联合专家小组的思考
192 EX/41	The post-2015 perspective of Education for All (EFA)	2015年后全民教育(EFA)展望
195 EX/6	Education Beyond 2015	2015年后的教育
196 EX/34	Leveraging ICTs to support the achievement of post-2015 education agenda	利用信息通信技术支持实现2015年后教育议程
196 EX/8	UNESCO's participation in the preparations for a post-2015 development agenda	教科文组织参与拟定2015年后发展议程
34 C/4	Medium-term strategy for 2008—2013	2008—2013年中期战略
37 C/4	Medium-term strategy, 2014—2021	2014—2021年中期战略
38 C/5 APPROVED	Programme and budget 2016—2017 (second biennium of the 2014—2017 quadrennium)	2016—2017年计划与预算(2014—2017四年期第二个双年度)
BPI/EPP/E/1	UNESCO: What is it? What does it do?	何为教科文组织？它如何运作？
ED.2000/CONF.211/1	Notes on the Dakar Framework for Action	对《达喀尔行动纲领》的详细说明

续 表

文件编号	文件名(英文)	文件名(中文)
ED.2006/WS/28	UNESCO Convention against Discrimination in Education (1960) and articles 13 and 14 (Right to Education) of the International Covenant on Economic, Social and Cultural Rights: A Comparative Analysis	—
ED.2007/WS/29	The Right to Education for All: Ten reasons why the Convention against Discrimination in Education is highly significant in today's world	人人享有受教育的权利——教科文组织《反对教育歧视公约》对当今世界具有重要意义的十条原因
ED.89/ CONF.810/5	Final report (International symposium and round table on qualities required of education today to meet foreseeable demands in the twenty-first century; Beijing, 1989)	—
ED/EFA/2006/ ME/1	Final Communiqué (Meeting of the high-level group on Education for All; 4th; Brasilia; 2004)	全民教育高级别工作组第四次会议最后公报(巴西利亚声明)
ED/EFA/2006/ ME/17	Final Communiqué (Meeting of the high-level group on Education for All; 6th; Cairo; 2006)	第六次全民教育高层小组会议最后公报
ED/EFA/2006/ ME/2	Final Communiqué (Meeting of the high-level group on Education for All; 3rd; New Delhi; 2003)	—
ED/EFA/2006/ ME/3	Final Communiqué (Meeting of the high-level group on Education for All; 2nd; Abuja; 2002)	—
ED/EFA/2006/ ME/4	Final Communiqué (Meeting of the high-level group on Education for All; 1st; Paris; 2001)	—
ED/EFA/2006/ ME/5	Final Communiqué (Meeting of the high-level group on Education for All; 5th; Beijing; 2005)	全民教育高级别小组的第五次会议最后公报
ED/EFA/2007/ ME/32	Communiqué (Meeting of the high-level group on Education for All; 7th; Dakar; 2007)	全民教育高层小组第七次会议最后公报
ED/EFA/2009/ ME/1	Oslo Declaration (Meeting of the high-level group on Education for All; 8th; Oslo; 2008)	第八次全民教育高层小组会议奥斯陆宣言

续 表

文件编号	文件名(英文)	文件名(中文)
ED/EFA/2010/ME/1	Addis Ababa Declaration (Meeting of the high-level group on Education for All; 9th; Addis Ababa; 2010)	全民教育(EFA)高级别小组第九次会议亚的斯亚贝巴宣言
ED/PLS/ICT/2015/01/REV2	Qingdao Declaration (2015): Seize digital opportunities, lead education transformation	青岛宣言(2015)：抓住数字化机遇,引领教育变革
ED - 11/HLG - EFA/2	Final Communiqué (Meeting of the high-level group on Education for All; 10th; Jomtien, Thailand; 2011)	第十次全民教育(EFA)高级工作组会议宗滴恩宣言
ED-2015/WS/18	Incheon Declaration: Education 2030: Towards inclusive and equitable quality education and lifelong learning for all	仁川宣言 2030 年教育：实现包容和公平的全民优质教育和终身学习
ED-2016/WS/28	Education 2030: Incheon Declaration and framework for action for the implementation of Sustainable Development Goal 4: Ensure inclusive and equitable quality education and promote lifelong learning opportunities for All	2030 年教育：仁川宣言和行动框架 实现可持续发展目标 4——确保包容和公平的优质教育,让全民终身享有学习机会
EDUC/10	Fundamental Education: Common ground for all peoples Chapter V Suggested Lines of Action	—
EDUC/6	Regional study conference on fundamental education called by the Chinese government in collaboration with the United Nations Educational, Scientific and Cultural Organisation; Nanking, China; 1947	—
联合国及相关人权公约委员会的文件		
—	Comments of the Chinese Government about the Concluding Observations on the Combined 3rd & 4th Periodic Reports of China Adopted by the CRC Committee at its 64th Session①	中国政府对儿童权利委员会第六十四届会议通过的“关于中国第三、四次合并定期报告的结论性意见”的评论

① 此文件未经编号,可以在联合国人权高级专员办事处的相关网页查询。

续 表

文件编号	文件名(英文)	文件名(中文)
A/HRC/11/25	Report of the Working Group on the Universal Periodic Review: China	普遍定期审议工作组报告:中国
A/HRC/11/37	Report of the Human Rights Council on its eleventh session	人权理事会第十一届会议报告
A/HRC/25/2	Report of the Human Rights Council on its twenty-fifth session	—
A/HRC/25/29	Thematic study on the right of persons with disabilities to education: Report of the Office of the United Nations High Commissioner for Human Rights	关于残疾人受教育权的专题研究:联合国人权事务高级专员办事处的报告
A/HRC/25/5	Report of the Working Group on the Universal Periodic Review: China (including Hong Kong, China and Macao, China)	普遍定期审议工作组报告:中国(包括中国香港和中国澳门)
A/HRC/25/5/Add.1	Report of the Working Group on the Universal Periodic Review: China (Addendum: views on conclusions and/or recommendations, voluntary commitments and replies presented by the State under review)	普遍定期审议工作组报告:中国(增编:受审议国对结论和/或建议提出的意见、作出的自愿承诺和答复)
A/HRC/RES/16/21	Resolution adopted by the Human Rights Council: 16/21. Review of the work and functioning of the Human Rights Council	人权理事会通过的决议:16/21 审查人权理事会的工作和运作情况
A/HRC/RES/26/17	Resolution adopted by the Human Rights Council: 26/17. The right to education: follow-up to Human Rights Council resolution 8/4	人权理事会通过的决议:26/17 受教育权:人权理事会第8/4号决议的后续行动
A/HRC/RES/5/1	Resolution adopted by the Human Rights Council: 5/1. Institution-building of the United Nations Human Rights Council	人权理事会决议:5/1 联合国人权理事会的体制建设
A/HRC/WG. 6/17/CHN/1	National report submitted in accordance with paragraph 5 of the annex to Human Rights Council resolution 16/21: China	根据人权理事会第16/21号决议附件第5段提交的国家报告:中国

续 表

文件编号	文件名(英文)	文件名(中文)
A/HRC/WG. 6/17/CHN/2	Compilation prepared by the Office of the High Commissioner for Human Rights in accordance with Paragraph 15 (b) of the annex to Human Rights Council resolution 5/1 and paragraph 5 of the annex to Council resolution 16/21: China (including Hong Kong, China and Macao, China)	人权事务高级专员办事处根据人权理事会第5/1号决议附件第15(b)段和理事会第16/21号决议附件第5段汇编的资料：中国(包括中国香港和中国澳门)
A/HRC/WG. 6/17/CHN/3	Summary prepared by the Office of the High Commissioner for Human Rights in accordance with Paragraph 15 (c) of the annex to Human Rights Council Resolution 5/1 and paragraph 5 of the annex to Council resolution 16/21: People's Republic of China (including Hong Kong and Macao Special Administrative Regions (HKSAR) (MSAR))	人权事务高级专员办事处根据人权理事会第5/1号决议附件第15(c)段和第16/21号决议附件第5段汇编的材料概述：中华人民共和国(包括香港和澳门特别行政区)
A/HRC/WG. 6/4/CHN/1	National report submitted in accordance with paragraph 15 (a) of the annex to Human Rights Council resolution 5/1: China	根据人权理事会第5/1号决议附件第15(a)段提交的国家报告：中国
A/HRC/WG. 6/4/CHN/2	Compilation prepared by the Office of the High Commissioner for Human Rights, in accordance with paragraph 15 (B) of the annex to Human Rights Council resolution 5/1: People's Republic of China (including Hong Kong and Macao Special Administrative Regions (HKSAR) and (MSAR))	人权事务高级专员办事处根据人权理事会第5/1号决议附件第15(B)段汇编的资料：中国(包括香港和澳门特别行政区)
A/HRC/WG. 6/4/CHN/3	Summary prepared by the Office of the High Commissioner for Human Rights, in accordance with Paragraph 15 (C) of the annex to Human Rights Council Resolution 5/1: People's Republic of China (including Hong Kong and Macao Special Administrative Regions (HKSAR) and (MSAR))	人权事务高级专员办事处根据人权理事会第5/1号决议附件第15(C)段编写的材料概述：中华人民共和国(包括香港特别行政区和澳门特别行政区)
A/RES/50/155	Resolution adopted by the General Assembly: 50/155. Conference of States Parties to the Convention on the Rights of the Child	—

续 表

文件编号	文件名(英文)	文件名(中文)
A/RES/60/251	Resolution adopted by the General Assembly: 60/251. Human Rights Council	2006 年 3 月 15 日大会决议：60/251 人权理事会
A/RES/S-27/2	Resolution adopted by the General Assembly: S-27/2. A World Fit for Children	大会决议：S-27/2 适合儿童生长的世界
A/S-27/3	We the Children: End-decade review of the follow-up to the World Summit for Children: Report of the Secretary-General	我们儿童：世界儿童问题首脑会议后续行动十年期终审查——秘书长的报告
CRC/C.12/WP.5	List of issues to be taken up in connection with the consideration of the initial report of China	—
CRC/C/11/Add.7	Initial reports of States parties due in 1994: China	儿童权利委员会审议缔约国根据《公约》第 44 条提交的报告：1994 年到期的缔约国首次报告：中国
CRC/C/15/Add.56	Concluding observations of the Committee on the Rights of the Child: China	儿童权利委员会的最后意见：中国
CRC/C/69	Committee on the Rights of the Child Report on the sixteenth session	儿童权利委员会第十六届会议报告
CRC/C/83/Add.9	Committee on the Rights of the Child: Consideration of reports submitted by States parties under article 44 of the Convention: Second periodic report of States parties due in 1997: China	儿童权利委员会审议缔约国根据《公约》第 44 条提交的报告：1997 年到期的缔约国第二次定期报告：中国
CRC/C/CHN/3-4	Committee on the Rights of the Child: Consideration of reports submitted by States parties under article 44 of the Convention: Third and fourth periodic reports of States parties due in 2009: China	儿童权利委员会审议缔约国根据《公约》第 44 条提交的报告：应于 2009 年提交的缔约国第三次和第四次定期报告：中国
CRC/C/CHN/CO/2	Committee on the Rights of the Child: Committee on the Rights of the Child: Consideration of reports submitted by States parties under article 44 of the Convention: Concluding observations: China (including Hong Kong and Macau Special Administrative Regions)	儿童权利委员会：结论性意见：中国(包括香港特别行政区和澳门特别行政区)

续 表

文件编号	文件名(英文)	文件名(中文)
CRC/C/CHN/CO/3－4	Committee on the Rights of the Child: Concluding observations on the combined third and fourth periodic reports of China, adopted by the Committee at its sixty-fourth session (16 September － 4 October 2013)	儿童权利委员会：委员会第六十四届会议(2013年9月16日至10月4日)通过的关于中国第三和第四次合并定期报告的结论性意见
CRC/C/CHN/Q/3－4	Committee on the Rights of the Child: List of issues in relation to the combined third and fourth periodic reports of China (CRC/C/CHN/3－4)	儿童权利委员会：与中国第三和第四次合并定期报告(CRC/C/CHN/3－4)相关的问题清单
CRC/C/CHN/Q/3－4/Add.1	Replies of China to the list of issues	中国政府对《儿童权利公约》执行情况第三、四次合并报告相关问题清单的答复
CRC/C/Q/CHN/2	—	儿童权利委员会：在审议中国的第二次定期报告(CRC/C/83/Add.9，Part I 和 Part II)方面须处理的问题清单①
CRPD/C/CHN/1	Implementation of the Convention on the Rights of Persons with Disabilities: Initial reports submitted by States Parties under article 35 of the Convention: China	《残疾人权利国际公约》的实施情况：缔约国按照《公约》第三十五条提交的初次报告：中国
CRPD/C/CHN/CO/1	Committee on the Rights of Persons with Disabilities: Concluding observations on the initial report of China, adopted by the Committee at its eighth session (17 － 28 September 2012)	残疾人权利委员会：委员会第八届会议(2012年9月17日至28日)就中国初次报告通过的结论性意见
E/1990/5/Add.59	Implementation of the International Covenant on Economic, Social and Cultural Rights: Initial reports submitted by States parties under articles 16 and 17 of the Covenant Addendum: People's Republic of China	《经济、社会、文化权利国际公约》执行情况：缔约国根据《公约》第十六条和第十七条提交的初次报告 增编：中华人民共和国
E/C.12/1/Add.107	Concluding observations of the Committee on Economic, Social and Cultural Rights: People's Republic of China (including Hong Kong and Macao)	经济、社会和文化权利委员会的结论性意见：中华人民共和国(包括香港和澳门)

① 笔者未能查阅到此文件的英文本。

续 表

文件编号	文件名(英文)	文件名(中文)
E/C.12/1999/10	Implementation of the International Covenant on Economic, Social and Cultural Rights: General Comment No. 13 (Twenty-first session, 1999) The right to education (article 13 of the Covenant)	《经济、社会、文化权利国际公约》执行情况：第13号总评论(1999年第二十一届会议)——受教育的权利(《公约》第13条)
E/C.12/CHN/2	Implementation of The International Covenant on Economic, Social and Cultural Rights: Second periodic reports submitted by States parties under articles 16 and 17 of the Covenant: China	《经济、社会、文化权利国际公约》执行情况：缔约国根据《公约》第十六条和第十七条提交的第二次定期报告：中国
E/C.12/CHN/CO/2	Committee on Economic, Social and Cultural Rights Concluding: Concluding observations on the second periodic report of China, including Hong Kong, China, and Macao, China	经济、社会和文化权利委员会关于中国(包括中国香港和中国澳门)第二次定期报告的结论性意见
E/C.12/Q/CHN/1	List of issues to be taken up in connection with the consideration of the initial report of the People's Republic of China concerning the rights covered by articles 1 - 15 of the International Covenant on Economic, Social and Cultural Rights (E/1990/5/Add.59)	审议中华人民共和国就《经济、社会、文化权利国际公约》第一至第十五条所述权利执行情况提交的初步报告(E/1990/5/Add.59)时须处理的问题清单
E/CN. 4/2004/45/Add.1	The right to education: Report submitted by the Special Rappoteur, Katarina Tomaševski: Addendum: Mission to China	受教育的权利：特别报告员卡塔琳娜·托马舍维斯基提出的报告增编——对中国的访问

电子文献

Collins, T. (2014-7-7). It's Time for the United States to Ratify the Convention on the Rights of the Child [EB/OL]. [2016-5-4]. http://www.carnegiecouncil.org/publications/ethics_online/0095.

ICRC(2017-8-3). Geneva Conventions and Commentaries [EB/OL]. [2017-8-3]. https://www.icrc.org/en/war-and-law/treaties-customary-law/geneva-conventions.

ILO(2017-3-20). Ratifications for China [EB/OL]. [2017-3-20]. http://www.ilo.org/dyn/normlex/en/f?p=1000:11200:0:NO:11200:P11200_COUNTRY_ID:103404.

OECD(2016). Profiles of 3 High Performers China[EB/OL]. [2017-4-9]. http://www.oecd.org/pisa/PISA-2015-china.pdf.

OHCHR(2017a-7-30). Special Procedures of the Human Rights Council: Introduction [EB/OL]. [2017-7-30]. http://www.ohchr.org/EN/HRBodies/SP/Pages/Introduction.aspx.

OHCHR (2017b-7-30). Special Rapporteur on the Right to Education: Introduction [EB/OL]. [2017-7-30]. http://www.ohchr.org/EN/Issues/Education/SREducation/Pages/SREducationIndex.aspx.

OHCHR(2017c-8-3). Ratification Status for China [EB/OL]. [2017-8-3]. http://tbinternet.ohchr.org/_layouts/TreatyBodyExternal/Treaty.aspx?CountryID=36&Lang=EN.

UIA (2000). International Union for Child Welfare (IUCW)[EB/OL]. //UIA. Open Yearbook [2017-6-27]. https://www.uia.org/s/or/en/1100008247.

UN (2017-4-16). Multilateral Treaties Deposited with the Secretary-General [EB/OL]. [2017-4-16]. https://treaties.un.org/Pages/Treaties.aspx?id=4&subid=A&lang=en.

UN (2003). The Human Rights based Approach to Development Cooperation towards a Common Understanding Among UN Agencies [EB/OL]. [2017-4-16]. http://hrbaportal.org/the-human-rights-based-approach-to-development-cooperation-towards-a-common-understanding-among-unagencies.

UN(2015). The Millennium Development Goals Report 2015 [EB/OL]. [2016 - 12 - 15]. www.undp.org/content/dam/undp/library/MDG/english/UNDP_MDG_Report_2015.pdf.

UNAIDS (2004). Issue Paper: What Constitutes a Rights-based Approach? Definitions, Methods, and Practices [EB/OL]. // UNAIDS Global Reference Group on HIV/AIDS and Human Rights 4th Meeting, August 23 - 25, 2004 [2015 - 12 - 7]. http://data.unaids.org/Topics/Human-Rights/hrissuepaper_rbadefinitions_en.pdf.

UNESCO (2015 - 5 - 29). Qingdao Declaration Promotes Use of ICT to Achieve Education Targets in New Sustainable Development Goals [EB/OL]. [2017 - 3 - 3]. http://www.unesco.org/new/en/education/themes/leading-the-international-agenda/education-for-all/wef2015/single-view/news/qingdao_declaration_promotes_use_of_ict_to_achieve_education/.

UNESCO(2016). Global Education Monitoring Report: About Us [EB/OL]. [2016 - 9 - 9]. http://en.unesco.org/gem-report/about.

北京大学法学院人权与人道法研究中心(2012a - 3 - 29).《经济、社会及文化权利国际公约》中英文版本对照 [EB/OL]. [2016 - 3 - 29]. http://www.hrol.org/Documents/ChinaDocs/Obligations/2012 - 11/273.html.

北京大学法学院人权与人道法研究中心(2012b). 国际人权法概论(网络教材). 2012 - 12.

国家"两基"攻坚办(2007 - 11 - 28).《国家西部地区"两基"攻坚计划(2004—2007 年)》完成情况的汇报 [EB/OL]. [2017 - 2 - 24]. 新华网, http://news.xinhuanet.com/edu/2007 - 11/28/content_7161608.htm.

江泽民(2001 - 1 - 1). 江泽民在新世纪第一天全国政协新年茶话会上的讲话 [EB/OL]. [2016 - 9 - 9]. http://www.cnr.cn/news/chief/01 - 2 - 1.htm.

教科文组织全国委员会秘书处(1998).中国与联合国教科文组织合作的回顾与展望——纪念党的十一届三中全会召开暨中国教科文组织全国委员会成立 20 周年[M].//中华人民共和国教育部办公厅直属机关党委.邓小平理论指引下的中国教育二十年.福州:福建教育出版社.

教育部(2001 - 6 - 1). 2000 年全国教育事业发展统计公报 [EB/OL]. [2016 - 9 - 9]. http://www.moe.gov.cn/publicfiles/business/htmlfiles/moe/

moe_633/200407/843.html.

教育部(2014). 各级教育毛入学率[EB/OL]. // 2013 年教育统计数据. [2017 - 7 - 19]. http://www.moe.edu.cn/s78/A03/moe_560/s8492/s8493/201412/t20141216_181724.html.

联合国残疾人公约秘书处(2017). 残疾人权利公约[EB/OL]. [2017 - 3 - 15]. https://www.un.org/development/desa/disabilities-zh/%e6%ae%8b%e7%96%be%e4%ba%ba%e6%9d%83%e5%88%a9%e5%85%ac%e7%ba%a6-3.html.

联合国儿童基金会驻中国办事处(2009). 为儿童而合作——联合国儿童基金会与中国政府合作三十周年历史图片纪念册[Z/OL]. 北京：联合国儿童基金会驻中国办事处. http://www.unicef.cn/cn/index.php?m=content&c=index&a=show&catid=59&id=84.

联合国儿童基金会，等(2014). 中国儿童发展指标图集 [Z/OL]. [2015 - 12 - 10]. 北京：联合国儿童基金会. http://www.unicef.cn/cn/index.php?m=content&c=index&a=lists&catid=60.

联合国人权事务高级专员办事处(2017a - 3 - 13). 经济、社会和文化权利委员会简介 [EB/OL]. [2017 - 3 - 13]. http://www.ohchr.org/CH/HRBodies/CESCR/Pages/CESCRIntro.aspx.

联合国人权事务高级专员办事处(2017b - 3 - 20). 普遍定期审议基本概况 [EB/OL]. [2017 - 3 - 20]. http://www.ohchr.org/CH/HRBodies/UPR/pages/BasicFacts.aspx.

联合国人权事务高级专员办事处(2017c - 3 - 20). 普遍定期审议 [EB/OL]. [2017 - 3 - 20]. http://www.ohchr.org/CH/HRBodies/UPR/Pages/UPRMain.aspx.

联合国人权事务高级专员办事处(2017d - 3 - 25). 教育权问题特别报告员简介 [EB/OL]. [2017 - 3 - 25]. http://www.ohchr.org/CH/Issues/Education/SREducation/Pages/SREducationIndex.aspx.

刘金松(2012 - 11 - 19). 21 世纪教育研究院报告：十年“撤点并校”农村小学减少超五成[EB/OL]. [2016 - 9 - 9]. 经济观察网，http://www.eeo.com.cn/2012/1119/236260.shtml.

新华社(2017 - 2 - 23). 保障残疾人受教育权利 推动残疾人教育事业发展——国务院法制办、教育部就《残疾人教育条例》修订答记者问 [EB/OL].

[2017 - 7 - 17]. 中华人民共和国中央人民政府网，http://www. gov. cn/zhengce/2017 - 02/23/content_5170361.htm.

佚名(2016a - 04 - 29). 实现国家教育现代化，关键在中西部，重点在中西部，难点也在中西部[EB/OL]. [2017 - 2 - 28]. 中华人民共和国中央人民政府网，http://www.gov.cn/xinwen/2016 - 04/29/content_5069185.htm.

佚名(2016b - 12 - 30).《国家教育事业发展第十三个五年规划》政策解读[EB/OL]. [2017 - 2 - 25]. http://www.scio.gov.cn/34473/34515/Document/1538396/1538396.htm.

佚名(2016c - 6 - 6). 国际上首份 21 世纪核心素养全球进展报告发布[EB/OL]. [2017 - 2 - 28]. 腾讯教育，http://edu.qq.com/a/20160606/022170.htm.

中国人权网(2014).中国参加的国际人权多边条约[EB/OL]. [2017 - 3 - 18]. http://www.humanrights.cn/html/gjjl/5/.

中华人民共和国外交部，联合国驻华系统(2015 - 7 - 24). 中国实施千年发展目标报告(2000 - 2015 年)[R/OL]. www. unicef. cn/cn/uploadfile/2015/0724/20150724025706464.pdf.

外文资料

Agnes，M.(2009). Webster's New World College Dictionary，4th ed [M]. Ohio：Wiley Publishing，Inc.

Beigbeder，Y.(2001). New Challenges for UNICEF：Children Women and Human Rights [M]. New York：PALGRAVE.

Benavot，A. (2008). Education for All：Achievements and Prospects [J]. Prospects：Quarterly Review of Comparative Education，38(3)：295－304.

Benedek，W.(2007). The Normative Implications of Education for All (EFA)：The Right to Education [M]. // Yusuf，A. A. Standard-Setting in UNESCO Volume I：Normative Action in Education，Science and Culture：Essays in Commemoration of the Sixtieth Anniversary of UNESCO. Paris：UNESCO.

Brunswic，E.，et al.(1997). 50 Years for Education [R]. Paris：UNESCO.

Buck，T.(2014). International Child Law [M]. Oxon：Routledge.

Delors，J.，et al.(1996). Learning：The Treasure Within (Report to UNESCO of the International Commission on Education for the Twenty-first Century) [R]. Paris：UNESCO.

EFA Global Monitoring Report Team(2002). EFA Global Monitoring Report 2002 Education for All：Is the World on Track? [R]. Paris：UNESCO.

EFA Global Monitoring Report Team(2003). EFA Global Monitoring Report 2003/4 — Gender and Education for All：The Leap to Equality [R]. Paris：UNESCO.

EFA Global Monitoring Report Team(2014). EFA Global Monitoring Report 2013/4 — Teaching and Learning：Achieving Quality for All [R]. Paris：UNESCO.

EFA Global Monitoring Report Team(2015). EFA Global Monitoring Report 2015 — Education for All 2000－2015：Achievements and Challenges [R]. Paris：UNESCO.

Elfert，M.(2015). UNESCO，the Faure Report，the Delors Report，and the Political Utopia of Lifelong Learning [J]. European Journal of Education，

50(1): 88 - 100.

Faure, E., et al. (2013). Learning to be: The World of Education Today and Tomorrow(2nd ed.) [R]. Paris: UENSCO.

GEMR Team (2016). Global Education Monitoring Report 2016 — Education for People and Planet: Creating Sustainable Futures for All [R]. Paris: UNESCO.

Hodgkin, R. & Newell, P. (2007). Implementation Handbook for the Convention on the Rights of the Child (Rev. 3rd ed.) [M]. Geneva: UNICEF.

Human Rights Watch(2013). "As Long as They Let Us Stay in Class": Barriers to Education for Persons with Disabilities in China [R]. New York: Human Rights Watch.

Johnson, M. G., Symonides, J. (1998). The Universal Declaration of Human Rights: A History of Its Creation and Implementation 1948 - 1998 [M]. Paris: UNESCO.

Lacoste, M. C. (1994). The Story of a Grand Design: UNESCO 1946 - 1993 [M]. Paris: UNESCO.

Mayor, F. (1997). UNESCO, an Ideal in Action: The Continuing Relevance of a Visionary Text [M]. Paris: UNESCO.

Ordoñez, V., & Montana, C. (1998). The Head of the Dragon: Comprehensive Rural Primary Education Reform Project, Jilin, China [R]. Bangkok: UNESCO.

Packer, S. (2008). The Education for All Global Monitoring Report: A Mid-Term Assessment [J]. Prospects: Quarterly Review of Comparative Education, 38(3): 287 - 293.

Pearson, L. (2012). The Florence Bird Lecture: "From Strength to Strength: The Interrelated Rights of Women and Children Over the Life Cycle" [J]. Child & Youth Services, 33(2): 92 - 103.

Power, C. (2015). The Power of Education: Education for All, Development, Globalisation and UNESCO [M]. Heidelberg: Springer.

Suchodolski, B. (1976). Lifelong Education — Some Philosophical Aspects [M]. // Dave, R. H., Foundations of Lifelong Education. Oxford: Pergamon Press: 57 - 96.

UNESCO(2000). World Education Report 2000 — The Right to Education: Towards Education for All Throughout Life [R]. Paris: UNESCO.

UNESCO(2008). The Right to Education: Monitoring Standard-Setting Instruments of UNESCO [G]. Paris: UNESCO.

UNICEF & UNESCO (2007). A Human Rights-Based Approach to Education for All: A Framework for the Realization of Children's Right to Education and Rights within Education [M]. New York: UNICEF.

中文资料

阿利埃斯(2013).儿童的世纪：旧制度下的儿童和家庭生活[M].北京：北京大学出版社.

阿马杜—马赫塔尔·姆博，等(1986).联合国教科文组织四十年[M].北京：中国对外翻译出版公司.

埃克诺米，奥克森伯格(2001).中国参与世界[M].北京：新华出版社.

毕全忠(1995).朱开轩谈教育热点问题：义务教育阶段不允许高收费　对所谓“贵族学校”或豪华型学校，国家教委再次明确表示不赞成[N].人民日报，1995-1-19(5).

柴葳(2014).立教之本　兴教之源——教师节设立30年来我国教师队伍建设成就综述 [N].中国教育报，2014-9-3(1).

陈宇(2016).中国就业和教育：2030[J].中国就业，(5)：4—7.

大众(1952).对凯洛夫教育学第一章译文的几点意见[J].人民教育，(1)：35—36.

董建红(2001).2000年世界全民教育评估综述[J].全球教育展望，(7)：60—67.

杜威(2005).我的教育信条[M].// 杜威.学校与社会·明日之学校.北京：人民教育出版社，1—15.

方毅(1977).关于科学和教育事业情况的报告(摘要)[N].人民日报，1977-12-30(2).

敢峰(1963).谁说教育战线无战事？[J].人民教育，(10)：22—26.

顾明远(2007).顾明远教育口述史[M].北京：北京师范大学出版社.

郭涵业(1987).重点中学教育思想面面观[J].上海教育科研，(1)：17—18.

郭曰君(2013).人权本位方针及其在中国实现的宪法路径[J].中国社会科学院研究生院学报，(1)：71—75.

国际教育发展委员会(1996).学会生存：教育世界的今天和明天[M].北京：教育科学出版社.

国家教育委员会，中国联合国教科文组织全国委员会(1993).当代国际农村教育发展和改革大趋势：农村教育国际研讨论文集(上)[M].北京：教育科学出版社.

何东昌(1996).当代中国教育(上)[M].北京：当代中国出版社.

何东昌(1998).中华人民共和国重要教育文献(1949—1997,全三册)[M].海口：海南出版社.

核心素养研究课题组(2016).中国学生发展核心素养[J].中国教育学刊,(10)：1—3.

胡启立(2008).《中共中央关于教育体制改革的决定》出台前后[J].炎黄春秋,(12)：1—6.

黄书光(2011).文化差异与价值整合——百年中国基础教育改革进程中的思想激荡[M].北京：教育科学出版社.

霍奇森(2012).受教育人权[M].北京：教育科学出版社.

吉林省教委农村初等教育整体改革实验指导委员会(1991).改革初等教育,使其在农村发挥更大作用——吉林省农村初等教育整体改革实验报告[J].课程·教材·教法,(11)：4—8.

《江苏教育》编辑部(1964).《育苗人》与《斯霞的孩子》的错误[J].江苏教育,(Z4)：17—24.

江忆恩(2001).美国学者关于中国与国际组织关系研究概述[J].世界经济与政治,(8)：48—53.

教育部(1956).教育部关于培养小学教师和幼儿园教员的指示(1956 年 6 月 30 日)[Z].中华人民共和国国务院公报,(26)：623—625.

教育部(2005).中国女童教育事业的发展[N].中国教育报,2005 - 11 - 30(4).

教育部大批判组(1997).教育战线的一场大论战——批判“四人帮”炮制的“两个估计”[J].人民教育,(2)：3—13.

金一鸣(2000).中国社会主义教育的轨迹[M].上海：华东师范大学出版社.

瞿葆奎,等(1989).曹孚教育论稿[M].上海：华东师范大学出版社.

康德尔(2001).教育的新时代——比较研究[M].北京：人民教育出版社.

克雷明(2009).学校的变革[M].济南：山东教育出版社.

库姆斯(2001).世界教育危机[M].北京：人民教育出版社.

夸美纽斯(2006).大教学论·教学法解析[M].北京：教育科学出版社.

拉科斯特(1995).宏图大业——联合国教科文组织编年史(1946—1993)[M].北京：中国对外翻译出版公司.

李岚清(1996a).基础教育的根本任务是提高全民族的素质[J].人民教育,

(7—8)：3—4.

李岚清(1996b).基础教育是提高国民素质和培养跨世纪人才的奠基工程(原载《人民日报》1996 年 4 月 12 日)[J].人民教育,(5)：3—7.

李庆刚(2004).对“大跃进”时期江苏省农业中学的宏观历史考察[J].当代中国史研究,(3)：84—93.

李泽鹏(1991).国内动态：农村教育国际研讨会在山东召开[J].课程·教材·教法,(9)：62.

联合国儿童基金会(2009).世界儿童状况特别专刊：庆祝《儿童权利公约》颁布 20 周年[R].纽约：联合国儿童基金会.

联合国教科文组织(1985).联合国教科文组织四十年[R].北京：中国对外翻译出版公司.

联合国教科文组织(2001).世界教育报告 2000：教育的权利——走向全民终身教育[R].北京：中国对外翻译出版公司.

联合国教科文组织(2005).教科文组织世界报告：从信息社会迈向知识社会[R].巴黎：联合国教科文组织.

联合国人权事务高级专员办事处(2002).人权：国际文件汇编[S].日内瓦：联合国.

联合国人权事务高级专员办事处(2006).核心国际人权条约[S].日内瓦：联合国.

联合国人权事务高级专员办事处(2006).新增核心国际人权条约[S].日内瓦：联合国.

梁杰,杨桂青(2005－12－2).联合国教科文组织总干事松浦晃一郎认为中国在世界全民教育中起着重要作用[J].中国教育报,2005－12－2(1).

柳斌(1996).“普九”攻坚,志在必夺[J].人民教育,(12)：3—6.

卢梭(2001).爱弥尔[M].北京：商务印书馆.

陆定一(1958).教育必须与生产劳动相结合[J].湖南教育,(11)：2—8.

陆定一(1980).在访问上海交通大学时陆定一同志谈教育方针等问题[N].光明日报,1980－3－4(1).

吕伊雯,等(2016).迈向教育 2030：全球合作与中国参与——访联合国教科文组织全民教育指导委员会主席丹克特·维德勒[J].世界教育信息,(1)：3—5,11.

马尔科姆·N.肖(2011).国际法(第六版)[M].北京：北京大学出版社.

马克·贝磊(2009).全球化视域下的和谐、差异与共生——联合国教科文组织的视角[J].比较教育,(3)：1—6.

米尔恩(1995).人的权利与人的多样性——人权哲学[M].北京：中国大百科全书出版社.

莫兰(2004).复杂性理论与教育问题[M].北京：北京师范大学出版社.

聂日明(2015).教育经费可携带的意义与困难[J].南方都市报,2015-12-03(A23).

欧阳惠林(1960).农业中学的第二年[J].人民教育,(2)：15—20.

秦悦,许方舟(2015).积极融入全球教育进程——访教育部教育发展研究中心副主任韩民[J].世界教育信息,(14)：29—34.

全民教育全球监测报告小组(2005).全民教育全球监测报告 2005 全民教育：提高质量势在必行[M].北京：中国对外翻译出版社.

全民教育全球监测报告小组(2006).全民教育全球监测报告 2007 坚实的基础：幼儿保育和教育(摘要)[M].巴黎：联合国教科文组织.

全民教育全球监测报告小组(2008a).全民教育全球监测报告 2008 2015 年之前实现全民教育：我们能做到吗？[M].巴黎：联合国教科文组织.

全民教育全球监测报告小组(2008b).全民教育全球监测报告 2009 消除不平等：治理缘何重要[M].巴黎：联合国教科文组织.

全民教育全球监测报告小组(2010).全民教育全球监测报告 2010 普及到边缘化群体[M].巴黎：联合国教科文组织.

全民教育全球监测报告小组(2011).全民教育全球监测报告 2011 潜在危机：武装冲突与教育[R].巴黎：联合国教科文组织.

全民教育全球监测报告小组(2012).全民教育全球监测报告 2012 青年与技能：拉近教育和就业的距离[R].北京：教育科学出版社.

全民教育全球监测报告小组(2014).全民教育全球监测报告 2013/2014 教学与学习：实现高质量全民教育[R].北京：教育科学出版社.

全民教育全球监测报告小组(2015a).全民教育全球监测报告 2015 2000—2015 年全民教育：成就与挑战(摘要)[R].北京：教育科学出版社.

全民教育全球监测报告小组(2015b).全民教育全球监测报告 2015 2000—2015 年全民教育：成就与挑战[R].北京：教育科学出版社.

全民教育中期评估中国国家报告撰写组(2009).中国全民教育十年中期评估国家报告[R].北京：中国联合国教科文组织全国委员会,中国国家教育发展研究中心.

全球教育监测报告小组(2016).2016 年全球教育监测报告(摘要)[R].巴黎：联合国教科文组织.

《人民日报》评论员(1956).解决中小学教师的忙乱问题[N].人民日报，1956-12-22(1).

阮成武(2013).我国义务教育均衡发展政策的演进逻辑与未来走向[J].教育研究,(7)：37—45.

上海师范大学外国教育研究室(1977).书评：《学会生存》[J].外国教育资料,(5)：97.

沈俊强(2006).从近十年择校政策的演变看我国公立学校体制变革[D].上海：华东师范大学.

沈俊强(2009a).什么是“学会生存”？——对 Learning to be 的补充说明[J].上海教育科研,(6)：33—35,93.

沈俊强(2009b).中国与联合国教科文组织教育合作关系的研究——以“全民终身教育”为视角[D].上海：华东师范大学.

沈俊强(2009c).全民终身教育与基础教育改革——对 UNESCO 教育理念的几点阐释[J].基础教育,(9)：7—12.

沈俊强(2012).论儿童受教育权保护的国际共识[J].上海教育科研,(6)：5—9.

沈俊强(2013).2013 年度中国儿童教育学研究述评[J].浙江师范大学学报(社科版),(6)：97—101.

沈俊强(2015a).儿童受教育权国际共识的形成及其推进[J].基础教育，(2)：10—17.

沈俊强(2015b).近十五年我国儿童受教育权研究述评[J].教育科学论坛，(13)：75—77.

石伟平,郜云雁(1995).亚洲农村教育的紧迫需要与对策[J].外国教育资料,(1)：38—44.

史静寰(2001).教材中的性别问题研究——“对幼儿园,中、小学及成人扫盲教材的性别分析研究”项目的设计与运作[J].妇女研究论丛,(1)：32—35.

斯特克,韦戈尔(2005).政治思想导读[M].南京：江苏人民出版社.

松浦晃一郎(2008).前言[M].// Acedo，C.教育展望.上海：华东师范大学，1—2.

万明钢，王舟(2006).我国女童教育研究的文献计量分析——以女童教育研究为个案透视我国教育研究存在的普遍问题[J].西北师大学报(社会科学版)，(5)：15—20.

汪明(2012).关于农村中小学合理布局的几点思考[J].教育研究，(7)：87—91，109.

王定华，荣雷(2016).全国义务教育均衡发展进展报告[M].// 中国教育学会教育学分会.中国教育科学(第1辑).北京：人民教育出版社，39—73，232—233.

王宗兴(2006).美国拒绝批准联合国《儿童权利公约》原因探析[J].南京师大学报(社会科学版)，(2)：53—57.

王润(2015).“文革”中的第一套中学语文教材[N].中华读书报，2015－5－27(5).

王俊烽，熊建辉(2013).有质量的全民教育　全人类共同的事业——访瑞典斯德哥尔摩大学维纳亚姆・契纳巴教授[J].世界教育信息，(8)：3—7.

王晓辉(2008).全球教育治理——国际教育改革文献汇编[M].北京：教育科学出版社.

王勇民(2010).儿童权利保护的国际法研究[M].北京：法律出版社.

王柱国(2009).学习自由与参与平等：受教育权的理论和实践[M].北京：中国民主法制出版社.

温家宝(2006).在联合国教科文组织第五届全民教育高层会议上的致词(2005年11月28日)[J].国务院公报，(1)：10—12.

吴天石(1958).江苏的农业中学[J].人民教育，(5)：12—13.

吴相湘(2001).晏阳初传——为全球乡村改造奋斗六十年[M].长沙：岳麓书社.

席春玲(2002).90年代以来我国女童教育研究述评[J].妇女研究论丛，(5)：62—66.

谢喆平(2010).中国与联合国教科文组织的关系演进：关于国际组织对会员国影响的一项经验研究[M].北京：教育科学出版社.

谢治洋，刘洋(2012).边远贫困山区农村寄宿制学校建设研究——基于贵州省黔东南州“两山”地区的实证调查[J].中国教育学刊，(8)：9—13.

熊建辉(2014).发挥教科文组织平台优势　持续引领世界教育发展——访联合国教科文组织教育助理总干事唐虔[J].世界教育信息，(7)：9—15.

许宗实(1963).我们必须和资产阶级教育思想划清界线[J].人民教育，

(10)：16—19.

薛波(2003).元照英美法词典[M].北京：法律出版社.

雅斯贝尔斯(1991).什么是教育[M].北京：生活·读书·新知三联书店.

闫温乐(2013).世界银行与教育发展[M].上海：上海教育出版社.

杨大伟(2009).凯洛夫教育学的终结——凯洛夫的检讨与人文主义的回归[J].全球教育展望,(6)：17—22.

杨东平,等(2003).艰难的日出——中国现代教育的20世纪[J].上海：文汇出版社.

杨令平,司晓宏(2012).西部县域义务教育均衡发展现状调研报告[J].教育研究,(4)：35—42.

叶圣陶(1981).我呼吁[J].中国青年,(22)：2—3.

佚名(1950).革命的教育家陶行知先生——纪念陶行知逝世四周年[J].人民教育,(4)：5—6.

佚名(1951).为什么必须改革学制——《人民日报》社论[J].河南政报,(9)：68—70.

佚名(1953).教学工作是学校压倒一切的中心任务[J].人民教育,(3)：4—5.

佚名(1957).关于中小学毕业生参加农业生产问题——《人民日报》社论(1957年4月8日)[J].江苏教育,(8)：3—7.

佚名(1958).力争高速度[N].人民日报,1958-6-21(1).

佚名(1964).对子女进行阶级教育是父母的革命责任[J].江西教育,(2)：1—3.

佚名(1979).抓紧整顿和发展中等专业教育[J].人民教育,(1)：48—49.

佚名(1982).来自中学生的呼声——《中国青年》杂志发表调查摘要[J].江西教育,(1)：2—4.

佚名(1994).女童教育国际研讨会向全社会发出倡议[J].青海教育,(11)：9.

俞金尧(2001).西方儿童史研究四十年[J].中国学术,(8)：298—336.

臧健(1994).西北女童教育国际研讨会综述[J].中国妇运,(12)：26—27.

翟博,孙百才(2012).中国基础教育均衡发展实证研究报告[J].教育研究,(5)：22—30.

张宝歌(2012).回迁儿童：进城务工农民子女教育面临的新问题——以生命关怀为基点改善回迁儿童学习适应状况[J].教育研究,(2)：74—78.

张光喜(1992).我国农村教育的优势和展望——农村教育国际研讨会的启迪[J].中小学管理,(3)：9—13.

张民选(2009).我们从PISA测评中学到了什么[J].教育发展研究,(24)：75—76.

张民选,等(2011).专业视野中的PISA[J].教育研究,(6)：3—10.

张奚若(1956).目前国民教育方面的情况和问题——在第一届全国人民代表大会第三次会议上的发言[J].江苏教育,(Z1)：3—5.

赵中建(1996).教育的使命——面向二十一世纪的教育宣言和行动纲领[M].北京：教育科学出版社.

赵中建(2003).全球教育发展的研究热点——90年代来自联合国教科文组织的报告[M].北京：教育科学出版社.

《中国教育年鉴》编辑部(1984).中国教育年鉴(1949—1981)[M].北京：中国大百科全书出版社.

中华人民共和国国家教育委员会督导司(1992).中小学教育工作五项督导检查文件报告(1989—1990)[M].北京：北京大学出版社.

中华人民共和国国务院(1994).中华人民共和国执行《提高妇女地位内罗毕前瞻性战略》国家报告[J].中国妇运,(12)：3—12.

中央教育科学研究所(1984).中华人民共和国教育大事记(1949—1982)[M].北京：教育科学出版社.

周恩来(1984).周恩来选集(下)[M].北京：人民出版社.

周谷平,徐立清(2003).凯洛夫《教育学》在中国[J].河北师范大学学报(教育科学版),5(1)：14—19.

周南照(1998).中国,教科文组织教育领域的最大伙伴[M].//中国联合国教科文组织全委会.中国与联合国教科文组织.北京：人民教育出版社.

周一,等(2009a).中国联合国教科文组织全国委员会：搭建世界与中国教育的桥梁——访中国联合国教科文组织全国委员会副秘书长杜越[J].世界教育信息,(6)：10—14.

周一,等(2009b).全球教育治理　联合国教科文组织的作用与中国的参与——联合国教科文组织教育助理总干事尼古拉斯·伯内特专访[J].世界教育信息,(3)：15—19.

朱开轩(2007).在全国"两基"督导工作会议上的报告(1994年6月18日)[M].//国家教育督导团办公室.当代中国教育督导.北京：人民教育出版社：

555—562.

朱小奇(2013).实现全民教育及前景：中国全民教育报告(2000—2010)[R].北京：中国联合国教科文组织全国委员会,联合国儿童基金会驻中国办事处,联合国教科文组织北京办事处.

朱小玉(2001).与联合国教科文组织的交流与合作[M].//于富增,等.教育国际交流与合作史.海口：海南出版社,305—342.

后记

这本书写完了，希望有人读。书的质量如何，由读者们评判；书中的错谬，由我本人承担。惟愿大方之家不吝赐教，以便我补漏订讹。

本书的写作历时多年。2015 年入秋的时候，霍益萍老师读过本书初稿，提出了批评性意见。随后我做了大篇幅的改写，算是二稿。2017 年入夏之际，上海教育出版社的朋友将校阅后的书稿排版后返回给我，我又花了数月时间修改，甚至重写了小部分内容，此为三稿。

这本书的选题涉及教育政策、教育史、国际组织、国际法等诸多领域，为此我查阅了相当数量的文献。然而，我还是不免担心，书中所引述的国际法和国际公约的内容，在国际法学者们看来，可能仅是一些皮毛之学。即便如此，我仍然希望这本书能够起到一点跨学科交流的作用，哪怕只是为教育学领域的学者们提供一些相关的研究线索。

以联合国教科文组织、联合国儿童基金会为代表的，业务领域涉及教育的诸多国际组织，在儿童受教育权保护方面积累了难以计数的工作案例、实践经验和理论观点；我国儿童受教育权状况的持续改善过程也包含无数值得记述的事件、决策、个案、经验、理念；我国儿童受教育权问题亲历者的讲述，国际人士对我国儿童教育问题和儿童受教育权状况的评断及其背后的价值观、思考甚至偏见等方面，还需深入探讨。虽然关于我国儿童受教育权保护的研究，本书展开了一些话题，回答了一些问题，提出了一些观点，但还需要更多相关的后续研究的支持和检验。不过，我仍期望本书已经完成的“基础性”研究工作，是对中国教育走向世界这一美好愿景的诚挚祝福。

图书在版编目(CIP)数据

中国儿童受教育权保护研究：历史进程与国际影响 / 沈俊强著. —上海：上海教育出版社，2018.11
ISBN 978-7-5444-7637-9

Ⅰ.①中… Ⅱ.①沈… Ⅲ.①儿童—受教育权—研究—中国 Ⅳ.①D921.04

中国版本图书馆 CIP 数据核字(2017)第 321956 号

策划编辑 周 晟
责任编辑 廖承琳
封面设计 王 捷

Zhongguo Ertong Shoujiaoyuquan Baohu Yanjiu: Lishi Jincheng Yu Guoji Yingxiang
中国儿童受教育权保护研究：历史进程与国际影响
沈俊强 著

出版发行 上海教育出版社有限公司
官网 www.seph.com.cn
地 址 上海市永福路 123 号
邮 编 200031
印 刷 上海展强印刷有限公司
开 本 700×1000 1/16 印张 23.5
字 数 400 千字
版 次 2019 年 11 月第 1 版
印 次 2019 年 11 月第 1 次印刷
书 号 ISBN 978-7-5444-7637-9/G·6297
定 价 77.00 元